海右名郡 天下泉城
一部简史镌刻一座城的记忆

Brief History of JINAN

济南简史

中共济南市委党史研究院
（济南市地方史志研究院）

编著

山东城市出版传媒集团·济南出版社

图书在版编目（CIP）数据

济南简史／中共济南市委党史研究院，济南市地方史志研究
院编著．-- 济南：济南出版社，2022.3
ISBN 978-7-5488-5056-4

Ⅰ．①济…　Ⅱ．①中…②济…　Ⅲ．①济南－地方史
Ⅳ．①K295.21

中国版本图书馆CIP数据核字（2022）第044417号

出版人　崔　刚
责任编辑　范玉峰　董傲囡
装帧设计　胡大伟

济南简史

出版发行　济南出版社
地　　址　山东省济南市二环南路1号（250002）
发行电话　（0531）67817923　68810229
　　　　　　　　　　86131701　86131704
印　　刷　济南精致印务有限公司
版　　次　2022年3月第1版
印　　次　2022年3月第1次印刷
成品尺寸　170mm×240mm　　16开
印　　张　33.75
字　　数　500千
定　　价　198.00元

（济南版图书，如有印装质量问题，请与印刷厂联系调换）

济南市委党的文献编审委员会
济南市地方史志编纂委员会

主　　任：孙立成

副 主 任：孙述涛　陈　阳

成　　员：王勤光　黄贵利　朱玉明　马志勇　张　强

　　　　　周鸿雁　禚建基　刘　浩　谢　堃　程　伟

《济南简史》编审委员会

主　　审：蒋晓光

副 主 审：黄贵利　吴兴金

主　　编：刘　浩

学术主编：仝晰纲

副 主 编：李贞锋　牛继兴　李作顺

　　　　　李尚明　亓玉胜　毕泗国　纪福道

委　　员：尹承乾　王　炜　王　洋　王　音　王　群

　　　　　孙兴杰　李金凤　李　涛　邱存梅　张　文

　　　　　庞新华　董殿勋　景国富

《济南简史》课题组

审稿专家

刘大可　山东社会科学院历史所原所长、研究员

庄维民　山东社会科学院历史所原副所长、研究员

朱亚非　山东师范大学历史文化学院原院长、教授、博士生导师

张熙惟　山东大学历史文化学院教授

张华松　济南社会科学院副院长、研究员

林吉玲　济南大学历史与文化产业学院原院长、教授

审图专家

雍　坚　齐鲁晚报主任记者、济南文史研究学者

赵晓林　济南日报首席记者、济南文史研究学者

通稿及主撰人员

仝晰纲　山东师范大学齐鲁文化研究院教授、博士生导师

代国玺　山东大学历史文化学院副院长、教授、博士生导师

谭景玉　山东大学历史文化学院历史系主任、教授、历史学博士

赵树国　山东师范大学历史文化学院副院长、教授、历史学博士

盖志芳　山东师范大学历史文化学院教授、历史学博士

刘志鹏　山东师范大学抗日战争研究中心主任、教授、历史学博士

王春彦　山东师范大学图书馆副研究馆员、古典文献学博士

郑立娟　山东师范大学齐鲁文化研究院古典文献学博士

王绍之　山东师范大学齐鲁文化研究院古典文献学博士

李贝贝　山东师范大学齐鲁文化研究院古典文献学博士

序　言

　　泰山巍巍，黄河汤汤，山水相济，文明滥觞。济南南依泰山、北跨黄河，素有"海岱名郡"之美誉。随着黄河流域生态保护和高质量发展国家重大战略的实施和深入推动，济南在国家发展大局、生态文明建设全局和区域发展布局中的地位更加凸显。特别是2021年10月22日，习近平总书记在济南主持召开深入推动黄河流域生态保护和高质量发展座谈会并发表重要讲话，对山东工作提出了"三个走在前"的目标定位，为济南高质量发展指明了前进方向，为这座千年古城描绘出更加壮阔、更加美好的未来。中共济南市委党史研究院（市地方史志研究院）组织编写的《济南简史》，是践行习近平新时代中国特色社会主义思想，弘扬黄河文化，滋养民族心灵，培育文化自信的具体举措，是落实市委、市政府重大决策，加快"文化济南"建设，宣传济南、传承弘扬济南城市精神的重大成果，具有重大的学术价值和现实意义。

　　济南是国家级历史文化名城，历史悠久，文化积淀丰厚。黄河和济水滋养了济南，孕育出古老厚重的河济文明。济南山、泉、湖、河、城并育共生的特殊地理环境，又使济南成为河济文明的中心区。早在八九千年前就有人类在这里生活繁衍，孕育了灿烂的史前文明，形成了从后李文化、北辛文化、大汶口文化到龙山文化、岳石文化连续且完整的发展谱系，丰富了河济文明的内涵，使济南成为中华文明的重要发祥地，是中国最早进入文明时代的地区之一。秦始皇二十六年（前221）在东郡设立平陵县，县治即今东平陵故城。汉高祖时期将博阳郡治迁徙至东平陵，因其地处济水之南，遂改称济南郡，济南作为地方行政区划的名称登上历史舞台。西晋永嘉年间，济南郡治迁至历城，开启了济南城市发展的新篇章。在发展过程中，形成了"双

子城"母子城"的独特结构。宋徽宗政和六年（1116），升齐州为济南府，济南的政治地位更加突显。京杭大运河开通后，济南又因黄河和运河的相交相通而成为南北交流的重镇，至明清时期逐渐取代青州成为山东的政治中心。由于济南特殊的地理结构，山、泉、湖、河的生态链，形成了独步天下的泉水文化，构建起"城即园林"的城市格局和风貌。济南人杰地灵，名士辈出，有"济南名士多"的美誉，名士文化已成为济南一张靓丽的名片。济南的名士文化中，"诗城"地位显赫，"曲山艺海"名冠天下，充分体现了济南文化的独特风貌，是济南文化软实力的充分体现。

济南是一座融合开放、兼容并包的城市。在文明初曙和漫长的融合发展的历史进程中，济南地处东西交流、南北汇通的枢纽位置。中华文化的交流融汇，从整体上讲，前期以东西交流融汇为主。中原地区的河流多是东西流向，加之交通工具的限制，人们沿着河谷东西流通成为文化交流的主要形态。东夷部族沿着古黄河、济水等河谷西进，华夏部族沿着古黄河、济水等河谷东进，而济南就处在东夷、华夏东西交汇的中心地带，这也是济南史前文化灿烂的重要根基。周代分封后，济南地处齐、鲁两国的中间地带，从周王室经鲁地到齐都临淄的周道，从济南通过，地处齐鲁之间的济南便成为齐文化、鲁文化的交汇地，从而形成了济南文化的多元性，并固化为融合开放、兼容并包的文化特征。中国古代社会后期，从整体讲，文化交流以南北交流为主要形态，南北朝并立和宋金对峙时期，济南是南北对立的缓冲地带，也是南北文化交流最广泛的地区。这一时期，济南地区出现了神通寺、灵岩寺、四禅寺、兴国禅寺等佛教场所，也出现了五峰道场、长春观、华阳宫等道家场所，儒释道三教并存，使济南成为多元文化交融的典型城市。这种历史文化际遇和地理位置，使济南多元并蓄的文化特征更加明显。文化多元、融合开放、内敛含蓄、大气包容的文化特征，内化为济南生生不息、蓬勃向上的发展生机和生存活力，也深深影响着济南未来发展的走向。

济南是完成近代化转型较早的城市之一。20世纪初的清末新政，对中国城市近代化起了重要的推动作用，济南则成为中国较早完成近代化转型的城市。1901年，山东高等学堂（即山东大学堂）在济南创办，随后各类新式学校纷纷建立，为济南的城市近代化转型吸引和培养了大批人才。1904年济南自开商埠，济南的城市格局和产业结构发生了重大变化。长期以来，济南作为山东省各级衙署所在地和济南府、历城县的治所，其功能主要体现在政治上，其规模基本封闭在城墙内。自开商埠后，打破了济南一个时期以来传统封闭的城市格局，初步具备了新型城市的综合功能。20世纪初胶济铁路、津浦铁路的相继开通，使济南与铁路沿线各城市连接起来，济南的传统产业结构发生了根本性的改变。成立于1875年的山东机器局（是近代济南乃至山东机器工业的发端）在新的经济环境下迅速发展。20世纪初济南又建立了津浦铁路济南机车厂、1915年兴建了鲁丰纱厂，官办、民办、官商合办乃至外资工业企业不断兴建，济南的工人队伍快速壮大。这种阶级关系的变化，对济南社会变革产生了重大影响，人们的思想逐渐从小农经济的范式中突破，开启了民主思潮。济南城市的近代化转型，是济南发展史上的里程碑，对济南的发展发挥了无可替代的作用。

济南是革命先锋与红色文化之城。济南拥有独特而重要的红色文化，是中华优秀传统文化与红色文化结合的典范。济南是全国"五四"爱国运动发起最早、时间延续最长、参加范围最广、斗争最为激烈的地区。伴随着"五四"运动的浪潮，济南成为山东地区传播马克思主义的重要阵地。1921年春，王尽美、邓恩铭在济南发起成立济南共产党早期组织，同年7月，出席中共一大，济南成为国内最早建立共产党早期组织的六个城市之一。从那时起，济南人民在党的领导下，历经大革命、土地革命战争和抗日战争的峥嵘岁月，建立了不朽的功勋。在解放战争中，济南地区占有重要地位，发挥了巨大的作用。莱芜战役是解放战争时期中国人民解放军对国民党军进行的大规模运动歼灭战，彻底粉碎了国民党军对山东解放区的重点进攻，对扭转山东战局和加快解放战争进程发挥了重大作用。济南战役开创了人民解放军夺取国民党重兵坚守的大城市攻坚战的成功范例，揭开了人民解放战争战略决战的序幕。济南战役的胜利，为此后进行的淮海战役和南下作战创造了战略

后勤保障。济南的解放，使济南成为中国共产党在关内首个接管并成功执政的大城市。成功接管济南对随后解放的沈阳、北平、天津的接管提供了新鲜经验，为我党从农村走向城市并在中心城市成功执政从理论和实践上提供了成功的示范。

修史问道，以启未来。我们为济南悠久的历史和灿烂的文化感到自豪和骄傲，也对济南的发展和未来充满信心。新时代新济南，正处于跨越崛起的黄金期，也是阔步迈向第二个百年奋斗目标新征程的关键期。让我们更加坚定自觉地以习近平新时代中国特色社会主义思想为指导，全面贯彻落实党的十九大和十九届历次全会及中央经济工作会议精神，紧紧锚定"走在前列、全面开创""三个走在前"总遵循、总定位、总航标，弘扬伟大建党精神，坚持稳中求进工作总基调，完整、准确、全面贯彻新发展理念，主动服务和融入新发展格局，全力抢抓黄河流域生态保护和高质量发展重大国家战略机遇，踔厉奋发，勇毅前行，不断开创新时代社会主义现代化强省会建设新局面。勿忘昨天的苦难辉煌，无愧今天的使命担当，不负明天的伟大梦想。期望《济南简史》的出版发行，能让我们从济南悠久的历史和灿烂的文化中汲取历史的智慧和营养，坚定文化自信，把握历史主动，为加快建设新时代社会主义现代化强省会提供强力引擎。

是为序。

［目录］

第一章　先秦时期的济南　/061

第三章 魏晋隋唐时期的济南 /169

第五章　明清时期的济南（上）　/293

第六章　明清时期的济南（下）　/349

第七章 近代时期的济南（上） /397

第八章　近代时期的济南（下）　/451

概　览

　　济南北跨黄河、南倚泰山，是山东省省会和全省的政治、经济、文化中心，是黄河流域三大中心城市之一，素有"泉城"美誉和"海岱都会"之称。济南市现辖历下、市中、天桥、槐荫、历城、长清、章丘、济阳、莱芜、钢城 10 个区和平阴、商河 2 个县。它位于山东中部，北接京津冀，南连长三角，东承环渤海经济圈，西通中原经济区，是多个国家战略经济区的交会点，是中国（山东）自贸试验区、国家新旧动能转换起步区，是华东地区沟通南北、串联东西的区域中心城市和国家重要的交通枢纽。济南是黄河流域唯一沿海省份的省会，黄河流域生态保护与高质量发展重大国家战略的实施，为这座千年古城架构出更加壮阔、更加美好的未来。

　　济南是国家级历史文化名城，拥有悠久的历史和灿烂的文化。早在八千多年前的后李文化时期，就有先民在这片土地上繁衍生息。从后李文化到北辛文

化、大汶口文化，再到龙山文化，济南的文明化进程连续而清晰，它是中华文明的重要发源地之一。商代大辛庄遗址和张马屯遗址的发掘，说明今济南地区是商朝在东方的重要据点。周代的谭国，地处齐、鲁之间，扼控山东半岛至中原地区的交通要道，具有重要的战略地位。秦统一后，在齐郡设平陵县，济南地区融入中华文化一体化的进程。汉初置济南郡，郡治在东平陵，开启了济南城市规模发展的进程。西晋时期，郡治迁至历城，为济南的发展增添了新的动力。宋代，济南由州升府，在全国的地位进一步提升。至明清时期，济南为山东省会，成为山东的政治中心。

水生泉，泉生文，文育济南。济南人杰地灵，名士辈出，涌现出了扁鹊、邹衍、终军、伏生、房玄龄、李清照、辛弃疾、张养浩、边贡、李攀龙、李开先等众多历史名人，"济南名士多"已成为济南一个响亮的文化名片。

济南是中国近代历史上较早自开商埠的城市之一，从而较早开启了城市的近代化转型。近代工商业的兴起，使济南成为中国重要的商贸名城，其经济地位大大提升，济南也由山东的政治中心逐渐演变为山东的政治、经济、文化中心。

济南是红色文化的沃土，是国内共产党早期组织创建最早的六个城市之一，有丰富而独特的红色文化资源。解放战争时期，莱芜战役扭转了山东战局，被誉为"运动战的光辉范例"；济南战役揭开了人民解放战争战略决战的序幕。济南也是中国共产党成功接管执政的关内第一个省会城市，为南下作战和新中国成立做出了突出贡献。

济南是一座美丽的城市，"家家泉水，户户垂杨"，有"泉城"的美称。山清水秀，湖光山色，形成了"一城山色半城湖"的独特城市风格。山、泉、湖、河的生态链，孕育了济南的生态之美，使济南饶有山河雄秀，又有雅致韵趣，是江北地区少有的山水园林城市。

一、海岱之间：济南的地理位置

济南市位于山东省中部，雄踞于泰山与渤海之间，周边与德州、滨州、淄博、泰安、聊城等市相邻，地势南高北低，具备山地丘陵和平原多种地形地貌。经纬度大致为北纬 36°40′，东经 117°00′，属典型的温带季风气候。济南的地理位置，具体可以从"济水之南""海岱都会""山左名府"三个层面来认识。

（一）济水之南

济南位于黄河下游，河水从济南西南部的平阴县入境，一路流向东北，最终从济南市济阳区与章丘区交界处流出境。人们不禁要问，济南明明是在黄河之南，为什么叫作"济南"呢？

济南之名，最早见于西汉时期设立的济南郡。由于这一地区在当时位于"济水之南"，故命名为"济南"。济水与黄河、长江、淮河并称"四渎"，

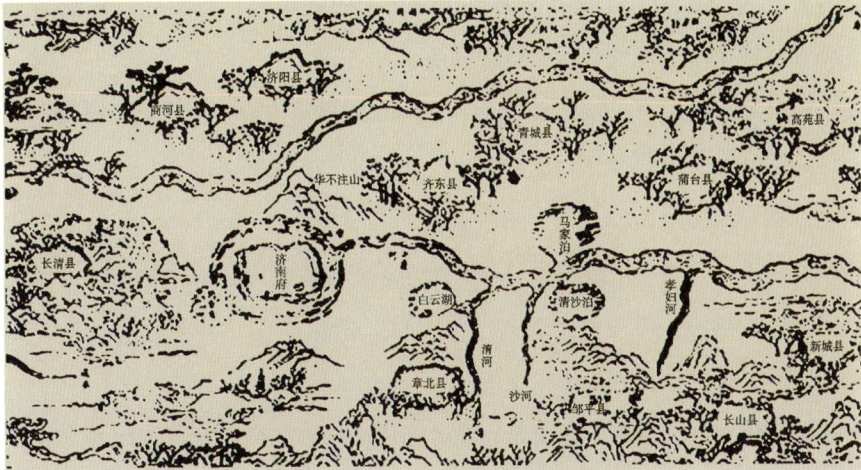

《济水图》济南部分（采自 [清] 傅泽洪《行水金鉴》）

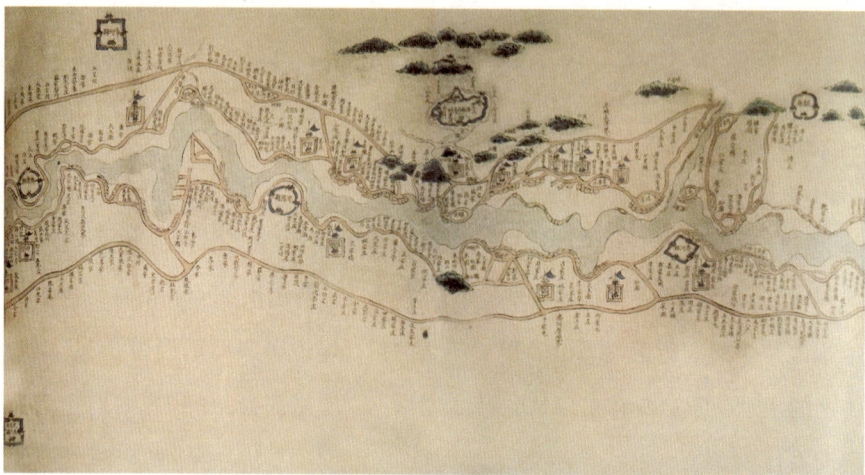

［清］光绪《山东黄河图》济南部分

根据《水经注·济水》记载，南北朝时期的济水，流经今泰安市东平县后，北过谷城县（今属平阴县）西。后又北上经过临邑（今属东阿县）东，向东北流至卢县（今属长清区）北。此后济水向东北流经今济南城区，过台县（今属历城区）北，再经东平陵所在的今章丘区流入今滨州市境内。唐代诗人杜甫《陪李北海宴历下亭》诗中有"东藩驻皂盖，北渚凌清河"的诗句，宋人曾巩《华不注山》诗中也提到"虎牙千仞立巉巉，峻拔遥临济水南"，都明确描述了济南城与济水的位置关系。

据《水经注》的记载，济水由西南向东北贯穿济南全境，流经路线与今黄河几乎一致。唐代以来，济水山东段逐渐改称大清河。那么，济水、大清河是如何在地图上消失了呢？这主要是因为清咸丰五年（1855），黄河在河南铜瓦厢决口，黄河下游河道北移，侵夺了济水故道即大清河的河道，最终在利津注入渤海。贯穿济南的大清河河道（济水故道）为黄河所代替，但"济南"之名沿用至今。

如今的黄河，如同一条玉带，横卧在济南城的北部边缘，继续哺育着这个历久弥新的城市。2003 年，济南提出"北跨"战略，希望将城市建设延伸至黄河以北地区。2019 年 3 月，《济南城市发展战略规划（2018—2050

年)》（征求意见稿）提出，2025年济南"北跨"战略将取得突破性进展，城市建设从"大明湖时代"迈向"黄河时代"。如今，济南融入黄河流域生态保护和高质量发展重大国家战略，新的腾飞已经开启。

（二）海岱都会

如果说"济水之南"是济南的直接定位，"海岱都会"则是将济南放到整个山东省内进行观察。

《尚书·禹贡》云"海岱惟青州"，意思是说泰山和渤海之间的地区是青州。在泰山与渤海间的古青州地域内，济南无疑是一个中心。从大的地理单元来看，济南堪称"海岱都会"。这也就是为什么古人在描述济南地理位置时，往往以泰山、海洋为坐标的缘故。

济南位于泰山北侧，唐代诗人李邕在《登历下古城员外孙新亭》诗中提道："太山雄地理，巨壑眇云庄。"宋代诗人苏辙在《寄济南守李公择》诗中也写道："岱阴皆平田，济南附山麓。山穷水泉见，发越遍溪谷。"从古至

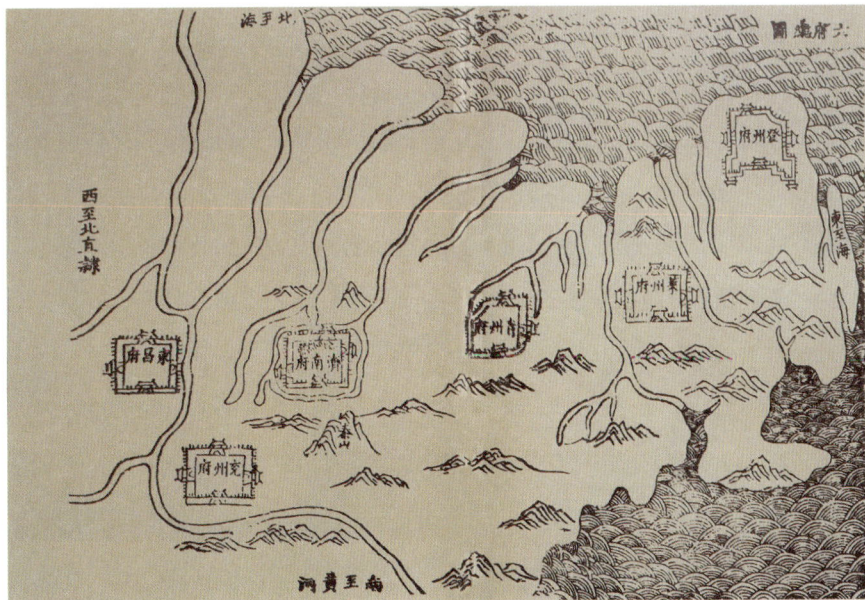

《六府总图》中济南府的位置（采自［明］崇祯《历城县志》）

今，人们在讨论济南时，往往会联想到大海。宋人曾巩在济南为官时，曾在《仁风厅》一诗中写道："已散浮云沧海上，更飞霖雨泰山傍。"又有《北渚亭》一诗云："午夜坐临沧海日，半天吟看泰山云。"元人郝经《使宋过济南宴北渚》诗中有"城南倒插泰山脚，城北沈涵海气横"的描写，其在《灵岩道中》诗中也有"袖里还携泰山去，笔头又卷东海来"的诗句。清康熙《济南府志·序》曰："山东六郡，济南为之首，负山环海，沃野相望，自古称名区。"可见，泰山与大海皆与济南有着颇深的渊源。

从地理位置来看，济南地处泰山与大海之间。正如元代地理学家于钦在《历山》诗中所说的："济南山水天下无，晴云晓日开画图。群山尾岱东走海，鹊华落星青照湖。"所谓"群山尾岱东走海"描述的就是济南与泰山、大海的密切关系。

流经济南的黄河、小清河皆入渤海，从而加强了济南与海洋的直接联系。宋元以来，山东沿海的食盐，大多要通过大清河运输到济南泺口，在泺口存储检验，然后才能销往全国各地。金朝初年，刘豫开挖小清河，一条新的航道由

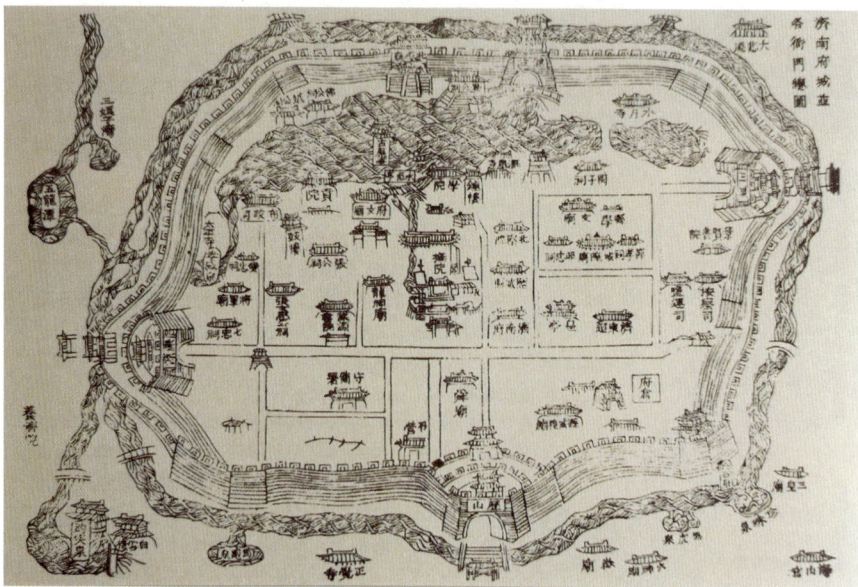

济南府城并各衙门总图（采自［清］道光《济南府志》）

泺口直通渤海。泺口作为水陆联运的码头，地位日渐突出。黄河、小清河两河并行，将济南与海洋紧密地连接在一起。清光绪十七年（1891）至十九年（1893），盛宣怀整治疏浚小清河，济南黄台逐渐发展成为新的海陆码头，此地至今仍然保留着盐仓码头的名字，述说着济南与海洋的不解之缘。

（三）山左名府

"山东"作为一个地理概念，最早出现在战国时期。当时，秦据关中，称崤山以东的地区为山东，泛指秦以外的六国领土。后来伴随着国家的统一，"山东"逐渐成为太行山以东地区的称呼。山东又称为"山左"，若以东面的海洋为参照系，则又可称为"海右"，杜甫"海右此亭古，济南名士多"（［唐］杜甫《陪李北海宴历下亭》）诗句中的"海右"，即来源于此。

以太行山为参照系的"山左"，所指代的地理范围笼统上讲就是华北平原，济南就在华北平原东南侧。因此，称济南为"山左名府"，较"海岱都会"有着更为宽广的地理视角。

我们该如何理解济南在华北平原乃至整个中国的位置呢？济南虽然位于

［清］王翚《康熙南巡图》中的济南府

华北平原之上，但属于华东地区，是连接华东与华北的门户，也是连接华东、华北和中西部地区的重要交通枢纽之一。济南境内主要有两个方向的铁路线：一是沟通山东东西部的胶济铁路、胶济客运专线和郑济高速铁路；一是贯穿南北的京沪铁路与京沪高铁。前者将济南与中原地区相连接，后者则将济南与中国大江南北相勾连，二者在济南地区结成铁路的十字路口，济南火车站在建成初期，一度是亚洲最大的火车站。济南还是全省公路网络中心和高速公路中心枢纽：京沪高速、京台高速、济广高速沟通南北；青银高速、青兰高速则横贯东西，并以此为基本点向外辐射至全国。

得益于特殊的地理位置和完善的交通网络，济南成为北连首都经济圈、南接长三角经济圈的中间地带，也是环渤海经济区和京沪经济轴上的重要交会点。从东西方向上看，济南还是环渤海地区和黄河流域中心城市之一。因此，称济南为"山左名府"，当名副其实。

（李贝贝）

二、 千年古城： 济南城市发展变迁的轨迹

济南有着悠久的建城史，是名副其实的千年古城。早在原始社会时期，这一地区就已经有人类居住，并孕育出繁荣的史前文明。商周时期，济南地区呈现多中心发展态势，奠定了此后济南地区城市布局的基础。汉初设济南郡，郡治东平陵城逐渐成为济南地区的中心，济南的城市发展变迁史也从此发端。西晋时期，济南郡治由东平陵城西迁历城。西移后的济南郡治所建在历下古城东，济南出现了"双子城"的格局。唐代后期，东城扩建，历下古城被包围在中间，形成了独特的"子母城"。宋代济南升府，明代济南成为省会，德王府亦建在城内。伴随着政治地位的上升，济南城市面貌发生着重大变化。这一时期，园林建筑兴起，济南朝着"城市园林"的模式发展。清末，胶济铁路、津浦铁路相继开通，清政府在济南城西自开商埠，济南的商业、交通区位优势更加明显，在政治中心的基础上迅速发展成为全省的经济中心和科教文卫中心，济南在保守与开放的交融中实现了近代化的转型。

（一） 远古至商周时期的济南

目前在济南地区发现的年代最早的新石器文化是后李文化，其年代约在公元前 6300 年至公元前 5400 年。济南地区的后李文化遗址分布在章丘、历城、历下、长清等地。在章丘城东北的小荆山遗址，发现一处较为完整的环壕，是济南乃至整个黄河流域所发现的年代最早的环壕聚落。约在公元前5400 年至公元前 4200 年，济南地区属于北辛文化分布范围。这一时期，济南发现的北辛文化遗址较后李文化遗址的密度小，主要分布在槐荫、长清、章丘、莱芜等地，地理空间上与后李文化的分布具有一致性。

约公元前 4200 年至公元前 2600 年的大汶口文化时期，济南地区出现了一个规模巨大、等级较高的城址：焦家遗址。焦家遗址位于章丘西北，是一

处包含夯土城墙、壕沟、居址、高等级墓葬等遗存的中心聚落。说明在大汶口文化中晚期阶段，位于济南的焦家遗址已成为一处具有政治、经济和文化中心意义的都邑性聚落，这对探究济南城市起源具有重要意义。此外，在大汶河上游的莱芜境内的汶阳遗址、嘶马河遗址等也为济南地区的大汶口文化分布提供了实物依据。

大汶口文化之后，济南地区进入龙山文化时期。在龙山文化发展兴盛的公元前2300—前2000年，被考古学者称为"龙山时代"。这时，黄河中下游和长江中下游地区普遍修筑城邑，形成了一个又一个都邑国家，中国古代文明演进到都邑邦国时代。位于今章丘城西龙山街道的城子崖龙山文化遗址是其中较大的城址，并且是山东龙山文化的代表。考古发掘和钻探结果表明，此时的城子崖龙山文化城址中已经有了发达的生产力和较为强大的公权力，是都邑邦国的核心。更加值得注意的是，小荆山环壕、焦家城址与城子崖龙山文化城址三者相距不远，在长白山西侧构成一个三角地带。从济南城市的发展历程来看，这一区域最先成为济南地区的中心。值得我们注意的是，新石器时期，济南境内宜居地区涌现出很多原始部落、城址，这奠定了后来济南地区城市空间分布的基础。

到了商代后期，济南已经成为殷墟以东商人的重要据点，大辛庄遗址就是这一时期的中心聚落之一，也是目前山东地区已知最大的一处商文化遗址。该遗址发现有大型宫殿（宗庙）基址、房屋居址、窖穴、墓葬、壕沟，以及带有铭文的青铜器、高等级玉器、占卜甲骨等重要文物，表明此地是一处等级较高，且与商王朝联系紧密的中心聚落。商王朝在这里已经设置了高级的行政长官和占卜人员，行政管理体系已比较成熟。经营大辛庄可能是商王朝东进军事战略的重要举措，伴随着商王朝的势力推进全潍河一带，大辛庄聚落逐渐衰落。

到了周代，济南成为"大东"的一部分。"大东"即周王朝洛邑以东，且距离较远的东部地区。《诗经》中有《大东》诗，描写的就是这一区域。《大东》诗的作者，相传是西周时期谭国的一位大夫，谭国就在今济南市章丘区城子崖一带。商王朝东征时，嬴姓的谭国被灭掉。商王朝在此地又建立了一个子姓的谭国作为据点。周王朝东征时，子姓谭国因降服周朝而保留下来。学者们普遍认为，城子崖遗址上层的周代城址，就是谭国故城。这一时期的济南地区，东面是齐国，南面是鲁国，两国中间并未形成一个新的中心区域，而是星罗棋布着很多小的国家，如位于今长清区的郕国、济阳的逄国、莱芜的牟国，济南地区呈多中心发展模式。

到了春秋时期，谭国为齐桓公所灭，济南地区大部分划入齐国的版图。齐国在附近修筑了平陵邑替代谭国，控扼山东半岛到中原地区的交通要道。重要的战略位置，为后来东平陵城的繁荣发展打下了坚实基础。春秋战国时期，在齐国的统治之下，济南地区还存在历下邑（今属济南市历下区）、卢邑（今属济南市长清区西）、平阴邑（今属济南市长清区孝里街道）、谷邑（今属济南市平阴县北）、嬴邑（今属济南市莱芜区北）等众多城邑。在郡县制施行后，这些城邑大多发展成为县治或重要的城镇，奠定了后来济南地区城市发展的基本格局。

（二）东平陵城与济南城市的规模发展

秦始皇二十六年（前221），秦朝在齐郡设立平陵县，县治在原齐国的平陵邑，即今章丘区东平陵故城。汉高祖六年（前201），析济北郡南部置博阳郡，治所在博阳（今属泰安市）。后博阳郡治所迁徙至东平陵县，因其地在古济水之南，遂改称为济南郡。"济南"作为一个地方行政区划的名称，由此登上历史舞台。济南郡郡治东平陵城，自然也就是最早的济南城。到此，济南地区结束了春秋战国时期多中心发展的态势，东平陵城成为地区性的中心城市，开启了济南城市规模发展的新时期。

两汉时期，东平陵城的身份不断变化。西汉高后元年（前187），吕雉立其兄长吕泽的儿子郦侯吕台为吕王，吕王的封地济南郡改置为吕国，国都在东平陵城。今东平陵故城东的洛庄汉墓就是吕台的最后归宿。高大的封土虽已不存，数量众多的陪葬坑、精美的高等级陪葬品，以及逾越礼制的墓葬

东平陵故城保护标志碑（孙涛 摄）

规模，述说着西汉初年吕国的繁荣。高后六年（前182），济南地区新设济川国，以刘太为济川王，东平陵城又成为济川国的国都。高后八年（前180），吕雉去世，济川国被撤除，济南地区又划归到齐国。汉文帝十六年（前164），济南地区从齐国分出，改置为济南国，刘辟光为首位济南王。汉景帝三年（前154），刘辟光参与"七国之乱"，兵败后自杀，济南国再次改置为济南郡，这一局面一直延续到西汉末年。刘辟光的陵墓，应该是危山汉墓。该墓葬位于东平陵故城南的危山之上，山北麓曾出土过数量众多的兵马俑，是西汉济南国辉煌的见证。西汉时期的东平陵城，是王朝东方重要的冶铁中心和手工业重镇，汉武帝在东平陵设立了铁官和工官。因汉初大儒伏生等人活动于此，也可视济南为这一时期汉王朝东部的一个重要的文化中心。

西汉末年，王莽取代汉朝建立新朝，济南郡改称乐安郡，仍以东平陵城为郡治。东汉光武帝建武五年（29），大将耿弇攻破东平陵城，东汉王朝于此再设济南郡，治东平陵。光武帝建武十五年（39），皇子刘康被封为济南公，两年后晋封济南王，于东平陵就封，济南国复置。汉桓帝永兴元年（153），济南王刘广去世，无子国除，济南国又恢复为济南郡。汉灵帝熹平三年（174），河间安王之子刘康被封为济南王，东平陵再次成为济南国国都。东汉末年，黄巾军起义波及济南国和东平陵，济南王被杀，城市亦受到摧残。曹魏黄初元年（220），曹丕受禅代汉建立曹魏政权，废除济南国，改为济南郡。齐王曹芳正始七年（246），立曹楷为济南王，复置济南国。西晋太康初，济南国再次改为郡，郡治东平陵改称平陵。由于这一时期动乱不止，东平陵城城市发展受到很大冲击。

经过多年的考古勘探和发掘，东平陵故城中的冶铁遗址区已经得到一定程度的认识，见证着两汉时期此地冶铁与手工业的繁荣。在故城遗址南北中轴线偏北的位置，考古学家还发现了规模庞大的一号建筑基址。根据出土遗物分析，该建筑大约始建于西汉中晚期，一直沿用到东汉时期，应为宫殿或官署建筑遗址。往日东平陵的辉煌与落寞，皆化作尘土，消失在历史长河之中。

（三）西迁历下使济南走上发展的快车道

经历东汉末年和三国时期的多次战乱，东平陵遭到严重破坏，生态环境也逐渐恶化。在东平陵城之西的历城（今属济南市历下区），据历山之下，地处东西交通要道，也是泰山西北侧南北交通的要冲，加之山水环绕，区位优势明显，于是在西晋永嘉年间，济南郡治从东平陵城迁至历城，开启了济南城市发展的新篇章。

历城原本是齐国的历下邑。西晋时期将济南郡治迁移到历城，并非迁至历下古城内，而是在历下古城之东扩大城垣，另建东城。以历下古城作为历城县的县治，新建东城作为济南郡的郡治，济南出现了独特的"双子城"结构。东西两城的范围，基本包括了今济南老城城厢的大部分地区。历水在历城和东城之间，直至金元时期，两城才逐渐合为一体。

南朝刘宋时期，延续旧制，以历城为济南郡郡治。永嘉九年（315），刘

北宋齐州政区图（采自《山东省历史地图集》）

宋政权从青州划出一部分作为冀州，安置渡河南下避乱的河北民众，州治设在济南郡治内。此时的历城，既是历城县的县治，也是济南郡郡治，还是冀州的州治，其地位之重要，不言而喻。黄兴二年（468），北魏军队攻克历城。次年，慕容白曜因功被封为济南王，济南郡再次成为济南国。由于北魏统治的地域内原有一个冀州，于是将在济南设置的冀州改为齐州，济南称齐州自此始。后来，北魏孝文帝命元修义为齐州刺史，并允许他重建东城，东城因此逐渐发展成为城市中心。随着济南城市的发展，出现了以使君林、房家园为代表的城市园林，这是济南城市发展繁荣的重要标志，也是济南城向"园林城市"发展的起点。

隋朝初年在地方上施行州、县两级行政区划。隋炀帝时改州为郡，唐初改郡为州，此后除安史之乱期间的十几年间改称齐郡外，直至唐末，济南一直称齐州。名称虽时有变化，齐州（郡）州（郡）治、历城县治却从未改变，一直在历城。唐宪宗元和十年（815），省全节县（原东平陵）入历城县，原全节城拆毁的砖石木材全部用于济南城扩建，济南城市发展迎来了一个新的阶段。原历下古城因城市扩建而成为城中之城，被称为"子城"，面积更大的东城便被称为"母城"。济南城由"双子城"格局，演变为"母子城"格局。

由于济南处在丝绸之路东端的交通要道上，又有济水这一重要水路，隋唐时期的济南快速发展。隋代神通寺成为皇家道场，唐代灵岩寺列为"四大名刹"之一，还诞生了义净法师这一得道高僧，使这一时期的济南成为王朝东部的一个佛教中心。

北宋前期，齐州是防御州，属于宋代六等州制中的第四等，地位并不高。但由于宋英宗即位前曾任齐州防御使，其即位后将齐州升为兴德军，齐州上升为第二等的节度州。宋徽宗政和六年（1116），为尊显英宗，又升齐州为济南府，济南在宋代州府中的地位显著提升。此时的济南，水陆交通完备，经济比较富庶，遥墙镇、历城镇、泺口镇、标竿口镇等都是大型市镇。加之济南距北宋都城汴京相对较近，是京师物资的重要补给地，对拱卫汴京有重要意义，这些因素都是齐州地位上升的重要原因。

曾巩对宋代济南城的规划和建设做出了很大的贡献。宋神宗时期，曾巩任齐州知州。他针对济南泉水众多、湖山泉林景观齐全的特征，对济南的城市景观进行了合理的规划与建设。在任上，曾巩治理大明湖水患，从百花洲向北修筑百花堤，将大明湖分为东西两湖，使济南水旱无虞。曾巩还在北城墙上建北渚楼，在百花洲建百花台，河湖之上先后修建起七座桥梁，大明湖东岸、南岸多处亭台楼阁拔地而起，大明湖俨然成为一个大的园林，引来众多文人雅士驻足交游。曾巩还在趵突泉附近修建园林，制作景观，提高了趵突泉的知名度与美誉度。曾巩对济南城建的规划，奠定了当今大明湖、趵突

泉的基本格局。

宋金鼎革之际，伪齐刘豫开挖小清河，使济南地区的水路交通更加完善，为日后济南成为重要的水陆联运码头创造了条件。

（四） 山东政治中心地位的确立

明代之前，山东地区的政治中心大多在青州。明朝建立后，设山东行省，治所也在青州。洪武九年（1376），朱元璋下诏改行中书省为承宣布政使司，为了加强对山东中西部和大运河的控制，明政府将山东布政使司的治所迁至济南，济南作为山东政治中心的地位得以确立。自此以迄今日，山东省会一直在济南。

为了实现省会的职能，济南城内新建了各个省级衙署，济南城的城市面貌发生了较大变化。洪武九年后，明政府在济南城内建山东布政使司、按察使司、都指挥使司，以及粮储道、东充道、海右道、驿传道等衙门，加上济南府、历城县等各级官署，计有 32 处之多。明宪宗时期，德王分封济南，大明湖南岸珍珠泉附近又修建起宏伟华丽的德王府，是当时济南府城内面积最大的建筑群。历代德王又繁衍出许多郡王，他们均于城内建筑府邸。此外，王府还有诸多属官，如长史、审理、纪善等，这些衙门建于德王府前。济南城内还设有济南府学文庙、阴阳学、医学、僧纲司、道纪司等，充分体现了其作为省会的政治型城市特色。

繁荣的城市生活加上得天独厚的山水环境，明清时期的济南城内出现了不少私家园林。如趵突泉侧的万竹园（又名通乐园，始于元代）、大明湖畔的小淇园、五龙潭旁的贤清园和五龙潭东流水街的漪园。德王府花园则是一处重要的皇家园林，当时称为"西苑"，著名的珍珠泉和濯缨湖就在园内。珍珠泉上建有渊澄阁，渊澄阁西是白云、观月两亭，从白云亭可以观看到濯缨湖。濯缨湖汇聚珍珠、散水、溪亭诸泉而成，面积有数十亩之大。湖北岸堆有假山，湖水自南而北绕过假山，经北墙下的水道汇入大明湖。德王府衰落后，"西苑"析为众多景观，依旧引来众多文人雅士。总体观之，明代的

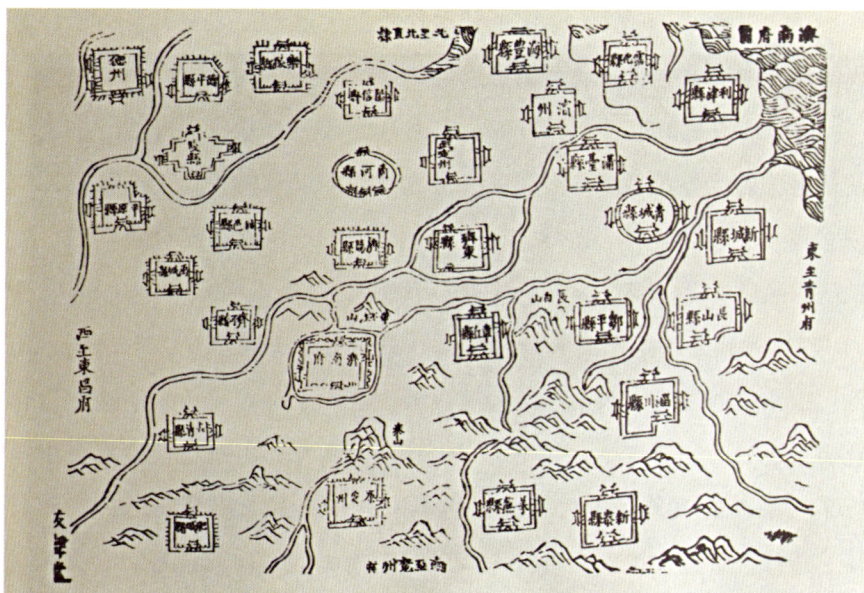

济南府图（采自［明］崇祯《历城县志》）

济南园林，已经融入城市的整体布局，在追求自然情趣的同时与城市浑然一体，出现了"城即园林"的独特风貌。

因为济南是省会、王府所在地，明朝济南地方政府对本地城池建设颇为重视。明代济南府城，早在洪武年间即已开始用砖石筑城，后又多次重修，规模蔚为大观。这一时期的济南还是一座军事重镇，靖难之役中，朱棣对济南城围攻多日而不下，最后只好绕开济南南下。清朝末年，为了防御捻军，咸丰十一年（1861）在济南府城外围又修筑了一圈圩子城和壕沟，后改筑为石圩。新修的圩墙、壕沟，与原有的济南府城城墙、护城河形成了内外两重防线。济南从此城、郭齐备，城市面积也扩大了一倍。

明清时期的济南，还是经济重镇，城内出现了一大批商铺，泺口镇作为水陆联运码头，经济十分繁荣。

（五）济南城市近代化的转型

清朝末年，中国迎来了李鸿章所说的"数千年未有之变局"。（李鸿

章：《因台湾事变筹划海防折》）正是在这一巨大的变局之中，济南顺应时代潮流，积极求变，开启了城市近代化的转型。

由于济南是山东省会，历任山东巡抚的改革都从济南开始，济南因政治地位的优势在很多方面开风气之先。洋务运动时期，丁宝桢在泺口创立官办山东机器局。光绪二年（1876），山东机器局建成机器厂、生铁厂、熟铁厂、火药厂等一系列厂房，并陆续安装设备。光绪三年（1877）正式开工生产黑火药。后又在章丘等地开采煤矿，解决燃料来源。山东机器局是山东第一个采用机器生产的企业，是山东制造业近代化转型之始。光绪二十六年（1900），袁世凯升任山东巡抚，在济南进行了一系列的改革，先后设立了教养局、工艺局，以及纺织厂、砖瓦厂、造纸厂等近代工厂，将济南城市的近代化继续向前推进。袁世凯主政时期，还在济南设立山东商务总局，努力振兴工商业。继任者周馥设立山东农桑总会，购置新型农具、改良品种、试用化肥等。设在济南的山东农事实验场，在改良农业方面做出了一定的贡献。

光绪二十七年（1901），袁世凯在济南创办山东大学堂，采用新的大学

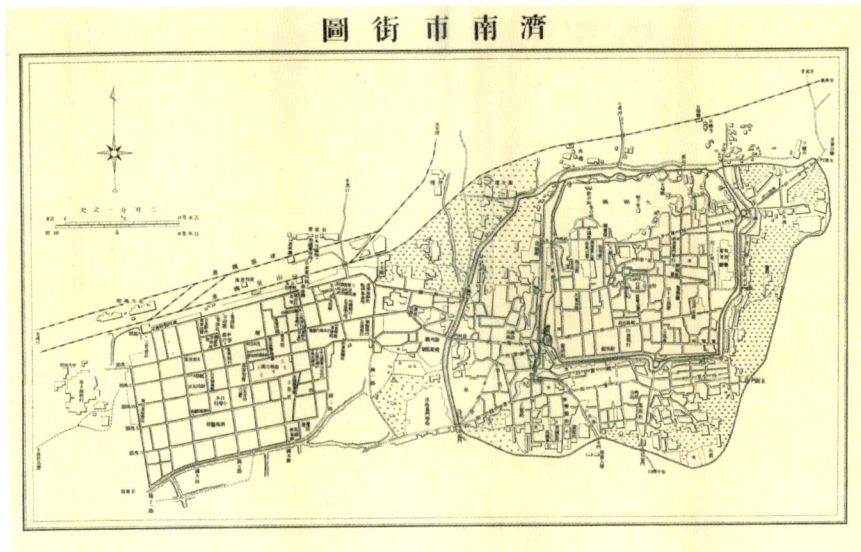

1920年济南市街图（采自《山东铁道旅行案内》）

管理制度，传授西式新学，这是清末新政时期全国成立最早的大学。光绪三十年（1904），山东大学堂搬迁至杆石桥西路北的新校区。该校区除教室、宿舍、食堂外，还设有图书馆、博物馆。继袁世凯之后，山东巡抚张人骏设武备学堂，培养近代军事人才；周馥于光绪二十八年（1902）设立师范馆，次年改为师范学堂，以图解决新式教育的师资问题。光绪二十九年（1903），济南设立省立专门医学堂，还在济南书院旧址创办了官立中学，新式小学也在济南普遍设立。至此，从初级教育到高等教育，从文化教育、军事教育、师范教育到医学教育，济南的新式教育全面铺开，教育体系实现了近代化转型。

光绪二十六年（1900）之前，济南就已经有了邮政和电报局，但直到光绪二十七年（1901）才设立了第一个正规的中国邮政局，光绪二十八年（1902）设电报局，光绪二十九年（1903）又设邮政副总署，济南的近代邮政电讯至此步入正轨。光绪二十九年（1903）周馥创办《济南日报》，成为济南最早的报纸。该年，济南工艺局创办抄录官方文书和政情的《简报》，济南商会创办济南最早报道商情的《济南商会日报》。周馥任山东巡抚后，裁撤旧军，于光绪二十八年（1902）在济南设警务局，又在光绪三十一年（1905）将巡警制度向全省推广，社会治安管理实现了近代化转型。

光绪三十年（1904），胶济铁路建成通车，将济南、青岛两大城市连接起来。济南作为胶济铁路的西端终点，迎来了发展机遇。为了应对胶济铁路开通后的一系列问题，济南于光绪三十年（1904）自开商埠，是我国较早自主开埠的内陆城市之一。府城西面建立起全新的、近代化的商埠区，允许中外商人自由贸易。为了维护国家主权，济南商埠区设立商埠总局，主管商埠区的基础设施建设、街道治安巡查、处理中外纠纷、收取相关税收等等，将商埠控制在中国政府手中。另外还对商埠区的土地进行垄断控制，使用者仅仅是租用。开埠后，商埠区交通改善、洋行林立，各类商业店铺鳞次栉比，工商业快速发展。民国元年（1912），京沪铁路的前身津浦铁路建成通车，在济南城西与胶济铁路相邻建站，济南因此成为山东东西、南北的铁路交通

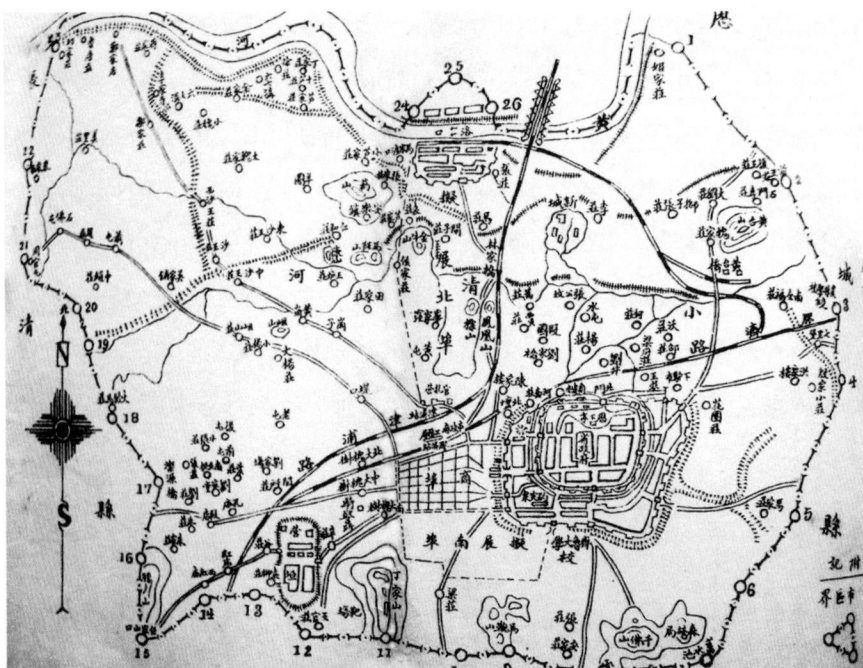

1930 年左右济南市区图

枢纽。便利的交通，进一步促进了经济的迅猛发展，济南作为山东经济中心的地位得以确立。

开埠以后，济南的科教文卫事业在原来的基础上更进一步。到清朝覆灭时，济南共有中等以上的学校 14 所，涵盖工、农、医、师、军、商等方面，这是济南近代发展的人才储备库。济南在清末共发行报纸近十种，图书馆、博物馆、西医医院渐次设立，济南成为山东省的科教文卫中心。

总之，城市近代化的转型，使济南由明清时期山东的政治中心，逐渐发展成为山东的政治、经济、文化中心。

（李贝贝）

三、 文化名城： 灿烂的历史文化

济南是历史文化名城，有着灿烂的历史文化。总体观之，济南的历史文化可以分为四大部分。一是以后李文化、北辛文化、大汶口文化和龙山文化一系列重要考古遗址为代表的史前文化。二是别具一格的名士文化。山水丰饶的济南孕育了一大批文化学者，并吸引着众多文化名人来此游历，汇成了济南的名士文化，丰富了济南文化的内涵。三是泉水文化。济南有"泉城"之美誉，泉水见证了济南历史的发展历程，泉水给济南增添了灵性，同时也丰富了济南人的生活。四是红色文化。1921 年春，济南共产党早期组织的创建，使济南成为国内共产党早期组织 6 个创建地之一。从五四运动、抗日救亡到解放战争，济南都扮演着重要的角色，在长期的革命斗争中，孕育出壮烈的红色文化。

（一） 河济文明与史前文化

黄河是中国的母亲河。黄河中下游的人河关系以及生态、环境的变迁，对中华文明进程产生了重大影响。今黄河下游济南段河道附近的多个城市的名称都是古地名，与济水有密不可分的关联，这充分说明了黄河与济水有密切的关系。

济水是受黄河影响最大的河流，由于济水今已不存，而文献中对河济关系的记述又纷杂歧义，使河济关系研究的难度大大增加。清代学者胡渭《禹贡锥指》提出的黄河五次改道以及对济水的论述颇具影响，清人傅泽洪的《行水金鉴》对黄河、济水的诸家之说进行整理汇编，对我们今天研究河济关系都具有重要的参考借鉴意义。

在中国古典文献中，河济江淮被称为"四渎"。文献中有"河济并流""济水入河""河夺济道""二河交会"的记述，这应理解为不同历史时期的

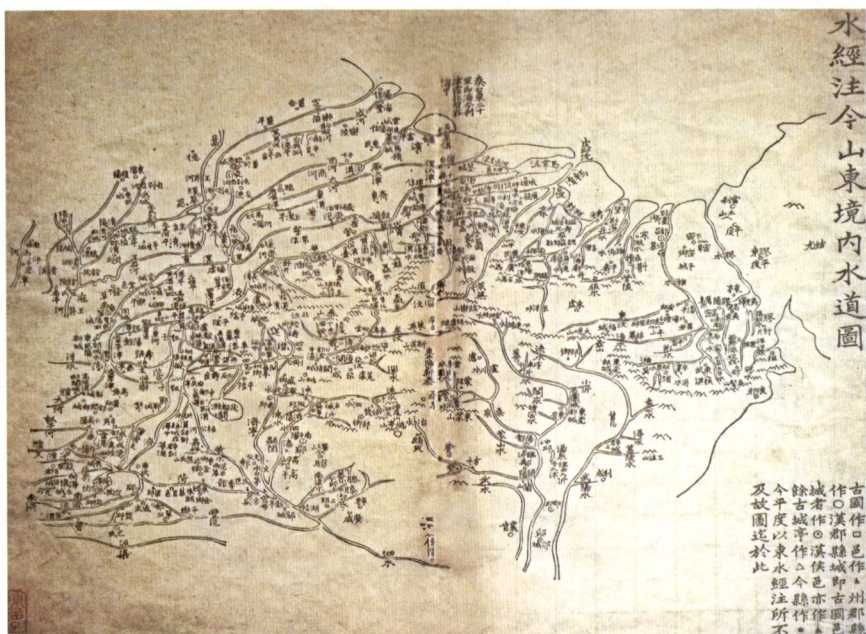

《水经注》今山东境内水道图（采自［清］光绪八年《山东郡县图考》）

河济关系。就是说，在历史上黄河、济水的河道是动态的，每个时期都有自身的特点和变化。济水由最初与黄河并流，逐渐变为在黄河南北摆动，并最终被黄河取代。《禹贡》称兖州："浮于济、漯，达于河。"传曰："济、漯两水名，以水入水曰达。"实际上是说济水、漯水与黄河是相通的。漯水作为黄河的支津，"东北迳著县故城（今属济阳），又东北迳崔氏城（今属章丘），又东北迳东朝阳故城南（今属章丘）由东北迳汉征君伏生墓南"，"今大清河自历城以东皆漯川故道。"（［清］胡渭：《禹贡锥指》）上述漯水流经地都属今济南地区。禹时，济、漯、河三者相通，清人朱长孺著《禹贡长笺》曰"占时济漯相通，汉以后遂不相属"，清人周希圣亦曰："由济而入漯，由漯而入河，《经》旨灼然也"（［清］胡渭：《禹贡锥指》)，从而明确了黄河与济水相通的关系。当代著名学者岑仲勉的《黄河变迁史》，否定了济水是"独流入海"的大河，提出济水的主河道是东周黄河正流的观点，尤其是南北济水为两条河的观点对当代学术研究颇具影响。著名历史地理学家史念海在《河山集》中提出："济水本不是一条不受其他河流干扰而独流入海的河流，它只是由黄河分流出的支津。"由此看来，在大禹时期，黄河与济水关系密切，黄河与济南有着不解之缘。

"从大的空间范围考虑，在早期的济水研究中，不能不考虑济水和黄河的关系，并将济水和黄河所经行的地区，称之为河济地区。"（张新斌等：《济水与河济文明》，河南人民出版社，2007年版）从地域文化的角度，河济地域的文明可称为河济文明。河济文明的基础是黄河文明，"河济"作为一个地域概念，是指黄河与济水并行经过的地区，从这个意义上讲，也可以说河济文明是黄河文明的一部分。

黄河和济水共同孕育了河济文明，古典文献中常常把河济并称，《史记·吴起列传》说："夏桀之居，左河济，右泰华，伊阙在其南，羊肠在其北。"这是指夏末王都的核心地区即今河南地区。《史记·郦生陆贾列传》说："今田广据千里之齐，田间将二十万之众，军于历城，诸田宗强，负海岱，阻河济。"这是已知文献中把黄河、济水、历城（今属济南）三者联系在一起的最早记载。

[清] 同治年间《黄河河工图》济南部分（今藏北京图书馆）

"历史时期的黄河主要是北流，所谓《山经》河、《禹贡》河、《汉志》河，主要是在天津入海"。（张新斌等：《济水与河济文明》，河南人民出版社，2007 年版）但济水的入海地却一直在山东。济南可视作济水一个地理坐标，既然存在黄河和济水交汇，济南就必然在河济文明带之内。由于济南在历史上的特殊地位，又决定了济南地区是河济文明的重心地区。

作为河济文明重心地区的济南，在远古时期有着清晰且连续的考古学文化序列。从后李文化到北辛文化、大汶口文化，再至龙山文化，济南地区在文明化的进程中不断演进。

约在公元前 6300 年至公元前 5400 年的后李文化时期，济南先民就已经创造出了较为先进的新石器文化，是济南早期文明进程的发端。目前，济南地区已发现后李文化时期的遗址十余处，东自章丘，西至长清，皆有分布。这一时期的济南先民过着群居生活，个体家庭和贫富分化还没有出现。在小荆山遗址中，考古学者发现了较完整的环壕，该遗址是黄河流域年代较早的环壕聚落，这或许可以称得上是"济南城"的原始阶段。

约在公元前 5400 年至公元前 4200 年，济南地区进入到北辛文化时期。泰沂山系南北皆有北辛文化分布，这说明一个文化内涵较为一致的海岱历史文化区至此初步形成，济南地区的新石器文化结束了孤立发展的状态，开始成为海岱地区史前文明演进中的重要一环。济南地区发现的北辛文化遗址密度虽然较后李文化小，但长清张官遗址的发掘，勾连起后李文化与北辛文化，表明北辛文化鲁北类型是由后李文化直接发展而来的，这也表明济南以及整个海岱地区的文明进程在这一阶段并没有中断。

继北辛文化之后，约公元前 4200 年至公元前 2600 年，济南地区进入了大汶口文化时期。这一时期出现了贫富分化和社会等级，聚落之间也出现了等级差别，一些地区甚至出现了规模庞大的中心聚落，如济南市章丘区的焦家遗址。考古学者在焦家遗址发现了大汶口时期的城墙、壕沟、居址和高级墓葬，出土了大量陶器、玉器。以焦家遗址为中心，附近的董东、董西、龙山二村等遗址共同构成了一个大汶口时期的聚落群，并在大汶口文化中晚期，发展成为一处具有政治、经济、文化中心意义的都邑性聚落。济南在海岱地区的重要地位，在这一时期开始凸显；海岱地区的史前文明化进程，也在这一时期出现了一次飞跃。

约公元前2500年至公元前2000年，济南地区进入龙山文化时期。龙山文化的命名地，就是今济南市章丘区龙山街道的城子崖遗址。龙山时期后期，黄河中下游和长江中下游地区普遍修筑城邑，形成了一个个都邑国家，济南城子崖龙山文化城就是其中一个较大的城址。考古发掘表明，这一时期的城子崖龙山文化城中，已经有了发达的生产力和较为有力的公权力，是都邑邦国的核心，济南地区也在这一时期进入到文明社会初期阶段。城子崖遗址中，发现了薄如蝉翼的蛋壳陶、外形似鸟的三足陶鬶和做工精良的玉礼器，在展现手工技艺的同时，还暗示着龙山文化存在鸟图腾崇拜和玉石崇拜的传统，这与东夷文化和礼乐文明有着密切关系。更加难得的是，城子崖遗址黑陶文化的发现，否定了"文明西来"说，对"上溯中华文化的原始，下释商周历史的形成"（张学海：《透视龙山文化的深厚内涵——城子崖遗址的最

20世纪90年代城子崖遗址发掘现场

新考古发现》）具有重要意义。

（二）名士文化

唐代杜甫在《陪李北海宴历下亭》中留下了"海右此亭古，济南名士多"的千古名句，名士文化成为济南的一张文化名片，蕴含着济南丰厚的文化底蕴。

济南之所以历史文化丰厚，一个重要的因素是出现了一大批历史文化名人。先秦时期，鲍山下有鲍城，即春秋时期鲍叔牙的封邑；今济南平阴县原有谷邑，是管仲的封邑。他们二人都是辅佐齐桓公成就霸业的智士能臣，留下了"管鲍之交"的美谈。战国时期，齐国稷下学宫聚集了大量学者，济南人邹衍是"阴阳五行说"的创始者，他的思想对后来中华传统文化中的地理观、哲学观有着重要影响。这一时期，济南地区还出了名医扁鹊，发明"望闻问切"四诊法和针灸疗法。他传授生徒，开创民间医学，成为中医的主要奠基人。

西汉时期，济南经学大师伏生在齐鲁之间讲学，口授《尚书》，对《尚书》传承谱系的建立做出了突出贡献。伏生后人伏理、伏湛、伏恭、伏无忌皆以经学显名，是当世名儒。汉武帝时期，"弃𦈡请缨"的终军，上《明堂图》的公玉（sù）带，皆是当时济南名士的代表。

魏晋南北朝时期，齐州刺史郑懿经常率领宾客在济南宴游。他们用莲叶盛酒，将莲叶柄与莲叶打通，众人轮流从莲叶柄中吸取酒水，颇有文人意趣，这也是文献记载的济南较早的文人交游活动。北齐乐陵太守房豹在北齐灭亡后归隐济南故里，修建园林，成为一代名士。北魏时期齐州刺史韩麒麟，隋代齐州别驾赵轨、齐州行参军王伽，都是名臣干吏，名重一时。

唐代，济南形成了名士群，房玄龄、秦琼、程咬金等，都为唐朝的建立立下了汗马功劳。诗仙李白在济南紫极宫正式受道箓成为道士。他还登华不注峰、游鹊山湖，在《古风五十九首》和《陪从祖济南太守泛鹊山湖三首》等诗文中写下自己的游历与济南美景。诗圣杜甫曾去平阴寻访张玠，留下

宋绘《易安居士三十一岁之照》　　辛弃疾画像（采自《辛弃疾集编年笺注》）

《题张氏隐居二首》。他与李邕的历下亭相会，更是文坛佳话。除了李白、杜甫外，寓居过济南的唐代诗人还有高适、王维、卢象、杜荀鹤等。这一时期也涌现出了济南本土诗人崔融、员半千、义净法师等。众多文人荟萃于济南，出现了诗歌创作上的一个亮点。

宋金元时期，齐州在文化方面取得了令人瞩目的成就，被称为"东方名郡"。这一时期的济南经济繁盛、风光秀美，名士欧阳修、曾巩、苏轼、苏辙都曾在济南留下足迹。对宋代学术颇具影响的"东州逸党"，其核心人物范讽，以及李冠、李芝都是济南人。泰山学派的孙复、石介也颇受"东州逸党"的影响。李清照的父亲李格非以文章受知于苏轼，为"后苏门四学士"之一。李清照为婉约派词人的代表，辛弃疾是豪放派词人的代表，李清照、辛弃疾在中国文学史上并称"济南二安"，是济南重要的文化名片。金元时期，济南还走出了著名散文家、诗人杜仁杰，政治家、文学家张养浩，元代第一位左榜状元张起岩。赵孟頫也曾仕宦济南，绘有《鹊华秋色图》这一旷世名作，对展现济南的山水之美发挥了巨大作用。

明代，文学史上"前七子"之一的边贡，被称为"济南诗派"的奠基

人；"后七子"领袖李攀龙，有"宗工巨匠"的盛誉。嘉靖时期，李开先被称为"词坛之雄将，曲部之异才"，名列"嘉靖八子"。万历时期，东阁大学士于慎行文学造诣极高，与冯琦、公鼐并称"山左三家"，明神宗称他为"文学之冠"。

清代，著名经学家张尔岐，有"山左第一醇儒"之称。王士禛与济南名士集会于大明湖水面亭，被称为"秋柳诗社"。周永年提出"儒藏说"，对《四库全书》的编订有着重要影响。他还开藉书园，被称为中国公共图书馆建设的先驱。马国翰著有《玉函山房辑佚书》，为清代辑佚学做出了突出贡献。

（三）泉水文化

济南有"泉城"的美誉，是一座与泉相伴相生的城市，形成了别具特色的泉水文化。

"家家泉水，户户垂杨"是清代著名小说家刘鹗在《老残游记》中对济南的描述。泉水遍布，把地处北方的济南点缀得十分清丽，也增加了这座城市的神秘和魅力。民国时期的旅游家倪锡英是最早称济南为"泉城"的人，他说："整个的济南城，是被包围在泉水的潜流中。这泉水，浸润着所有济南全城的大街小巷，使济南蒙着一重水色的纱，在古逸中显着清秀的意味。如果我们以东西来象征整个城市，那么济南该称为'泉之城'。因为泉水好像是济南的命脉，它使济南的景色美丽，使济南的生活柔和。"（倪锡英：《济南》，中华书局，1939年版）这应该是济南被称为"泉城"的最早出处。

济南的泉水有"甲天下"之誉。宋神宗时期，曾巩任齐州知州，对州治济南的泉水喜爱有加，他不无自豪地说："齐多甘泉，冠于天下。"（［宋］曾巩：《齐州二堂记》）现存山东最早的地方志《齐乘》也说："济南山水甲齐鲁，泉甲天下。"清乾隆年间山东按察使沈廷芳在《贤清园记》中则更明确地说："济南名泉甲天下。"

济南的泉，为数众多。元人于钦所著的《齐乘》中，根据金人的《名泉碑》记录了济南"七十二泉"。其实"七十二"并不是确指，是指济南泉水众多。清乾隆时文人盛百二在《听泉斋记》中说："历下之泉甲海内，著名者七十二泉，名而不著者五十九，其他无名者奚啻百数。"数百处天然泉水散布在整个城区，整个城如同泡在泉水里。

泉水记载着济南悠久绵长的发展历史。济南泉水的最早记载，可追溯到殷商时期甲骨文的"泺"字，表达的意思就是今济南的趵突泉。《春秋·桓公十八年》所载"公会齐侯于泺"，记述的是春秋时期鲁桓公与齐襄公在泺水相会之事。这是文献中济南地区最早的历史事件，也是与泉文化相关的一个重大事件。《诗经·大东》中有"有冽氿泉，无浸获薪"的诗句，描写的是周代谭国（今属济南章丘）泉水富丰的境况。从汉魏至明清，随着济南政治地位的提高，关于泉水的记载越来越多。北魏著名地理学家郦道元在《水经注》中这样描述趵突泉："泺水出历（城）县故城西南，泉源上奋，水涌若轮。"北宋曾巩《郡斋即事》有"绕舍泉声不受尘"的诗句，并在《齐州二堂记》中首次称泺水之源为"趵突"，这一名称沿用至今。清中期，康熙、乾隆南巡时多次来济南，康熙曾御笔"激湍"二字用以形容泉水的形态，乾隆更是为趵突泉题封"天下第一泉"。

泉水不仅润泽了济南，更增添了济南的灵性，使其山水之间透露出江南的灵动柔美。老舍说："济南的美丽来自天然……湖山而外，还有七十二泉，泉水成溪，穿城绕郭。"因为有了泉水，济南更加富有了灵性，泉水构成了这座城的核心要素与灵魂。1275 年，意大利著名旅行家马可·波罗曾到访济南，他在游记中写道："这个地方四周都是花园，围绕着美丽的丛林和丰茂的果园，真是居住的胜地。"印度著名诗人泰戈尔曾游历济南，写下了让无数人心向往之的诗句："我怀念满城的泉池，他们在光芒下大声地说着光芒。"

泉水已融入济南人生活的各个层面，丰富了济南人的生活内容。济南的泉水源自岩层深处，水质纯净甘美，是古代济南人的生活饮用水。因为泉多水丰，济南成为江北种植水稻的重要地区。李邕《登历下古城员外孙新亭》有"负郭喜粳稻，安时歌吉祥"的诗句，水稻是济南重要的粮食作

趵突泉观澜亭（清末法文明信片）

物。舜泉旁有舜祠，纪念大舜。趵突泉旁有娥英祠，纪念大舜的妃子娥皇、女英。民国时期，黑虎泉附近"建着一座黑虎庙，中祠黑虎泉神"。（倪锡英：《济南》，中华书局，1939年版）泉已融入了济南人的精神生活。如今，济南以泉水命名的街巷有30多处，乡镇、村庄有80多处，体现了自然与人文的融合。泉水文化已成为济南人文气质和城市品格最鲜明、最直接的表现形式。

（四）红色文化

济南是五四爱国运动发端最早、参与范围最广且持续时间最久的地区之一。第一次世界大战结束后，日本企图获得德国在山东的一切特权。1919年4月20日，山东各界万余人在济南召开"山东国民请愿大会"，誓死力争国家主权。5月2日，济南3000余名工人召开"收回青岛演说大会"。5月4日，"五四运动"爆发，山东各界在济南召开大会，致电巴黎和会上的外交人员拒不签字。次日，济南大中学校学生上街组织爱国演讲；工人们也组织起纠察队，上街抵制日货。7日，济南各界人士万余人在省议会举行了"五七"国耻纪念大会，齐鲁大学学生在会上发表《为力争青岛敬告全国各界书》。会后，驻济南大中学校成立"济南学生联合会"。21日，济南中等以上二十一所学校举行罢课，深入城乡开展爱国宣传，各地学生纷纷响应。

济南是国内最早创立共产党早期组织的六个城市之一。经过五四运动的洗礼，一批先进的知识分子率先觉醒。1919年夏，济南地区著名的进步人士、老同盟会员王乐平等创办齐鲁通讯社，并在社内成立了贩书部。贩书部在1920年扩充为齐鲁书社，宣传马克思主义和新文化运动。王尽美、邓恩铭在齐鲁书社的读书活动中，结识了一批向往共产主义的青年学生，并于1921年春建立济南早期党组织。1921年7月，王尽美、邓恩铭出席中共一大，12名中共一大代表，济南占其二。1922年7月，王尽美、邓恩铭等又赴上海出席了中共二大，并于8月在中共济南独立组基础上成立了中共在山东的第一个支部：中共济南地方支部。王尽美任书记，成员有邓恩铭等9人，播下了革命的火种。

济南是遭受日军侵略最早、最惨烈的地区之一。1928年5月3日，日本侵略者以保护侨民为名在济南向国民党军发动进攻，一万余名中国军民遭到屠杀，以蔡公时为首的

1948年9月24日，济南战役中解放军打开突破口（突破口处即现济南解放阁）

031

交涉人员，誓死捍卫国家尊严，不惧牺牲，最终被残忍杀害，这就是震惊中外的"五三惨案"。

抗日战争时期，特别是全面抗战时期，在中共山东省委组织领导下，济南共产党人，"脱下长衫到游击队去"，在全省各地发动抗日武装起义，并依托济南周边抗日根据地开展城市地下斗争，成为山东地区重要的敌后武装力量，为抗战的胜利做出了突出贡献。

解放战争时期，济南地区打响了莱芜战役和济南战役。1947年2月，中国人民解放军华东野战军在莱芜地区对国民党军进行大规模运动歼灭战。在陈毅、粟裕的指挥下，华东野战军以伤亡8800千余人的代价，歼灭国民党军五六万人，连同南线及胶济路东段的作战，共歼国民党军7万余人，解放县城十三座，使渤海、鲁中、胶东解放区连成一片。莱芜战役的胜利，对于扭转山东战局、粉碎国民党军重点进攻、加快解放战争的胜利进程，发挥了重大作用。1948年9月16日，济南战役打响。经八昼夜激战，以伤亡2.6万余人的代价，华东野战军歼灭国民党军10.4万余人（含起义2万余人），开创了人民解放军夺取国民党重兵坚守的大城市攻坚战成功的范例，揭开了人民解放战争战略决战的序幕，积累了大城市作战经验。

（李贝贝）

四、 美丽泉城： 济南的生态之美

20 世纪 30 年代末，二十多岁的散文作家倪锡英来到济南进行社会调查，他用通俗易懂、浅显质朴的语言写下《济南》一书。书中首次用"山、泉、湖、河"这四个字来概括济南的生态链和生态之美。该书认为：济南四周诸山涵养的水分，通过地层渗透到济南城，形成了城内诸泉。泉水汇流形成了大明湖，大明湖水满后通过北水门流出，成为泺水和小清河的水源。山、泉、湖、河的有机结合孕育了济南的自然之美。所以"济南，不但是饶有山河的雄秀，在雄秀中同时还富有美丽的韵趣。"（倪锡英：《济南》，中华书局，1939 年版）

（一） 今朝正见济南山

清代诗人王渔洋用"十万芙蓉天外落，今朝正见济南山"（［清］王士禛：《初望见历下诸山》）的诗句形容济南山之多；龙岭则用"济南之山天下奇，烟鬟云髻堆迷离"（［清］龙岭：《拟题赵松雪〈鹊华秋色图〉》）的诗句描写济南山之奇。更有人用"函、历诸山导其前，鹊、华群峰抱其后"（倪锡英：《济南》，中华书局，1939 年版）来形容济南的山势。

说到济南的山，最为著名的当属历山。今天济南市的行政区划中有历下区和历城区，足见历山历史文化积淀之深厚。《尚书》有"舜耕历山"的记载，据说舜所耕之山就是济南的历山。到隋朝开皇年间，随着佛教在济南的兴盛，历山上开凿了许许多多的佛像，因为这个缘故，人们又称历山为千佛山。由于"千佛"这个名字十分通俗，更能贴近市民，所以"千佛山"这个俗称便逐渐取代了"历山"这个雅称。晚清文人孙点《历下志游》曰："历山，在历城县南五里。一名舜耕山，古有舜祠。隋开皇间，因石作形，镌成佛像，故又名千佛山。"

20 世纪 30 年代的千佛山（从城下南望）

　　千佛山因离城较近，逐渐成为城内市民的游览胜地。随着济南城区的不断扩大，千佛山距城越来越近。明代诗人刘敕《千佛山》诗曰："数里城南寺，松深曲径幽。片湖明落日，孤嶂插清流。云绕山僧室，苔侵石佛头。洞中多法水，为客洗烦愁。"（［清］乾隆《历城县志》）至清代，千佛山距济南城只有二里多地。清代诗人田雯在《同郭广文登千佛山》诗中说："出郭二里余，雨晴叠嶂晓。杖策只缓行，不知入林杪。"（［清］田雯：《古欢堂集》）到今天，济南城的发展日新月异，千佛山已经成为城内之山了。

　　千佛山是济南三大名胜之一，每天进山的游客络绎不绝。"春秋佳日，裙屐往游，山径甚平，颇可安步。"（［清］孙点：《历下志游》）进入千佛山山门，是整齐的石盘道，石道两边的树木格外青郁。拾阶而上，不久就是唐槐亭。亭西有一古槐，传说唐胡国公秦琼曾拴马于此，故称"秦琼拴马槐"。

　　由唐槐亭上行不久，便是"齐烟九点"坊。"齐烟九点"四字为清道光年间历城知县叶圭所书，取李贺"遥望齐州九点烟"之意。济南，旧称齐州，登山到此，可见齐州远处的山峦，远远望去，像云烟一般。"九"字是个约数，表示多的意思。清人王贤仪《辙环杂录》曰："（华山）与鹊山东西列，合卧牛、金舆、标山、药山等山为九山。石黑色而坚，若浮置者，皆生石花，与泰山同，所谓'齐烟九点'也。"民国时期的李子全在《济南城北九名山记》中罗列了九座山，即匡山、鲍山、药山、金牛山、鹊山、华山、黄台山、凤凰山、卧牛山，可作为一说。如今，"齐烟九点"坊周围秀木楚楚，遮天蔽日，加之城内高楼大厦林立，在此坊已看不到所谓的"齐烟九点"了。

从"齐烟九点"坊沿西盘道攀援而上不久，可至"云径禅关"坊，寓意此地已临近佛寺。转过此坊，便是兴国禅寺的西门。兴国禅寺，又名千佛寺，是千佛山的主体建筑。该寺创建于隋朝开皇年间，因山崖上凿有众多佛像，故称"千佛寺"。唐朝贞观年间千佛寺扩建，改称"兴国禅寺"。西门两侧嵌刻"暮鼓晨钟惊醒世间名利客，经声佛号唤回苦海梦迷人"的对联，

历山院西门（20世纪30年代）

传为清代济南秀才杨兆庆所书。进寺向东为天王殿，两侧塑护法神四大天王像。殿南摩崖上有隋代造像，崖下有观音洞、龙泉洞、极乐洞、黔娄洞、吕祖洞。再向东为二重院落，院落内有大雄宝殿，殿内正中为释迦牟尼塑像，端坐莲花宝座之上，肃穆庄严。

兴国禅寺东为"历山院"，建于山腰悬崖下，是为纪念舜耕历山而建。院内南崖之下，有三圣殿、舜祠、鲁班祠、碧霞祠。院落错落有致，院内乔木楚楚，绿树成荫。内有一览亭，取北眺城内可一览无余之意。道光《济南府志》曰："一览亭，旧志云：在千佛山石岩下。额曰：飞尘不到。"李戴《一览亭记》曰："一览亭，初建佛寺前，为积雨倾坏，因山腰隙地，移旧亭而新之。公余登此，坐翠微中，可以涤洗尘襟。而凭槛一览，则民瘼历历目前也。"

千佛山山顶有赏菊阁。济南有阴历九月九赏菊的风俗。《辙环杂录》曰："登山北望，云树万家，湖山一览，秋日赏菊尤佳。"清代诗人姚鼐《登千佛山顶》诗中有"高寒不可留，归来泛秋菊"的诗句，表达了登山赏菊因山高天冷而不可久留的遗憾。

山顶又有望岱亭，谓站立山顶南望，可见东岳泰山。而登高北望，远可见黄河如匹练，曲折东流；近则是万家灯火，一览无余。民国时期李子全在《山东省城南关外千佛山游记》描写其登千佛山顶所见情景说："余缘径而登，直达千佛绝巅。双峰颉颃，一平一峭，平非巨平，仅能建亭；峭非陡峭，亦能通径。伫立西巅，北顾黄河奔流，巨舟帆影，可达渤海；南望泰岱峻立，山峰巍峨，矗连云霄。"诚为山巅远眺的生动写照。

游千佛山为一大快事。清人陈德征与友人同游千佛山后，写下《游千佛山记》，叙其游历经过说："出南门而东，缓步徐行五里许，至山麓。拾级而登，路旁翠柏浓阴，清风淡荡，凉气逼人。石壁上佛像不可指数。入寺，从殿后迂回攀跻，阶级愈峻。峭壁下有佛洞、黔娄洞，又有龙洞，下有水。再上，境愈高而心愈静，复下至南厅，凭栏四望，其西则日将落，红霞灿烂，与山之苍岩绿树相辉映。列于前者，有鹊华诸山，所谓'齐烟九点'也。省

从黄河泺口大桥眺望鹊山（20 世纪 30 年代）

城雉堞楼阁如在几下，城北黄河如匹练，曲折东流，树外风帆隐约可见。少坐饮茶，不觉星斗满天，凉风拂拂，远望渺茫无际。于是相与步月下山，同游有吹洞箫者，声震林谷，童冠亦解歌咏，此唱彼和，少长同乐。"登山之趣，跃然纸上。

千佛山之外，济南的鹊山、华不注山也别具一格，很有特色。

鹊山位于黄河北岸，与华不注山遥望相对。山下有扁鹊墓，相传是战国时期名医扁鹊采集药材的地方。明代诗人王象春在其《鹊山》诗序中说："鹊山独出大清河北岸，苍平远迤，盖郡城朝山也，旧名谓扁鹊故里，故名。"金代文学家元好问在《济南行记》中说："鹊山每岁七八月间，乌雀群集其上，故名鹊山。"

鹊山不高，远远望去，犹如一个翠绿的丘阜。明代历下十六景之一的"翠屏丹灶"，即是指鹊山。明代刘敕《历乘》曰："大清之干，鹊山峙焉。远望之若万垒云屏。陟其巅则巉岩峭壁，如苍龙脱骨，而中有纬萧甃甓，居

037

然扁鹊烧丹处也。南望群峰，缥缈抹黛，浮青偃翠，出有入没。俯瞰大清，渔舟贾艇，映带日月。飞鸿翔鹤，远视盘空。秋波动地，无殊广陵涛也。海门东区，浩渺奔腾，与天无际，故宇宙之大观也。"鹊山上旧有鹊山寺、鹊山亭，今已不存。

华不注山，又名华山，位于济南城东北部，地处黄河以南、小清河以北。华不注山的得名，顾炎武在《山东考古录》中说："华不注，伏琛《三齐记》云：'不'，音跗，读如《诗》'鄂不韡韡'之'不'，谓花蒂也。言此山孤秀，如花跗之注于水也。"

传说战国时期齐晋鞌之战中齐顷公兵败，逃跑时其乘坐的战车被华不注山的树枝挂住，因此华不注山又名"金舆山"。鞌之战是齐晋争霸的重要战役，其发生具有很大的戏剧性。据《左传·成公三年》记载：晋国的郤克出使齐国，郤克的腿残疾，齐国就找了一位同样腿残疾的人接待郤克，并让后宫的女官在一旁隔帷观看取乐。郤克认为自己受到侮辱，在心中埋下了报复的种子，这就是鞌之战的导火线。不久，齐、晋两国的军队在鞌这个地方对阵，齐军被晋军打败，齐顷公退至华不注山附近，被晋军追赶，围着华不注山跑了三圈。其护卫逢丑父换下齐顷公的衣服，冒充齐顷公，并佯使齐顷公下山取水，齐顷公借此得以逃脱。其后，济南人在华不注山建忠祠以纪念逢丑父。明代王象春《回车涧》诗曰："帷观一笑惹烽烟，郤帅兵车满添川。逐北三周华不注，至今草树尚连蹇。"

华不注山，平地突起，景色壮美。北魏郦道元在《水经注》中描述说："单椒秀泽，不连丘陵以自高；虎牙桀立，孤峰特拔以刺天。青崖翠发，望同点黛。"

华不注山独特的壮美景色，自古以来受到文人骚客的青睐。唐朝大诗人李白称赞华不注山说："兹山何峻秀，绿翠如芙蓉。"（《全唐诗》第三册）在唐宋八大家之一曾巩的眼中，华不注山是"虎牙千仞立巉巉，峻拔遥临济水南"。（[宋]曾巩：《南丰先生元丰类稿》）元代诗人郝经写有《华不注行》诗，其中曰："意气不欲随群山，独倚青空迥然立。平地拔起惊扆颜，剑气劲插

华不注山（20世纪30年代）

青云间。"（[元]郝经：《陵川集》）明代诗人张经酷爱游历，一生登览了众多
名山，当他来到华不注山时，感慨地说："壮游历览名山多，蜿蜒突处生嵯
峨。未有此山起平地，孤标直与云相摩。"（[明]张经：《半洲稿》）明代于慎
行更是发出了"齐都多名山，此山独邈绝"的感叹。（[明]于慎行：《谷城山
馆诗集》）

近代政治家、思想家康有为登临华不注山后，盛赞其美曰："然山水之
美，皆不如华不注也。"康有为被华不注山的独特景色所陶醉，甚至还以华
不注山为中心，做了建设济南新城的规划。他在《新济南记》中说："但开
一新济南，尤美善矣……诚宜从黄台桥通驰道于华山前，以华山为公园，稍
缀亭台，循花木，先移各学校于山前，驰道间设一公会堂，为吏士公会之
所。徙酒楼闾女其间，因人情之宴乐，藉以开辟之，则游人率而来。车马杂
沓，咸愿受一廛而为氓，乃为之限定园宅之制令，宅地必方十丈以外，宅必

039

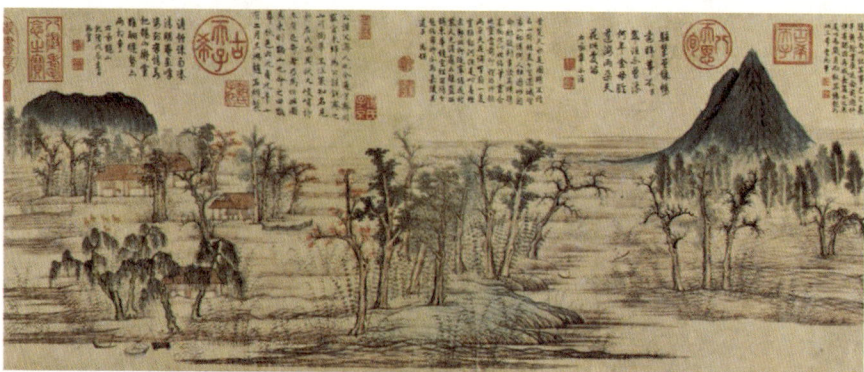
［元］赵孟頫《鹊华秋色图》（今藏台北故宫博物院）

楼，瓦必红，宅式不得同，庶几青岛之闳规美观焉。不十年，新济南必雄美冠中国都会。"康有为的美好设想在当时并未实现，如今华山片区的开发日新月异，我们有理由相信，"济南必雄美冠中国都会"的美好愿望，在不远的将来必将实现。

鹊山、华不注山之所以名扬四方，与元代画家赵孟頫的《鹊华秋色图》有密切关系。这幅在中国美术史上具有重要地位的画作，对宣传济南的山水之美起到了极大的推动作用。赵孟頫在至元二十九年（1292）出任同知济南路总管府事，在济南任上，兴学校，平冤狱，做了不少有益于百姓的事情。元贞元年（1295）赵孟頫借病乞归，回到故乡吴兴，并结识了在吴兴的济南籍文学家周密。周密虽祖籍济南，却从未到过济南，对济南的风土人情了解甚少。但出生在江南且生长在江南的周密，却总以济南人自居。其诗集《草窗韵语》署名"齐人周密公谨父"。晚年则自称"历下周密"，他在《齐东野语》中说："余世为齐人，居历山下，或云华不注之阳……余故齐，欲不齐不可。"为了聊慰周密的思乡之情，赵孟頫给周密讲述济南的山水之美，并为其绘制了《鹊华秋色图》，其画中题记曰："公谨父（周密）齐人，余通守齐州，罢官来归，为公谨说齐之山川，独华不注最知名。"

《鹊华秋色图》展现的是济南鹊山和华不注山周边秋天的景色。鹊山、华不注山地处大清河沿岸，山势俊秀，景色秀美。两山之间是辽阔的平野和湿地，错落分布着各种树木。树叶已经发黄，散发着秋天的气息。简陋的村舍茅屋前，几只山羊在悠闲地觅食；水边数叶扁舟，缓缓行驶，舟上渔翁或撑篙，或收网，画面真实地反映了当时鹊、华之间大清河沿岸济南人生活的情景。

《鹊华秋色图》问世后，备受追捧，歌咏《鹊华秋色图》的诗作数不胜数。赵孟頫的好友张雨，以纪事诗的形式将这段文坛佳话题写在画上，诗中描写鹊华景色说："鹊华秋色翠可餐，耕稼陶渔在其下。"甚至一些不能亲临济南游历的人，也能从《鹊华秋色图》中感受济南的山水之美。清代诗人蒋征蔚《题鹊华秋色图》诗曰："明湖秋水明如练，我在江南不能见。鹊华山色郁苍寒，我向吴兴画里看。"

（二）家家泉水，户户垂杨

济南被称为"泉城"是当之无愧的，南宋张邦基的《墨庄漫录》记载说："济南为郡，在历山之阴。水泉清泠，凡三十余所，如舜泉、爆流、金线、真珠、洗钵、孝感、玉环之类，皆奇。"这是宋代文献中所见济南名泉的数目和名称。其后，济南有"七十二泉"之说。清人王钟霖《历下七十二泉考》曰："历下泉称七十有二，未知名自何时。宋李文叔有《历下水记》，元于钦《齐乘》云：'泉名七十有二，见《名泉碑》。'"宋代李格非的《历下水记》今已佚，是否记载七十二泉不得而知。金代济南出现的《名泉碑》，不知立碑者何人，碑亦坏毁不见，幸运的是《齐乘》将《名泉碑》所记的"七十二泉"记录了下来，这就是济南七十二泉的来历。

人们之所以习惯上称济南"七十二泉"，除金代《名泉碑》的因素外，还与晏璧和郝植恭两人有很大的关系。明代永乐年间，山东按察司金事晏璧，为济南七十二泉中的每一泉咏一首七绝，合称为《济南七十二泉诗》。清道光年间时任济南同考官的郝植恭，又作《济南七十二泉记》。自此以后，济南"七十二泉"之说，名扬天下。

济南众多的泉水中，以趵突泉、金线泉、珍珠泉、黑虎泉较为著名，它

们各有千秋，又以趵突泉最为著名，有"天下第一泉"的美誉。

趵突泉，位于济南老城西南，先秦文献中称为"泺"，春秋时期鲁桓公"会齐侯于泺"（《左传·桓公十八年》）即此。趵突泉由地下泉水经岩隙自然上涌，三穴并涌，蔚为壮观。

至宋代，泺源始称趵突泉。曾巩《齐州二堂记》说："（渴马）崖以北至于历城之西，盖五十里，而有泉涌出，高或至数尺，其旁之人名之曰趵突之泉。"这是文献中首次出现"趵突泉"之名。自此以后，趵突泉的名声越来越大，前来游览的人越来越多。北宋时期，齐州知州刘诏曾取《诗经》"觱沸槛泉"之意，称趵突泉为槛泉，并在泉边建有槛亭。宋代文学家苏辙有《槛泉亭》诗，曰："连山带郭走平川，伏涧潜流发涌泉。汹汹秋声明月夜，蓬蓬晓气欲晴天。"清代诗人董芸在《槛泉亭》诗序中记述说：苏东坡曾游槛泉亭，在槛泉亭壁上写下"枯木一枝"并题名。后来刘诏将苏东坡的字刻在石上，放置在安遇堂。金朝大定年间，禹城王国宝得到此石，徙置远尘庵。明靖难之役时，济南遭遇战火，槛泉亭被焚，东坡写在槛泉亭壁上的墨迹亦随之不存，但禹城王国宝所得石刻被保留了下来。

趵突泉虽有槛泉的别名，但人们习惯上仍称之趵突泉。元代著名画家赵孟頫作有《趵突泉》诗曰："泺水发源天下无，平地涌出白玉壶。谷虚久恐元气泄，岁旱不愁东海枯。云雾润蒸华不注，波涛声震大明湖。时来泉上濯尘土，冰雪满怀清兴孤。"（［元］赵孟頫：《松雪斋集》）金代文学家元好问《济南行记》描写趵突泉说："泉，泺源水也。山水汇于渴马泉，洑而不流，近城出而为泉。好事者曾以谷糠验之，信然。往时漫流才没胫，故泉上涌三尺许，今漫流为草木所壅，深及寻丈，故泉水出水面才二三寸而已。"也就是说，趵突泉本来上涌三尺多高，由于附近积水越来越深，涌出水面部分显得越来越小。

趵突泉喷涌的水积多后，向北流入大明湖。宋代时，在城的西门建有一桥，名泺源桥，是京师洛阳至东方临淄、青州要道上的重要桥梁，著名文学家苏辙有《齐州泺源石桥记》。桥名泺源，桥下之水自然是泺源水，也就是趵突泉喷涌的泉水了。

趵突泉泉池（清末德文明信片）

至明代，趵突泉始有"第一泉"之称。晏璧《趵突泉》诗曰："渴马崖前水满川，江心泉迸蕊珠圆。济南七十泉流乳，趵突独称第一泉。"（［明］刘敕：《历乘》卷十九）趵突泉旁立有"第一泉"石碑，清人王钟霖有《第一泉记》，其文曰："济水源自王屋，伏流至济南，随地涌泉，不止七十二也，而趵突为最。天下名泉，扬子第一，惠山第二，长白麟见亭先生谓趵突泉可与二泉仲伯。吾郡唐际武先生云：'吾行几遍天下，所谓第一、第二泉者，皆不及吾济诸泉，惜陆羽未品之耳。'夫泉之著名，在甘与清。趵突甘而淳，清而冽，且重而有力，故潜行远而蠹腾高，若水晶三峰，欲冲霄汉，而四时若雷吼也。噫！异矣。毛海客云：'济南名泉七十二，独有趵突称神功。'又云：'鸣乎，此泉洵第一，碑记尝读曾南丰。'则趵突泉实为第一，因名为'第一泉'。"

因趵突泉水涌三穴，人们俗称之为"三股水"。明代乔宇《观趵突泉记》曰："泉凡三穴，其出喷高尺许，珠沫大涌。"清代的一些游记中也对三穴格外关注。王培荀《趵突泉记》描绘说："城南趵突泉最奇，平地喷涌

043

直上，并列者三，各高四五尺，轰然雷震。龙湫之瀑布，奇在悬空而下，此奇在正出也。"康熙年间，浙江才子怀应聘应山东巡抚徐旭庵之邀，来到济南游览，即兴写下《趵突泉记》，其中曰："泉有三穴，中间相去不数十步，其水自三穴中涌出，……并势争高，不肯相下。喷珠飞沫，又如冰雪错杂，自相斗击。"这正是明清文人常常以"三股水"代指趵突泉的原因所在。

清代，趵突泉旁的人文建筑逐渐增多。著名诗人施闰章称赞说："其楼榭亭馆之美，烂若霞起，宾燕咸集，凭栏周瞩，仰而见山之青，俯而见泉之洁。"（［清］任弘远：《趵突泉志》）蒲松龄曾作有《趵突泉赋》，赞美曰："海内之名泉第一，齐门之胜地无双。"（［清］蒲松龄：《聊斋诗集》）

珍珠泉位于今济南珍珠泉大院。珍珠泉以其泉水"化珠万斛"（［清］刘风诰：《存悔斋集》）而显名。珍珠泉大院原是元代山东行尚书省、知济南府事张荣的府邸。明宪宗成化年间，又被德王朱见潾扩建为德王府，是当时济南最大、最华美的建筑群。清康熙五年（1666），又将明德王府改为山东巡抚衙门。清代文人王贤仪《辙环杂录》曰："济南抚院署规模宏深，林泉擅胜，为天下院署第一。盖明之德王府，康熙、乾隆间为巡幸行宫，前列朝房，后有宫门、后宰门。署内正门常闭，东有阅武厅，可操三营，武乡试于此校射伎。西为珍珠泉，万珠累涌。"民国时期李子全《山东省政府内珍珠

趵突泉来鹤桥（1904年德文明信片）

珍珠泉泉池北的游廊亭榭（〔澳〕莫理循 摄于清末）

泉记》曰："西有巨池，广约数方亩，四面置有铁栏，泉水由池底升腾，参差错落，如泻万斛珍珠，故名曰'珍珠泉'，为济南四大名泉之一。"官署与园林有机结合，成为一方名胜。

珍珠泉奇观，吸引了无数文人骚客的到来。金代诗人雷渊《济南珍珠泉》诗曰："大地万宝藏，玄冥不敢私。抉开清玉罅，浑浑流珠玑。"明代吴节《珍珠泉》诗曰："半壁贮溶溶，清寒地脉通。窦萦珠串小，沙喷水晶融。"（〔明〕刘敕：《历乘》卷十九）

清代旅游家王昶写有《游珍珠泉记》，其中曰："泉从沙际出，忽聚忽散，忽断忽续，忽急忽缓。日映之，大者为珠，小者为玑，皆自底以达于面，瑟瑟然，累累然。"（〔清〕王昶：《游珍珠泉记》）清陈德征《济南游记》称"泉出山而清，水含珠而媚"。蒲松龄来济南参加科举考试时，观看珍珠泉，写下了《珍珠泉抚院观风》诗，称赞珍珠泉曰："稷下湖山冠齐鲁，官寮胜地有佳名。玉轮滚滚无时已，珠颗涓涓尽日生。"

1942 年的黑虎泉（赫达莫里逊 摄）

　　黑虎泉位于济南老城东南隅，因附近有黑虎庙，故称。明代诗人胡瓒宗曾从黑虎泉路过，被泉水景观深深吸引，写诗赞美曰：“济水城南黑虎泉，一泓泻出玉蓝田。雪涛飞雨随河转，云液流云到海边。杨柳溪桥青绕石，鹭鸶烟水碧涵天。金汤沃野还千里，春满齐州花满川。”（［明］刘敕：《历乘》卷十九）至迟到民国时期，黑虎泉周边得到人为整治，“黑虎泉适当城壕崖下，水从上面流下来，汇成一个方池，在池边边上有三个石刻的龙头，泉水刚好从龙嘴里流出，向池里倾泻。水势很急，好像三朵小瀑布，终年不断的激流着发出潺湲的声音。在池内，有许多鱼儿来往游翔，有点像西湖的‘鱼乐园’。池上现在建着一座黑虎庙中祠黑虎泉神。”（倪锡英：《济南》，中华书局，1939 年版）如今，黑虎泉已成为环城公园的一部分，池边的三个龙头也被三个虎头替代，成为市民游览和接取泉水的重要地方。

　　在济南，不论是天旱还是天雨，天热还是天寒，一年四季，总有清冽的泉水。泉水好像是济南的命脉，它使济南的景色美丽，使济南的生活柔和，也让济南这座北方的城市多了些清秀。

（三）　一城山色半城湖

大明湖位于济南老城北部，面积几乎占老城的一半。"四面荷花三面柳，一城山色半城湖"是其生动的写照。清人孙点《历下志游》曰："大明湖在城内西北隅。发源于泺城五龙潭侧，合濯缨、珍珠诸泉暨城中各水，汇为巨浸，占郡城三之一。秋荷方盛，红绿如绣，清芬扑鼻，似游香国。湖光浩渺，烟水迷离，鼓枻其中，有吴儿洲渚之想。亭台掩映，风景绝佳。"

大明湖不同于一般的湖，它完全是济南诸泉的泉水汇流而成，其水质自非其他湖可以比拟。道光《济南府志》称：大明湖"恒雨不涨，久旱不涸"，又有"蛇不见，蛙不鸣"之奇。民国时期李子全在大明湖畔居住，经过数月的考察，终于找出了其中的原因。他说："余居湖滨，经数月之久，详察之。湖水北注，则出城外而入小清河矣，水有宣泄之处，故恒雨不见甚涨；且湖之发源，尽系泉水，泉水流恒，故久旱不枯；蛇或能见，蛙实不鸣，诚为湖中之最奇焉。"（李子全：《山东省垣名胜记》）这也许就是大明湖的魅力所在吧。

大明湖最初叫"历水陂"，意为历水汇集而成的池塘，广义之则为历城泉水汇成的池塘。因历水陂内多莲，又被称为莲子湖（一说莲子湖为鹊山湖）。唐段成式《酉阳杂俎》称："历城北二里有莲子湖，周环二十里。湖中多莲花，红绿间明，乍疑濯锦。又渔船掩映，罟罶疏布，远望之者，若蛛网浮杯也。"至于大明湖之名始于何时，不得而知，从已知文献看至迟在北魏时已有此称。郦道元《水经注》云："大明湖西即大明寺，寺东、北两面侧湖。"这是已知文献中最早出现大明湖名字的。清人王贤仪《辙环杂录》记述说："谓之'明湖'者，取'水木明瑟'之意。湖侧初有大明寺，故谓之'大明湖'。"清人孙点《济南志游》亦曰："大明寺在大明湖上，寺东、北两面侧湖，水成净池。池上有客亭，左右楸桐，负日仰俯，目对鱼鸟，水木明瑟，洵胜境也。"

到北宋时，城区在湖的东面，湖在城区的西面，因此人们称之为"西

大明湖风光（清末德文明信片）

湖"（一说曾巩曾修百花堤，堤东称东湖，堤西称西湖）。当时齐州知州曾巩曾作《西湖纳凉》诗，描写的就是大明湖。诗曰："问吾何处避炎蒸，十顷西湖照眼明。鱼戏一蒿新浪满，鸟啼千步绿荫成。虹腰隐隐松桥出，鹢首峨峨画舫行。最喜晚凉风月好，紫荷香里听泉声。"（［宋］曾巩：《南丰先生元丰类稿》）熙宁年间，苏辙也曾游览西湖，并写有《西湖》二首。他在济南做官的朋友李诚之，被调任到河间，朋友们在西湖上为其送行，苏辙一时兴起，写下了《和李诚之待制宴别西湖》诗，由此可见，在宋代，西湖是大明湖的习惯叫法。

宋金以后，人们习惯上仍称之为大明湖。金人元好问在《济南行记》中说："水西亭之下，湖曰大明，其源出于舜泉，其大占府城三之一。秋荷方盛，红绿如绣，令人渺然有吴儿洲渚之想。大概承平时，济南楼观，天下莫与为比。"其所作《临江仙》又有"荷叶荷花何处好？大明湖上新秋"（［金］元好问：《遗山乐府》卷中）的词句。元代著名文学家张养浩亦有《大明湖泛舟》诗多首。明清时期，"明湖泛舟"更成为历城八景之一。以扁舟

大明湖局部（采自 1927 年《亚东印画辑》）

凌波，深入湖上，舟在湖中，人在画中，风味别有不同。

　　大明湖的景色，美不胜收。明代山东提刑按察使李裕，政事之余，流连山水间。他在《游大明湖记略》中说："济有七十二泉，汇为明湖，由北水门注于济。湖占城内地三之一，延亘长堤，堤旁多柳。堤上跨七桥，以通诸泉之流泄。棋布于中，若洲、若渚、若沚，若淑者以百数，为历下胜概……登舟列坐，随流曲折，悠漾柳阴中，而丝竹管弦之声洋洋盈耳。时清风徐至，荷香袭人，心凝形释，与万物冥会，恍若身在阆苑、蓬莱间。"清代旅游家孙点描绘说："大明湖在北城隅，周围约十余里。波清似镜，亭台掩映，风景宜人。渔者就中间以芦苇，舟行曲折，不致一览无余。红白莲花，点缀有致；柳枝荷叶，垂荫全湖；青翠之光，与水争色。抬眼南望，悠然见山……自四月至于八月，游人不绝，而最盛于七月间，盖香风袭人，纳凉为妙，夕阳西下，过客尤多。"（〔清〕孙点：《历下志游》）民国时期旅游家倪锡英的描写则更加细腻，他说："大明湖秀美的景色，如一幅天然的图画般罗

历下亭外围画舫（采自1929年《亚细亚大观》第五辑）

列着。在那充满着古意的小市街的后面，港泊交叉间，一片绿芦丛生着，几艘游船时常在芦苇丛划过，风声水声，如同奏着一种轻快的乐调。在岸边向北望去，湖心的平面上笼着一层淡淡的烟，淡烟中，可以看到树枝上一团一团的模糊的绿色，和那一角古式的亭台，倒映在湖面上，同水光漾成一片。"

（倪锡英：《济南》，中华书局，1939年版）

今天的大明湖，已辟建为公园，成为人们游览观光的好去处。在大明湖湖心岛上，有著名的历下亭。亭内有清乾隆皇帝的御碑，门上有"海右此亭古，济南名士多"的对联。这是杜甫的诗句，由清人何绍基书写。清代旅游家陈德征与友人同游大明湖历下亭，其《游济南大明湖记》曰："荡漾湖中，拍拍随鸥凫而往。但见芦苇垂青，荷花送香，四望如一，湖光潋滟，中有鱼数尾，随波浮沉，游泳自得，足见天机活泼，便是天理流行发见之妙处。由是至湖心历下亭，亭外回廊曲槛，花木幽深，清风徐来，香气袭人衣袖。且多士女游观，笙歌沸起，雅调清声，闻之令人心醉，乃知圣人所以放郑声者此也。由是登楼远望，城内万家烟火，云树苍茫。重檐画栋，如在目前。又见楼台远山，倒影入于湖中，尤觉见所未见。"民国时期李子全描写历下亭曰："状貌巍峨，矗立数仞，大有可观。亭内有乾隆题碑，词字双绝。清季鹾使李兴祖重葺斯亭，又于亭西建轩三楹，以便游客憩饮。且院外怪柳，浓荫蔽日，名人骚士，多就柳下垂钓。亭院四面际水，芦苇绕水丛生，水清澈底，苇密蔽人，明湖之景，以此为优，故为'明湖八景'之冠，为游览者必赏之胜也。"（李子全：《历下亭记》）

从历下亭乘船东去，穿过一片湖水便来到汇泉寺。汇泉寺实是大明湖的一个小岛，以诸泉汇流，由此北往，故曰汇泉寺。寺在湖之东南，三面邻水。其东有堤，约五十步可以到达岸边。"寺外三面皆湖，湖中莲花盛开，蒲苇纵横，清波无际，远混天碧，而采莲之船又复出没于杨柳亭台之外。"（［清］陈德征：《游汇泉寺记》）夏日舫咏其间，"夕阳初下，清风徐来，文宴方终，卷帘垂钓，其风景不减西子湖边也"。（［清］孙点：《济南志游》）

汇泉寺向北，是南丰祠，纪念宋代齐州知州曾巩而建。曾巩，字子固，江西南丰人，世称"南丰先生"。他在济南为官期间，规划城建，美化城区，曾两次疏浚大明湖，对大明湖乃至济南的建设做出过巨大贡献，后人追念他的风德，便在大明湖上建专祠纪念。"祠居大明湖北畔汇波楼前，远吞山光，近枕湖波，门额书'曾南丰先生祠'，院内有西厢南舍，为看祠者所居。北有祠堂三楹，内设神阁，阁内立曾公牌位。阁前案上，仅列炉烛，别无陈物，有清高之遗风。东建一亭，四面水绕，夏季莲开，宜于纳凉。西筑平台，登台瞭望，南有湖景满目，北临城垣雉堞。台为晏公庙故址，与张公祠为邻。台上有一古松耸立，高数寻，周数围，夏时能蔽炎日，游者多就荫观景。湖水南来，直贯院中，建立木桥，作达亭之径。水再北注，经汇波楼，由汇波楼下出城外，而入小清河矣。"（李子全：《游曾南丰先生祠记》）这是民国时期李子全居济南时看到的情景。

历下亭西面，舟行不远，是纪念明代兵部尚书铁铉的铁公祠。

铁公祠是一处传统园林庭院，位于大明湖北岸，院有南北二门，乘船可由南门而入，登陆则可自北门而进。"地势甚幽，回廊复道，风景

良佳。背负城隅，千佛诸峰，掩映在目。"（［清］孙点：《历下志游》）
"中有亭，高数仞，内列石桌石座，以便憩息，红柱石栏，大有可观。"
（李子全：《游铁公祠记》）西廊门两边墙壁上镶嵌有清山东提督学正刘凤
诰撰、山东巡抚铁保书写的楹联"四面荷花三面柳，一城山色半城湖"。
铁公祠大堂内祀铁公，祠前为小沧浪亭。"沧浪荷韵"为大明湖旧八景
之一，亭四周荷花盛开，清香弥漫，使小沧浪韵味十足。1926年，军阀
张宗昌将铁公祠毁损，欲在其址自立生祠，未及动工，被革命军逐出。
革命军北伐成功后，山东省政府主席陈调元下令将之重建。今日之铁公
祠，即为民国时期所重建。

在大明湖北岸偏东，有一高台，名北极台，台上有阁，是为北极
阁，又称北极庙。

北极台始建于北宋。北宋熙宁年间，齐州知州曾巩疏浚西湖（即大
明湖），湖泥堆积，形成高阜。曾巩在高阜上建亭，称北渚亭。元代至
元年间，始在高阜上建真武庙，内祀真武。明德王朱见潾在正殿之北增

大明湖北极阁（采自1929年《亚细亚大观》第五辑）

建净乐宫，供奉真武父母。庙东有感应井，庙西有月下亭。北极庙及周边建筑，古朴典雅，错落有致。"至北极庙，庙前阶级高数丈，可揽全湖之胜。拾级而登，远望满城楼阁出没于烟树中，城外远山如黛，湖上游人放荷灯浮水面，若星光萤影随波荡漾。"（［清］陈德征：《月夜游大明湖、北极庙记》）

民国时期李子全《游北极台记》曰："大明湖北岸，有北极台，俗称北极庙。台高数仞，阶三十八级，登之伫立，南面而望，近则湖光潋滟，碧接阶前；远则山势峥嵘，青排闼外，城郭烟树，一览无际，台上前面东西两边，均有茶楼。每届夏时，名人骚士，就此乘凉，清风飘飘而益人，湖莲亭亭以吐秀，静雅清爽，水甘花香，游人至此，乐而忘返。"北极庙旁边，便是济南老城的北门，称为"汇波门"。大明湖的水由北水门流出，与济水汇合，弥漫无际。元初在北门上建有汇波楼，又称会波楼，张养浩有《重修汇波楼记》。大明湖水汇入北门，因出口变窄，两边形成回流，傍晚时分，夕阳西下，形成"汇波晚照"的景观。明朝时"汇波晚照"为历下十六景之一。"汇波楼居省垣艮位，汇波门上。济南内城，南面高而北面低，诸泉水聚于北城，则成大明湖。湖水由北门输泄，故称'汇波门'。建楼于上，因名'汇波楼'。观此楼，腾蛟起凤，檐牙高啄，翼然波上，矗接云霄，诚历下第一楼也。"

百花洲是大明湖的一大景观。"百花洲在鹊华街中间路南，曲水亭北端，南有百花桥卧波，北望鹊华桥峻立，居曲水、明湖之间，柳岸荷池，红碧现彩……惟逢夏秋，池莲盛开，清流贯注，楼阁匝绕，临岸观莲，能畅心怀；藕阴垂钓，诚属乐境。若置天霾，水天一色，洲边楼舍，映照水内，状似沉没，宛然如海市蜃楼，人称济南多佳境，良有以也。"（李子全：《百花洲记》）百花洲莲叶田田，地极幽静，明代文学家李攀龙曾在此修建白雪楼。后明代诗人王象春居济南时，自号鹊湖居士，购得百花洲李攀龙故居，筑问山亭，但仍用白雪楼旧额。古代百花洲一带有百花泉，百花洲盖因兹泉得名。洲上旧有百花台，又名南丰

台，今百花台已圮，百花泉已没，看不到李子全所描绘的景致了。

大明湖上古人留下遗迹众多，除上述外尚有百花堤、百花桥、鹊华桥、北渚亭、天心水面亭、藕神祠、超然楼等。由于年代久远，多有损坏，在20世纪中期大半只剩下一个遗址，只能供人们凭吊而已。近来重建了藕神祠、超然楼等，亦可鉴今怀古，不失为景观，为大明湖增色不少。

（四） 清济浊河以为固

黄河滔滔向东流向大海，为济南增加了豪气；小清河萦回若带，又给济南增添了秀气。如今，随着济南北跨规划及建设的加速，小清河乃至黄河已是穿城而过，成为城内河。除黄河、小清河外，在历史上济南还有济水、大清河、泺水较为著名。所以济南不仅是一座拥有山、泉、湖的城市，也是一座拥有众多河流的城市。

说到济南的河，不能不说到济水。济水发源于河南省济源市的王屋山，东流至定陶进入山东境内，历史上山东境内的济阴（今属山东鄄城）、济宁、济南、济阳皆因济水而得名。

济水在中国古代水系中具有重要地位，在很长一段时期内，济水、黄河在济南北并流经过，东去入海。济水是清的、河水是浊的，故有"清济浊河"（《韩非子·初见秦》）之说。

济水在上游水量并不丰沛，但进入济南后，水量突然增多，成为济南北面一条著名的大河，这主要是济南众多泉水注入济水的缘故。据郦道元《水经注·济水》的描述，济水在今济南地区主要有六个支流。自西而东分别是玉水、泺水、华水、巨合水、芹沟水、百脉水。

玉水，今称玉符河，以玉符山而得名。南部山区的锦阳川、锦绣川、锦云川等三川之水，在仲宫一带汇合，经党家庄一带，于丰齐东北流入济水。因玉水途经古祝阿邑，当地百姓又称其为祝阿涧水。

泺水，源于趵突泉。因泉旁有舜妃娥英庙，故又称娥英水或娥姜水。泉水上涌后，从古历城西向北和历水相汇。历水源出舜泉，其水北流，因附近有历祠，故称历水。泺水、历水相汇后向北，流入大明湖，然后出北水门注于济水。元好问《济南行记》曰："大明湖由北水门出，与济水合。"入济处被称为泺口。泺水是济水在济南地区最重要的支流。

济水向东流经华不注山下时，又被注入华水。华山下有华泉，发源于华泉的河流称为华水。华水北流，与听水汇流，然后注入济水。

济水从华山向东至台县（故址在今济南市章丘区西北），又被注入巨合水。巨合水之东是巨合城，北流与关卢水相汇，又西北流至平陵城又与武源水汇流，位于今历城王舍人一带的白泉水也流入巨合水。由此看来，巨合水实际上是巨合城周边众多泉水汇流形成的一条河，北流注入济水。

济水过台县向东，又有芹沟水注入。芹沟水源于台县（故址在今济南市章丘区西北）故城东南，西北流注入济水。

济水再向东流，到达菅县古城（故址在今济南市章丘区西北）时，又有百脉水注入。百脉水即今绣江河，因其源头为百脉泉，故称百脉水。百脉水东北流，注入济水。

由上述可知，济水的济南段，支流众多，水量激增，在济南发展史上具有重要的地位。明代国子祭酒、礼部右侍郎许成名在《小清河记略》中附记说："夫济水经纬济兖之墟千余里，派析条分，驱而之道，俾生民无水之虞而反滋其利。"黄河与济水，同为济南的母亲河。

在东汉时期，黄河在河南决口改道，从滑县东北流，经河北、山东入海，本是与黄河并行东流的济水，则因黄河改道而注入黄河，于是位于济水下游的今济南地区就看不到济水了。济水入黄后，泰山脚下汶水的一部分顺着原来济水的水道东流至济南，与泺水相汇，至迟在唐代人们称之为清河。之所以称之为清河，可能是基于济南有"济清河浊"之说，黄河是浊的，而与之并行东流的济水是清的。如今原来济水河道里流淌的已不是发源于河南济源的济水，而是源于泰山脚下的汶水的一部分，为了和济水相区别，人们称之为清河。同时济水流经清邑（今属济南市长清区），这也应是清河命名

的一个重要的因素。到南宋时期，为了与新开凿的小清河相区分，又称清河为大清河。但人们习惯上仍称清河为济水，故出现了清河、大清河、济水混称的现象。

大清河之形成，文献多有记载。元代于钦《齐乘》曰："大清河，古济今汶。《水经注》：'济枯，渠注巨野泽。泽北则清水。巨野，今梁山泊也。北出为清河。'"康熙《济南府志》"大清河"条下曰：《旧志》云："即济水故道。古济今汶，济水伏流不见。汶水自泰安出者，由故道自宁阳界至汶上、东阿、长清、齐河界，入历城北。经上泺桥北，泺水、响河入焉。又东北迳华不注山阴。又东经下泺堰，泺水旧入济处。堰南即小清河。又北迳济阳、齐东、武定、青城、滨州、蒲台、利津入于海。此盐贾通舟之处。"《辙环杂录》曰："大清河即春秋之泺水，发源鱼山，一曰'吾山'，'吾'音'鱼'，陈思王闻梵音处也。经齐河县东门外，汇泰山下撅山一带山水，绕济南城北十二里洛口镇，达利津入海，俗称'盐河'，以运盐水道也。"由此可知，大清河是济南的重要航运水道，特别是从海滨通过大清河运盐至济南，再由济南辐射到周边地区，对济南经济的发展具有重要意义。

明代方文《济水歌》曰："所谓大、小清河非济水，乃是汶泺二水相合并。汶水发源泰安州，行五百里始入漕河流。泺水发源趵突泉，行十八里即与汶水连，二水合为大清河。"（方文：《盦山集》）明代诗人王象春有《济水》诗，其诗序曰："（济水）今名大清河，源自泰山下折而南，折而西，而北，乃折而东焉。亘延千里，横穿全齐，不附江河，独流入海，是以得列四渎。至济一望，如天之所以限东西，泱泱大国之风于此可见。"（［明］王象春：《齐音》）清咸丰五年（1855），黄河决口，大清河水道被黄河所夺，变成了今天黄河的河道。于是，昔日的大清河不见了，其河道内流淌的是充满泥沙的黄河水。如此一来，大清河变成了黄河。从某种意义上讲，济水、大清河、黄河对今天的济南而言，其实是一条河道在不同时期的不同称呼而已。

小清河是对济南发展具有重大意义的一条河。其干流自济南西部睦里闸，自西向东经济南、淄博、东营、潍坊等市，由寿光羊角沟注入渤海。在历史上是可以水陆联运、河海联运的交通枢纽。

小清河的挖掘，始于南宋初年。金军侵入中原后，济南太守刘豫降金，建立了伪齐政权。当时，济南诸泉的泉水大多注入清河，也有一些汇集在北郊的低洼地带，以致济南北园洼地及华山周围，一片水乡泽国。如果把积水排出，则可得大量耕地。刘豫政权为了获得耕地，同时也为了便利从渤海运盐至济南，拟开挖一条人工河，将济南北郊的积水排出，于是征集民力，耗时数年，终于挖通。这条新开挖的河，被称为"小清河"。

小清河位于清河的南面，其开凿将济南诸泉水注入清河的通道截断，原注入清河的南源诸水改为注入小清河。元代于钦《齐乘》曰："南源众水，古入济者，今并入小清河。"（［元］于钦：《齐乘》卷二）

到明代成化年间，小清河出现河道淤塞的现象。时任山东布政司参政唐漠召集数万民工，疏浚小清河，"通舟楫之交，广鱼盐之利，得湖田数百顷。历城始有稻，实自兹始"。（［明］许成名：《小清河记略》）到嘉靖年间，小清

河再次淤积，"小清之道，自博兴而西及淯、溧、孝妇诸河，皆决塞为害。历下之西北百里，水盘回山阜，道多梗塞，每秋雨暴涨，溪涧奔溢，漂居庐，灾禾稼，济人之忧莫甚焉"。（[明]许成名：《小清河记略》）时任山东巡抚袁宗儒又一次组织民力进行疏浚，沿河民众大受其益。袁宗儒离职时，济南民众夹道相送，"咸遮道恸哭三十里"。（[明]许成名：《小清河记略》）至于小清河屡次淤塞的原因，明人陈珪在《小清河议略》中分析说："大清乃济水故道，天地生成之河；小清乃人力所为，非生成之河。"（雍正《山东通志》）也就是说小清河是人工河，非自然形成，所以河道浅且易淤塞。

清光绪十七年（1891），小清河又多处出现淤塞，山东巡抚张曜责令时任登莱青道的盛宣怀负责小清河的疏浚与治理。此次疏浚比较成功，小清河基本定型，今天的小清河，实际上是这次疏浚后的规制。清光绪三十一年（1905），又在济南历城西睦里庄建造水闸，开沟引玉符水东流，经吴家堡行至匡山北，经孟家桥、黄岗、香闸村东、林家桥注入小清河，作为小清河的上源，从而缓解了小清河水少的问题。

小清河的疏浚，为济南的发展注入了新的生机。民国李子全《小清河记》曰："小清河为济南七十二泉之汇流也，明时尚属泄水巨沟，迨至清季，经张勤果公疏浚，始能通舟。省垣西门外之东流水，东门外之护城河，为小清河发源支脉，注至东北十二里黄台桥，源流合一……沿岸各县，多产棉麦菜蔬，河口左右产盐特巨，咸赖此河运输。且河源尽系温泉，每至隆冬，则蒸汽满河，不结冰凌，便利行舟。炎夏水变清凉，尚能调剂气候，诚为吾东宝河。水内蔓草，翠绿长生。水甘澄清，终年如一。泛舟河中，流缓水平，无波涛之险，得河舟之乐，满怀悠悠，逍遥水上，自能得奇趣以舒胸怀。"清代诗人朱善《丁亥舟行小清河》诗曰："山东齐鲁地，二国蔚相望。官有鱼盐赋，民多粟麦场。小河萦九曲，茂木郁千章。"生动形象地讲述了小清河于官于民之利。

清光绪三十年（1904），济南到青岛的胶济铁路开通，彻底改变了济南的交通运输格局。小清河的水运业随之遇到空前的挑战，逐渐失去货源，日渐衰落。中华人民共和国成立后，历届济南市政府都关注小清河的治理，但

民国时期小清河上的帆船（采自 1929 年《亚细亚大观》第五辑）

随着运输方式的变化，小清河的经济运输职能逐渐失去。如今的小清河，很大程度上已成为济南的景观河。

从中国城市发展的历史看，几乎每一个大都市近旁，都有一条著名的河流。如上海有黄浦江，南京有扬子江，杭州有钱塘江，天津有大沽河。就济南而言，历史时期主要有济水、清河、黄河。自大清河被黄河夺道后，黄河便成为济南最大的河流。

黄河在历史上有六次改道，最后一次是清咸丰五年（1855），距今已有 160 余年，今天济南北部的黄河就是清咸丰五年（1855）改道后的黄河。在二十世纪上半叶，黄河是连通济南与中原地区的主要航道。"自济南以西，水势较缓，水面也广阔得多，航运很是繁盛，可以说是河南到济南商业运输的主要路线。在济南北面，靠着黄河有个大镇，便是泺口镇。河南的货物自济南上流运到泺口，再从泺口起陆，运到济南，由济南再分

059

散到山东全境，或从小清河运到外洋去。同时从泺口运到河南去的货物也很多。所以我们可以说，自泺口以西至河南之间的黄河，在百害中还有一点利，这一段的黄河，是称得上有经济的价值的……在泺口镇外，每天差不多有一二百号帆船停泊着。这些帆船，有来自河南的，那些船里运载着黄河流域各省的货物，像桐油、纸、茶、水烟与漆等，都由泺口卸货，然后由泺口再运赴济南或由小清河运到利津去。还有来自黄河下流的，多数是盐船，因为山东沿海各县是产盐的区域，这些盐都得由水道运到泺口，再转发道别省去。"（倪锡英：《济南》，中华书局，1939 年版）

中华人民共和国成立后，由于各级党委、政府的重视，黄河不再决口，河患得以根除。2020 年 8 月 31 日，中共中央政治局审议通过《黄河流域生态保护和高质量发展规划纲要》，提出要采取有效举措推动黄河流域高质量发展，要大力保护和弘扬黄河文化，延续历史文脉，挖掘时代价值，坚定文化自信。济南作为黄河下游的中心城市，一直有北跨黄河发展的梦想。《黄河流域生态保护和高质量发展规划纲要》的发布，为济南跨河发展提供了千载难逢的机遇。近年来，济南采取一系列措施，打造黄河流域科创高地，在黄河流域生态保护和高质量发展方面走在了前列，济南的发展正迈向"黄河时代"。

（李贝贝）

第一章 先秦时期的济南

先秦时期，济南地区是中华文明的重要发源地，在海岱历史文化区中占据着重要地位。这一时期，济南地区的先民创造出了灿烂的古代文明，也是济南地区城市发展的奠基时期，其发展特征主要有以下几个方面。

其一，济南地区文明化的延续性特征明显，考古学文化序列完整且价值重大。后李文化时期，济南先民创造出了较为先进的新石器文化，是济南早期文明进程的发端。北辛文化时期，济南地区的新石器文化结束了孤立发展的状态，开始成为海岱地区史前文明演进中的重要一环。大汶口文化时期，济南的原始聚落出现了贫富分化和社会等级。海岱地区的史前文明化进程，也在这一时期实现了一次飞跃。济南章丘龙山镇城子崖遗址在龙山文化时期是一个较大的都邑国家，对"上溯中国文化的原始，下释商周历史的形成"具有重要意义。

其二，区域中心开始出现，多点共同发展的态势也比较明显。东自章丘，西至长清，皆有后李文化时期的遗址分布。北辛文化时期的遗址密度虽然变小，但分布范围并未明显收缩，呈多点共同发展态势。到大汶口文化时期，济南市章丘区的焦家遗址，发展成为一处具有政治、经济、文化中心意义的都邑性聚落，发展程度明显高于周围地区，济南地区的区域中心开始出现。龙山文化后期，城子崖遗址龙山文化城中已经有了发达的生产力和较为有力的公权力，成为都邑邦国的核心，济南地区在这一时期进入文明社会的初期阶段。到了商代，济南地区出现了具有政治、军事意义的中心聚落大辛庄遗址。西周时期，伴随着分封诸侯，济南地区位于齐、鲁两大国之间，城邑林立，区域中心地位消解并最终成为齐国西面重要的屏障与门户。

其三，济南地区的政治、军事地位开始凸显。济南地区在商代成为殷墟以东商朝的重要据点，大辛庄遗址就是这一时期的中心聚落，也是目前山东地区已知最大的一处商文化遗址。商王朝在这里已经设置了高级的行政长官和占卜人员，行政管理体系已经比较成熟，经营大辛庄可能是商王朝东进军事战略的一部分。两周时期的济南，谷邑、平阴邑、历下邑、平陵邑都是齐国西部重要的军事要塞，是齐国抵御中原国家入侵，保卫都城临淄的重要军事屏障。

其四，东周时期，济南地区人才辈出。春秋时期，鲍叔牙、管仲的封邑皆在济南地区，他们二人都是辅佐齐桓公成就齐国霸业的关键人物。这一时期的名医扁鹊，发明了"望闻问切"四诊法和针灸疗法，传授生徒，开创民间医学，成为中医的主要奠基人。战国时期的邹衍，是著名的稷下先生，提出"阴阳五行说"，对后来中华传统文化中的地理观、哲学观有着重要影响。

一、 文明初曙： 远古时期的济南

远古时期的济南地区，有着清晰且延续的考古学文化序列。从后李文化到北辛文化，再到大汶口文化，济南地区在文明化的进程中不断演进。可以说，从文明初曙，济南地区就在中华文明的演进历程中扮演着重要的角色。

（一） 济南地区早期文明化进程的发端

济南地区的早期文明可追溯至后李文化。后李文化因最早发现于淄博市淄川区齐陵镇后李遗址中得名，该类文化遗存因 20 世纪 80 年代后李遗址的大规模发掘而被认识，后于 1991 年得到正式命名。后李文化是新石器时代中期的一支考古学文化，碳－14 测年结果表明，其年代约在公元前 6300 年至公元前 5400 年。

西河遗址 2008 年发掘区现场

已发现的后李文化遗址，主要分布在泰沂山系北麓的山前冲积平原，其中济南地区是后李文化遗址分布最为集中的地区。目前，济南地区已发现的后李文化遗址计有 10 余处，年代基本上贯穿后李文化发展的各个阶段。这些遗址主要有：章丘西河、摩天岭、绿竹园、小荆山、茄庄、小坡遗址，历城张马屯、大辛庄遗址，历下盛福庄遗址，长清月庄、张官、万德西南遗址等。其中，小荆山、西河、月庄等 3 处遗址进行过较大规模的发掘，公布资料较为详细，为我们认识后李文化时期济南地区早期文明化进程提供了难得的考古学资料。

从已公布的考古资料看，济南地区出土的后李文化遗物丰富，出土陶器多为圜底、叠唇，器型有釜、盆、壶等，尤以釜的数量最多。这些陶器均为红色或红褐色的夹砂陶，烧成温度较低，陶质松软，器表多素面，个别有指甲纹、戳印纹，未见彩陶。除陶器外，还有一些石器、蚌器、骨器等。整体观之，后李文化所使用陶器器型简单、风格单一，工艺较为落后，说明这一时期的制陶技术尚处于较为原始的阶段。

石器是后李文化时期的主要生产工具，有打制、琢制、磨制，有多种制作方法，器型有斧、锤、锛、铲、镰、凿、磨盘、磨棒、刮削器、尖状器以及支座等。其中石斧数量最多，器身琢制，双面刃，刃部磨光；铲、镰等农业工具的发现说明后李文化时期的先民已经从事简单的农业生产。总体来看，后李文化时期的石器制作方式多样、种类丰富，已经达到了相当高的技术水平。

济南地区发现的后李文化遗址面积大多在 10 万平方米以上，遗迹主要有房址、窑址、墓葬以及灰坑、灰沟等。在章丘区西河遗址和小荆山遗址发现的房址较多且保存较好。这些房址均为半地穴式，平面呈长方形或圆角方形，面积在 30 平方米 ~50 平方米不等。这些房址的建筑形式比较一致：首先挖出地穴，四周设置柱洞，在南侧或西南侧设置门道；然后铺垫火烧过的红烧土或碎陶片，增加地面硬度，地穴墙壁整修后会进行火烤，以增强耐用性和干燥程度。根据功能的不同，不同房址的室内会设置数量不等的灶，用以取暖和加工食物，摆放各类工具，以满足日常生产、生活需要。后李文化时期的房址居室构造简单、面积较大，说明这一时期尚未出现个体家庭，人们过着群居生活。

济南地区后李文化时期的墓葬，主要发现于小荆山遗址。该处墓地排列整齐，均为竖穴土坑墓，单人仰身直肢，头北向，基本上没有随葬品，表明当时尚未出现贫富分化。此外，在小荆山遗址还发现一处较为完整的环壕，是济南地区乃至整个黄河流域所发现的年代最早的带有环壕的聚落。

总体来看，后李文化尚属于共同劳动、共同消费、无贫富贵贱分化的氏族公社时代。这一时期，济南地区的先民已经进行定居农业生产，但尚处于初步阶段。后李文化代表了济南地区农业文化发展的早期阶段，是济南地区文明化进程的开端。

(二) 济南与海岱地区史前文明演进

在济南地区，继后李文化而兴起的史前考古学文化是北辛文化，该文化因首次发现于山东滕州北辛遗址而得名，其年代在公元前 5400 年至公元前4200 年。

目前，山东大部以及苏北部分地区均有北辛文化遗址发现，泰沂山系西南的汶、泗流域是北辛文化分布最为集中的地区。此外，包括济南地区在内的泰沂山系北部山前地带也是重要的分布地区。北辛文化的分布地域较后李文化相比有了极大扩展，这表明一个文化内涵比较一致的海岱历史文化区初步形成，也意味着济南地区的新石器文化结束了孤立发展的状态，成为海岱地区史前文明演进中的重要一环。

考古学者往往依据地域分布和文化面貌差异将北辛文化划分为不同的地方类型，分布在济南地区的北辛文化被划归为鲁北类型（也有学者称为苑城类型）。目前，济南发现的北辛文化遗址较后李文化遗址的密度小，主要有槐荫区田家遗址、长清区张官遗址、章丘区王官遗址等。

从认知程度来看，我们对济南地区北辛文化遗址内涵特征的认识，尚不

及后李文化。这是因为进行的考古工作和公布的考古资料较少，在济南地区所发现的北辛文化遗址中，仅长清张官遗址进行过规模发掘。虽然资料较少，但所取得的成果却意义重大。

张官遗址位于济南市长清区归德镇张官村北，南大沙河流经遗址东北侧。遗址南北宽约150米、东西长约200米。2000年，考古工作者在该遗址清理了6处北辛文化时期的灰坑，出土了陶器、石块、兽骨和炭化植物果实等一批遗物。遗址中发现的北辛文化陶器，多采用泥条盘筑法制成，分为夹砂陶和泥质陶两大类。陶色多不纯正，夹砂陶以褐色为基调，泥质陶陶色分有红、红褐、黑、灰黑、灰陶等。主要纹饰有附加堆纹、点状堆纹、指甲纹、乳丁纹、刻划纹、剔刺纹、戳印圆圈纹等，其中以点状堆纹最为典型。主要器形有釜、鼎、小口双耳罐、盆、碗、钵等。总体来看，北辛文化陶器制作工艺水平仍比较原始，但陶器的种类比后李文化时期有所增加，纹饰也更加丰富多样，体现出在制陶工艺和审美情趣上的进步。

张官遗址的发现和发掘，为学界研究北辛文化鲁北类型的文化面貌提供了宝贵资料，增进了学界对北辛文化鲁北类型的认识。长期以来，学界对北辛文化的起源问题争论不休。张官遗址不仅发掘出了一批陶器实物，弥补了后李文化陶釜到北辛文化陶鼎之间器物演变的缺环，还发现了从后李文化向北辛文化过渡的地层证据。这些证据向我们展示了北辛文化与后李文化直接的传承关系，证明济南地区分布的后李文化就是北辛文化鲁北类型的直接来源，勾连起了后李文化与北辛文化。济南地区史前文明演进，也在这一时期融入了海岱历史文化区。

（三） 济南史前中心聚落的形成

大汶口文化是海岱地区继北辛文化发展起来的一支考古学文化，该文化因1959年首次发现于山东泰安大汶口遗址而得名，其年代约在公元前4200年至公元前2600年。

大汶口文化的地域分布范围较北辛文化有了很大的扩展，主要分布在以泰沂山系为中心的广大地区，除山东半岛外，在苏北、皖北、豫东地区也发现有大汶口文化遗存的分布。目前，已发现的大汶口文化遗址有几百处，经过考古发掘的遗址也有 60 多处。这些考古资料表明，大汶口文化时期社会生产力进一步发展，社会复杂化程度加深，基本平等的社会已经不复存在，在聚落内部和聚落之间都出现了不同程度的等级分化，在一些地区甚至出现了规模庞大的中心聚落。可以说，大汶口文化是海岱地区史前文明进程中的一次飞跃。

济南地区是大汶口文化重要的分布区域之一。与北辛文化相比，济南地区分布的大汶口文化遗址面积大、堆积厚、文化内涵丰富。这些遗址主要有章丘焦家、董东、西河、王官以及莱芜的汶阳遗址等。其中焦家遗址是一处包括夯土城墙、壕沟、居址、高等级墓葬等遗存的中心聚落，其发现和发掘意义重大。

焦家遗址位于济南市章丘区焦家村西北，面积超过 100 万平方米。以焦家遗址为中心，周围还分布着董东、董西、龙山二村等遗址，这些遗址构成了一处以焦家遗址为中心的大汶口时期的聚落群。2016 — 2017 年，考古工作者在焦家遗址开展了成规模的调查和发掘活动，发现了完整的夯土城墙及壕沟，清理房址 116 座、墓葬 215 座，出土了大量陶器、玉器。

夯土城墙位于遗址中部，墙体外侧为壕沟。对城墙的解剖发掘表明，墙体现存宽度 10 米~15 米，现存高度 0.45 米~0.90 米，每层夯层的厚度约 10 厘米，已使用版筑技术夯筑；壕沟宽度 25 米~30 米，深度 1.5 米~2 米；环壕平面形状近椭圆形，外围东西长 425 米~435 米，南北宽 250 米~360 米，总面积约 12.25 万平方米。

房址可分为早晚两期，同时期的房址在空间分布上均呈现出成群、成组分布的特点。早期房址结构多为半地穴式，也有少量的单间基槽式房屋，面积在 5~15 平方米，门道方向不固定；晚期房址多为地面式，两间或三间联排布局的房屋较多。由于发现的房址面积均不大，且空间分布规律明显、功能划分明确，有学者据此认为大汶口文化时期的社会基层单位，应该是小规

模的核心家庭。

焦家遗址发现的墓葬年代在大汶口文化中晚期，空间分布上有较明显的成排、成列分布特点，形制均为竖穴土坑墓。但在墓葬大小、葬具使用以及随葬品数量上存在较大的差异，具有明显的等级分化。小型墓葬规模较小，多无葬具，无随葬品或仅见少量陶器、骨器和蚌器等；大型墓葬全部都有二椁一棺或一椁一棺，常见玉钺、玉镯、骨雕筒、陶高柄杯、白陶鬶、白陶背壶、白陶杯和彩陶等随葬品，随葬品数量最多者可达70余件。值得一提的是，考古工作者在一座编号为M184的墓葬中发现了一具身高1.9米的男性骸骨，这一身高改变了过去对史前人类体质的认知。他生前，是一名典型的"山东大汉"。此外，该墓随葬品中有一件长达18厘米的玉钺，是目前发现的大汶口文化时期的玉钺中最大的一件。据此，有学者认为这位"山东大汉"生前大概是部落中地位较高的"将军"或者"酋长"。

总体来看，焦家遗址发现的大汶口文化时期环壕聚落，是探讨大汶口文化社会组织结构和社会关系的理想材料，填补了济南地区大汶口文化聚落研究的许多空白。夯土城墙、环绕城墙的壕沟和一大批高等级墓葬，加之大批量的高端玉器、白陶和彩陶的发现，昭示着在大汶口文化中晚期阶段，位于济南焦家遗址的聚落已成为一处具有政治、经济和文化中心意义的都邑性聚落。

（李贝贝）

二、 文化自证: 城子崖龙山文化城

今济南市章丘区龙山街道所在地,在历史上是控扼山东半岛地区与中原地区交流的咽喉之地。先秦时期,此地为谭国;秦汉时期,济南国国都和济南郡郡治东平陵城就在此地。唐宋时期,龙山成为由京师东至临淄官道上的重要驿站。宋代文学家苏轼有《阳关曲》一诗云:"济南春好雪初晴,才到龙山马足轻。使君莫忘雪溪女,还作阳关肠断声。"明清时期,龙山驿在东西交通中的地位更加重要。清代诗人赵瓒《甲申暮春宿龙山驿》有"客途连日倦征鞍,旅舍风清月已寒"的诗句,描写出龙山驿重要的交通地位。实际上,早在史前时期,这里就已经出现了发达的考古学文明,龙山城子崖遗址就是龙山文化的命名地,被称为"中国考古学的圣地"。(张学海:《透视龙山文化的深厚内涵——城子崖遗址的最新考古发现》)

(一) 城子崖文化遗址的发现

1928年春夏之际,一位叫吴金鼎的清华大学国学研究院的学生,利用假

城子崖遗址发掘现场

期时间再次来到历城龙山镇（今属济南市章丘区龙山街道）进行考古调研。吴金鼎是山东安丘人，就读清华大学前曾在济南的齐鲁大学历史系读书，对济南及其周边的文化遗址充满兴趣。位于龙山镇的东平陵，曾是汉代封国的国都，也曾是济南郡的治所所在地，出于专业的敏感和对学术的追求，吴金鼎决定对东平陵城故址进行考古调查。

东平陵位于龙山镇西约2.5公里的地方，吴金鼎考察期间多次在龙山镇与东平陵之间往返。在往返的途中，吴金鼎在一个叫城子崖的地方发现有一些陶片，在一个断层处还发现了灰土层，于是他认为这是一处古代文化遗址。根据文献资料，可知城子崖一带是商周时期谭国遗址，文献资料和实物陶片的契合，让吴金鼎十分兴奋，于是他把调查的重点从东平陵故城转移到城子崖。

吴金鼎虽然在城子崖发现了灰土层和陶片，但对下面文化层的属性并不清楚。于是他沿着断崖进行了多次调查和采集，终于在城子崖遗址下面的文化层中发现了一块黑色的陶片。这种陶片不同于仰韶文化遗址发现的彩陶，

吴金鼎（左）与梁思永（右）

虽不是瓷片，却有着瓷片的光亮，而且像蛋壳一样薄。如果没有高超的制作工艺和技术，很难想象能制作出这么精美的陶器。在调查中，吴金鼎还发现了一个特别有价值的现象，即有这种黑色陶片的地方往往伴随有石器与骨器出现。这种情况，让吴金鼎坚信城子崖是一处史前文化遗址。

出于学术的严谨，吴金鼎把这次调查的发现向自己清华大学的老师李济进行了汇报。李济是中国考古学的奠基人之一，是当时著名的考古学家，他对吴金鼎的考查发现十分重视，肯定了吴金鼎对城子崖文化遗址性质的推断，认为这是一处史前文化遗址。只是由于当时李济正在主持河南安阳殷墟的考古发掘，没有时间和精力立即对城子崖遗址进行考古发掘。

1930 年，吴金鼎从清华大学毕业，应聘到中央研究院历史语言所考古组工作。而此时因"中原大战"，河南成为军阀混战的战场，李济主导的殷墟考古发掘被迫中断。已是中央研究院历史语言所考古组负责人的李济决定见缝插针，对吴金鼎发现的济南城子崖遗址进行考古发掘。

1931 年，梁启超的儿子梁思永从美国留学归来。专攻考古的梁思永意识到城子崖遗址的重要性，遂一同参加了城子崖遗址的考古发掘。早在 1921 年，瑞典人安特生发掘河南渑池县仰韶文化遗址，成为中国考古学诞生的标志，而李济主导的安阳殷墟考古发掘，则是中国人自己主持的第一次科学的考古发掘。这次对济南城子崖遗址的发掘则从考古层面确立了中国史前文化的时间序列。梁思永辨认出仰韶——龙山——殷墟遗址存在自下而上相互叠压的地层关系，即考古学史上著名的后岗三叠层，确定了它们从早到晚的时间序列。至此"中国自甲骨文记录上溯到史前的历史框架——仰韶、龙山和殷墟大致上贯通了"。(《科学考古领路人》，载《光明日报》2021 年 4 月 29 日) 1933 年，在济南城子崖考古发掘的基础上，《中国考古报告集之一：城子崖》出版了，在这份报告中，将这种以黑陶为代表的文化以其首次发现的所在地龙山镇命名，称之为龙山文化，从此开始了中国文明探源的新篇章。

（二）城子崖龙山文化城

从聚落演进的角度来看，中国古代文明和国家的起源经历了从"平等的农耕聚落"，经由"初步分化的中心聚落"，发展为"都邑国家"的过程。龙山文化发展兴盛的公元前2300—前2000年，被考古学者称为"龙山时代"。在龙山时代后期，黄河中下游和长江中下游地区普遍修筑城邑，形成了一个又一个都邑国家，中国古代文明演进进入都邑邦国时代。据学者统计，山东地区共发现14座龙山时代的城址，面积约20万平方米的城子崖龙山文化城属于其中较大的城址之一。

城子崖遗址，不仅是龙山文化的命名地，还是山东龙山文化的典型代表。然而，城子崖龙山文化城从发现到科学研究，经历了一个漫长的认识过程。20世纪30年代，吴金鼎、梁思永等人在城子崖进行发掘时，就曾发现"黑陶时期"夯土城墙遗迹。由于当时认识水平有限，很多学者怀疑夯土城墙实为东周时代的遗存，因而这一发现也就未能引起重视。90年代，为了验证城子崖夯土

城子崖遗址城墙剖面

城墙的历史时期,考古工作者重新挖开了 20 世纪 30 年代所开挖的探沟,证实 30 年代发现的夯土遗迹修筑于较龙山文化晚的岳石文化,并在其下新发现了更早的龙山文化时期的城墙。另在岳石文化城墙内侧发现了春秋时期的夯土城墙,确认了城子崖遗址存在龙山、岳石、东周三个不同时段的城墙遗迹。城子崖遗址最近的一次发掘是在 2010 至 2015 年,这次发掘重新确认了各组遗迹之间的地层关系,弥补了 20 世纪考古工作的不足。证明城子崖遗址确实存在一个龙山时期的城址,并且是山东龙山文化的代表。

考古发掘和钻探结果表明,城子崖龙山文化城址平面呈"凸"字形,是依托原有的台地修建而成的。城垣深埋地表下 2.50 米 ~ 5 米,残宽 8 米 ~ 12 米,用石块或木棍夯筑。城垣发现一南一北两个城门,城门之间有道路相连。这一规模的城址,显然需要征发数量极为庞大的劳工才能夯成,表明这一时期城子崖龙山文化城中已经有了发达的生产力和较为有力的公权力,是都邑邦国的核心。

城子崖龙山文化城中出土的器物,以做工精致的黑陶为代表,因此这种文化又被称为"黑陶文化",其中薄如蝉翼、亮如黑漆的蛋壳陶更是家喻户晓。蛋壳陶最薄处仅仅 0.3 毫米,被考古界称为"四千年前地球文明最精致之制作",是我国史前文明手工制品的典范。此外还有一种三足陶鬶,造型独特、形态优美,恰似引吭高歌的雄鸡或昂首挺胸的飞鸟,似乎在暗示着龙山文化存在鸟图腾崇拜。城子崖遗址中还发现了许多做工精良的玉

龙山文化时期的"蛋壳黑陶"

器，它们多用作礼器，中华文明崇拜玉石的传统与此有着一脉相承的关系。

发达的手工艺，较大的城市规模，以及这些突出的文明成就所反映的社会发达程度，表明了城子崖龙山文化城正是济南地区在龙山时代进入文明社会初期的显著标志，也是我国史前文明发展的重要里程碑。

（三）城子崖遗址的发掘与"中国文明西来说"的否定

20 世纪初叶，在不少西方学者的眼中，中华文明不可能是土生土长的本土文明，中华文明的起源也一定不在中国本土，而是在西方，这种观点被称为"中国文明西来说"，并在西方社会盛行已久。1840 年以来，由于中国在西方列强的坚船利炮下节节败退，不少中国人也对中华文明的起源颇不自信起来，"中国文明西来说"作为舶来品，在中国学术界和社会上颇具市场。在这一背景下，探索中国文明的起源就不仅是一个学术问题，还是一个关系到民族自信和民族自尊的现实问题。因此，探索中华文化的起源和发展，也就成为中国考古学自诞生以来就自觉担负起的历史使命。

1921 年秋，瑞典地质学家安特生在河南省渑池县仰韶村发掘了一处古代文化遗址，这次发掘虽是由外国人主导的，但却是第一次在中国土地上使用考古学方法实施的科学发掘，因此不仅在当时轰动一时，而且影响深远。安特生在仰韶村发掘出的遗物，主要为器物表面施以彩绘的彩陶，这一"彩陶文化"被安特生命名为仰韶文化，并确认该文化系中国新石器时代晚期文化的早期阶段。安特生还对仰韶彩陶和西方彩陶进行了对比，认为在新石器时代晚期，应该有一支以彩陶为代表的先进文化由西向东进入黄河流域，与黄河流域的本土文化相融合，形成中国史前文化。自此，作为假说的"中国文明西来说"，有了所谓的"考古学证据"。

安特生通过彩陶文化来论证中华文明的源头在西方，显然是比较牵强的。安特生的观点发表后，裴文中、梁思永、刘耀（尹达）等中国考古学者也发表了一些文章，从学理上否定了安特生的观点。但由于有安特生在仰韶的发现作为"实物证据"，在不少学者眼中，中国文明来源于西方几乎成为了定论。这一局面直到城子崖遗址的发现和发掘才有所改观。

章丘城子崖遗址的发掘，开启了山东考古的先河，也实证了中国文明薪火相传的悠久历史。1930年，城子崖遗址发掘情况表明，以山东为中心的东部沿海一带，存在着一支土生土长的中国文化，它以磨光黑陶为典型器物，是与彩陶文化完全不同的文化系统。至此，考古学家逐渐明确，在新石器时代晚期，中国大地上存在着以彩陶为代表的仰韶文化和以黑陶为代表的龙山文化这样两支不同的考古学文化。

城子崖遗址发掘次年，梁思永在安阳后岗遗址发现了存在与城子崖遗址中同样的以黑陶为典型器物的文化层，该文化层介于仰韶文化层和殷墟文化层之间，这就是考古学史上著名的"后岗三叠层"。该发现为论说三者之间的年代关系提供了地层学证据，建立起仰韶文化——龙山文化——殷墟文化这一年代序列。通过对比出土的遗物，发现龙山文化面貌迥异于更早的仰韶文化，却与后来的以殷墟为代表的商文化存在相似因素。因此，在当时的学者看来，殷墟文化所代表的商文化，其直接来源并非仰韶文化，而是龙山文化。商文化是商朝的文化遗存，而商朝又是我国历史上有史可考的朝代。在商文化层之下发现与其存在直接关系的本土发源的龙山文化层，而与所谓的源于西方的仰韶文化存在时间间隔，"中国文明西来说"的"考古学证据"因此被瓦解。这一局面的出现，正是基于城子崖龙山文化遗址的发掘。

济南城子崖遗址的发掘被当时的考古学界寄予厚望，学者们希望"能由此（指城子崖遗址的发掘）渐渐地上溯中国文化的原始，下释商周历史的形成"。（《城子崖：山东历城县龙山镇之黑陶文化遗址》）也因此，济南章丘城子崖遗址成为当之无愧的"中国考古圣地"。鉴于城子崖遗址的重要意义，1961年，该遗址被国务院公布为第一批全国重点文物保护单位。

（李贝贝）

三、 舜耕历山： 大舜的古史传说

舜文化是济南历史文化的一张名片。济南的街道有舜井街，道路有舜耕路，公园有舜玉公园，宾馆有舜耕山庄，社区有舜德社区，至于店铺标示及产品品牌与舜文化元素相关联的则更多。这充分说明，舜这个文化符号已经深深地刻在了济南的肌体上。

（一） 舜的族属与里籍

在中国古史传说的"五帝"中，舜是距离夏禹最近的一位。人们出于对古代圣王的崇拜，在口传、记述和议论时，自然会有夸张和附会，甚至神化。这也正是文献典籍中关于舜的记载各有抵牾和歧义的原因所在。舜的传说北到河北涿鹿，南到湖南，西到山西，东到山东半岛，几乎无地不有。这一现象的出现，是儒家尊崇尧舜的结果。其实，虞舜作为远古时代的一位部落首领，不可能足迹遍布四方，他只能生活在一定的范围内。舜究竟生活在今天的什么地方，就现有文献资料看，不能确指。但从已知文献看，舜生活在东夷范围内应没有问题。

"舜"字始见于商代甲骨文，但舜在甲骨文中除作为祭祀的对象外，并没有任何历史和文化的信息。舜的历史文化信息始出现于春秋战国，当时，"世之显学，儒、墨也"（《韩非子·显学》），两大学派互诘，儒家把自己的政治理念假于文、武、周公，以宣扬和扩大自己的学说。墨家出于与儒家相争的需要，抬出比文、武、周公更早的大禹作为标榜的对象。儒家不甘示弱，又抬出早于大禹的尧舜。这就是孔子"祖述尧舜"、孟子"言必称尧舜"的语境。儒、墨两大学派，都源于东方邹鲁文化圈，儒、墨在论争中推出的古代圣王，应在邹鲁文化圈有一定的文化积淀，由此推断舜的事迹应主要在东方。

《国语·鲁语》有"商人禘舜"的记述，这说明早期商人和虞舜在文化上有着相承的关系。商与东夷同源，商代的人殉、人祭之风都渊源于东夷，基于此，探讨舜的族属应从东夷入手。最早明指舜族属的是孟子。《孟子·离娄下》："舜生于诸冯，迁于负夏，卒于鸣条，东夷之人也。"明确指出舜是东夷人。"周人自称为夏，称殷人为夷，确有其地理、历史、社会诸方面的依据。"（唐嘉弘：《东夷古国史论·序言》，成都电讯工程学院出版社，1989年版）基于此，基本可以框定大舜属于东夷。

古代典籍对虞舜的记述虽多有抵牾，但对舜耕历山却没有分歧。全国各地有20余处历山，称为舜所耕者亦不下15处。在众多舜所耕的"历山"中，以山东济南、山西永济、山东菏泽3处影响较大。山西永济不属于东夷文化圈，基本可以排除掉，济南和菏泽是舜生活中心区的可能性最大。

"济南说"源于《水经注·济水》："（漯）水出历城县故城西南，泉源上奋，水涌若轮……俗谓之娥姜水，以泉源有舜妃娥英庙故也。城南对山，山上有舜祠，山下有大穴，谓之舜井。……《书》舜耕历山，亦云在此，所未详也。"由于郦道元在记述时没有肯定，只是说："《书》舜耕历山，亦云在此，所未详也。"因此，在郦道元看来，舜耕历山济南说并不是确指。"菏泽说"源于汉代高诱注《淮南子》曰："（舜耕）历山在济阴城阳"，济阴城阳即今山东菏泽一带。郦道元《水经注·瓠子河》："雷泽西南十许里有小山，孤立峻上，亭亭杰峙，谓之历山。"加之附近有雷泽和陶丘，菏泽说也不能忽视。其实，在文献和考古资料不能确指的情况下，去穷究舜所耕之历山到底是在济南还是在菏泽是没有意义的，我们可把这种文化现象看作是舜文化在今山东地区的文化积淀。所以，济南和菏泽都可以把舜看作是自己的一个文化符号或文化现象。

（二）舜的古史传说

舜，姓姚，名重华，史称虞舜，是我国父系氏族社会末期的部落联盟首领。

相传，舜的父亲瞽瞍是位盲乐师，是我国古瑟的发明者。舜生下不久，母亲就死去了。汉代蔡邕著录的《琴操》中有一首《思亲操》，据说是大舜思念母亲时所唱。《思亲操》曰："陟彼历山兮崔嵬。有鸟翔兮高飞。瞻彼鸠兮徘徊。河水洋洋兮清冷。深谷鸟鸣兮嘤嘤。设置张罟兮思我父母力耕。日与月兮往如驰。父母远兮吾将安归。"后来瞽瞍又娶了个妻子，并生了一个儿子，叫作象。舜的后母心胸狭窄、泼辣凶悍，对亲生儿子象十分偏爱，对舜却十分嫌弃，而舜的父亲又是个遇事糊涂、偏爱后妻的人。因此，也时常虐待舜。

据《史记·五帝本纪》记载：瞽瞍和后妻经常叫舜到历山下开荒种田。当时，这一带草木横生，十分荒凉。加上那时还没有金属工具，耕地全靠石器和木器，劳动效率很低。舜耕不完后母指定的地，父母就打他、骂他，而舜却总是任劳任怨，从不计较个人的得失恩怨。周围的人都很同情、尊敬他，也都喜欢搬到舜住的地方来住，于是便逐渐形成了一个村庄。几年之后，就成了一个较大的城镇，传说这就是济南城的前身。

当时的部落联盟首领尧看中了舜，就把自己的两个女儿娥皇、女英嫁给了他。同时还培养舜做自己的接班人，让舜协助工作，作为对他以后摄政的考验，从而使舜得到了各方面的锻炼。

由于舜做了部落首领尧的女婿，舜的

虞舜行孝（采自《二十四孝图》）

后母和象十分嫉妒，千方百计地陷害他。有一天，象让舜帮他修谷仓，舜便痛快地答应了。娥皇和女英预知这是象企图乘机烧死舜，便赶紧给舜做了一套绣着鸟形彩纹的衣服，以便帮助舜逃脱厄运。果然，当舜爬上仓顶，正专心修补仓房的时候，象乘机抽掉了上房的梯子，并在谷仓下堆起柴禾，放火烧舜。刹那间，仓房火光冲天。舜如梦方醒，他悲愤地举起双臂，向苍天诉说象的暴行。说也奇怪，当舜刚一张开双臂，他衣服上的鸟形彩纹顷刻间变成一只大鸟，一声高叫，背负着他直朝天空飞去。原来舜这件衣服是娥皇、女英送给他的宝衣。

这次陷害失败后，象又鼓动瞽叟加害于舜。据《孟子》记载，瞽叟密谋让舜掏井挖水，然后落井下石。娥皇和女英知道后，又给舜做了一件带有龙形彩纹的衣服，让他穿在旧衣服里面，嘱咐他遇到危难，立刻脱去旧衣。舜刚刚下到井底，瞽叟和象便向井内投石填平了这口井。舜听到象向井下投石，就按照妻子的嘱咐，赶快脱去旧衣服，身上的龙形彩纹立刻化成一条金龙，载着舜从另一口井里钻了出来。后来人们为了纪念舜，便把舜掏过的井叫作"舜井"。"舜井"附近的街道，就称为"舜井街"了。

舜诚实厚道，胆大心细，得到了部落人们的拥护。尧便把首领之位禅让给了舜。舜在位期间，发生了大水灾，舜不但亲自带领人们与洪水做斗争，还派鲧和鲧的儿子禹主管治水，经过艰苦卓绝的努力，终于治服了洪水，安定了人民生活。

晚年，舜到南方巡察民情，不幸中途死在南方的苍梧（今属广西梧州）。娥皇、女英听到这个不幸的消息，立刻南下奔丧，伤心的泪水洒在南方的竹子上，成了斑竹。传说当她们到湘水时，溺死在江中，成为湘水之神。

（三）济南地区与舜相关的文化遗迹

在济南地区有许多与舜文化相关的文化遗迹。北魏郦道元在《水经注·济水》中说："城南对山，山上有舜祠，山下有大穴，谓之舜井。"这里提到三个关于大舜的文化遗址，即历山上的舜祠、山下的舜井以及

泺源边的娥英庙。

济南地区的人们为了纪念舜，在传说他曾经躬耕过的历山上修建了"舜祠"。舜祠位于今千佛山历山院内的高台之上，南依山崖，坐南朝北。殿内设三龛，正中祀大舜，左右祀娥皇、女英。祠前有平台，可俯视北面的济南城。山下的舜井，又称舜泉，一名源源泉，在历城南门内，西邻舜庙，是文人骚客凭吊的场所。早在唐朝，诗人魏炎有《舜井》诗三首，诗中有"齐州城东舜子郡，邑人虽移井不改"的诗句，又曰"济南郡里多沮洳，娥皇女英汲井处"。（封演：《封氏闻见记》）宋代文学家欧阳修有《留题齐州舜泉》："耕田浚井虽鄙事，至今遗迹存依然。历山之下有寒泉，向此号泣于旻天。"（欧阳修：《欧阳文忠公集》）金代元好问在《济南行记》中说："舜井二，有欧公诗，大字石刻。"这里的欧公诗，指欧阳修的《留题齐州舜泉》诗，收入《欧阳文忠公集》。当时，欧阳修出知青州的途中，路过济南，题写了该诗。后由苏轼书写，刻石立于舜泉。宋代的两位大文豪，一撰一书，舜泉大为增色。苏辙曾为齐州掌书记，见证了舜泉因天旱而枯后又复发的事实，作有《舜泉复发》诗。

济南趵突泉旁古有娥英祠，又称娥英庙。《齐乘》："（娥英祠）在趵突泉侧，祀娥皇、女英。"清诗人王士禛《娥英祠》诗曰："泺源通北渚，当日祀英皇。"（王士禛：《蚕尾续集》）王初桐《娥英庙》诗曰："碧瓦丹甍白玉墀，娥英水上有丛祠。"（《济南竹枝词》）董芸亦有诗云"泪痕倾作娥姜水，不比斑斑湘竹林"。（董芸：《广齐音》）

济南城内也有舜庙。清人王贤仪在《辙环杂录》中说："南门内有舜井，水极清甘，日资万汲。井西邻舜皇庙，庙内一池，深不知底。相传与井通，舜浚井得出，即从此池出也。"至民国时期，旅游家倪锡英来到济南，他所看到的情况是："舜庙在城内舜皇街，这是为纪念虞舜而造的一所古庙。在庙内东面的庑廊下面，有一口古井，相传这就是舜泉，一名舜井。在从前有双井并列，世称为'源源泉'。后来在南面的一口井上建着亭子，北面的一口井被官衙占据了去。因此，现在只剩下庑廊下的一口井了。"（倪锡英：《济南》，中华书局，1939年版）至于城内舜庙始建于何时已不可详知，从文献记载来看，至迟在宋代济南城内已有祭祀大舜的风俗。宋代诗人鲜于侁有《舜庙祭祀歌》，充分说明了这一状况。元代张养浩、明代李攀龙、清代蒲松龄等著名诗人，都曾留下有关舜庙的诗篇。清乾隆皇帝路过济南时，也曾亲自到舜庙祭祀，并作《谒舜庙作》诗曰："孝称千古独，德并有唐双。历下仪刑近，城中庙貌庞。春风余故井，云气护虚窗。缅继百王后，钦瞻心早降。"（［乾隆］《历城县志》）

民国初年千佛山舜祠中供奉的舜帝像（梅尔彻斯摄）

　　济南老城的南门，因临近传说中的舜耕之田，所以被称为"舜田门"。又因面对历山，也叫历山门。如今老城已不复存在，但"舜田门""历山门"已成为老济南人挥之不去的记忆。

　　今泉城广场济南名人长廊内，有十二位齐鲁名人的塑像，第一位就是大舜。舜所耕历山在不在济南已无关紧要，重要的是舜已成为济南的一个文化符号，是济南文化的重要组成部分。

（罗　琳）

四、 商代邑聚： 大辛庄商代早期中心聚落

提到商代的遗址，人们都会想到殷墟，实际上，在殷墟以东的济南，也存在着一个高等级的商代部族邑聚，那就是济南大辛庄遗址。该遗址发现时间早，研究时间长，考古内涵丰富，出土了一大批具有重要意义的遗物，对我们认识济南在商文化东进过程，以及这一时期的夷商交流融合等重大历史问题，提供了宝贵的考古材料，具有重要价值。

（一） 大辛庄商代遗址的发现与发掘

大辛庄遗址位于历城区王舍人街道办事处大辛庄村东南，是以商文化为主要文化内涵的一处遗址，现为全国重点文物保护单位。该遗址面积约30万平方米，所在位置地势微微隆起，基本上呈南高北低的走势；一条被当地村民称为"蝎子沟"的东南—西北向的大沟将遗址分割为两个部分。历年来，在该遗址发现有大型宫殿（宗庙）基址、房屋居址、窖穴、墓葬、壕沟等遗迹，发掘出土或采集有青铜器（部分有铭文）、玉器、石器、陶器、骨角器、蚌器，以及占卜所用的甲骨等遗物。

大辛庄遗址文物保护标志碑

这些发现表明，大辛庄遗址是一处集居址、手工业作坊、礼仪中心和墓地于一体的商代大型聚落。济南大辛庄遗址的发现与发掘，为研究商文化在东方地区的发展提供了宝贵资料。

大辛庄遗址不仅是目前山东地区已知最大的一处商文化遗址，也是全国范围内发现时间最早、研究历史最长的商代遗址之一。大辛庄遗址的发现和研究始于 20 世纪 30 年代。据当地村民传说，1935 年，村民王书田从"蝎子沟"取土时，在土中发现了一些骨质箭镞、青铜箭镞。这一发现引起了当地村民的注意，不少人前来挖掘，变卖"古董"以补贴家用。

约略在同时，时任私立齐鲁大学教授的英籍传教士林仰山（1892—1974）获知了大辛庄挖出"古董"的消息。林仰山出生在山东邹平，并长期在山东生活，对中国的历史文化比较熟悉。加之他曾在伦敦大学学习地理学，所以对大辛庄出土的"古董"很感兴趣，遂在 1936 年冬季带领学生前去调查，与他同行的还有同为齐鲁大学教授的加拿大传教士明义士。他们在"蝎子沟"发现了被村民挖掘过的土坑，并从古董商人手中购买到了几件出自大辛庄的铜器。这次调查的报告用英文写就，并于 1939 年以《大辛庄商代遗址的发现》为题发表在《中国杂志》上。明义士还曾准备在大辛庄遗址开展考古发掘，后因日本侵华日紧而未能实施。20 世纪 40 年代，大辛庄遗址的出土资料引起中国学者的关注，裴文中先生发表的《中国古代陶鬲及陶鼎之研究》一文中就曾使用大辛庄的出土资料。

大辛庄遗址的科学发掘始于新中国成立后。文物考古工作者于

大辛庄遗址出土的带有文字的卜甲

1953、1955、1959 年，在大辛庄遗址开展了多次调查和小规模试掘，初步明确了遗址的分布范围和堆积状况，提取了一批可供判断遗址年代的遗物。1984 年，考古工作者在大辛庄遗址展开首次大规模发掘。此次发掘为大辛庄遗址的科学研究提供了大量实物资料和地层依据。依据典型遗物和几组叠压打破关系，考古学者将大辛庄商文化划为七期，这一分期框架成为建立鲁北地区商文化编年体系的基础。

进入 21 世纪以来，大辛庄遗址的科学发掘工作进一步有序推动。2003 年，考古工作者再次对大辛庄遗址进行发掘，验证并细化了大辛庄遗址商文化的分期，出土的带有族徽符号的青铜器和刻字卜甲，进一步推动了相关学术研究。为配合大辛庄考古遗址公园规划，考古工作者于 2010 年在大辛庄遗址开展了至今为止最大规模的一次发掘。此次发掘区位于遗址中部"蝎子沟"的东西两侧，发掘面积达 2000 平方米，发现了一批重要的商代遗迹和遗物，包括商代中晚期的墓葬和大型夯土建筑基址等。此后，考古工作者又于 2014、2020 年在"蝎子沟"以东的区域进行发掘，发现了包括较早阶段的制陶作坊和较晚阶段的铸铜作坊在内的商代手工业作坊区。伴随着大辛庄遗址考古工作的展开，大辛庄遗址的学术价值逐渐为国内外学术界和社会各界认可。

（二）大辛庄遗址与商王朝的东方经略

大辛庄遗址商代贵族墓地、大型夯土建筑基址以及有铭铜器的发现，表明该聚落在商代并非一般居址，而是一处与商王朝关系密切的高等级聚落。

考古研究表明，大辛庄遗址商文化遗存在第二期至第五期最为发达，这一时段相当于二里岗上层一期至殷墟二期，即商代早期偏晚到中期阶段。而据文献记载，这一时期的仲丁、河亶甲、祖乙等商王接连迁都，商王朝的统治中心已经东移到河南荥阳、河北邢台一带，而且开始大肆征伐位于东方地区的蓝夷、班方。商王朝东进的这一历史时段，恰与济南大辛庄遗址商文化的兴起时间相吻合，而大辛庄又正处于商人东进的咽喉要道上。因此，商人经营大辛庄可能是商王朝东进军事战略的一部分，大辛庄在商代的兴盛与商王朝对东方的经略密切相关。

认为大辛庄遗址是商王朝东进的军事重镇和经略东方的统治中心，还因为许多考古发现都能凸显出该遗址的这一历史地位。除大型夯土基址、手工业作坊区、高等级贵族墓葬等作为大型聚落标志性遗迹的发现外，大辛庄遗址还发现了甲骨文、族徽和精美青铜器。

大辛庄遗址是除商代晚期都城殷墟之外，出土商代甲骨卜辞的唯一地点。2003 年，大辛庄遗址发现了刻有卜辞的龟甲残片，经拼对整理，发现是一片较为完整的龟甲，可辨识刻辞 34 字，主要记录了大辛庄当地贵族卜问出行、举行祭祀等方面的内容。大辛庄甲骨卜辞的存在，说明商王朝在济南地区已经设置了高级的行政长官和占卜人员，而且行政管理体系也已经比较成熟，大辛庄统治集团与商王的联系之紧密不言而喻。

除甲骨文字外，大辛庄还曾出土两件铸有铭文"𠬝"的铜爵，许多学者认为铭文的性质应为族徽，将其隶定为"𠬝"，族徽铭文的发现，至少可以说明商代大辛庄曾有一个大的贵族家族存在。此外，在大辛庄一处编号为M139 的贵族墓中，曾出土一组制作精美的青铜器，其中一件兽面纹大鼎，

大辛庄遗址出土的青铜爵

是目前全国发现的商代早期的第二大圆鼎，墓主人的雄厚财力和崇高地位可见一斑。同一墓中所出的大铜钺，则表明墓主人可能具有军事领导权。这些出土铜器除凸显出大辛庄统治贵族极高的政治地位外，还显示出大辛庄商人极高的工艺水平和审美意趣。

大辛庄商文化在第六期开始式微，第七期的文化遗存则与一般大型聚落无异。这两个时期相当于殷墟三期、四期，也即商后期。文献

记载，这一时期的武丁、帝乙、帝辛等商王曾大举征伐东夷，商王朝控制范围已东推至潍河一线。在比济南大辛庄更接近东方的桓台史家遗址、青州苏埠屯遗址，都发现了这一时期的高等级商代墓葬和聚落遗址。东方商部族的崛起和大辛庄的衰落，表明商代晚期，伴随着商朝势力的东进，较西的大辛庄已经完成商王朝赋予其作为东进军事重镇和东方统治中心的历史使命。

（三）大辛庄遗址所见 "夷商关系"

济南大辛庄既是商人经略东方的前沿，也是族群交流融汇的第一线。大辛庄遗址的发掘为认识商王朝与东夷族群的关系提供了可靠资料。

商代东方地区存在一支时叛时服的土著势力，在甲骨卜辞中，这一群体

大辛庄遗址考古发掘现场

被称为"人（夷）方"。学界基本上肯定，甲骨卜辞中的"人（夷）方"就是早期历史文献中记载的"东夷"。结合文献中关于东夷族群地望和活动范围的记载，考古学家认为，主要分布在今山东地区的一支考古学文化——岳石文化，即东夷族群创造的文化。东夷族群有自己的文化传统和风俗，是中华文化重要的组成部分。东夷族群在夏商时期尚颇具实力，考古证据表明，在先商和早商阶段，商人曾联合东夷一起灭亡了夏朝。此后，夷商之间有时和平共处，有时互相征伐，在碰撞、交流中，推动了历史的发展，促进了族群融合和中华文明的早期繁荣。

早在 1984 年，考古学者就已经注意到大辛庄遗址文化内涵的多元性。发掘者曾将出土陶器依据陶质、陶色、器型、器物组合等方面的特点，将大辛庄文化遗存分为第一类遗存（商文化遗存）和第二类遗存（属岳石文化系统）。考古学家认为，大辛庄遗址的文化内涵有着"以商文化为主体，同时又包含有较多的地方文化因素"的特点，而这一特点正是夷商文化交融的真实写照。

总体来看，作为商人东进的军事据点，大辛庄商文化一期遗存是点状插入岳石文化分布区域的。这一时期，大辛庄遗址中除商文化因素外，以素面夹砂红褐陶为代表的岳石文化器物也较为常见。到了大辛庄商文化二、三期，也即商代早期偏晚阶段，代表岳石文化因素的大辛庄第二类遗存仍可以辨识出来。这一时期，大辛庄商文化遗存中的日用陶器和青铜礼器，虽在器物特征、类型组合等方面与商人王都保持着高度一致，却又与中原的商文化表现出了一些差别，这一差异主要表现为受到第二类遗存代表的岳石文化因素的影响，形成了具有地方特色的文化类型。在大辛庄商文化第四期（相当于殷墟一期）以来的遗存，也即商代晚期文化遗存中，则很难辨识出代表岳石文化因素的第二类遗存了。这一现象表明，商王朝虽然以东进为目的将大辛庄作为军事据点，但在实际发展中，商部族并不是与地方文化截然分开的，而是不断地吸收整合了地方文化。

（李贝贝）

五、 周道如砥： 济南地区最早的诗篇

《大东》诗是我国最早的诗歌总集《诗经》中的一篇。《诗经》共三百零五篇，分风、雅、颂三个部分。风是地方乐歌，即各地的土乐；雅是宫廷和京畿一带所演唱的乐歌；颂是宗庙祭祀时所演唱的乐歌。其中雅又分为大雅和小雅，分别反映了周王朝兴盛和衰亡的社会情况。《大东》诗则属于"小雅"。原来，当时的人们把成周洛邑看作是天下的中心地区，称为"中土"；把距中心地区较近的东部地区，称为"小东"；把离中心地区较远的东部地区，称为"大东"。因为济南一带距洛邑较远，属于大东的范围，所以这首诗取名《大东》。"大东"的叫法和现在西欧人以欧洲为中心称阿拉伯一带为"中东"、称日本为"远东"是一个道理。所以大东只是一个地理概念，表示远离周王室中心地区的东方地方。

（一） 《大东》 诗的作者及相关文化信息

《大东》诗的作者，相传是西周时期谭国的一位大夫。谭本是东夷的一个嬴姓古国，以鹬鸟为图腾，位于今济南市章丘区龙山镇城子崖一带。商王东征时，将嬴姓谭国灭掉。《殷墟卜辞综类》收录了有关谭国的卜辞三十多条，其内容大多与讨伐谭国有关，由此可见商朝对伐谭相当重视，当时的谭国势力也不容小觑。商朝灭掉嬴姓谭国后，又在谭国故地建立了一个子姓的谭国，作为商王朝在东方的屏藩，同时也成为商朝向东进一步开拓的据点，对商朝在东方的发展具有重要地位和作用。

周朝东征时，又将这个子姓谭国征服，谭国遂成为周的属国。周朝灭商以后，谭国因降服周朝而得以保存下来，但势力远不如从前。董作宾先生对谭国故地发现的卜骨进行了研究，他说："我们看了城子崖卜骨钻之密，可以知道他们材料的缺乏。半块牛胛骨，竟钻了146（正面45背面101）次，这

样的密集，还如何能够分得出每一个卜兆的吉凶？试一比较殷墟卜骨，便可见那是多么疏朗而清晰的。殷墟贞卜龟骨并用，这里已没有所谓'大宝龟'了，仅仅用牛骨，既多不刮治者，又参用羊骨，可见小国之规模是如何的褊狭了。"（董作宾：《谭"谭"》，《中国现代学术经典·董作宾卷》，河北教育出版社，1996年版）也就是说，谭国在周朝初年只是今济南地区一个经济落后、势力很小的诸侯国。

西周时期，今山东地区最大的两个封国是齐国和鲁国。到春秋时期，齐国的发展势头超越鲁国，成为东方大国。公元前694年，齐鲁两国国君曾在泺进行会见，史称"泺之会"。《左传·桓公十八年》有"公会齐侯于泺"的记载，泺即今济南市的趵突泉一带。谭国处在齐、鲁两个大国之间，几乎被边缘化了，即便是与相近的齐、鲁两个大国之间的交往也不是很多。当年齐公子小白流亡途经谭国时，曾受到谭国国君的冷遇。后来小白从莒国回到齐国做了国君，是为齐桓公，而谭国又没有前去祝贺。齐桓公对谭国的"无礼"耿耿于怀，于是决定出兵讨伐谭国。大概在这个时候，谭国被齐桓公吞并而划入齐国的版图，或者说被齐桓公征服而成为齐国的附庸。

由于年代久远，谭国很少有遗物保留下来。1959年，考古工作者在四川彭县一处遗址出土了21件商周时期的青铜器。其中有一件商代青铜酒器上有"覃父癸"的铭文，有学者认为，这应该是子姓谭国之物。（高广仁、邵望平：《海岱文化与齐鲁文明》，江苏教育出版社，2005年版）那么，位于今济南地区的谭国的青铜器为什么会在四川出现呢？据徐中舒先生研究，这21件青铜器既不属于同一个朝代，也不属于同一个氏族，其中的商代青铜器很可能是周代灭商时缴获的战胜品，也可能是周王将战利品颁赐给了功臣。（徐中舒：《四川彭县濛阳镇出土的殷代二觯》，《徐中舒历史论文集》，中华书局，1998年版）这也从侧面证明了周对谭的征服过程存在很大程度的劫掠。

从文献上看，齐国在春秋中期铸造的货币有"谭邦之法化"。一般说来，齐国对地方货币称某邑之法化，称谭为"邦"而不称"邑"，说明谭国既不是齐国的边邑，也不是独立国家，可能是齐国的附庸。

谭国故址在今天济南市东郊平陵城附近，即著名的龙山文化遗址的城子崖之上。距今已有三千多年的历史，因此说，谭国大夫所作的《大东》诗是济南地区最早的诗篇。

（二）《大东》诗的内容

《大东》诗全文 56 句，227 字，是一首感情充沛，情文并茂的佳作。

因为谭国位于周朝驰道上，所以《大东》诗首先从周道写起。周道是周朝以洛邑为中心建立的向四周辐射的交通网络，从洛邑到齐国都城临淄的周道，正好通过谭国。正是因为如此，谭国需要为往来的西周贵族提供各种各样的服务，负担特别沉重。诗中写道："周道如砥，其直如矢。君子所履，小人所视。眷言顾之，潸焉出涕。"其大意是：通往洛邑的周道像磨石一样平坦，像弓箭杆一样笔直，那是贵族们行走的地方，我们谭国人只能在远方凝视眺望。转过头来，不由得心酸，泪眼汪汪。

《大东》诗的主要内容，是谭国民众对周王室过多地征收赋税和摊派劳役的不满情绪。西周是当时的奴隶制大国，其祖先最早活动在陕西黄土高原上，到古公亶父时，进入阶级社会，其活动范围不断向东扩展，势力也越来越大，终于在公元前 1066 年在周武王领导下推翻商朝。次年，征服了谭国。从此，谭国就处在西周的管理之下。周朝对谭国的统治非常残酷，谭国不仅要对周王室俯首帖耳，朝觐纳贡，而且要负担繁重的劳役。所以当谭国人看到周道上往来的西周贵族时，心情无比惆怅。

对于谭国人的生活状况，诗中写道："有洌氿泉，无浸获薪。契契寤叹，哀我惮人。薪是获薪，尚可载也。哀我惮人，亦可息也。"其大意是：冰冷的泉水呀，不要浸湿砍下的木柴。我睡梦中也唉声叹气，为我小民而悲哀。木柴尚可用车拉载，我疲劳的小民啊，休息一会儿也应该。

诗人把民众与木柴相比，说明统治者不把民众当人看待，木柴尚且可以在车上休息，而谭国民众却只能终日耕作，不得休息。诗人面对这一社会现实，提出了得到休息、减少劳役的强烈要求，表现了谭国民众向往幸福生活的心愿。

与一年四季辛勤耕作而贫困交加的谭国民众相反，西周的贵族阶级不耕不织，却饱食终日。富有反抗精神的谭国民众，对这种不平等现象极为不满，发出了强烈的反抗之声，诗中写道："东人之子，职劳不来。西人之子，粲粲衣服。舟人之子，熊罴是裘。私人之子，百僚是试。或以其酒，不以其浆。鞙鞙佩璲，不以其长。"其大意是：东方之人，劳作繁忙，不受奖赏；西方之人，不耕不织却穿着漂亮的衣裳。周族的人士，整天猎熊捕兽乐洋洋；我们地方人士，却干着各种各样的贱民勾当。有的人饱尝美酒，有的人却喝不上饭汤；有的人在佩带上缀满美玉，有的人连佩带也难以戴在身上。

诗中的"东人之子"，指的是谭国民众，即当时济南地区的民众。"西人之子"，指的是周室贵族。全诗通过对周人和谭国民众生活的描写，形成鲜明的对照，把阶级社会中的不平等现象暴露得淋漓尽致。

《大东》诗还用形象鲜明而又贴切恰当的比喻，辛辣地讽刺了西周奴隶主的腐朽生活，表现了谭国人民蔑视上帝，怒斥天神的大无畏精神，诗中写道："跂彼织女，终日七襄。虽则七襄，不成报章。睆彼牵牛，不以服箱。东有启明，西有长庚。有捄天毕，载施之行。"其大意是：织女星织不出丝绸的纹样，牵牛星不能拉动车厢，簸箕星不替人们簸扬，勺子星不能舀酒浆。

可见，诗人是用这些形象的比喻，说明以周天子为首的西周奴隶主贵族，不过是有名无实的牵牛和织女，是搜刮民脂民膏的簸箕和勺子。在当时那种情况下，能够直接指斥周天子，是难能可贵的。

东汉王符《潜夫论》中有"赋敛重而谭告通"（王符：《潜夫论·班禄》）的记载，说明《大东》诗写出以后，通过当时的采风制度，传递给了周朝统治者，迫使周朝统治者不得不减轻了谭国民众的赋税徭役，有助于缓和尖锐激烈的阶级矛盾，从而在一定程度上推动了生产力的发展。同时，这首诗不仅仅是控诉了周朝贵族对谭国民众的剥削和压迫，也不仅仅是为谭国民众的悲惨遭遇而叹息，同时也反映出谭国民众面对沉重的负担

敢于大声呐喊的勇气和决心。"这种慷慨以任气、为民请命的担承精神，似乎是有谭国的国民性为基础的，而论及后世济南名士集团性格的形成，似乎也要从谭大夫及其《大东》篇说起"。（张华松：《济南通史·先秦秦汉卷》，人民出版社，2020 年版）

（钱明辉）

六、 云中鲍山： 鲍叔牙与鲍城

在济南市历城区王舍人镇东南，有一座小山，叫鲍山。鲍山下的鲍山新村一带，历史上曾是春秋时期齐国大夫鲍叔牙的封邑，称作鲍城，又称叔牙城。正是由于这个缘故，并不起眼的鲍山成了文人骚客的"打卡地"。北宋文学家曾巩《鲍山》诗云："云中一点鲍山青，东望能令两眼明。若道人心是矛戟，山前那得叔牙城。"至今，鲍山下仍有鲍叔牙墓，是济南市重点文物保护单位。

（一） 管鲍之交

鲍叔牙的人生经历与管仲始终相关联。管仲，字夷吾，安徽颍上人，年轻时为闯荡生活，来到齐国。鲍叔牙与管仲相交，对管仲的才华十分认可。

鲍山胜景坊（新罗 摄）

而管仲因家庭贫困，常常占鲍叔牙的便宜，但这并不影响鲍叔牙和管仲的友情。据《史记·管晏列传》记载：管仲曾与鲍叔牙一同经商，每当分红时管仲总是多分多占，鲍叔牙知道管仲家中贫困，并不认为管仲是贪心。鲍叔牙遇到困难的事情，请管仲拿主意、想办法，结果按照管仲的主意去做反而让事情变得更加糟糕，鲍叔牙不认为管仲的主意不对，而是认为事情变好的时机尚未到来。管仲曾多次做官，并未取得可观的成绩，被上级摒弃。鲍叔牙不认为管仲没有做官的能力，而是认为管仲没有遇到伯乐，没有赶上好的机遇。管仲曾当过兵，冲锋时总是临阵逃脱，撤退时却跑在前面，鲍叔牙不认为管仲贪生怕死，而是认为管仲家有老母亲需要他赡养，不得不如此。管仲对鲍叔牙的理解十分感动，曾感叹说："生我者父母，知我者鲍子也。"（《史记·管晏列传》）

齐釐公时，立长子诸儿为太子，并让管仲和召忽辅佐次子公子纠，让鲍叔牙辅佐三子公子小白。公元前697年，齐釐公去世，太子诸儿即位，是为齐襄公。齐襄公昏庸无道，搞得民怨载道、众叛亲离。鲍叔牙对公子小白说："国君不能体察民情，且政令无常，恣意妄为，这很可能引起内乱，我看齐国离发生内乱为时不远了。"果不其然，公元前686年，即齐襄公十二年，齐釐公的侄子公孙无知袭杀了齐襄公，并自立为君。为避免不测，管仲和召忽护送公子纠逃往鲁国避难，鲍叔牙则护送公子小白逃往莒国避难。

一年后，公孙无知又被国人杀死。齐国一时无主，乱作一团。消息传出后，身在鲁国的公子纠和身在莒国的公子小白，都蠢蠢欲动，急着回齐国夺取君位。鲁庄公准备派兵护送公子纠回齐，并让管仲在公子小白返齐的路上设下埋伏，以防公子小白捷足先登。而此时的公子小白，也在莒国的帮助下急忙回齐，当走到半途时遭到管仲的伏击。在交战中，管仲一箭射向公子小白，幸亏小白身上的衣带钩挡住了箭镞，才使小白免于一死。为了迷惑管仲，小白假装被射中，应声倒下。管仲以为小白中箭身亡，带兵回到了鲁国。公子纠以为小白已死，没有了竞争对手，也就放松了警惕。而公子小白却星夜兼程来到齐国，并在鲍叔牙的辅佐下登上君位，是为齐桓公。

鲁庄公和公子纠不甘心失败，于这年的秋天出兵伐齐，企图通过武力干预帮助公子纠夺回君位。齐桓公面对鲁国的进攻，派鲍叔牙在乾时（今属山东桓台）设下埋伏，大败鲁军，从而稳定了自己的地位。

　　齐桓公认为鲍叔牙很有才能且在自己登上君位过程中发挥了巨大作用，于是欲任命其为相国。鲍叔牙却辞而不就，他对齐桓公说："我只是个一般的臣下，做些普通的工作尚可，如果治理国家则不是合适的人选，我认为只有管仲堪胜此任。"鲍叔牙又进一步说自己有五个方面不如管仲："宽惠柔民，弗若也；治国家不失其柄，弗若也；忠信可结于百姓，弗若也；制礼义可法于四方，弗若也；执枹鼓立于军门，使百姓皆加勇焉，弗若也。"（《国语·齐语》）齐桓公听后十分生气地说："管仲与我有一箭之仇，此仇未报，您怎么黑白不分，推荐管仲呢。"鲍叔牙说："管仲对您射箭，是他尽职尽责的表现，人各为其主，有什么可以指责的呢。如果您任用他，他也会对您忠心耿耿，竭尽全力。"

　　齐桓公被鲍叔牙说服，对鲍叔牙坦荡无私的胸怀也十分赞赏，于是委托鲍叔牙去鲁国交涉引渡管仲之事。鲍叔牙来到鲁国，对鲁国国君说："公子纠是我君的兄弟，不忍心亲自把他杀掉，就请您替我国把他杀了吧。管仲是我君的仇人，必须亲自杀之而后快，请让我把管仲引渡到齐国。"鲁国与齐国在乾时交战刚刚失败，慑于齐国的强大和威逼，只好答应了鲍叔牙的要求。于是，杀掉公子纠，又将管仲捆绑结实，押上囚车，由鲍叔牙将其带回齐国。

　　鲍叔牙一行刚刚进入齐国的地界，就立即打开囚车，给管仲解绑，又为管仲沐浴更衣。齐桓公也亲自到郊外迎接，将管仲迎入城内，并举行了隆重的拜相仪式。

　　管仲任相后，果然不负众望。辅佐齐桓公改革内政，富国强兵，以"尊王攘夷"相号召，救邢存卫，平定诸戎，取得了周边诸侯国的信任和拥护。"九合诸侯，一匡天下"（［汉］司马迁：《史记·齐太公世家》），使齐国成为春秋时期的第一个霸主。

可以说，没有管仲，就没有齐桓公的霸业。没有鲍叔牙，也就没有管仲的丰功伟绩。管仲功成名就后，回首往事，感慨万千。他说："当年，公子纠失败后，召忽以死殉节，我却被囚禁受辱生存下来。鲍叔牙不认为我没有气节，也不认为我不知廉耻，而是知道我不羞于小节而羞于没有干成一番惊天动地的事业，鲍叔牙才是我真正的知己。"对此，汉代史学家司马迁也感慨万分，他在《史记·管晏列传》中说："鲍叔牙向齐桓公推荐管仲，并甘心位居管仲之下。可是，天下的人并不在意管仲的治国之才，而是称赞鲍叔牙能知人让贤。"对鲍叔牙给予了充分的肯定。

（二）食采于鲍

鲍叔牙推荐管仲为相后，自己位居大夫。虽然地位不如管仲高，但他也没有碌碌无为，而是以积极的态度参与到齐国的政治生活中。

齐桓公登上君位后，周边的诸侯国都前来祝贺，地处今济南市章丘区城子崖一带的谭国却没有来。当年齐桓公逃难途经谭国时，也曾受到谭国国君的冷遇。于是，在齐国局势稳定后，齐桓公便决定讨伐谭国，并于公元前684年一举灭掉谭国。从此，谭国的地盘纳入了齐国管理范围。谭国虽是齐鲁之间的一个小国，地理位置却十分重要。齐桓公灭谭的真正目的是打开向西拓展的通道，至于从前遭受谭君冷遇和谭君未前来祝贺，只不过是出兵的借口罢了。齐国灭谭后，齐桓公对新取得的国土十分重视，便派心腹鲍叔牙前去巡视，以制定适合谭地的统治政策。鲍叔牙巡视后上报齐桓公说："谭国位于齐国的西部边陲，附近有济水和黄河，所以多水泽草莱。除桑麻生产以外，渔猎经济也占有一定的成分。虽然处在东西交通干道上，却没有带来经营上的便利，反而增加了招待往来权贵的负担。经济落后，民生凋敝，很多人家依靠借贷维持生活，民众的贫穷程度高于齐国的其他地方，建议减免其赋税，减轻其负担。"齐桓公和管仲对此十分重视，采取了一些措施，减轻了谭地百姓的负担。

齐桓公三十五年（前651），齐桓公邀集鲁、宋、曹等诸侯国在葵丘

（今属河南）会盟，周襄王派宰孔送给齐桓公许多礼物。同年秋，齐桓公再次在葵丘会盟诸侯，周天子又派宰孔参加。其盟曰：“凡我同盟之人，既盟之后，言归于好。”（《左传·僖公九年》）葵丘之盟，标志着齐桓公的霸业达到顶峰。面对霸业已成的现实，齐桓公陶醉于自己的成就，不免有骄矜之心。有一次，齐桓公欲铸造一口大钟，在上面铭文，记述自己的功绩，以传之后世。鲍叔牙听闻之后进谏说：“公子纠是你的兄长，您当年与他争夺君位，是不仁；您抢占鲁国的地盘，违背了当年太公与周公互不侵犯的约定，是不义；与鲁国会盟于柯，面对曹刿的气势有所畏惧退缩，是不武；生活淫逸，亲近媵妾，是不文。难道这些都要铭刻在大钟上吗？如果只看到自己的成就和长处而看不到自己的问题和不足，即便没有天灾，也会发生人祸。”齐桓公听后，沉思了一会，面带愧色说：“寡人有过错，幸亏先生提醒，这是寡人之福。若非先生及时指出，寡人迟早要犯大错误。”

有一天，齐桓公与管仲、鲍叔牙、宁戚等大臣一起饮酒。管仲、宁戚分别祝贺桓公取得了天下霸主的地位，只有鲍叔牙没有祝贺。桓公说：“您用什么言辞来为我们祝酒呢？”鲍叔牙举起酒杯说：“祝愿我的君主不要忘记在莒国避难时的艰辛，祝愿管仲不要忘记在鲁国被捆绑后扔进囚车的屈辱，祝愿宁戚不要忘记当年用牛车贩卖、击牛角而悲歌的日子。”桓公听后避席再拜说：“我们三人都不会忘记先生的话，如此一来，我们齐国就可以长治久安了。”这就是成语“勿忘在莒”的来历。鲍叔牙的这种忧患意识和犯颜直谏的精神，赢得了世人的尊重。管仲曾对齐桓公说：“敢于不看君主的颜色，以自己的正直和忠诚进谏，不避死亡，不挠富贵，我不如鲍子。”

鲍叔牙为齐桓公的霸业做出了巨大贡献，所以获得了许多赏赐，采邑众多，但最重要的是位于今济南的鲍邑，又称鲍城。《通志·氏族略·以邑为氏》说：“鲍叔仕齐，食采于鲍，因以为氏。”《路史·国名记四》：“鲍，齐之历城。”《齐乘》卷四说：“鲍城，济南东三十里鲍山下。”乾隆《历城县志》说：“县东三十里有鲍山，山下有城，鲍叔牙食邑也。相传叔牙与管仲分金于此，鲍叔墓在焉。”

鲍山下有苏东坡为济南历城人张揆题写的"读书堂"三字大碑。《辙环杂录》记载说："鲍山在济南东三十里，为叔牙故里，有鲍叔牙城。相传管鲍分金于此。近山有王舍人庄，有东坡为邑人张揆书'读书堂'三字大碑，今移县学明伦堂。"该碑今已不存，有拓片传世。

随着时间的推移，鲍城逐渐败落。至迟在宋代鲍城已不存在，曾巩有"山前那得叔牙城"（曾巩：《南丰先生元丰类稿》卷七）的感慨。明代著名诗人王象春有《鲍山》诗曰："因从白雪楼边过，古店荒碑动我情。云雨山头谁覆手，行人不见叔牙城。"诗中明确说行人从鲍山路过，已看不见叔牙城。其在诗序中说："王舍店南有鲍山，山之下有叔牙城，即大夫采邑也。店之东北隅得李沧溟故居。鲍，一卷石耳，得借二贤以显声矣。沧溟先生笃重友谊，慷慨侠烈，或慕叔牙之义而卜邻焉，是未可知。"很明显，所谓的鲍山，不过是一个大石而已，只是由于管仲和鲍叔牙的缘故使之成为名胜之地。李攀龙在鲍山下建有白雪楼，也许是仰慕鲍叔牙的为人才选择这个地方。

至清代，人们出于对鲍叔牙的崇拜和尊敬，可能在鲍山下建有纪念鲍叔牙的建筑物，清代著名诗人董芸有《鲍城》诗："东望鲍山驿路斜，荒烟

齐大夫鲍叔牙墓（民国时期）

落日起林鸦。可怜交道今如土，谁把黄金铸叔牙。"清代诗人陈永修《鲍叔牙故城》诗曰："高山犹见故人情，鲍叔千年尚有城。长白东南空怅望，华泉西北自凄清。"这里所谓的鲍城，实际上不过是纪念鲍叔牙的建筑物而已。

往事沧桑，时过境迁。鲍城已不存在，鲍城故址在今天的具体位置也难以详考。从历史记载看，鲍城大致应在今济南市历城区鲍山下的鲍山新村一带。

（任艺璇）

七、稷下先生："阴阳五行说"的创始人邹衍

邹衍（亦作驺衍），战国末期齐国人，先秦阴阳五行学说的集大成者，其主要学说是"五德终始说"和"大九州说"。邹衍著有《邹子》四十九篇和《邹子终始》五十六篇。可惜这些著作均已亡佚，现在我们只能从《史记》《吕氏春秋》等书及马国翰《玉函山房辑佚书》中邹衍的辑本来领略邹衍思想学说的风采。邹衍是稷下学宫有名的学者，知识丰富，长于雄辩，"尽言天事"，时人称他为"谈天衍"。

（一）名显诸侯

邹衍生卒年不详，从现有史料推断，他出生于齐国一个中小贵族家庭，活动时代后于孟子。当时的齐国正处于继齐桓公称霸诸侯之后的又一个强盛时期，齐国的稷下学宫也正是如日中天之际，为一代宗师邹衍的问世营造了一个宽松的社会政治环境和浓郁的思想文化氛围。

齐宣王时，邹衍游学于稷下学宫，学习儒术，后改攻阴阳五行学说，然而终以儒术为其旨归。当时，齐宣王喜爱文学之士，邹衍、淳于髡、田骈、接子、慎到、环渊等都聚集在稷下，享受上大夫的政治地位和经济待遇，著书言说，议论政治。邹衍在当时影响很大，许多达官贵人一听到他的学说，就肃然起敬，愿意接受他的学术。其实，学儒术也好，攻阴阳也罢，只是不同的手段，邹衍的目的是寻求经世致用之学，名显诸侯。

齐宣王是一个雄心勃勃的君主，他不满足于桓公的"霸诸侯"，还要"王天下"。齐闵王继位以后，野心更大，不仅要称王，还要称帝。"三十六年，王为东帝，秦昭王为西帝。"（《史记·田敬仲完世家》）邹衍的学说正是为当时田齐政权统一六国而大造舆论的，因此他本人及其学说都受到齐宣王和齐闵王的高度重视。

邹衍不仅在齐国活动，还频繁往来于其他诸侯国，并受到各国国君的隆重礼遇。邹衍来到赵国，平原君侧身陪同行进，亲自拂拭座席。齐国灭宋后，国势大振，引起了各诸侯国的不安，秦国乘机联合各国攻齐。齐国处于十分被动、孤立的地位。不久，燕昭王为报齐国当年占领燕国之仇，又联合韩、赵、魏大举攻齐。齐闵王逃奔莒地（今山东莒县），并死在那里。恰在此时，燕昭王招贤纳士，筑黄金台以揽才。一时间，各国人才争相趋燕，在这种形势下，邹衍前往燕国。邹衍到燕国，燕昭王亲自拿着扫帚在前边引路，要求坐在学生的座位上向他求教，并修建了碣石宫让他居住，以弟子之礼拜见他。邹衍游说各国受到尊敬达到了这样的程度，这与孔丘在陈国、蔡国遭受饥饿，孟轲在齐国、魏国遇到困厄形成鲜明对照。

燕昭王死后，惠王继位。惠王不信任先朝旧臣，听信谗言，把邹衍逮捕下狱。这时齐襄王已经继位，稷下学宫又恢复了过去的繁荣局面，邹衍在燕国出狱后，思乡情涌，归心似箭，便又回到自己的家乡。其后他曾作为使者在赵国见到平原君，与他谈论最根本的道理，于是平原君从此就疏远了公孙龙。邹衍晚年曾仕燕王喜，公元前250年，赵国派廉颇、乐乘打败燕将栗腹、庆秦，燕国战败，此后邹衍就不见于史籍记载。

战国时期，百家争鸣，人才济济，各国君主强国揽才之心也是迫切，邹衍正是因其学说实用且切合于现实政治，他才能显名于诸侯，为各国所重用。

（二）"五德终始说"

"五德终始说"是邹衍的核心学说，它吸取了春秋战国诸子百家的理论营养，是在当时燕齐滨海地区流行方士奇谈怪论的背景下形成的，是邹衍对相关的传统思想加以继承、改造和发展的结果。

所谓五德是指把金、木、水、火、土五行各赋予道德属性，由五行而为五德，由五行相胜而为王朝更替的规律。因为虞舜以上的历史模糊不清，无从查考，他就从被配属于土德的虞朝开始，那么夏代虞、商代夏、周代商就

是木克土、金克木、火克金的定律在王朝更替中的体现。根据这个定律，取代周的王朝一定属于水德。因此，每一个王朝都是前一个王朝的胜者和后一个王朝的败者，各朝代的更替按五行相胜的排列次序相应变迁，循环往复，这就是所谓的"五德从所不胜"。同样，邹衍认为一年四时也是按五德转移的规律不断更替，不同的是他在这里运用了五行相生的原理。将春夏秋冬配属木火金水，在邹衍之前就已存在。但是如何将四时与五行相匹配，尤其是从四时中找出一段时间与土德相配，邹衍做得尤为巧妙。他把土德与季夏相配，意即土德居四时中央，因此有学者就认为"其目的是为黄帝的后裔田氏应当位居中央、成为天子制造舆论"。

根据"五德终始说"，五德中的每一德都有相应的制度，每一王朝应据其德和五行配物原理来制定本朝礼仪制度。我们从《史记·秦始皇本纪》中可以依稀看到邹衍"治各有宜"思想的影子，比如十月为岁首、色尚黑、数用六、崇尚严刑峻法等都是与水德相配的。邹衍认为，凡是古代帝王将兴之时，上天必先显祥瑞于人间。在邹衍看来，帝王只有根据这类征兆才能判断自己的王朝在五德链条中所处的位置，继而采取相应的政治举措。另外，统治者若不按月令的规定行事，扰乱了四时的施政顺序，也会导致各种自然灾害，这些灾害也是有规律的、与违反当时时令的性质相对应。

邹衍用"五德终始说"阐明新朝取代旧朝的必然性、合理性，满足了战国时期各国统治者的需求，为战国七雄开展兼并战争，统一中国大造舆论声势。因此，邹衍当时"名显于诸侯"也不足为怪了。"五德终始说"初看起来，"其语闳大不经"，实则有着严密的逻辑体系——既讲五行相生相克，又包容儒道法等诸子思想；既广博，又灵活，自成一套体系。不仅在战国末年轰动一时，而且在中国古代哲学史上有其独特的地位。

五行相生相胜示意图

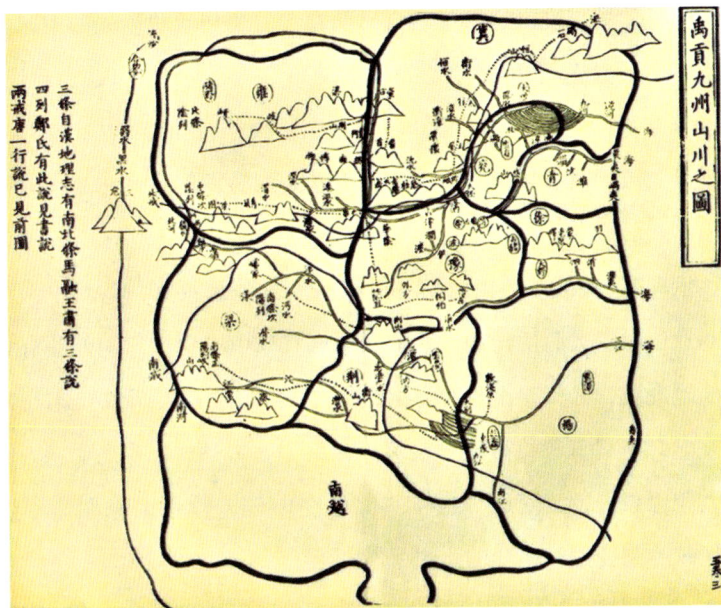

禹贡九州山川之图（采自［宋］唐仲友《帝王经世图谱》卷七）

（三）"大九州说"

邹衍依据他的空间观念和对世界地理的基本认识，提出了惊世骇俗的"大九州说"。根据邹衍的理论，中国名曰"赤县神州"，是由九个小州所组成的大州。而世界上如同"赤县神州"这样的大州共有九个，故称之为"大九州"。每一个大州外面都有"大瀛海"环绕，各州互相隔绝，人民禽兽莫能相通，再往外就是天的边际。像中国由九个小州组成的一样，其他八个大州也应各有九个小州组成，这样，就共有八十一个小州。中国便是"于天下乃八十一分居其一分"。（《史记·孟子荀卿列传》）

邹衍"大九州说"的提出，与他所处地理环境有密切关系。齐国濒海，邹衍对浩渺无际的大海常产生无限遐想；当时海上交通的开辟，海外异域风土人情和思想观念的传入，又大大开阔了邹衍的视野。这种地理环境引导他的思维向海外发散。同时，邹衍博学善思，运用从近到远的观察视角，从已

知到未知的经验的推理方法来说明自己的观点。比如他的"先列中国名山大川,通谷禽兽,水土所殖,物类所珍,因而推之及海外,人之所不能睹"(《史记·孟子荀卿列传》)这种以小推大,由近及远的推理方法,实际上是以有限而推导无限,这可以说是对宇宙无限性的相对理解。这在战国时期的确是非常了不起的。

"大九州说"反映了战国时期齐国人开阔的地理视野,它对中国在世界地理中的地位做了大胆的猜测,改变了人们只知中国而不知其外还有更大空间的狭隘地理观,并反映出当时海上交通的发展。"大九州说"本身不是一种政治观点,与"五德终始说"没有直接联系,但是这种观点要求人们拓宽视野,大胆想象,精于变通,这与"五德终始说"提倡破除僵滞不变的观念,提倡政治制度因时而变的思想一脉相通。

(陈翠莹)

八、 望闻问切： 中医的主要奠基人扁鹊

扁鹊，原名秦越人，是战国时期著名的民间医生。因为他医术高明，人们往往把他比作传说中黄帝时代的名医扁鹊，于是扁鹊这个尊称便代替了他的本名而相传至今。

（一） 扁鹊的里籍

关于扁鹊的里籍，文献典籍中聚讼纷纭，莫衷一是。司马迁在《史记·扁鹊仓公列传》中称扁鹊是"勃海郡郑人"，《韩诗外传》《说苑》也都称其为郑人。但是渤海郡的设置是西汉时期的事情，扁鹊所处的时代并没有渤海郡，渤海附近也没有叫"郑"的地方。为了解决这个矛盾，《史记集解》引徐广曰："郑当为鄚，县名，今属河间。"如果扁鹊的里籍在河间，而河间属于赵国，又与扁鹊自称"臣齐勃海秦越人"的齐国相矛盾。由于文献记载的歧义，扁鹊的里籍也就存有很大的争议。

《史记正义》引《皇帝八十一难序》说扁鹊"家于卢，因命之曰卢医也"。《战国策·齐策》高诱注、《法言·重黎篇》以及《淮南子》也都称扁鹊为卢人。《汉书·高帝记》颜师古注引应劭曰进一步认为"（扁鹊）泰山卢人也，名越人"。如此看来，扁鹊是卢人成为大多数典籍的共识。这为我们提供了一个重要信息，即扁鹊"家于卢"。加之卢属于齐地，又与扁鹊自称齐人相一致，所以，扁鹊为卢人应当是可信的。至于司马迁为何在《史记·扁鹊仓公列传》称扁鹊是"郑人"，张华松在《扁鹊里籍卢邑说新证》中认为：殷商时期平阴地区为商族郑人的一个聚居地，故称"郑"。春秋时期，虽名平阴，但旧名未废，扁鹊长期在此行医，故称其为"郑人"。（《东岳论丛》2015 年 7 期）这为我们探究扁鹊里籍提供了一个新的思考视角。

卢为齐邑，故址位于今济南市长清区归德卢城洼一带。在齐晋争战中，

扁鹊墓（雍坚 摄）

时而属赵，时而属齐，但至迟在齐威王时期属于齐国。到汉代，设有卢县，属泰山郡，仍为齐地。后人出于对卢邑与扁鹊相关联的认知，文献中也出现了卢地与扁鹊关联的记载。唐代段成式《酉阳杂俎》前集卷七曰："卢城之东有扁鹊冢，云魏时针药之士以厄腊祷之，所谓卢医也。"清道光《长清县志》亦曰："今卢地有越人冢。"基于此，我们说扁鹊是齐国卢人，即今济南市长清区人。

（二） 扁鹊的行医案例

扁鹊少时，曾任舍长，即担任一家宾舍的负责人。有一位叫长桑君的医者曾入住这家宾舍，扁鹊对他照顾有加，服务十分周到。经过十年的考察，长桑君发现扁鹊是一位诚恳正直、虚心好学的人。便收扁鹊为徒，把自己的秘方和医术传授给扁鹊。长桑君死后，扁鹊入山苦读，一边刻苦钻研长桑君传给他的秘方，一边搜集民间验方。由于扁鹊刻苦好学，勇于实践，医术进

微山两城小石祠侧壁画像中的扁鹊（微山县文物管理所藏，东汉中期，杨子墨提供）

步很快，不久就成为一名遐迩闻名的医生了。

《史记·扁鹊仓公列传》记载了扁鹊行医的几个案例，扁鹊的医术由此略见一斑。

有一次，扁鹊行医途经虢国，他听到虢国太子得重病去世的消息，就主动前去询问病症和死因。经过询问和观察，他确定虢太子患的是"尸厥"病，即现代医学上的"脑充血"。虢太子是因病情恶化而昏了过去，并不是真的死去了。经过扁鹊及其弟子的治疗，虢太子竟然复活。于是扁鹊使虢太子复活的消息迅速传开。从此，人们称扁鹊是能起死回生的神医。

扁鹊的医术确实十分高明，不仅能用针灸、按摩等多种方法医治疾病，还在总结民间验方和自己多年实践经验的基础上，善于运用望诊和切脉法诊断疾病。有一次，扁鹊途经齐国都城临淄，见齐桓侯气色不好，便直言不讳地对桓侯说："您已生病了，病正潜伏在皮肤的毛孔中，应赶快医治。"桓侯自以为身体健壮，对此不以为然，一笑了之。五天后，扁鹊再次见到齐桓侯，很严肃地对他说："您的病已经到了胃肠，如不赶快医治，就很难治好了。"桓侯听后特别生气，并说行医的人总是把无病的人说成有病，把小病说成大病，以乘机牟取暴利。不多久，扁鹊又一次见到桓侯，没有说话就赶快离开了。桓侯见扁鹊一反常态，忙派人去追问扁鹊。扁鹊回答说："齐侯

107

不听劝告，病已入骨髓，成为不治之症，所以我只好躲开。"果然，没几天，桓侯就病倒了。桓侯想起扁鹊的话，忙派人去请扁鹊，可扁鹊已到秦国去了，齐桓侯终因病情恶化而死去。

还有一次，赵国的赵简子得了重病，五天不省人事，他的家人及大臣心急如焚，就连赵国最有名的医生也不知所措。赵国人打听到扁鹊医术高明，就赶忙请扁鹊去医治。扁鹊看了看赵简子面色，不慌不忙地走出房门，对赵简子的大臣说："赵简子并没有得什么重病，血脉一切正常，用不着惊慌，过两三天他就会好的。"当时，赵国人都不相信，以为扁鹊没有治病的本领才欺骗他们说赵简子没事。没有想到的是，两天过后，赵简子果然醒来了。

扁鹊不仅医术高明，而且热心为贫苦百姓治病。他四处行医，足迹踏遍大半个中国。为了给百姓治病，他经常不辞劳苦，亲自上山采药。据说，今济南西北面的药山，就是扁鹊经常采药的地方；鹊山是扁鹊炼丹的地方。

扁鹊晚年，曾到秦国行医。当时秦武王患了重病，秦国的太医令李醯(xī) 知道扁鹊医术高明，而且享有很高的声誉，非常嫉妒，就用金钱收买刺客，把扁鹊刺杀了。

（三）扁鹊的医学贡献

扁鹊是中医的主要奠基人之一，对中医的发展做出了巨大贡献，在中国医学史上具有重要地位。

其一，传授生徒，开创民间医学。扁鹊生活在春秋战国之际的社会变革时代，这种变革不仅仅是旧制度的崩溃和新制度的产生，也表现出人们思想意识的变化。扁鹊以前，医疗技术掌握在国家设置的医官手里，长期被其垄断，以服务于上层统治阶级。《汉书·艺文志》说："方技者，皆生生之具，王官之一守也。"也就是说包括医官在内持有一技之长的人属于王官，医术只在体制内传授，与下层民众并没有关系。即便是一些民间医者，也多是家族内私相传授，严重影响了医学的发展。战国时期的扁鹊，在民间授徒传艺，开创了民间医学的先河。《说苑》记述了扁鹊行医时众弟子的情况：

"子同捣药，子明灸阳，子游按摩，子仪反神，子越扶形。"子同、子明、子游、子仪、子越，都是扁鹊的弟子。扁鹊授徒传医，把医学从王官垄断下解放出来，开创了民间医学，这足以与孔子开办私学、打破"学在王官"的历史贡献相媲美。

其二，反对巫术，倡导医疗科学。扁鹊所处的时代，由于当时科学技术落后，人们大多迷信，因此巫术盛行。多数人相信死生有命，相信鬼神，于是信巫不信医成为常态。《庄子·应帝王》记述郑国巫师时说："郑有神巫曰季咸，知人之死生存亡，福祸寿夭，期以岁月旬日若神。"庄子所处的时代比扁鹊略晚，尚且如此，扁鹊所处的时代更是有过之而无不及。面对这一情况，扁鹊积极宣传医疗知识，有针对性地指出巫术的欺骗性和危害性，在医术、巫术并存甚至巫术压制医术的情况下，难能可贵。司马迁在《史记·扁鹊仓公列传》中针对扁鹊的行医实践，总结出"病有六不治"的观点，即"骄恣不论于理，一不治也；轻身重财，二不治也；衣食不能适，三不治也；阴阳并，藏气不定，四不治也；形羸不能服药，五不治也；信巫不信医，六不治也"。(《史记·扁鹊仓公列传》)这六条大多体现了反对巫术的思想，特别是第六条反对巫术的意识更加明确。扁鹊反对巫术，把医术从巫术中解放出来，为医疗学问的独立奠定了思想基础。

其三，革新医疗器械，开创针灸疗法。扁鹊之前，所谓针灸多是以砭石为医疗工具。20世纪初，在微山县两城山汉墓出土的汉画像石中，有人面鸟身诊疗的画面，所用的医疗工具就是砭石。卢南乔先生认为这是扁鹊行医图（卢南乔：《山东古代科技人物论集》，齐鲁书社，1979年版），图中扁鹊的形象为人面鸟身，就诊者列队待诊，鱼贯而入。扁鹊一手切脉，一手用砭石治疗，形象栩栩如生。砭石是一种扁平的长形石制医疗工具，一头圆滑，一头有锋利的针尖。圆滑的一端可用于按摩，锋利的一端可用于刺血、排脓等。战国时期，随着金属器物制作工艺的提高，金属针逐渐用于医疗。扁鹊给虢国太子治病时"乃使弟子子阳厉针砥石"（《史记·扁鹊仓公列传》），针、石对言并用，说明针可能已不是石针。扁鹊将之用于医疗，为针灸疗法的出现

奠定了基础。

其四，发明切脉和四诊法，创立诊疗结合的系统化诊疗方法。脉就是血管，脉搏跳动与心脏跳动是相应的。根据这个原理，切脉可以知病。《史记·扁鹊仓公列传》称："至今天下言脉者，由扁鹊也。"《淮南子·泰族训》曰："所以贵扁鹊者，非贵其随病而调药，贵其麛息脉血。"《盐铁论·轻重篇》："扁鹊抚息脉，是以气脉调和，而邪气无所留矣。"切脉是扁鹊在医术上的一大发明。清人文廷式在《纯常子枝语》中评论说："三代以前，巫医之术未尝不通也，至扁鹊屈于灵巫，则事已分矣。"所谓四诊，即望、闻、问、切四大诊法。《史记·扁鹊仓公列传》记载了四诊的内容，"越人之为方也，不待切脉、望色、听声、写形，言病之所在。"望、闻、问、切，是一种系统化诊断方法，在中国医学史上具有举足轻重的地位。

其五，因地制宜，随俗为变。扁鹊行医，其出发点是解除患者疾苦，民众的需要就是其行医的方向。故他能因地制宜，随俗为变。每到一地，根据当地人的风俗习惯，改变行医的方向。《史记·扁鹊仓公列传》记述说：扁鹊名闻天下，他途经邯郸，听说当地尊重女性，就治疗妇科病；经过洛阳，听说周人尊敬老人，就治疗耳聋、眼花之类的老年病；来到咸阳，闻之秦人喜欢小孩，就为小儿治病。所以，扁鹊对妇科病、老年病、儿童病，样样精通，成为一名全科式医生。

综上所述，扁鹊是中医学科的奠基人，是民间医学的开创者，在中国医学史上占有重要地位。"医圣"张仲景曾感叹说："余每览越人入虢之诊，望齐侯之色，未尝不慨然叹其才秀也。"扁鹊也因其医术高明、医德高尚受到后代医者的敬仰和尊重。

（王春彦）

九、 长城巨防： 齐长城与齐国西部防御体系

在今济南市长清区南部 220 国道西侧，横亘着一条规模可观的夯土台。如今看来虽然不甚起眼，但它却是有着"长城之母"之称的齐长城的西端起点，是春秋战国时期齐国西部军事防御体系的核心，作为中国长城的一部分被列入世界文化遗产名录。济南历城区、章丘区、莱芜区皆有齐长城遗址的分布，并留下了青石关、锦阳关等重要关隘，屹立两千五百多年，见证着历史上的金戈铁马与沧桑巨变。

（一） 独特的地理位置与齐长城的创建

先秦时期，齐国修筑了西起今济南市长清区，沿泰山山脉，经今济南市

齐长城遗址（长清段）保护标志碑

历城区、章丘区、莱芜区，东至青岛市的齐长城。它横跨平原沃野，绵亘于雄山大川，东西长六百多公里。齐长城的修建因地制宜，分为"平地长城"和"山地长城"两个部分，蔚为壮观。由于齐长城修筑时间较早，对中国两千多年长城防御体系的建立具有重要的奠基意义。

目前，学界一般认为齐长城西端起点在今济南市长清区孝里街道南部的广里村东北，这是《左传》中记载的"广里"和"防门"的所在地，如今该地还留存有一段东西长三百余米、南北宽十余米、高约四米的夯土墙体。先秦时期，该地北依古平阴城，西邻古济水，东接泰山余脉，中间形成了一条南北向的狭窄通道，是齐国与鲁国，乃至三晋交流的重要孔道，军事意义重大。韩非子在评价齐国军事防御体系时说："齐之清济浊河足以为限，长城巨防足以为塞。"（《韩非子·初见秦》）齐长城对于齐国的军事意义，由此可见一斑。

《管子·轻重丁》记载说，齐长城南面是鲁国，北面是齐国。管子活动于春秋前期的齐桓公时期（前685 —前643），但《管子》这部著作写成于战国时期，因此很难依据《管子》书中的说法，认定齐长城在齐桓公时期就已经存在了。

齐长城的修建，最晚可以追溯至春秋时期鲁襄公十八年（前555）。这一年冬天，鲁国与晋国会盟，沿着古济右走廊一路北上，经过今济南市平阴县攻伐齐国。而齐灵公则在今长清区南部的防门进行防御。防门西面就是济水天堑，为了阻遏济水泛滥时的洪水，当时在济水东岸修筑起防水大堤，称为"防"。"堤防"一词就来源于防水堤坝，防门就是济水堤坝上的门。战前，齐灵公命人在防门外的济水大堤外挖了一条壕沟，依靠河堤建立起防御工事，这和在城墙外修建护城河进行军事防御是一个道理。不过，此时的齐长城防御体系还不健全，齐国大臣夙沙卫就曾因为这里不够险要而劝齐灵公放弃防门。史实证明，齐国确实在这次战争中为晋鲁联军所败，死伤惨重。但在防门修筑的防御工事却留了下来，并逐渐发展成为后来的齐长城。这一年是公元前555年，是齐长城修建时间中最为可靠的上限。

实际上，今长清区、肥城市等地的泰山余脉中，在先秦时期有很多齐鲁两国之间穿越泰山天然屏障的交通要道，位于今长清区的长城铺和莱芜区的青石关、锦阳关等都是道路咽喉。为了防御山洪，这些山谷中也修建了如济水大堤一样的防水堤坝。后因战争需要，这些具有军事价值的山谷，依凭原有的防水堤坝，逐渐建成军事防御用的城墙，与济水东岸齐灵公修筑的防御工事一起，成为后来绵延千里的齐长城的前身。我们可以将上述墙体，称为齐长城中的"平地长城"。防水堤坝转变为军事城墙，这是春秋时期诸侯国之间战争频繁的结果。而串联这些墙体的"山地长城"，则是后来历史形势再次发生变化后出现的。

（二） 战争形势的转变与齐长城的发展

春秋战国之际，战争规模扩大，作战兵种也发生了变化，此前流行的战车逐渐退出历史舞台，步兵、骑兵成为作战的主力。随之变化的则是作战方式更加灵活，战场也更加多变。原来控扼主要交通道路的平地长城已经不能完全应对新的战争形势，山地防御越来越受到重视。在泰山余脉上修建山地长城以增加防御维度，利用山地长城将平地长城连接在一起以延长防御线成为大势所趋。

从已知文献来看，齐长城之名最早出现于晋敬公十一年（齐宣公十五年，前441）。根据新出土的清华简《系年》篇记载，这一年晋国联合越国攻打齐国。这期间，晋国伐齐多从齐长城西端通过，而越国此时已经将都城迁徙至齐国东面的琅琊，即今青岛市黄岛区夏河城。齐国为了增强防御，有必要修建连接山海的长城，以将晋、越在内的敌对势力隔绝在齐都临淄所在的齐国核心区域之外。齐国于此时修建的长城，就是通过修建山地长城，将原有的平地长城连接在一起。防门、长城铺、青石关、锦阳关等处应是在这一时期被连接起来的，真正意义上西起济水东至大海的齐长城随之形成。

于此之后，齐国西部齐长城所在地区又发生多次战争。晋幽公四年（齐宣公二十六年，前430），晋国再次联合越国攻打齐国。晋军占据了齐长城

齐长城遗址东门关（位于今济南市章丘区，新罗 摄）

上的"句渎之门"。（《清华简·系年》）句渎之丘是齐国西南地区重要的领地。齐灵公时期的公子牙，齐庄公时期的公子买，齐景公时期的公子贾，都曾据此地反叛齐国。句渎之门应在句渎之丘附近，这也能反衬出齐长城对于齐国的军事意义。

　　齐康公元年（前404），齐长城再次遭到三晋等国联军的冲击。他们打着周天子的名义，以韩景子、赵烈子、翟员等人为将领，攻打齐国。这时齐国内部也发生变故。据《淮南子·人间训》记载，当韩、赵、魏军队围困齐国西南地区的平陆时，齐国大臣括子对掌权的牛子说："韩、赵、魏三家距离我国很远，他们围困平陆的原因，就是希望能通过这次战争，获得周天子的任命，正式成为诸侯。"并建议牛子献出齐国国君齐康公，协助韩赵魏去周天子那里邀功，以此来解决他们对齐国的围困。牛子最终听从了括子的建议，出卖了齐康公。但这并没有阻挡住晋国军队的步伐，韩、赵、魏三家最终攻入长城，齐国被迫与他们结下城下之盟。盟约中就明确提到要齐国"毋修长城，毋伐廪丘"。（《清华简·系年》）齐康公也被献于周天子，韩、赵、魏三家因此被周天子正式命为诸侯，这就是著名的"三家分晋"，学界一般将这一事件作为中国历史进入战国时代的标志。齐长城是这一历史巨变的见证者。

公元前404年时，齐长城还没有修好，否则韩、赵、魏三家就不会在与齐国的盟约中特别要求齐国不能继续修筑长城了。与此同时，韩、赵、魏与齐国的盟约，也证明齐长城，尤其是与晋国邻近的齐国西部的齐长城军事防御体系在齐国边防中的重要性。

（三）齐国西部防御体系的完善与再利用

赵成侯七年（田齐桓公七年，前368），赵国再次入侵齐国。从以往三晋伐齐的作战路线来看，赵国威胁到的齐长城，应也是齐国西部的齐长城西端起点。另外，赵成侯五年（前370）赵国伐齐甄邑，赵成侯九年（前366）赵国与齐国战于阿下，可知这一时期赵国对齐用兵的策略就是攻其西境。面对赵国的入侵，齐国虽然组织了反击，但齐长城仍被赵国占领，这无疑是对齐国西部齐长城防御系统的巨大冲击。

齐威王时期，齐国又对长城进行大范围修建。古本《竹书纪年》记载："梁惠王二十年，齐闵王筑防以为长城。"文中的"齐闵王"，经学者考证，乃是"齐威王"之误。根据前文论述，通过增筑堤防作为军事防御工事，在齐灵公时就已经发生了，齐宣公在此基础上修筑了真正的长城。那么魏惠王二十年（即齐威王七年，前350）齐威王"筑防以为长城"，当是在齐宣公所筑长城的基础之上进一步完善。考虑到此前齐长城西端多次为三晋攻破，齐威王时期有必要继续完善齐长城西端的防御体系。这也是齐长城修筑的尾声，此后再无齐国大修齐长城的文献记载。

齐长城除城墙主体外，还有很多的城障、要塞、堡垒、瞭望台等，如齐灵公就在堤坝外面挖壕沟，形成城壕一体的防御模式。莱芜青石关也发现有关城，可以用来屯兵。齐长城西端周围还有很多重要的城。如鲁襄公十八年

（前555），晋国军队攻破防门之后，三晋军队就曾占据京兹、邿地，围困卢地。再向外扩展，齐长城南侧还有无盐、郕、平陆、中都、汶阳等众多的武库，分布在齐长城与汶河沿线，起到拱卫齐长城的作用。与此同时，齐长城与所在山川河流的配合，也是齐国西端军事防御体系的一大特色。长城因地制宜，借助山河之险，大大增强了自身的防御能力。

齐长城以自身完善的军事防御体系，在齐国灭亡两千年后的近代，再次以自身独特的军事价值出现在历史舞台之上。清咸丰十年（1860），捻军兵分三路，深入到泰山以南地区。同治元年（1862），捻军进入今长清区；同治二年（1863），捻军又从宁阳窜入肥城西南，折向泰安入莱芜。捻军在济南附近活动之时，肥城、平阴等地区也有人响应捻军。据《丁文诚公奏稿》记载，肥城县人曹现之与捻军首领之一的陈怀中秘密送信，定期于九月初六七日起事，与陈怀中部在凤凰山会合。《山东军兴纪略》记载平阴土匪李文淋、朱沅等引导捻军攻打清军。在地方人员的配合下，捻军势力迅速扩大。

以上地区，在先秦时期皆是齐国西部，是齐长城军事防御体系控制地带。面对队伍变化无常、行踪不定的捻军，主动出击反而不利。于是清军和地方防御武装着手重修这一地区的齐长城，以防止捻军继续北上。如今在济南与泰安交界地带，以及章丘、莱芜等地，皆能见到很多齐长城墙体和石筑营寨，他们很多都是这一时期重新修复使用的。齐长城在近代战争中被再次利用，也表明齐长城本身是一个成功的军事设施。

齐长城是中国先民智慧与勤劳的结晶和宝贵的历史文化遗产，先秦时期，它保卫了齐国核心地区的安全。虽然很少有记载说齐长城帮助齐国获得了战争的胜利，但作为被动防御工事，齐长城对敌国产生的军事震慑力不容小觑。这种震慑力让敌国不敢轻易发动战争，起到了将战争消弭于战争之前、不战而屈人之兵的效果。如今，战争远去，作为军事工程的齐长城退出了历史舞台，但它的物质文化与精神文化，依然是值得我们发掘、发扬的宝贵财富。

（李贝贝）

秦汉时期是济南城市发展的关键时期。汉代设立济南郡，以东平陵故城为郡治，济南作为行政建置名称正式登上历史舞台，东平陵故城发展成为济南地区的区域中心，也是济南城市规模发展的起点。这一时期的济南，发展特征主要有以下几个方面。

其一，济南城市规模的起点。汉高祖设济南郡，郡治在东平陵城，济南地区结束了春秋战国时期多中心发展的历史，地区性的中心城市出现。两汉时期济南有时为郡，有时为诸侯王国，在郡、国身份持续交替的历史进程中，济南地区得以持续发展。

其二，济南地区是重要的经济中心。汉武帝施行盐铁官营后，在全国主要的冶铁铸造中心设置管理铁器生产的铁官49处，其中今济南地区就有东平陵、历城、嬴县三处；《后汉书》中明确标明东汉主要的产铁地区32处，上述三地亦在其内。由此可见，济南地区在两汉时期一直都是全国重要的冶铁及铁器加

工的中心，经济地位也在这一时期逐渐上升。

其三，济南成为经学重镇，对中国古代的学术产生重要影响。西汉时期，济南经学大师伏生在齐鲁之间讲学，口授《尚书》，对《尚书》传承谱系的建立做出了突出贡献。伏生后人伏理、伏湛、伏恭、伏无忌皆是当世名儒。济南作为王朝东部的学术中心之一，在中华文化史上具有举足轻重的地位。

一、东平陵城：济南城市规模发展的起点

在今济南市章丘区龙山街道长白山西麓的沃野之上，横亘着一个名为东平陵故城的古城遗址。该古城遗址边长约 1900 米，城内总面积约360 万平方米，城墙墙基宽度达到 30 至 40 米，全部由夯土夯筑，目前最高处仍有 6 米，是山东地区保存最为完好的汉代城址，在全国也具有举足轻重的地位。清代诗人任弘远有《平陵城》诗云："秋雨古平陵，空城尽禾黍。黄昏不见人，唯有白杨语。"如今的东平陵，荒草蔓延，残垣断壁列在空旷平坦的农田之间，城内阡陌纵横，瓦砾遍地，破败的景色与诗人的描写几无二致。然而就在两千年前的汉朝，此处人烟稠密，社会繁荣，实为王朝东方的政治、经济、文化重镇，同时，这里也是真正意义上的最早的济南城。

（一）平陵城建城与济南郡设治

东平陵故城前身是秦始皇二十六年（前 221）设立的平陵县县治所在地，属齐郡。汉昭帝时期，为了将平陵县与长安扶风的平陵区别开来，而改称"东平陵"。

汉高帝六年（前 201），分济北郡南部置博阳郡，治所在博阳（今属泰安市）。后博阳郡治所迁徙至东平陵县，也就是今济南市章丘区龙山镇的东平陵故城。因此地在古济水之南，遂改名为济南郡，"济南"作为一个地方行政建置的名称，由此登上历史舞台，而济南郡郡治东平陵，自然也就是最早的济南城。

实际上，东平陵城的修建，要比济南郡，乃至秦平陵县的设立都要早很多。清代诗人石丹文《东平陵》一诗中曾言"封原古谭国，名袭右扶风"。前文提到东平陵因与扶风的平陵同名而改称"东平陵"，那东平陵与古谭国

119

又有什么关系呢?

据《水经注·济水》记载,东平陵故城就是古谭国所在地,该国在春秋时期被齐国吞并。最新的考古勘探表明,东平陵故城的城墙内侧有墙基宽度逾十米的早期墙体,推断建筑年代为战国时期,要晚于谭国存在的时间。实际上,位于东平陵故城西南,并与之紧邻的城子崖遗址还有一个城。通过对城子崖遗址的考古勘探得知,该遗址在新石器时期的遗存之上叠压有周代的城址,其时间下限到了春秋战国之际,基本上没有战国中晚期的遗存。学界普遍认为城子崖遗址的周代城址就是谭国的所在地,该国为齐桓公所灭,沦为齐国附庸,直至春秋战国之交彻底废弃。城子崖遗址周代城址废弃的同时,附近的东平陵故城开始修建,这就是战国时期的齐国平陵邑。东平陵故城与城子崖周代城址距离甚近,时间上又相延续,二者的承接关系不言自明。只不过新修的平陵邑更加雄伟开阔,城内面积远远大于城子崖周代谭国城址,这也奠定了汉代东平陵的基本格局。

齐国之所以要在这里修建规模宏大的平陵邑,是因为此地由北部的济水、东北部的长白山脉与南部的泰山余脉相夹峙而形成了一条东西孔道。孔道东部即为齐国都城临淄和整个山东半岛地区,西部则为齐国门户,由此能够直通中原。平陵邑所在位置正好可以控扼这一交通要道的西端入口,肩负有保护齐国核心地区安全的重要责任。东平陵城废弃之后,此地依旧是山东地区东西咽喉要道上的重要驿站——龙山驿的所在地。出入山东半岛地区的商旅行人,很多都要在此地驻留。后来的济青公路,与东平陵故城紧邻,胶济铁路也从城南不远处穿过。

重要的战略位置,奠定了后来东平陵城繁荣昌盛的基础。东平陵城在齐国平陵邑的基础之上演变成为秦朝的平陵县县治,西汉高祖时期一跃成为济南郡的郡治。如果说,由城子崖周代城址迁徙至今东平陵故城是济南城市发展的第一次华丽蜕变,那么西汉初年济南郡治所和济南国国都的先后设立,则直接将东平陵城推向了城市发展的历史高峰。

（二） 西汉时期东平陵城的发展

今日所见的东平陵故城，基本是两汉时期在战国时期所筑墙体的基础之上扩建而成的。通过对两汉时期增筑的城墙进行解剖，可以发现这一时期的修筑是经过认真规划的，代表了当时济南地区最高的筑城技术水平。与此同时，两汉时期的东平陵，其身份也在不断变化。

汉高祖刘邦设立济南郡后，西汉高后元年（前187），吕雉立其兄长吕泽的儿子郦侯吕台为吕王，其封地济南郡由此改置为吕国。不过吕国只是昙花一现，吕台于高后二年（前186）病逝，其子吕嘉继位。高后六年（前182），吕嘉因放纵不法而被废除，改封吕产为吕王，次年改梁国为吕国，国都迁往河南商丘。与此同时，在济南地区新设济川国，以刘太为济川王，继续以东平陵城为国都。高后八年（前180）吕雉去世，济川国被撤除，此后济南郡划归齐国，东平陵作为国都的历史到此暂时告一段落。

汉文帝十六年（前164），为了削弱诸侯王势力，原济南郡从齐国分出，改置为济南国，刘辟光为首位济南王。然而好景不长，汉景帝三年（前154），因为削藩爆发了吴王刘濞、楚王刘戊为首的七国之乱，济南王刘辟光与淄川王、胶东王、胶西王、赵王伙同叛乱。刘辟光等人围攻齐王刘将闾据守的临淄城不下，最终因栾布率汉军进逼，刘辟光退回封国，兵败被杀，七国之乱被朝廷成功镇压。

东平陵故城宫殿区建筑遗址

121

平陵故城南的危山汉墓，学者认为很有可能就是刘辟光的最后归宿。汉墓北侧的山腰上曾出土规模较大的西汉前期兵马俑，见证着济南王国的兴衰。

七国之乱被平定之后，济南国再次改置为济南郡，这一局面一直延续到西汉末年。汉景帝时，曾任命郅都为济南郡守，加强对济南的治理。当时刘辟光叛乱刚刚平定，济南亟需整治。同时，这里多豪侠，民不易治，大豪强瞷氏家族"宗人三百余家"（《史记·酷吏列传》），不受郡守的约束。郅都上任后，一举族灭了瞷氏首恶，其余豪强望风而栗。一年多后，济南郡出现了路不拾遗的和谐景象。这一时期，著名的酷吏宁成任济南郡都尉，已知文献中虽然没有记述他的政绩，但可以想见，在豪强势力强大的济南郡，郅都的治理之所以能够取得那么大的成功，应与宁成的冷酷手段是分不开的。在郅都等人的严厉治理下，济南郡快速发展。汉武帝时期在东平陵设立了铁官和工官，说明此地已经发展成为重要的冶铁中心和手工业重镇。东平陵故城内手工业作坊遗址的发掘结果，也能充分证明这一点。

西汉末年，王莽取代汉朝建立新朝，济南改称乐安，仍以东平陵城为郡治，"乐安"一名体现了王莽对国泰民安的期望。其实，东平陵是王莽家族的发源地。据《汉书·元后传》记载，项羽曾封齐王田建之孙田安为济北王，田安后人遂改为王姓。文景时期，田安的孙子王遂定居东平陵。到了王遂的儿子王贺时，因与东平陵的终氏结仇而被排挤迁至魏郡。王贺有子王禁，王禁有女名王政君，后来成为汉元帝的皇后，王氏家族由此飞黄腾达。王禁之孙、王政君之侄王莽，也乘势扶摇直上，最终取代汉朝建立新朝。王莽称帝后，王遂被追封为伯王，王遂墓也得到修葺，派遣使者四时祭祀，足见王莽对东平陵的重视。

（三）东汉至魏晋时期的东平陵城

王莽篡汉后，各地起义军纷纷起兵讨伐，国家陷入动荡之中。东汉光武帝建武五年（29），大将耿弇攻破东平陵，济南地区成为东汉的领土。东汉时期的济南郡，依旧治东平陵城，并派遣居功甚伟的名将王梁为济南郡太守，足见刘秀对济南的重视。

光武帝建武十五年（39），皇子刘康被封为济南公，两年后晋封济南王，于东平陵城就封，济南国复置。建武三十年（54），光武帝刘秀驾临东平陵，并以平原郡六县划入济南国。此后，刘康日渐骄奢，不循法度，招徕奸猾，谋议不轨。汉明帝削除了济南国五个县的封地，但并没有对刘康严加惩罚。汉章帝时期又恢复了刘康的封地，此时的刘康更加奢靡，多殖财货，大修宫室。据《后汉书·刘康传》记载，刘康的奴婢达到一千四百人，马一千二百匹，私田八百顷，济南国都东平陵城的辉煌，由此可窥见一斑。汉桓帝永兴元年（153），济南王刘广去世，无子国除，济南国又恢复为济南郡。

这一时期，东平陵出了个有名的廉吏刘宠。据《后汉书·循吏列传》记载，刘宠是西汉齐悼惠王刘肥的后裔，年少时举孝廉，除东平陵令。刘宠视事数年，多有惠政，受到民众的爱戴。后来，刘宠以母病弃官，东平陵城的百姓们爬上他的马车，抱住他的车轮，不忍让刘宠离开。留别的人阻塞了道路，车子没办法前进，刘宠只好放弃马车，轻装便服，方才避开人群悄悄离去。

汉灵帝熹平三年（174），河间安王之子刘康被封济南王，东平陵城再次成为济南国国都。曹操曾于中平元年（184）至中平二年（185）担任济南相。当时济南国各县长吏多依附地方权贵，曹操在任上大力整治豪强势力，奏免了十之七八的长吏，整个济南为之震动。这一时期，济南国城阳景王刘章祠达六百余座，祭祀日益奢侈，民众或因此渐趋贫穷，历代长吏却没有敢禁绝的。曹操采取强硬手段，毁坏祠屋，禁止淫祀，"政教大行，一郡清平"。然而这些举措侵犯了豪强的利益，最终由于豪强势力过于强大，曹操"恐致家祸，故以病还"。（《三国志·魏书·武帝纪》）曹操的强硬手段虽以失败告终，但他从此在政治舞台上崭露头角。

东汉末年东平陵的豪强中，以刘姓皇室后裔为主，比如汉献帝建安年间的济南郡主簿刘节，"旧族豪侠，宾客千余家，出为盗贼，入乱吏治"（《三国志·魏书·司马芝传》），甚至隐匿宾客王同等人逃避兵役。菅县长司马芝将刘节的罪状送至东平陵城，太守郝光判刘节代替王同等人服役，司马芝"以

郡主簿为兵"成为佳话。

刘康死后，刘赟继位。这时黄巾军起义波及济南国和东平陵，刘赟于汉献帝建安十二年（207）为黄巾军所杀，其子刘开继位。曹魏黄初元年（220），曹丕受禅代汉建立曹魏政权，废除济南国，改为济南郡。齐王曹芳正始七年（246），立曹楷为济南王，复置济南国。西晋太康初，济南国再次改为郡，郡治东平陵改称平陵。

晋怀帝永嘉年间，济南郡郡治由平陵迁至历城县，即今济南城区所在位置。东平陵作为郡国治所的历史到此结束，东平陵城也从此日渐荒废，慢慢退出历史舞台。到唐元和十年（815），东平陵并入历城县，东平陵城的行政管理职能丧失，逐渐沦为荒城。

往日东平陵的辉煌与落寞皆化作尘土，消失在历史长河之中，唯留下荒寂的东平陵故城遗址，正如一代诗人王文骧《平陵城怀古》中所言："城堞半荒凉，城址已榛莽。城头度车马，城下种禾黍。行行落日中，浩然怀长古。旧事忆辟光，灵踪纪石虎。安知千载下，瓦砾窜蹰鼠。不见衡王宫，今为秋菜圃。"

（李贝贝）

二、 汉代王陵： 汉初济南封国势力的缩影

西汉初年，实行郡国并行制度，有些地区实行郡县制，有些地区则实行封国制度。这些诸侯王势力很大，封地多则百余城，少则数十县，王国的官吏，除丞相外，全部由国王任命，势力超过中央直辖的郡县。在今济南地区，主要的封国有吕国、济南国、济北国。这些封国留下的举世瞩目的王陵，是汉初济南地区封国势力的缩影。

（一） 吕国与洛庄汉墓

吕国是高后吕雉兄子吕台的封国。高后二年（前186），高后立其亡兄吕泽的儿子吕台为王，是为吕肃王，并"割齐之济南郡为吕王奉邑"（《史记》卷五十二），也就是从齐王刘肥的地盘上割出济南郡给吕王。吕后为人刚毅，在汉高祖刘邦夺取天下的过程中发挥了巨大作用。刘邦死后，吕后的儿子刘盈即位，是为汉惠帝，吕后则被称为高太后。母强子弱，高太后基本掌控了大权。汉惠帝死后，高太后称制，天下事皆决于太后。太后无视汉朝"非刘氏王者，天下共击之"的盟誓，大封吕氏族人为王侯，朝中重要职位多由吕氏或心腹占据。在这个背景下，吕国的势力得到了迅速发展。

吕台封王后不久去世，其子吕嘉继位。高后六年（前182），"吕王嘉居处骄恣，废之"（《史记》卷九《吕太后本纪》），改立吕台的弟弟吕产为吕王。高后七年（前181），吕后徙封吕产为梁王，更名梁国为吕国。不久，封汉惠帝太子刘太为济川王，以原吕国疆域为封地。高后八年（前180），吕雉驾崩，诸吕被平定，刘太徙封梁国，不久被杀，济南重归齐国。济南地区的吕国，历时虽短，封地也仅有济南郡一郡，但因其是吕氏家族的宗主国，国力和地位非同一般。1999 年，在济南市章丘区东平陵故城东 6 公里、枣园镇洛庄村以西 1 公里处，发现了汉墓陪葬坑

和祭祀坑，被称为洛庄汉墓或洛庄汉王陵。

　　经过3年的考古发掘，从陪葬坑内发现了30余枚以"吕"字开头的封泥，印面有"吕大官印""吕内史印""吕大行印""吕大官丞"等，这些重大发现，说明该墓主人与吕氏有关，从墓葬发掘情况看，该墓主人为吕国始封君吕台。（崔大庸：《洛庄汉墓陪葬坑出土的封泥及墓主初考》，《中国文物报》2006年6月30日）

　　洛庄汉墓封土平面呈方形，边长约200米，封土面积约4万平方米，几乎等同于西汉帝王陵的封土面积。墓道长100米，其长度超过了已知汉代诸王陵主墓道，甚至超过了汉代帝陵主墓道，足见洛庄汉墓规模之大、规格之高。这种僭越行为可能与当时吕后称制有关。墓室周围发现了处于不同层位、不同类型的陪葬坑和祭祀坑36座，共出土各类遗物3000余件，足以展示吕国王室的富有和奢华，其中5号坑清理出土铜器90余件；14号坑出土的编钟一套19件、纽钟14件、甬钟5件、编磬六套107件最为亮眼；11号车马坑埋葬三辆实用马车，每车驷马，共殉葬12匹高头大马；9号坑出土马七匹。洛庄汉墓陪葬坑和祭祀坑的发现成果，被评为2000年度全国十大考古新发现。（崔大庸、宁荫棠：《章丘洛庄汉王陵发掘纪实》，崔大庸、许延廷主编：《济南重大考古发掘纪实》，黄河出版社，2003年版）

　　吕台在位不足一年，且封地仅有济南一郡之地，陪葬坑和祭祀坑内的大量财富绝非仅仅出于济南郡。吕后称制后，来自汉朝中央政府的赏赐和各地诸侯国的馈赠应是其中的绝大部分。例如，5号坑内出土的多件铜器铭文有"齐大官"

洛庄汉墓出土文物

"蓼城"字样。14号坑出土的六套编磬，第一套编磬20件，皆有"鲁"字铭文；第二套编磬20件，皆有"益瓦"铭文；第三套编磬20件、第六套编磬14件，皆有"息"字铭文。齐、鲁皆汉初诸侯国；蓼城，侯国名，汉初孔聚的封地，在齐国千乘郡；益、息皆县名。（济南市考古研究所等：《山东章丘市洛庄汉墓陪葬坑的清理》，《考古》2004年第8期）这说明齐、鲁、蓼城、益、息皆与吕国关系密切。

（二）济南国与危山汉墓

汉文帝前元四年（前176），封齐悼惠王之子刘信都为营侯，领齐地。汉文帝前元六年（前174），文帝异母弟淮南王刘长谋反，虽很快平定，但对汉文帝的触动很大。梁王太傅贾谊上疏，提出"欲天下之治安，莫若众建诸侯而少其力"。（《汉书》卷四十八《贾谊传》）汉文帝采纳了这一建议，于前元十六年（前164），分齐郡为六，"尽封悼惠王子列侯见在者六人各为王"（《汉书》卷三十八《高五王传》），即：杨虚侯刘将闾为齐王、安都侯刘志为济北王、武成侯刘贤为菑川王、白石侯刘雄渠为胶东王、平昌侯刘卬为胶西王、扐侯刘辟光为济南王。也就是将齐地一分为六，从而使诸侯国的势力大大缩小。在这六个封国中，济南王刘辟光都东平陵，并在济南国下设历城县。

汉文帝后元七年（前157），文帝驾崩，其子刘启即位，是为汉景帝。当时，各诸侯王的势力仍然对中央构成严重威胁，特别是吴王刘濞，"乃益骄恣，公即山铸钱，煮海为盐，诱天下亡人，谋作乱逆"（《汉书》卷三十五《荆燕吴传》），甚至藐视朝廷，借故不朝。汉景帝前元三年（前154），吴王刘濞发动叛乱，济南王刘辟光参与其中。汉景帝派太尉周亚夫、大将军窦婴率兵平叛，经过近三个月的时间，终于平定了叛乱，吴王刘濞被斩。此时，济南国被废除，改为济南郡。

刘辟光死后就葬在王都东平陵城以南的危山上。危山四周为山前平原，独显其高耸，明代诗人李开先记其为"章丘八景之首"。清道光

《章丘县志》卷四《古迹考》载："平陵王墓在县西南四十里危山之巅，墓旁有祠。"据考察，危山山顶确实存在一座大墓，占地约 3000 平方米，原封土高 20 米~30 米，现封土残高约有 7 米，经勘探，墓葬为甲字形竖穴岩坑墓，墓道长 40 余米，墓室约 24 平方米，四周有台阶。"从时代和规模看，（平陵王墓）基本可定为西汉济南国王刘辟光的陵墓"。（王守功：《章丘危山考古勘探、发掘与保护纪实》，崔大庸、许延廷主编：《济南重大考古发掘纪实》，黄河出版社，2003 年版）

危山汉兵马俑坑实际是危山汉墓的陪葬坑，彰显了当时济南王的势力。该陪葬坑呈南北向，南北长约 9.5 米，东西宽 1.9 米，残深 0.7 米~0.9 米。坑内兵马俑阵容体现的是汉代显贵出行的仪仗队。在陪葬坑的南侧，有 4 个立俑，东西两侧，各有 10 个立俑。这 24 个立俑均面向骑兵队列；紧挨南侧立俑的是 5 个骑俑，各骑一匹带红色彩绘的马。第一排骑俑的后面是一辆四匹马拉的陶车，车厢内有一陶俑。第一辆车的后面，是两排骑俑。骑俑之后是一辆由四匹红色彩绘的马牵拉的陶车。陶车后又是一排骑俑。骑俑队列后是第三辆车，由四匹黑色的马拉车，马身上有红色彩绘线条。紧接着是第四

章丘危山汉墓出土步兵俑

辆车，是一辆由一匹带白色彩绘的马拉的双辕车。第四辆车的后侧是一个建鼓，建鼓的后面，有一击鼓俑。击鼓俑后侧是一排4人组成的立俑。立俑后是一个由10个陶俑组成的步兵方阵。步兵俑的身前摆放着盾牌。

危山兵马俑坑内共发现陶俑170多个、陶马50余匹、陶马车4辆、陶盾牌近百面。陶俑从形体上可分为大、中、小三类。大型俑均为骑俑，高度55厘米~58厘米。在第一辆车的前后及第四辆车的两侧均为大型俑。中型俑可分为骑俑、立俑两类。小型俑均为立俑，在队列的前部及后部步兵方阵的立俑均为小型俑。小型俑的高度40厘米~45厘米。仪仗队总体阵列为：前为骑兵队列，中部为车队，再后为鼓乐队，最后部为步兵队列。马俑和人俑均为模制，个别构件为插件，制作工艺水平总体较高。此外还发现有建鼓、璧、磬、珠等与鼓乐和礼制有关的陶质遗物。（王守功：《危山王陵的秘密》，《华夏人文地理》，2005年第6期）

（三）济北国与汉济北王墓

汉文帝前元十六年（前164），分齐郡为六，"尽封悼惠王子列侯见在者六人各为王"，其中册封安都侯刘志为济北王。七国之乱时，刘志因未参与举兵，逃得一死，后被徙封为淄川王。

汉景帝前元四年（前153），分济北置平原郡，隶属朝廷，其余仍称济北国。景帝将衡山王刘勃徙封于分置后的济北国。据周振鹤《西汉政区地理》介绍，济北国东界大约在泰山以东，北界至羽侯国（禹息故城），西界至茌平，南界至蛇丘（治今肥城东南）、刚县（治今宁阳东北）。

刘勃，系刘邦之孙、淮南厉王之子，原为衡山王。汉景帝的这一举措，一为嘉奖刘勃在七国之乱中的"坚守无二心"，二为分化淮南一系诸侯集团的势力。刘勃徙封济北王两年后（前151）去世，谥号"贞"。其子刘胡嗣位，是为式王。（《汉书》卷四十四《济北王传》）元狩元年（前122），汉武帝举行封禅大典，济北王刘胡将泰山以及泰山周围的县邑献给朝廷。刘胡在位54年，于汉武帝天汉四年（前97）无疾而终，其子刘宽嗣位。武帝后元二

年（前87），刘宽因与刘胡的王后光以及姬妾孝儿通奸，悖乱人伦，又"祠祭祝诅上，有司请诛"。（《汉书》卷四十四《济北王传》）汉武帝派遣大鸿胪传唤刘宽入朝，刘宽畏罪自刭，"国除，为北安县，属泰山郡"。（《汉书》卷四十四《济北王传》）

　　1995—1996年发掘的长清双乳山一号汉墓即是汉济北王墓之一。双乳山一号汉墓位于长清归德卢城洼南约五公里处的双乳山，为带有一条墓道的大型"甲"字形石圹竖穴式木椁墓，主要由封土、墓室、墓道等几部分组成，封土底部、顶部皆为方形，底部边长65米，封土总高12米以上，占地面积4225平方米，封土量3万多立方米；墓室、墓道总长85米，墓室面积607.5平方米，总深度22米，墓室、墓道总面积1447.5平方米，开采的总凿石量8800立方米。双乳山一号汉墓葬具使用了二重椁、三重棺，是西汉诸侯王棺椁之制，该墓随葬品丰富，目前能辨认的器物就有2000多件。其中，墓主周围出土青铜器100余件及大量漆器；玉器50余件，有玉覆面、玉枕、玉璧、玉手握、九窍塞、玉剑璏等；墓主头骨下发现金饼共20枚，总重量达

长清双乳山济北王墓墓道

4260 余克，上面多刻有"王""齐""齐王"字样；墓内还发现 5 辆马车及大量鎏金车马器。（山东大学考古系、山东省文物局、长清县文化局：《山东长清县双乳山一号汉墓发掘简报》，《考古》1997 年第 3 期）

　　双乳山一号汉墓规模庞大，但是墓室建造仓促、粗糙，墓主未使用玉衣和黄肠题凑葬式，仅使用了同时期士大夫使用的玉覆面，墓葬中未发现表明死者身份的印章等，这表明墓主下葬时的非正常状态。刘胡在位 54 年，无疾而终，而刘宽败乱人伦、诅咒皇帝，自刭而亡。双乳山一号汉墓中出现的非正常现象表明该墓墓主为济北王刘宽。（任相宏：《双乳山一号汉墓墓主考略》，《考古》1997 年第 3 期）

　　双乳山汉墓共计两座：双乳山一号墓（东）、双乳山二号墓（西）。两墓皆东西排列，均依山为陵，向下凿岩成穴。东大西小，间距 42 米。二号墓封土已不存，墓道、墓室已部分暴露，其形制、结构等情况较为清晰，应是夫妇并穴墓葬。双乳山一号汉墓是西汉济北王刘宽之墓，西边的墓葬应是西汉济北王刘宽王后之墓。

　　双乳山一号墓东北 828 米处的福禄山山顶有东大西小、东西并列的两座汉墓，被称为福禄山汉墓。两墓皆一条墓道，墓室在南，墓道在北，坐南朝北，这些都与双乳山汉墓完全一致，也属于西汉济北王墓。东辛汉墓南距双乳山汉墓 915 米，东距福禄山汉墓 712.6 米，三处墓葬呈鼎足之势。东辛汉墓所处位置为孤立的小山，相对高度只有 5 米左右，墓葬封土原本很庞大，现今几乎全部被破坏，整座小山几乎已被东辛村民宅所占据，只有墓葬封土中心部位还保留有 160 平方米左右的空间，墓室及墓道状况尚不明确。

　　双乳山一号汉墓被评为 1996 年全国十大考古发现之一。2001 年 6 月 25 日，由双乳山汉墓、福禄山汉墓、东辛汉墓组成的汉济北王墓，被国务院公布为第五批全国重点文物保护单位。

（王春彦）

三、 伏生传经： 伏氏家族与汉代经学

在中国经学发展史上，济南伏氏是不可或缺的重要一环。秦始皇焚书坑儒，使中国典籍遭遇严重的破坏，伏生冒着违反禁令的危险保存了儒家经典《尚书》。汉兴以后，伏生以九十高龄讲学于齐鲁间，对《尚书》传承谱系的建立做出了重要贡献，在一定程度上为汉武帝时期"罢黜百家，表章六经"的政治文化转型奠定了基础。

（一） 伏生及其家族

伏生，名胜，字子贱，生是对其的尊称。据《史记·儒林列传》记载："伏生者，济南人，故为秦博士。"也就是说，伏生是秦汉之际济南人，曾担任秦朝的博士官。秦汉时期的博士，不同于今天的博士，不是学位，而是一种官职。博士之职，始于战国，秦朝继承了战国时期的博士制度，设博士 70 人，掌通古今、教授子弟。在秦代博士群体中，以齐人居多，伏生就是其中的一员。

秦始皇三十四年（前 213），嬴政采纳丞相李斯的建议，诏令焚书，凡《秦纪》之外的史书及非博士官所藏的《诗》《书》百家语，限期送官府焚毁。令下三十日仍不焚毁者，罚作筑城劳役，仍宣扬《诗》《书》者，处以死罪。在这种情况下，伏生逃到家乡济南，冒着危险保存了一些儒家典籍，《史记·儒林列传》记载："秦时焚书，伏生壁藏之。"《论衡·正说》则言"济南伏生抱百篇藏于山中"。伏生为儒家文献典籍的保存做出了巨大贡献。

汉高祖六年（前 201），刘邦封其长子刘肥为齐王，伏生的家乡济南郡就是属于齐国的一个郡。高后元年（前 187），立其兄子吕台为吕王，"割齐之济南郡为吕王奉邑"（《汉书》卷三十八《高五王传》），这是"济南"作为地名在文献中首次出现。汉文帝时期，诸吕之乱被平定后，封齐王刘肥的儿

子刘辟光为济南王，济南由郡治变成了国都。当时的济南郡治或济南国都在东平陵（今属章丘）。这时候，伏生已经90多岁，以通晓《尚书》闻名，是当时著名的经学大师。

汉文帝时，向全国征召能讲授《尚书》的人，无人应征。听说济南伏生善治《尚书》，欲召至长安。但伏生年事已高，不能前去，汉文帝便派太常掌故晁错专门到济南伏生的家中学习。由于伏生年事已高，口齿不清，加之济南方言严重，晁错听不懂伏生所讲，只好让伏生的女儿在一旁代为讲说，晁错笔录之，这就是立于官学的《尚书》二十八篇。《汉书·儒林传》颜师古注引卫宏《定古文尚书序》曰："伏生老，不能正言，言不可晓也，使其女传言教错。齐人语多与颍川异，错所不知者凡十二三，略以其意属读而已。"这也许是晁错在后来《尚书》传承方面没有作为的一个原因吧。

伏生的家世，文献记载并不多。《颜氏家训·书证》曰："今兖州永昌郡城，旧单父地也，东门有子贱碑，汉世所立，乃云'济南伏生，即子贱之后。'是知宓之与伏，古来通字，误以为宓，较可知矣。"这段文献说明，宓子贱的"宓"字，是"虙"字之误，"虙"与"伏"同音，在汉魏南北朝时期，就有伏生是宓子贱后人的观点。宓子贱是孔子的弟子，曾任单父（治今山东单县）宰，有《宓子》十六篇，这也说明伏生有家学渊源。

汉武帝时，"罢黜百家，表章六经"，对选官制度也进行了改革，治经通经可以做官，伏氏家族由于传经讲经而成为两汉时期的经学世家。此时，伏氏家族迁居东武（治今山东诸城），其后人在治经方向上也与时俱进。伏生的八世孙伏理，字君游，曾学《诗》于汉元帝时的丞相匡衡，并为汉成帝讲授过《诗》，为当世名儒。官至高密王太傅，当时齐诗界有"匡伏之学"。伏理从家学治《书》，转为治《诗》，被称为"别自名学"。（《后汉书·伏湛传》）从家学治《书》转向治《诗》，不能简单地理解为家学传承不下去，而是儒学发展的必然。至东汉时期特别是郑玄遍注群经后，由治一经转向治多经、由治彼经转向治此经，并非个别现象。

伏理的儿子伏湛，字惠公，少传父业，教授数百人。汉成帝时，以父荫

为博士弟子。王莽时，为绣衣执法（官名，即绣衣御史，王莽时改称绣衣执法），专门督察地方豪强。西汉末年，任平原郡太守。当时常年战乱，粮食奇缺，伏湛让全家改吃粗粮，把节省粮食用来赈济乡里，有数百家赖以存活。光武帝刘秀即位后，以伏湛是硕儒，征拜尚书。当时大司徒邓禹西征关中，光武帝认为伏湛堪任宰相，拜为司直，行大司徒事。每当皇帝出征，则由伏湛留守，总摄群司。建武三年（27），代邓禹为大司徒，封阳都（今山东沂南）侯。建武六年（30）徙封不其（今山东即墨南）侯。其子伏隆，字伯文，初为郡督邮，后光武帝拜其为太中大夫，持节巡视青徐二州，招降郡国，为刘秀平定天下立下巨功，官拜光禄大夫。

伏湛的侄子付恭，字叔齐，跟随伏黯学《诗》。伏黯讲《诗》十分繁杂，伏恭删繁就简，作《齐诗章句解说》九篇，定为二十万字，使之行于世。付恭以父恩荫为郎官。建武四年（28），出为剧（今山东寿光南）令，以廉洁闻名。明帝时拜为大司空。

伏湛的玄孙伏无忌，经学传家，博物多识，汉顺帝时官至侍中、屯骑校尉。汉顺帝永和元年（136），奉诏与议郎黄景、崔寔等人校定五经和诸子，共撰《汉记》。此后，伏无忌又采集古今文献，删繁就简，著成《伏侯注》八卷，又称《伏侯古今注》，对“上自黄帝，下尽汉质帝”（《后汉书·伏无忌传》注）的帝号、天文、郡国、陵寝、祭祀、制度、灾异、祥瑞等进行了记载。此书已佚，清人有辑本，是研究汉代历史的重要文献。

伏无忌之孙伏完，亦是经学大家，娶汉桓帝女阳安长公主，官侍中，后拜辅国将军。

自伏生以后，伏氏家族历两汉四百余年，世传经学，累代公卿，号称“伏不斗”，成为著名的经学世家。

值得一提的是，伏完之女伏寿，汉献帝兴平二年（195）立为皇后。自汉献帝被曹操迎于许昌，实际上已被曹操所囚禁，空有皇帝之名。伏寿与父亲伏完写信，言曹操残逼之状，嘱咐其暗中纠集力量，除掉曹操。建安十九年（214）事泄，曹操大怒，逼汉献帝废后，伏皇后被其幽杀，所生的两个皇子也被杀害，伏氏家族数百人受此牵连而被诛，伏氏遂逐渐衰落。

（二）伏生与汉代《尚书》的传授

《尚书》是六经之一，儒家重要经典，也是中国古代重要的政治文集和珍贵的历史文献。伏生自汉初在齐鲁之间传授《尚书》，为《尚书》的传授做出巨大贡献。《史记·儒林列传》载："汉定，伏生求其书，亡数十篇，独得二十九篇，即以教于齐鲁之间，学者由是颇能言《尚书》，诸山东大师无不涉《尚书》以教矣。"《汉书·儒林传》亦曰"言《书》自济南伏生"，充分肯定了伏生对《尚书》传授的贡献。

据唐代段成式《酉阳杂俎》记载：伏生10岁开始攻读《尚书》，"以绳绕腰领，一读一结，十寻之绳，皆成结矣。"伏生年轻时苦读，为他后来成为经学大师打下了坚实的基础。汉初，山东地区是儒家文化积淀最深厚的地区，与包括伏生在内的儒学大师有密切的关系。汉惠帝时，废除"挟书令"，政治环境相对宽松，人们正常拥有儒家经典成为可能。于是伏生重操旧业，开始了《尚书》的教学传授。由于秦朝焚书，市面上见不到《尚书》，伏生所传《尚书》是由伏生口述，由当时人用当时通行的隶书写定，故称为今文《尚书》。

当时，父子治一经，师生修一艺，《诗》《书》《礼》《易》《春秋》各自形成了独自传承体系。在伏生所传的《尚书》传承体系中，其弟子张生、欧阳生起到了关键作用。

张生，济南人，名字失考，生平事迹不详。从伏生治《尚书》，文景时期为经学博士。张生又传鲁人夏侯都尉，夏侯都尉授其族子夏侯始昌，夏侯始昌再传族子夏侯胜。夏侯胜"又从欧阳氏问，为学精熟，所问非一师也"。（《汉书·夏侯胜传》）夏侯胜官至长信少傅，著有《大夏侯尚书章句》《大夏侯尚书解诂》，立《尚书》大夏侯氏之学。夏侯胜的族子夏侯建，先从夏侯胜受业，后又师事欧阳高，并"从五经诸儒与《尚书》相出入者，牵引以次章句，具文饰说"。（《汉书·夏侯胜传》）自成一家之言，号称小夏侯氏之

学。两学并立，叔侄反唇。夏侯胜讥讽侄子"章句小儒，破碎大道"；夏侯建则批评其叔"为学疏略，难以应敌"。到汉宣帝时，大小夏侯氏之学具立于官学，置博士，与欧阳氏成鼎立之势，并称《尚书》三家博士。

伏生的另一弟子欧阳生，名容，字和伯，千乘（今山东广饶）人。一生未仕，专心致学。其弟子兒宽，博学有识，初次见汉武帝，交谈经学，汉武帝事后说："吾始以《尚书》为朴学，弗好。及闻宽说，可观。"（《汉书·儒林传》）从而改变了对《尚书》的看法。兒宽又教授欧阳生的儿子，欧阳氏

《伏生授经图》（传为唐王维绘，现藏日本大阪市立美术馆）

世世以治《尚书》为业，遂成家学。至欧阳生曾孙欧阳高时，大显于世，在总结累世家学的基础上，作《欧阳章句》三十一卷，创立了《尚书》欧阳氏学。欧阳高在汉武帝时被立为博士，成为第一个《尚书》博士。其后，欧阳氏以《尚书》传家，到东汉时，"学为儒宗，八世博士"（《后汉书·儒林列传》），盛极一时。

值得一说的是，当年晁错所录《尚书》二十八篇。至汉宣帝时，河内女子改建老屋，得逸《易》《礼》《尚书》各一篇，汉宣帝让博士们审定，于是《易》《礼》《尚书》各加一篇，此后《尚书》由二十八篇变为二十九篇。伏生所传《尚书》是今文经，在汉武帝时，又在孔子故宅的墙壁里发现了一部完整的古文《尚书》，于是出现了《尚书》今古文问题。古文《尚书》有四十五篇，相比伏生所传今文《尚书》多出十六篇。古文《尚书》

被发现后，由孔子的十一世孙孔安国献给汉武帝，因发生巫蛊事件而被搁置，一直未能立为官学。直到西汉末年，在刘歆、王莽等人的支持下，才一度立于官学，到东汉时期，研习古文《尚书》者越来越多，出现了与今文《尚书》分庭抗礼的状况。东汉末年，郑玄打破今古文经的门户之见，兼采众家之长，作《尚书注》，今古文《尚书》始趋于统一。

伏生在济南地区传授《尚书》，对济南地区人文气息的形成发挥了巨大作用。元人程元《遂闲堂记》曰："济南并东海为郡……自伏生以经术开教，俗尚文儒，盖自古称之矣。"李祁《云阳集》曰："济南古称天下名郡，以邹鲁属焉故地……而伏生以口授《尚书》为千万经师之首，其他醇儒庄士，有节义名检者无代无之。信乎天下之名郡，无以加此。"充分肯定了伏生在济南历史文化积淀中无可取代的地位。

清代，济南有专门祭祀伏生的专祠，清代诗人陈永修《伏博士古祠》诗曰："不断经香传海岱，有谁俎豆绍春秋。我来庑下肃瞻拜，今古茫茫寄兴幽。"（《鲍西楼诗草》）清代诗人陈超亦有《谒伏征君祠》（《元圃诗抄》）诗，表达了对伏生的尊敬和感念。

（曾庆鹏）

四、 弃襦请缨： 济南名士终军

"今日长缨在手，何时缚住苍龙"是毛泽东主席在《清平乐·六盘山》中的著名词句，词句中引用的典故就是"终军请缨"。终军（约前133—前112），字子云，汉代济南人。自幼聪慧好学，志存高远，以知识渊博和善于辩论闻名。终军为官时间虽短，却能恪尽职守，奋发有为。当国家需要出使南越时，他主动请缨，表现出不惧风险、为国分忧的高尚品格，体现了勇于担当、敢为人先的大无畏精神。终军虽二十多岁就以身殉职，但为我们留下了宝贵的精神财富。

（一） 有为青年

终氏是济南的强宗大族，拥有很大的势力。汉元帝皇后王政君（王莽的

济南仲宫广场终军塑像（新罗 摄）

姑姑）的祖父王贺，曾任绣衣御史，居住在济南郡的郡治东平陵。因与终姓发生争执而结怨，不得不迁居魏郡进行躲避。终氏的势力由此可见一斑。显赫的身世加上卓越的才华，使终军在十八岁的时候就被选为博士弟子。汉代的博士是一种官职，自汉武帝立五经博士，就设置一定数额的博士弟子，从字面上讲，博士弟子就是博士官教授的学生。按照汉代的制度，博士弟子学习至一定的年限，经考核即可出任郡国文学的职务，成绩优秀者，也可以授予中央或地方的行政官职。这是当时一种很重要的入仕途径，也是一种很荣耀的身份。

终军接到选为博士弟子的通知后，到郡治东平陵办理去京城长安学习的手续。济南太守听说终军有奇异之才，专门召见他，并表示愿意与终军结交。对于太守这样的高官，很多人巴不得能攀上关系，终军却不亢不卑，没有表现出与太守结交的意愿，而是办完手续后，揖手而去。

从济南到京城长安，路途遥远，函谷关是必经之地。当终军行至函谷关时，守关人员检验了他入关的手续，然后给了他一种叫作"繻"的彩色丝织物。终军问守关人为什么给他这个东西。守关人员说：这是出入关的通行证，入关时发给你，回来时必须进行验证，务必保存好，如果回来时没有这个通行证，你就难以出关了。终军闻听后大声说：大丈夫既然西游京师，就要有所作为，如果能建功立业，出入关还用得着通行证吗？说罢将之弃置一边，入关而去。这就是"弃繻"典故的由来。

后来，终军博士弟子毕业，官居谒者，代表皇帝到地方巡视工作。当他带着朝廷的信物出关时，守关的人认出了终军，惊奇地说：这位就是当年弃繻的那个小伙子啊。终军此次出行郡国，处事果断，解决了很多国家疑难问题，回京复职，得到了汉武帝的称赞。

终军虽然年轻，在朝中却以知识渊博著称。有一次终军随汉武帝进行祭祀活动，获得一头白色的麒麟。汉武帝让随行大臣对出现白色麒麟这种奇异之事发表意见，大臣们都左右相顾，不知如何应对。终军上书说：当年周武王在水中行舟，白鱼自动跃入舟中，被认为是上天的奖赏。麒麟自出和白鱼

跃舟是一个道理，预示吉祥之事即将到来。我们应当静等吉祥到来，而不是惊慌失措。汉武帝在狩获白麟没有公开表态前，群臣大多不敢公开发表意见，以免有违圣意而惹祸上身。终军却大胆上书，提出自己的见解。此举可能有违圣意，也可能获罪免官，但在终军身上体现的是敢作敢为的品格。

汉武帝看到终军的上书，十分欣赏，并按照终军的思路，改元"元狩"。通过这件事，充分反映出终军是一位有学识、有见解的人。

终军是博士弟子出身，对儒家经典有精到的研究，又善于辩论，声名鹊起。朝中遇到疑难的事情，诸大臣也时常向终军咨询。元鼎年间，博士徐偃到地方检查，矫诏允许胶东、鲁国可以私自铸钱。御史大夫张汤认为徐偃矫诏，依法应当处死。徐偃依据《春秋》之义，强调《春秋》认为大夫出疆，遇到可以安社稷、存万民者情况，可以因时制宜、自主决断，声称自己的行为符合《春秋》之义，并没有违法。汉代有《春秋》决狱的制度，在司法实践中可以引用《春秋》等儒家经典的褒贬审理案件。徐偃以《春秋》之义辩解，一时竟让负责审案的张汤无法判决。汉武帝诏令终军审判此事，终军指斥徐偃说：古代各诸侯国的风俗和制度都不一样，而关系到国家安危的事情往往需要当机立断，所以《春秋》中有使者出疆可自主决断的表述。如今天下一统，万里同风，你作为皇帝派出到地方行事的官员，在国家境内巡视，不存在"出疆"，所以你的矫诏举动是违法的行为，应该受到惩治。针对徐偃所谓私铸盐铁是"安社稷利万民"的说辞，终军说：胶东和鲁国皆有盐铁之利，你明知盐铁官营是国家的既定制度，却矫诏胶东、鲁国私铸盐铁，实际上是利用国家的利益收买民望，这是每一位圣明的君主都必须惩治的。徐偃词穷，甘愿认罪。终军对徐偃的处理意见得到汉武帝的认可，也赢得朝野官员的尊重。

（二）请缨南越

南越指岭南地区，相当于今天广西、福建的部分地区及越南北部地区。秦统一中国后，在岭南地区设置桂林、南海和象郡进行管理，南越地区纳入秦朝的版图。秦末农民起义爆发后，中央对岭南鞭长莫及，岭南地区遂与中央中断了联系。原秦朝委派的南海尉任嚣患病将死，他见秦朝将亡，便私自任命自己的属下南海令赵佗为南海尉。任嚣死后，赵佗诛杀了其他秦朝委派的官吏，聚兵自守，割据一方。当秦朝灭亡的消息传到岭南后，赵佗便自称"南粤武王"，建立了自己的政权。

汉初，百废待举，无暇南越之事。直到汉高帝十一年（前196）才派陆贾出使南越，宣扬汉朝国威，意在说服南越归附汉朝，并表示可封赵佗为"南越王"。赵佗称王前本是秦朝派往南越的官员，如今面对秦亡汉兴的现实，经过激烈的思想斗争，决定接受汉朝所赐"南越王"的封号，承认与汉朝的臣属关系。这样，南越就成了汉朝的附属国，汉朝人习惯上仍称之为"南越国"。

汉初七十多年间，汉朝推行无为而治的政策，对南越的管理基本处于羁縻松弛状态。吕后当权时期，曾主张禁止铁器向南越流通，从而引起赵佗的不满，导致赵佗一度称帝，脱离了中央政权。中央政权也鞭长莫及，无可奈何。直至汉文帝时才又恢复了南越与汉朝的臣属关系。

汉武帝时，与南越和亲，欲派使者出使南越，说服南越王入朝。南越距离汉廷较远，与汉朝虽然名义上是臣属关系，实际上汉朝对南越的控制力度有限，无法完全掌控。加之关山阻隔，路途遥远，前去的后果实不可测，所以出使南越是一件风险很大的事情。在这种情况下，终军主动请缨，他说：我愿意接受朝廷的长缨出使南越，说服南越王入朝。在风险面前，终军没有退缩，而是选择了勇敢前行，主动请缨。

早在请缨南越之前，朝廷曾要派人出使匈奴，虽然汉武帝时期多次派兵出击匈奴并取得重大胜利，但匈奴问题一直没得到彻底解决，在这种情况下出使匈奴是十分危险的。在危险时刻，终军自请出使。他上书说：我是一介儒生，不能在战场上杀敌立功，却列为朝臣，宿卫长安。如今国家边境出现危机，每个人都应该披坚执锐，冒矢前行，今听说朝廷将派遣使者出使匈奴，我愿意前往，在匈奴单于面前晓以道义，陈以利害，说服匈奴。凡此种

种，说明终军请缨绝非是一时心血来潮，而是他身上具备不惧风险、为国分忧的高尚品格。经朝廷批准，终军前往南越。经过终军等人的努力，南越王表示愿意举国内附。汉武帝闻之十分高兴，赐南越王及大臣印绶，并在南越推行汉朝的制度，逐步改变南越的风俗习惯。同时决定让包括终军在内的汉朝使者留在当地，镇抚南越。

终军出使南越，大功告成，本应居功凯旋。但此时的终军却接到朝廷让他继续留在南越的命令。当时，南越刚刚归附，汉朝的制度在南越尚未实行，为了能够持续有效地把控南越，汉武帝决定让终军留在南越，协助南越王在南越推行汉朝的制度，推广汉朝的文化，同时起到镇抚南越的作用。终军接到命令后，不计个人得失，毫不犹豫地留在了南越，直至以身殉职。

汉武帝时，南越王赵佗已死，在位的是赵佗的孙子赵胡。当时，在南越的北面还有一个闽越国，占据闽中险要之地，为了争夺势力范围，不断进攻南越。赵胡上书汉武帝说：南越和汉朝有臣属关系，虽然遭到闽越的不断进犯，南越也不敢擅自兴兵抵抗，请陛下进行公平裁决。汉武帝认为南越遵守约定，值得肯定，便派大行王恢出豫章（今江西南昌），派大农韩安国出会稽（今江苏苏州），率兵讨伐闽越，闽越王被其族人所杀，献其头于王恢，彻底解除了南越的后顾之忧。南越王赵胡对汉武帝出兵讨伐闽越十分感激，对汉朝使者庄助说：天子兴兵替臣讨伐闽越，即便是死也难以报答天子的恩德，愿派太子婴齐入长安宿卫。为了表示对汉朝的忠诚，南越王赵胡还对汉使庄助表示，自己在适当的时候也要亲自到汉廷朝拜。南越王赵胡的儿子婴齐在长安宿卫，取邯郸女为妻，并生了儿子兴。南越王赵胡去世后，婴齐回南越继位，婴齐死后，兴继位。元鼎四年（前113）汉武帝派安国少季出使南越，劝喻南越王与王后入朝。南越王赵兴的母亲是汉人，表示愿意入朝，却遭到丞相吕嘉的反对。

吕嘉为南越老臣，曾辅佐三代南越王，在南越拥有很大的势力。他多次劝说南越王不能入朝，其实是不愿放弃南越国相对独立的地位。君臣对待汉朝的不同态度，最终导致吕嘉公然举兵反叛，杀越王、王后及汉朝使者。在

终军故里牌坊（新罗 摄）

这场动乱中，终军遇害，年仅二十多岁。

相传济南南部的仲宫镇，实为终宫镇，是终军的故里，"仲宫"是"终宫"的同音俗称。清代诗人董芸有《终军聚》："出关慷慨弃繻生，故里终翁旧有名。毕竟戈船劳汉将，少年多事请长缨。"（董芸：《广齐音》）其诗序曰："县南有地曰中宫，或云古名'终军聚'，汉终军故里也。按：《汉书·元后传》：元后祖王贺。贺以上数世俱处东平陵，后与东平陵终氏为怨，乃徙魏郡元城委粟里。终氏当即军族，则中宫为之终军故里似无可疑。"由于《齐乘》中有"终军墓在临淄南牛山之西北，名终村"的记载，今临淄亦有终军墓，于是有人对仲宫为终军故里持模糊态度。但是，这里的临淄并非今淄博的临淄，而是指济南。因为在唐朝时，济南郡曾一度改名临淄郡。基于此，可以确指仲宫为终军故里。

（李贝贝）

五、 冶铁中心： 东平陵铁官与嬴县铁官

全国闻名的章丘铁匠和莱芜钢铁，是济南地区冶铁、制铁的重要名片。实际上，早在汉代，济南地区的铁矿冶炼和铁器加工业就已经十分发达了。根据《汉书》《后汉书》记载，汉武帝施行盐铁官营后，在全国主要的冶铁铸造中心设置管理铁器生产的铁官 49 处，其中今济南地区就有东平陵、历城、嬴县三处；东汉明确标明产铁的地区 32 处，上述三地亦在其内。汉东平陵在今济南市章丘区，汉历城县在今济南市区，汉嬴县在今济南市莱芜区，可见济南地区在两汉时期一直都是全国重要的冶铁及铁器加工中心。

（一） 两汉时期的东平陵铁官

春秋时期，山东地区的铁矿冶炼和铁器加工就已经颇具规模。据《叔夷镈钟铭》记载，齐灵公时期，叔夷为齐国讨伐莱国有功，齐灵公赏赐叔夷莱地三百个县的土地，以及"造徒四千"作为徒属。郭沫若等学者认为，"造"即"铁"字的最初写法，或省略写法。一次性赏赐四千名冶铁的劳役，表明到了春秋晚期，齐国的冶铁规模已经相当可观。汉代东平陵和嬴县所在地区皆是原来齐国的核心区域，两地因地制宜，发展成为全国重要的铁矿冶炼和铁器加工中心。

两汉时期，尤其是从汉武帝时期开始，盐铁等重要物资纳入官营范畴，全国重要的冶铁中心都置铁官负责管理，济南地区的东平陵就是其中的一个。文献中关于汉代济南所产铁器的记载并不多，其中最著名的莫过于名为"济南椎成"的宝剑。《后汉书·韩棱传》记载，汉章帝曾向尚书们赐宝剑，其中陈宠所赐之剑名为"济南椎成"。"济南"指当时的济南国，治所在东平陵；"椎成"，李贤注云"《汉官》椎成作锻成"。也就是说，"济南椎成"是汉济南国东平陵锻造的宝剑，这是汉代济南地区高超的铁器制造工艺的结

晶与证明。

通过科学的田野调查与考古发现，汉代东平陵铁器加工的基本面貌渐渐浮出水面。1928 年，著名考古学家吴金鼎对东平陵古城进行了有史以来第一次考古调查，在古城西部中央发现大量与铁器加工相关的遗迹现象。此后，考古学者在东平陵古城进行了多次考古调查与发掘，有关的器物、遗址被不断发现。仅 1975 年秋天的田野调查，就采集和征集了 117 件铁器，涵盖农具、工具、铁范、兵器、日用品及其他六大类。

考古发现证明，东平陵故城内西南侧俗称"铁十里铺"的地方，分布着大面积的汉代铁器铸造加工遗址。2009 年在铸造区西汉早中期的两个灰坑内，一次就出土了用作原材料的铁板材近七千块，重达九百多公斤。这一区域内还发掘出西汉早中期的四个熔铁炉，以及西汉晚期的烘范窑、锻铁炉、陶范和大量铁器、铁片。2012 年又在这一区域内发掘出六座熔铁炉、大量铁器加工的原材料和成品，出土的遗迹遗物表明此地的铸造活动一直延续到东汉晚期。考古发掘资料显示，东平陵内出土的铁制品种类齐全、工艺优良，在西汉时期此地已经不是一般的手工业作坊，而是一处综合性的铁器加工基地。（郑同修：《山东发现的汉代铁器及相关问题》，《中原文物》1998 年第 4 期）

东平陵先进的冶铁技术，也引来了周围地区的关注。在东平陵故城的考古发掘中，多次出现铭文为"大山二""大四"的铁器模范。据专家考证，"大山二"为泰山郡第二号冶铁作坊，"大四"为泰山郡第四号冶铁作坊。汉武帝时期施行盐铁官营之后，铁器上不再以姓氏作为标志，官营的制铁作坊则以郡国的名称加作坊编号作为标志，"大山二""大四"即是这一历史时期的产物。标明有泰山郡冶铁作坊的冶铁模范出现在东平陵故城内，很有可能是因为东平陵在汉代还曾为泰山郡进行过代工生产。这一做法，足见当时社会上对东平陵冶铁工艺的认可。另外，今沂水县曾出土带有"济"字铭文的铁镢。由于铁镢残缺，虽不能断定该器物是产自东平陵还是历城，却表明济南郡的铁产品出现了外售的现象。

值得注意的是，东平陵故城通过考古只发现了铁器铸造的遗迹，并未发

东平陵故城冶炼遗址

现矿石冶炼的痕迹。考古学家根据已有的发现推测，东平陵在汉代以铸造和锻造铁器为主，为材料输入型加工模式，且专业化程度高。这一现象很容易理解，在汉代交通运输能力有限的前提下，铁矿冶炼属于原料指向型产业。为了方便冶炼，减少矿冶成本，冶铁作坊往往分布在铁矿周围。东平陵附近并无大规模铁矿分布，但作为地区制造中心，在产地经过初加工的原料铁运送至城内制作成市场导向型的铁器，将更有利于铁制品进入商品流通环节。

（二）　两汉时期的嬴县铁官

嬴县故城在今济南市莱芜区西北的城子县村，先秦时期这里先后为鲁国和齐国的城邑，秦置嬴县，两汉亦置嬴县，属泰山郡，唐武则天长安四年（704）撤县。嬴县在汉代也设置有铁官，但与以铁器加工为主的东平陵缺乏铁矿不同的是，嬴县周围铁矿丰富，铁矿石几乎分布于今莱芜区和钢城区全境，是山东省内最大的铁矿石产区之一，也是山东重要的富铁矿产区。依托丰富的铁矿资源，嬴县在汉代形成了一条完整的铁矿石开采、冶炼、铁器制造产业链。

今莱芜地区铁矿冶炼和铁器加工的考古材料，要比东平陵丰富很多。20世纪就已发现34处矿冶遗址，分布密集程度在山东省是十分罕见的。今莱芜区、钢城区的城子县村、赵家泉、东风炉、孙封丘、铜山、南徐冶、炉厂子、汶阳、西下游、东腰关、卢家庄、佛羊等处都发现有汉代冶铸遗址。其中部分遗址，如赵家泉、东风炉、孙封丘等处的遗迹现象表明，这一地区在春秋时期就已经开始冶铁和铁器加工。

城子县即汉嬴县县治所在地，嬴县铁官就设立在这里，如今仍有古城遗址留存下来。古城南俗称"南烧渣地"，城北俗称"北烧渣地"，在两处共四十多万平方米的汉代遗址范围内，随地可见铁渣、矿石等冶炼遗物。且矿石直径多三四厘米，含铁量高达60％多以上，明显是经过选矿工序。该地还发现有铸造铁器使用的模范，说明这一区域兼具冶炼铁矿和铸造铁器的功能。遗址面积之大，文化堆积之厚，反映了汉代嬴县铁矿冶炼、铁器加工业的红火景象。

在盐铁官营之前，莱芜地区的私铸铁器也同样繁荣。1972年在亓省庄村发现了二十四件汉代农具铁范，范上有"山""汜""李""口"等字。考古人员认为这批范具属于西汉前期，其中"汜""李"明显为姓氏，"山""口"是姓氏的可能性也很大。这批带有姓氏的范具，正是西汉政府盐铁官营之前私铸铁器的产物。仅此一地就发现多家私铸模范，可见西汉前期今莱芜地区民间冶铁铸造业的繁荣。《盐铁论·复古》中记载，在施行盐铁官营之前，地方豪强大户开采铁矿，规模大的一家能够聚集一千余人。从已发现的遗址来看，今莱芜地区在汉代的冶铁规模，较此也应不会逊色太多。

莱芜区城子县村嬴城遗址（尹承乾 摄）

根据《汉书·地理志》记载，汉代泰山郡只有嬴县设有铁官，在东平陵则未有铁矿冶炼，而当地发现的泰山郡第二号、四号冶铁作坊的"大山二""大四"铭文铁范，应该就是为嬴县代工生产铁器时使用的。相较于东平陵，汉代嬴县冶铁业更为发达，过剩的铁作为原材料输入到东平陵进行器物加工也合情合理。这一现象说明，汉代嬴县不仅自身的冶铁加工产业链完整，还曾与更加专注于铁器制造的东平陵实现了地区间初步的产业分工，是当时冶铁、制铁规模化和商品化的重要体现。

莱芜地区冶铁铸造延续数个朝代，经久不衰。成书于唐代的《元和郡县图志》记载："汉置铁官，至今鼓铸不绝。"唐代在莱芜有冶铁十三处，北宋年间莱芜与江苏利国监同为京东两大冶铁中心。明初山东铁产量位居全国第三，而莱芜地区又是山东冶铁的重要中心。

（三）汉代济南冶铁的影响因素

首先，影响汉代济南地区冶铁和铁器加工的就是技术水平。

汉代，山东冶铁和铁器加工的技术十分先进，烤蓝和淬火技术已经较为成熟，大大提高了铁的硬度和强度，并能有效防止铁器生锈。东平陵故城遗址中出土的铁器，展现了退火后又经过类似淬火加回火的处理技术。通过对东平陵故城遗址发现的部分代表性铁器的金相检查，发现不同器物采用了不同的加工工艺，温度控制合理，局部热处理技术使用得也十分恰当，还体现出从铸铁到锻钢发展历程中的连续性特点。东平陵故城遗址中发现了一件铁铲，其刃部分为三层，这在当时是一种先进的"夹钢"技术。莱芜区亓省庄出土的铁质农具范含硫量仅为 0.028%，从现在的冶铁标准来看，这一比率也是十分低的；该批农具范的含硅量为 0.16%，低硅灰口铁的生产，是当时冶铁技术先进、成熟的一个重要标志。如果没有长时间的经验、技术积累，是不可能达到如此高超的铁器加工水平的。

两汉时期，山东的冶铁业已经普遍使用鼓风机提高炉温。嬴县以南的今滕州市宏道院出土的东汉画像石上，清晰地雕刻着"鼓铸图"，画面左边为一椭圆形鼓风机，二人正在鼓风，类似的画面，还发现有多处。鼓风设备的改进，有力地推动了金属冶炼的发展。

济南境内汉历城县的铁矿冶炼和铁器制造也值得我们注意。今济南历下区运署街和泉城路东首，都发现有汉代的冶铁、制铁遗址，此地就在汉历城县的范围之内。根据对运署街出土的矿石、陶范、耐火砖及铁器等遗物的研究分析，发现该作坊的高温技术、范铸技术、矿石分选和加工技术相对成熟，已经使用了助熔剂，提高了冶铁效率，使冶铁整体达到了较高的技术水平。

其次，燃料也是济南地区冶铁、铸造发展的重要影响因素。

东平陵和嬴县所在的今济南市章丘区、莱芜区和钢城区，煤炭储量丰富，且易于开采，境内发现有近代之前的古煤矿井多处。虽然我国在汉代就已经开始开采煤矿，但因为煤的含碳量低、含硫量高、杂质多、无气孔、强度低，影响了冶炼炉的正常生产和铁的质量。东平陵、嬴县周围山地较多，在两汉时期林木资源丰富，伐木烧炭比较容易，当时冶铁和铸造铁器时，应是以木炭为主要燃料。如在莱芜区宜山汉代冶铁遗址中，虽然发现了经人工加工而成的煤饼及煤块堆积，但这些煤全部在遗址西半部的铸造区，主要用作冶铸前的烘范或烧制冶炼用陶器。遗址东半部的冶炼区，全部使用木炭作燃料。在遗留的煤块标本中，也未发现铁和炼砟的痕迹。济南运署街汉代铁工场遗址中铁渣的化学成分分析，也能证明当时是以木炭作为主要冶炼燃料。吴金鼎于民国时期就在东平陵古城铁器加工区发现了炼铁煤渣堆积，后来的考古工作中也在汉初的遗迹中发现了煤炭，但并无直

莱芜发现的汉代铁犁范（尹承乾 摄）

接证据证明当时已经使用煤炭进行冶铁铸器。东平陵距离嬴县甚近，两地的铸造工艺应该相差不大。

再次，政策因素也影响着汉代济南冶铁、制铁的发展。

根据《史记·货殖列传》记载，西汉建立以后，"弛山泽之禁"，由是兴起了一批冶铁发家的大商人，如蜀卓氏、程郑、宛孔氏、鲁曹邴氏等。汉武帝时期，为了增加财政收入，在桑弘羊的主持下，将盐铁的经营收归官府，设置铁官，实行专卖，这一政策一直沿用到西汉末年。东汉章帝以前，官营冶铁外，也允许私人冶铸，朝廷派铁官进行征税。和帝章和二年（88）又正式下令放开冶铁禁令，朝廷收税，任民私营。东平陵和嬴县出土的遗物，皆是上述冶铁政策变化的历史物证。

（李贝贝）

六、 济南国相： 曹操事业的起点

曹操与济南很有缘分，他曾出任济南相，在济南整顿吏治、断绝淫祀，留下了浓墨重彩的一笔。他的儿子曹植曾被封为东阿（今部分属济南平阴）王，他的孙子曹楷（曹彰之子）曾徙封济南王，祖孙三代都曾在济南留下足迹。值得一说的是，曹操"外定武功，内兴文学"（《三国志·魏书·武帝纪》），统一了北方，在中国历史上占有重要地位，而他事业的起点，正是从济南开始的。

（一） 整肃吏治

曹操，字孟德，一名吉利，小名阿瞒，沛国谯县（今安徽亳州）人。东汉末期著名的政治家、军事家和文学家。

曹操的祖父曹腾，是东汉权倾一时的宦官，位至中常侍、大长秋，封费亭侯。曹腾的养子曹嵩，就是曹操的父亲。这样的家庭出身，在当时是很受鄙夷的，以至曹操年轻时也没有什么作为，直至汉灵帝熹平三年（174），20岁的曹操才被推举为孝廉。熹平六年（177），迁顿丘（今河南清丰县西南）县令，不久征拜为议郎。

当时正值东汉末年，外戚宦官专权，朝廷内部争斗不止。同时土地兼并日益激烈，民众的赋税徭役不断加重，加之连年灾荒，最终爆发了黄巾起义。汉灵帝中平元年（184），曹操被拜为都骑尉，受命与皇甫嵩等人前去颍川镇压黄巾起义军。此役大破黄巾军，曹操也因镇压黄巾军有功，由都骑尉升任济南国相。由此，开启了他辉煌的事业。

当时，济南国下辖东平陵、邹平、东朝阳、历城等十余县。济南是王国，按照东汉的制度，国王只能臣民而不能治民，仅仅享受封国内的赋税收入，王国的实际权力掌握在朝廷派遣到王国处理政务的国相手中。曹操到任

后，决心大展身手，建功立业。

曹操到任的第一件事，就是整肃吏治。东汉后期，地方吏治败坏几乎是普遍现象，济南国尤其严重。当地官员不严于治理，反而和地方豪强勾结，贪赃枉法，巧取豪夺，压榨百姓。当时的济南王刘康，与中央的宦官来往密切，致使历任国相施政束手束脚，为了保全自身，他们只能任由此种风气蔓延。"（济南）国有十余县，长吏多阿附贵戚，脏污狼藉，于是奏免其八。"（《三国志·魏书·武帝纪》）曹操到任济南后，这些被地方官员保护的豪强，失去了保护伞，纷纷流窜他郡。"小大震怖，奸宄遁逃，窜入他郡。政教大行，一郡清平。"（《三国志·魏书·武帝纪》）曹操的这一举动，得到百姓的拥护。面对此情此景，济南王刘康也只能收敛，济南国的政教渐渐清平。

（二）禁绝淫祀

自汉初以来，济南国淫祠盛行，特别是城阳景王祠十分流行。曹操任济南国相做的第二件大事就是捣毁祠庙，禁绝淫祀。

早在汉初，吕后临朝称制，大封吕氏。吕后死后，吕氏家族作乱。刘邦的孙子刘章与大臣周勃等平定叛乱，迎代王刘恒为帝，即汉文帝。刘章为稳定刘氏江山立下汗马功劳，因功被封为城阳（今山东莒县）王。刘章死后，谥号为景，当地百姓尊称其为城阳景王。城阳景王刘章作为维护汉朝皇室，反对外戚的功臣，成为民众心中的保护神。随着城阳景王的威信越来越高，一些地方开始给他修祠祭祀。当时，城阳国与济南国相距不远，城阳景王祠在济南国也逐渐流行开来。

西汉末年，王莽专政，朝令夕改，引得民声怨沸。随着矛盾的加剧，各地爆发了反莽起义。当时山东的赤眉军利用百姓的思汉之心，以城阳景王降附巫身发表意见的方式进行一些跳神活动，用以发号施令。由于城阳景王祠在反莽复汉的过程中发挥了重要作用，在东汉时，城阳景王祠愈发受到百姓欢迎，祠庙越建越多，城阳景王神崇拜也愈发盛行。"自琅琊、青州六郡及渤海都邑、乡亭、聚落皆为立祠"。（应劭：《风俗通义》卷九）仅济南国祭祀城阳景王的祠庙就多达六百余座。此时，城阳景王祠庙的性质、功能也渐渐的发生了变化，最开始它只是单纯纪念城阳景王功绩的祠庙，后来一些地方把城阳景王作为询问吉凶、祈福驱邪的神灵，每年还会为其举办庙会。每当庙会之日，百姓就会组织队伍，击鼓宰羊，祭神讴歌，迎送城阳景王。但是，一些祠庙为当地的豪绅操控，他们打着为百姓祈福祛灾的旗号，年复一年地大搞庙会，欺诈民众，骗取钱财。这样的淫祠不仅劳民伤财，背后还隐藏着不安定的因素。

曹操任济南国相时，正值黄巾军起义，他担心黄巾军利用城阳景王聚众闹事，便大胆革新，禁止再建新祠，对于已建的祠庙，下令强行毁坏拆除，杜绝官吏百姓祭祀，废除"奸邪鬼神"之事，淫祠由此断绝。曹操断绝淫祠的举动整饬了济南国的风气，受到了百姓的欢迎。

曹操通过禁绝淫祀，在济南国树立了威望，但同时也触犯了宦官和地方豪强的利益，遭到他们的嫉恨。曹操深知自己的举动已经触怒这些豪强们，所以为了防止给家族招来灾难，他上书称病，辞职返乡，过起了一段隐居的生活。

（三）组建青州兵

曹操在济南一带收编黄巾军组建青州兵，是曹操人生经历中的又一件大事。汉灵帝中平三年（186），隐居家乡的曹操应召再次出仕，任都尉。中平六年（189），董卓进京，废汉少帝，立献帝，自任太尉。曹操不愿屈于董卓之下，离开京都，加入了以袁绍为首的反董联盟。汉献帝初平三年（192），董卓被杀，反董联盟也彻底瓦解。也就是在这时，任东郡（治今河南濮阳）太守的曹操正准备以东郡为根据地，积极扩张自己的势力范围。同年，青州黄巾军攻打兖州，斩杀了兖州刺史刘岱。兖州吏民面对"州中无主"的情况，迎请曹操为兖州牧，让他负责迎击青州黄巾军。四月，曹操接受兖州牧，率兵抵御青州军。经过激战，黄巾军损失惨重，开始向济北国（今济南长清西）撤退。曹操乘胜追击。

面对曹操的追兵，黄巾军致信曹操说"昔日在济南，你捣坏城阳景王祠坛，禁绝淫祠，这种精神与我们黄巾军的太平道是一致的。你似乎是明白太平道的，而你现在的行为，怎么又与太平道截然不同了呢？汉朝的气运已尽，黄巾军作为新的政权要兴立起来。这是天道运行的规律，非你一人之力可以改变的"。当曹操见到黄巾军的来信的时候，破口大骂。又因势利导，也写信给黄巾军，以优越的条件，大开招降路。

九月，曹操追逐黄巾军来到济北国，经过奇袭埋伏，昼夜会战，将黄巾军全部击溃。黄巾军败降，曹操收编黄巾军三十万，连带他们的家人共百万余人。这支军队本来就是一支身经百战的精锐部队，曹操又从中经过挑选，组建一支新军，因这支军队主要由青州黄巾军组成，所以叫"青州兵"。"青州兵"成为曹操此后兵戎生涯中依赖的主要军事力量，他后来征伐四方、兼并群雄、平定天下都仰赖于此。组建青州兵，使曹操的实力倍增，成为他后来在汉末称雄的主要资本。

（郑立娟）

七、 孝堂山祠： 现存最早的地面房屋建筑

孝堂山石祠位于济南市长清区孝里镇孝堂山山顶，是一座外部建筑完好的东汉画像石祠，是中国现存最早的地面房屋建筑。石祠为双开间单檐悬山顶房屋建筑，内壁及石梁上的汉代画像，场面宏阔、内容丰富、雕刻精湛，画像内容主要反映出巡、狩猎、征战、献俘、朝会、谒见、宴饮、庖厨等现实生活题材，又有天文星相、祥禽瑞兽、神话传说等方面的内容。1961 年由国务院公布为第一批全国重点文物保护单位。

（一） 孝堂山石祠建筑及墓主身份

石祠所在的孝堂山，春秋时期曾名巫山。《左传·襄公十八年》载："齐侯登巫山以望晋师。杜预注云：巫山在卢县东北。"此"巫山"即今孝堂山。

孝堂山石祠保护建筑（新罗 摄）

晋人晏谟《齐记》曰："巫山一名孝堂山。"郦道元《水经注》提到："巫山之上有石室,世谓之孝子堂。"孝子堂即孝堂山石祠。

孝堂山石祠东边石柱上,刻有"维大中五年(851)九月十四日建"字样,西边石柱上,刻有"大宋崇宁五年(1106)岁次丙戌七月庚寅朔初三日,郭华自备,重添此柱,并垒外墙"字样。由此可知,唐宋时期,已有人对石祠采取加固措施并修建外墙。

石室内北墙下横列东西向的低矮石台一座,用以放置祠主的神主之位。石祠屋顶雕刻出脊背、瓦陇、沟头、瓦当、板瓦、筒瓦等构件,已经使用了石柱、梁、枋、斗等结构。其许多建筑手法和建筑形式对我们认识和研究汉代建筑具有重大价值。

目前可见的孝堂山石祠最早的题记是汉永建四年(129)邵善君题刻:"平原湿阴邵善君,以永建四年四月廿四日来过此堂,叩头谢贤明。"由此推断,石祠大约建于东汉初年,是墓前祭祀用的祠堂。

关于孝堂山石祠墓主,历来众说纷纭。郦道元在《水经注》中并未提及

《陇东王感孝颂》拓片

墓主人是谁。石祠西山墙外壁，刻有北齐武平元年（570）《陇东王感孝颂》。

陇东王是当时的齐州刺史胡长仁，他在《陇东王感孝颂》中称"郭巨之墓，马鬣交阡，孝子之堂，鸟翅衔阜"，认为石祠墓主是汉孝子郭巨。陇东王胡长仁第一次将孝子堂和孝子郭巨联系在一起，这是后世认为孝堂山石祠墓主为郭巨的源头。郭巨的故事最早见于汉代刘向的《孝子图》，晋干宝《搜神记》使故事情节逐渐丰满。至明代萧培元、李锡彤辑录的《二十四孝图诗合刊》，故事情节更加完备，其所记"郭巨埋儿"的故事是：郭巨家贫，有子三岁，其母常将自己的饭食省给孙子吃。郭巨对妻子说："家贫不能供养母亲，儿子又与母亲分食，只有埋了儿子，才能让母亲吃饱。"遂挖坑埋子，当掘坑三尺时，得一罐黄金，上书"金赐孝子，官不得侵，私不得夺"。郭巨遂抱着儿子和这罐黄金回家，从此过上衣食无忧的生活。

宋代金石学家赵明诚在其《金石录》中对胡长仁的判断依据提出了质疑："不知长仁何所据，遂以为巨墓乎？"清阮元在《山左金石志》中认为：永建题字有"叩头谢贤明"之语，"贤明乃感诵之辞，似非为郭巨而作，后人失传，以堂近郭墓，遂皆沿为郭巨之墓耳。"（《山左金石志》卷七）阮元也对孝堂山汉石祠为郭巨墓说表示质疑；夏超雄《孝堂山石祠画像、年代及主人试探》一文根据石祠兴建年代、地理位置和诸侯王车马出行图等，认为石祠墓主为东汉第一代济北王刘寿；信立祥在《汉代画像石综合研究》一书中认为，孝堂山石祠墓主可能是太守；李发林在《孝堂山石室墓主考》一文中认为石祠墓主是西汉济北王刘胡；张华松《孝堂山汉画像石祠与郭巨埋儿传说》认为郭巨因巫山慢读音为"无儿山"而被附会到孝堂山，"孝堂"之名由"享堂"讹化而来。

康熙《长清县志·古迹志》载："孝里铺，其地有孝子郭巨墓在焉。里之东山名曰孝堂山，有祠，岁时俎豆。"康熙《长清县志·人物志·孝义》也将郭巨的小传纳入其中。光绪《肥城县志》卷二说："山上又有古墓，相传郭巨奉母来此，母没，因葬焉。或云即巨墓。今沂水县西一百里亦有郭巨

157

墓，山西孝义县东北五里亦有郭巨墓。考古者皆以为非是，则此墓最古也。"
可见，全国很多地方都有所谓的"孝子郭巨墓"。

孝堂山石祠墓主可能与郭巨并无关系。从石墓规模来看，与郭巨的家境
不符。这座大墓有前后墓道，不是一般人所能兴建的，以郭巨家的财力难以
建造如此恢宏的墓。从祠内精美的刻画内容看，与郭巨身份不符。刻画内容
大多是神话传说、历史故事、帝王出行、朝会拜谒、胡汉战争等，气势恢
宏。这些内容与郭巨的生活相距太远。从文献记载的郭巨里籍看，郭巨并非
今济南长清人。文献所记郭巨为隆虑（今属河南阳林）人或内温（今河南
温县西南）人。很难理解河南籍的郭巨为何要葬在山东的长清。很可能是后
人把孝子郭巨的故事移植到具有"孝"字的孝堂山。无论孝堂山石祠墓主是
不是郭巨，透过郭巨和孝堂山石祠反映出来的是孝文化在济南地区的积淀，
郭巨已逐渐演变成济南地区孝文化的一个符号。

（二）孝堂山石祠汉画像

孝堂山石祠北、西、东三墙内壁及中间三角石梁的东西侧面和底面等皆刻
有精美的汉画像，刻法是在平滑的石面上，用阴线刻出画像，部分采用凹入平
面刻法，画像线条苍劲，风格质朴。宋赵明诚在《金石录》中写道："冢上有
石室，制作工巧，其内镌人物车马，似是后汉时人所为。"清翁方纲《两汉金
石记》、阮元《山左金石志》、王昶《金石粹编》、冯云鹏和冯云鹓《金石索》
等也有记载，近世亦有不少介绍孝堂山汉画像的著作。兹结合现有研究成果，
依据孝堂山石祠内部方位，简要介绍石祠画像内容如下：

石祠北壁由东西二石构成，整体画像可分为三层：第一层是大王车马出
行图，自西向东共有车四乘、马三十骑、骑吏三十人、伍佰二人。最前为前
导车骑，后为乐车，乐车之后隔两骑为出巡的大王车。此车由四马拉引，车
饰华丽，车盖后题刻"大王车"三字，车后又有四骑随侍。北壁大王车马出
行图可与东、西壁大王车马出行图相接续。

第二层是楼阁拜谒图。该层以三座殿阁为中心，殿阁用四层双线方框围

1907 年，长清县孝堂山墓祠外景（沙畹 摄，采自《北中国考古录》）

绕，以显示其突出地位。殿阁皆两层，银锭状攒尖顶。东殿下层正中悬弩，一王侯正面而坐，后有侍从五人执笏而立，前有一人伏地致礼，其后又有八人执笏欠身互致礼。上层九人，其中八人相对坐，一人手持一物跪送。中殿下层未悬弩，受礼王侯后面侍从四人，前面致敬者七人，上层八人对坐。西殿下层正中悬弩，王侯受礼，后随侍从八人，前有一人伏地致礼，四人持笏致礼。二层六人对坐，一人独坐。三城阙的殿阁、阙门之上，装饰有凤凰、鹳、锦鸡、鹤、猴、鸭、鸽等动物。

第三层西段为车马出行图，其中主车盖系四维，上乘二人，车的左上方榜题"二千石"三字。东段刻孔子见老子故事。孔子挂鸠杖，榜题"孔子"，与孔子相对应者为长髯飘动、手挂曲杖的老子。孔子身后 31 人，老子身后 14 人，皆捧简侧立。

石祠西壁画像大致可分为三区：第一区为山墙的三角尖顶部分，表现的是以女娲和西王母为中心的神话世界。该区可分为三层，第一层中心人物是

159

蛇身人首、手持规状物的女娲氏；第二层四人以木棍穿二人之胸，抬着行走，故事取自《山海经·海外南经》"贯胸国，其为人，胸有窍"；第三层正中为端坐的西王母，两侧是神仙异兽跪拜的行列，其中有捣药玉兔两只。第一区以向北飞行的一排大雁作为与第二区的间隔。

长清孝堂山石祠堂东壁画像（杨子墨提供）

第二区是大王车马出行图，可与北壁大王车马出行图相连。前面四人持戈前导，其后跟随骑从各九人，两行共十八骑，再后为车二乘，车内各有二人对坐，最后以二骑殿后。其下用一排站立的人物作为间隔。

第三区是胡汉战争图和狩猎图。可分为两层，第一层是胡汉战争图，南端为汉军阁楼幕帐，阁楼下层有宽袍阔袖的王公席地而坐，后有侍从二人，前有四人呈禀战报状。帐前有跪坐的胡王，胡王前有三个跪绑的俘虏。北端为席坐的胡军首领，后有侍从三人，前有跪禀战报者一人、持弓侍立者三人、击鼓者两人等。中间是胡汉两方浴血奋战的战场，胡军深目隆鼻、高冠，汉军在战争中狄胜。第二层是狩猎图，画中呈现一辆牛拉敞车、六个猎人，猎人持弓、戈、毕等武器，正中一人持戈猛刺一巨兽，野兽四下奔跑，有长角鹿、梅花鹿、豕、狐狸、老虎、野鸡等，狩猎中采用合围方式，场面热烈紧张。

石祠东壁画像大致分为三区。上部三角部分为第一区，描绘的是蛇身人首、手持曲尺的伏羲氏，另有风伯、雷神、雨师、裸体仙人等星宿神仙，还有持棍棒、树枝和类似耕具状的人物，并有实施刑罚的场面。

第二区是大王车马出行图。为两行相对的队列，似为君王派出的使者欢迎国外贵客或征战得胜回朝者，可与北壁大王车马出行图相接续。

长清孝堂山石祠堂西壁画像（杨子墨提供）

第三区北端为周公辅成王的故事，最下层包括三组画面，一组为庖厨场面，一组为百戏场面，一组是巡猎场面。

石梁西壁画像，《金石萃编》《石索》等称之为坠车故事，桥下舟为援救落水者，正中刻一垂虹，垂虹之内有一人正坐，四周绕以云气，似是仙人，桥用极细的曲线画出，并刻出栏杆，线条简洁生动。此类画像也有"七女为父报仇"故事、水陆攻战图等说法。

石梁东壁画像正中以升鼎故事为题材，河岸用石块叠涩挑成平桥状，当中开口如井，桥下有船四只，每船二人，一人划桨，船旁有鱼及飞鸟。正中船上一人正用竿支鼎，鼎已升到井口，但鼎耳已断，岸上拉拽者共八人，北岸四人因鼎耳已断，拉绳松弛。平桥两岸有五人正在祈祷。河岸南侧有飞鸟五只，一人正坐，一人用弩打鸟。岸北侧有扶桑树，一人正引弓射鸟，象征后羿射日故事。旁边还有狗身双面人头兽、兽身两端人头兽、三颈人头鸟等。其下有车骑行列，自南而北，前二人吹箫，后三人骑马，再后三敞车各

161

乘二人，再后复有二骑，最后一人亦似吹箫。北端一人持笏躬身作迎候状。

石梁底部画像为日月星辰图，刻有三足鸟、蛙、兔、织女星等形象及南斗、北斗、三曲浮云等天空星象，象征天空之意。

孝堂山郭氏墓石祠汉画像，从题材来看，有神话传说、社会生活、历史故事等，反映了汉代社会物质和精神文化层次的丰富性，是研究汉代社会历史的重要资料。诚如著名史学家翦伯赞所言："这些石刻画像假如把它们有系统地搜集起来，几乎可以成为一部绣像的汉代史。"（翦伯赞：《秦汉史·序》，北京大学出版社，1994年第二版）

（王春彦）

八、 乐舞百戏： 汉代济南地区的表演艺术

济南市博物馆里陈列着一件名为"彩绘乐舞杂技陶俑"的国宝，该器物1969 年出土于济南市无影山汉墓，根据同出的铜带钩和无郭四铢半两钱，推定为西汉前期的遗物。该组陶俑共塑造了二十二个小巧的人物形象，现存二十一个。这些陶俑中，七名观众分列两旁，拱手而立，欣赏舞台中央的乐舞杂技表演；七名乐者分布在后，或击鼓，或吹奏，或抚瑟；最为精彩的是列在中间的七位表演者，两名女性相对舞动长袖，四名杂耍者正在表演倒立和下腰，还有一男俑似乎正在翩跹独舞。该组陶俑集乐舞、杂技表演和观众于一堂，不仅是难得的汉代造型艺术珍品，还定格了汉代乐舞百戏表演时的精彩场面，向我们展示着这一时期济南地区表演艺术的繁荣。

（一） 汉代济南地区的乐舞艺术

两汉时期的乐舞，从功能上可分为礼仪乐舞和娱乐乐舞。《史记·孝文本纪》记载，汉景帝为汉文帝立太宗之庙，规定祭祀时舞昭德之舞，郡国一并施行，这是典型的礼仪乐舞，具有极强的仪式感和象征意义。相较而言，以娱乐为目的的乐舞因更为轻松活泼，形式多变，所取得的艺术成就更高，社会影响范围也更广。娱乐乐舞也有等级之分，大致可以分为宫廷乐舞和民间乐舞，二者存在一定的交集，在两汉时期都出现了繁荣的景象。

汉代济南地区宫廷乐舞的材料较多，水平也十分高超，其中最典型的就是济南

洛庄汉墓出土青铜甬钟

163

章丘区洛庄汉墓 14 号陪葬坑出土的一批高端乐器。该陪葬坑是一个乐器坑，共出土乐器 149 件，包括编钟一架，共 19 件；编磬 6 套，共 107 件；另有錞于、铃、钲、瑟、建鼓、扁鼓、悬鼓等。该组乐器种类齐全，规模庞大，有"地下音乐厅"之称，向我们展现了汉初济南诸侯王宫廷音乐的盛况。更为难得的是，这套乐器保存较好，编磬音高基本准确，构成完整的七声音阶，音域达到两个八度以上；编钟基本保留了音色原貌，并且可以和同出的编磬进行合奏，这在出土的两汉时期的乐器中较为罕见，在中国音乐史上有着举足轻重的地位。出土器物上明显的使用痕迹，表明这组乐器除用于重大礼仪场合外，应还用于日常娱乐。

与精美的乐器相对应的是舞蹈表演。距离洛庄汉墓不远的章丘危山汉墓，同为西汉时期诸侯王级别的大墓。在危山汉墓的陪葬坑内，发现了一个男舞俑。该男子身穿宽袖长袍，左手上举，右手甩袖，上身后仰，双膝微屈，刻画出汉代男子在舞蹈表演中的曼妙姿态。

汉代民间乐舞也取得了较高成就。《史记·孝武本纪》记载"民间祠尚有鼓舞之乐"，说的就是民间乐舞。相较于宫廷乐舞，汉代济南地区民间乐舞的材料相对贫乏，但从陶俑和汉画像石等文物中，也可窥见一斑。济南市博物馆里陈列的无影山汉墓出土彩绘乐舞杂技陶俑中，就有舞蹈者的形象。

该墓葬规模较小，墓主人的社会地位不会很高，陶俑中展现的舞蹈，当是汉初济南地区的民间乐舞。济南市历城区黄台汉墓出土有榜题为"七盘舞"的画像石，画面中地上放置七个盘，一个鼓，中有一舞者翩跹起舞，这就是张衡《舞赋》中所说的"历七盘而纵蹑"。同出于该墓地的画像石上，还描绘有踏鼓舞、建鼓舞等。其实这些乐舞在高

危山汉墓出土击鼓俑（章丘区博物馆 摄）

等级墓葬中也曾出现，体现出两汉时期乐舞艺术应用的灵活性与广泛性。

（二）汉代济南地区繁荣的百戏表演

百戏是中国古代表演艺术的泛称，大致包括民间舞蹈、杂技、角抵、魔术、游戏等，尤以杂技为主。为了烘托气氛，表演时往往有音乐伴奏。两汉时期的乐舞和百戏有着密不可分的关系，二者很多表演节目的内容是一致的，如盘舞就经常出现在百戏之中。不过，相较于单纯的乐舞，百戏表演的节目更加多样。

百戏的起源历史悠久，在秦汉时期达到了一个高潮。秦始皇陵陪葬坑中就曾出土过多尊百戏俑，有6尊已经修复完成。经学者研究，这里面包括扛鼎俑、持竿俑，都是当时百戏中常见的表演节目。在百戏极为繁荣的两汉时期，济南是百戏表演的一个中心，前文介绍的无影山汉墓出土的西汉前期彩绘乐舞杂技陶俑，就是一个很好的证明。西汉前期的贾谊，曾在《新书·匈奴》中为汉文帝收复匈奴建言献策，其中提到利用乐舞杂技来招徕匈奴。贾谊说："上使乐府幸假之倡乐，吹箫鼓鼗，倒挈面（身体反弓，将头至于两小腿之间）者更进，舞者蹈者时作，少闲击鼓，舞其偶人。"这段文字描绘的吹箫击鼓、舞蹈杂技的场面，和济南无影山汉墓出土的彩绘乐舞杂技陶俑所展现的场面几乎一致。

济南长清区孝堂山上有一座石质祠堂。依据祠内题记推断，该祠堂大致建造于东汉初年，是中国现存最早的石筑石刻房屋建筑。该墓石祠内侧四壁上刻满了壁画，东壁下部刻画的是表演百戏的场景。画面中间为一个建鼓，两人正在击鼓，北侧还有八人奏乐。鼓前面一人竖持木杆，木杆顶端又横放一木杆，横杆上有四人在表演杂技。该画面展现的就是张衡《西京赋》中提到的"都卢寻橦"。之所以取这个名字，是因为位于东南亚的都卢国人擅长顶杆、爬杆，"都卢寻橦"与现在杂技中的爬杆戏一脉相承。"都卢寻橦"画面前是一人正在表演手技：一手向空中抛丸，另一手接丸，可同时实现七个丸的循环抛接。这个节目在《西京赋》中被称为"跳丸剑"，李尤的《平

乐观赋》中所说的"飞丸跳剑"也是指这一节目。文献表明，汉代百戏中的手技表演，不仅仅可以抛接丸，还可以抛接剑。济南市历城区原全福庄出土的汉画像石中，刻画有表演抛接七丸和三把匕首的场面。

济南平阴孟庄东汉晚期的墓中，也出土了描绘百戏场面的画像石，画面内容与《西京赋》中的描绘颇为相似。如"乌获扛鼎"（乌获是战国时期秦国的大力士，"乌获扛鼎"就是举鼎以展现力量）；"总会仙倡，戏豹舞罴。白虎鼓瑟，苍龙吹篪"（令歌舞者扮成熊、豹的模样进行表演，演奏者扮成白虎、苍龙等形象来奏乐）；"吞刀吐火，云雾杳冥；画地成川，流渭通泾"（吞咽刀剑，口吐大火，在地上画一下就出现一条河流，是典型的魔术表演）；"侲僮程材，上下翻翻；突倒投而跟絓，譬陨绝而复联"（翻跟斗、倒立等表演技巧的杂技）等。百戏在汉代画像石中多有出现，上述几个具有代表性的例子，可窥见济南地区当时百戏表演的繁荣。

（三）汉代济南乐舞百戏繁荣的背景

两汉时期乐舞百戏繁荣局面的出现，是由当时的社会风气推动的。

首先，统治者喜欢歌舞百戏，如汉武帝经常观看俳优、侏儒的表演以取乐。根据《汉书·武帝纪》记载，元封三年（前108）春，汉武帝组织角抵戏表演，三百里内的民众皆来观看。元封六年（前105），汉武帝在上林苑平乐观再次组织角抵戏表演，京师民众争相围观。《汉书·西域传》记载，汉宣帝元康二年（前64），汉朝在上林苑平乐观举办角抵戏表演，用以招待匈奴使者和外国君长。东汉安帝时，也曾在广阳城门外举办百戏，为南匈奴守义王兜楼储归国送行。上有所好，下必效之，统治者的青睐为两汉时期乐舞百戏的发展提供了土壤。

其次，域外文化对两汉时期的乐舞百戏产生了很大的影响。在汉代，诸多域外的舞蹈、杂技、魔术由丝绸之路传入汉地。《晋书·乐志》记载："横吹有双角，即胡乐也，张博望入西域，传其法于西京。惟得《摩诃兜勒》一曲，李延年因胡曲更造新声二十八解，乘兴以为武乐。"说的就是西域乐曲随着丝绸之路传入中原，被汉武帝时期的李延年吸收改造的事情。《续汉书·五行志》记载汉灵帝好胡舞，京都贵戚竞相效仿。至于百戏，《史记·大宛列传》记载汉朝使者从西域安息国回来时，安息擅长表演幻术的"善眩人"也跟着来到了汉朝。东南亚的掸国、南亚的身毒，以及大秦国，也将吞刀、吐火、植瓜、种树、跳丸、易牛马形、自断手足、开膛破肚、缚绳自解等表演节目传播到汉朝。域外文化与汉地原有的表演节目相互融合，大大促进了汉代乐舞百戏的发展。

就济南地区而言，两汉时期乐舞百戏的繁荣，有着自身独特的背景。比如，民间信仰推动了两汉时期济南地区乐舞百戏的发展。西汉吕后去世后，朱虚侯刘章与周勃等内外接应，铲除吕氏势力，恢复刘氏江山，因功受封城阳王，死谥"景"。《三国志·武帝纪》裴松之注引《魏书》云：城阳景王刘章因为有功于汉，死后得以在侯国内立祠祭祀，青州诸郡转相仿效，济南尤为兴盛，以致出现六百多个城阳景王祠。根据应劭《风俗通义·怪神》的记载，祭祀城阳景王祠时，会有大型的乐舞百戏表演，是谓"烹杀讴歌，纷籍连日"，"倡优男女杂错"。曹操为济南相时，曾禁止城阳景王祠的淫祀，但曹操走后又出现反弹。这一记载虽然是在批评淫祀耗费巨大，但普遍的祭祀现象和宏大的祭祀场面，也印证了济南地区百戏表演的繁荣。

祭祀时使用乐舞百戏是有条件限制的。《盐铁论·散不足》中说：富者在祭祀山川时，可以做到杀牛击鼓，伴有戏曲乐舞；次一点的也要屠羊杀狗，鼓瑟吹笙；贫乏者因为财物短缺，没办法进行大规模的娱乐表演。东平陵祭祀城阳景王时的宏大场面，正是

无影山汉墓出土乐舞杂技陶俑

167

当地商人支持的结果。这从另一层面说明，两汉时期济南地区乐舞百戏的繁荣，与本地发达的经济密不可分。

地方风俗传统，也为乐舞百戏的发展创造了良好的环境。济南地区自古有喜好歌舞表演的传统。《孟子·告子下》云："昔者王豹处于淇，而河西善讴；緜驹处于高唐，而齐右善歌。""齐右"即齐国西部，近邻高唐的济南地区正在这一范围内。南朝宋时期鲍照的《代白纻曲》中有"齐讴秦吹卢女弦，千金雇笑买芳年"的诗句，也是在赞颂齐国人善歌。《太平寰宇记》引北朝《十三州记》云："济南教子倡优歌舞，骨腾肉飞，倾绝人目"，并称"俗言齐倡，盖由此也。"该文献虽然是在描述南北朝时期济南地区歌舞兴盛的局面，从历史传承来看，该地区的乐舞传统，自先秦即已有之，并在汉代出现了乐舞百戏繁荣的局面。

由上可知，无论是彩绘乐舞杂技陶俑，还是汉墓画像石；无论是洛庄汉墓乐器陪葬坑，还是城阳景王之祀，都向我们展现出两汉时期济南地区以乐舞百戏为主的表演艺术的繁荣。这一繁荣景象的出现，既有两汉时期社会发展，中外文化交流大背景的支持，也与济南地区的文化传统、民俗民风密切相关。

（李贝贝）

第三章

魏晋隋唐时期的济南

从曹魏到唐初四百余年间是中国历史上分裂割据、战乱不休的时期，济南的正常发展屡遭战火摧残。正是受军事防御战略的影响，济南郡治发生了重要变化，即在西晋末年由东平陵西迁至历城，为后世济南城市的新发展奠定了基础。迨至唐代，恢复了大一统的稳定局面，中国社会进入了一个繁盛时期。或许是远离政治、文化中心之故，济南各方面的发展并不突出，只有以下几个方面值得关注：

一、唐前期济南籍文臣武将群体的涌现。其中包括贞观名相房玄龄、号称"文章四友"之一的崔融及被誉为"五百年一贤"的员半千等，还有因《隋唐演义》《兴唐传》等俗文学而在中国民间家喻户晓的秦琼、程咬金、罗士信等唐王朝的开国功臣。

二、全节县并入历城。唐宪宗元和十五年（820）并全节县入历城，是济南城建历史上一次大规模的扩建。贞观十七年（643）齐王李祐谋反，平陵县人李

君球据城抵抗。平叛后，唐太宗下诏改平陵县为全节县。唐宪宗元和十年（815）正月，"以户口凋残，并全节县入历城县。"（《旧唐书·地理志一》）拆毁全节城所得的砖石木材，全部用于济南城的扩建。

三、佛教文化的兴盛与发展。神通寺、灵岩寺、衔草寺等均已成为当时著名的佛教寺院，今存的黄石崖、玉函山、千佛崖等石窟造像和四门塔、龙虎塔等遗迹大致反映了当时佛教的兴盛。竺僧朗、释法瓒、僧法定、释道辩等一时的名僧大德在济南一带留下了弘扬佛法的身影。唐高宗时，齐州出现了义净、道希、师鞭三位赴印度求法的高僧，对中印佛教文化交流做出了贡献。

四、济南的湖山泉林吸引了李白、杜甫、李邕等在内的一批名士来此游历，为济南留下了宝贵的文化遗产，影响直至今天。李白登临华不注写下的诗篇极大提升了该山的知名度，描绘的在华不注山遇仙的意境塑造了该山的神仙氛围，为金元以后该山道教发展提供了文化底蕴。杜甫在历下亭宴会上即兴而作的《陪李北海宴历下亭》留下了"济南名士多"这样具有深远影响的文化意象。以书法、篆刻、文章并称"三绝"的李邕给济南留下了《灵岩寺碑颂》等珍贵的文化遗迹。

一、 迁治历下： 郡治西迁与齐州的设置

晋永嘉末年（313 年前后），济南郡治自东平陵（今属济南市章丘区龙山镇）西迁至历城（今属济南市历下区），是济南发展史上具有划时代意义的事件。自此以后，济南的发展重心由东平陵转移至历城。"历下城建自汉，历晋永嘉间移平陵城于此，而城始大。"（［明］刘敕：《历乘·建置》）北魏时，又改冀州为齐州，州治济南。齐州的设置，进一步扩大了济南的发展内力和辐射能力。至隋唐时期，济南已逐渐成为海岱之间的重要都市。

（一） 郡治西迁历城

历城本是周代古城，乾隆《历城县志·总纪一》称："县界之中得古城十有一：曰鲍、曰谭、曰平陵、曰台、曰历下，周城也。"历城因地处历山之下，又称历下。顾祖禹《读史方舆纪要》称："在府城西，或以为即春秋时齐之鞍邑。成二年，齐、晋战于鞍，是也。"

济南郡治迁移历下，并非迁移到历下古城内，而是在历下古城之东扩大城垣，另建东城。于是原历下古城居西，是历城县的县治；新扩建的郡城居东，是济南郡的郡治。如此一来，济南出现了东西并治的独特城市结构。这种城建格局，被称为"双子城"。

济南郡治迁历城前，郡治一直在东平陵。三国时，济南属魏国青州济南郡，治东平陵。魏正始七年（246）恢复济南国，是曹操孙子曹楷的封地，仍治东平陵。西晋平定蜀地后，将蜀地豪强迁徙到济、河地区，分济南地设立济岷郡，位于济南之北，与济南并存，后又并入济南。晋武帝泰始元年（265），封皇子司马遂为济南王，历三代而国除，济南复为郡。永宁二年（302）后，济南郡隶属青州。这期间，无论济南是封国还是郡，治所一直是东平陵。

西晋怀帝永嘉末年，济南郡治从东平陵迁移至历城（今属济南市历下区）。自此以后，济南一直是历代州、郡、府的治所，成为新的地方行政中心。

济南郡治之所以从东平陵迁至历城，原因主要有三：

首先，东平陵在战乱中遭到严重破坏。东汉末年，济南地区战乱不断，东平陵作为郡治，饱受战争的摧残。汉灵帝熹平二年（173），东平陵城被农民起义军攻破，遭屠城。汉献帝建安十二年（207），黄巾军又一度攻入东平陵城，济南王刘赟被杀。两次城破，使东平陵城遭到严重破坏。

其次，东平陵周边生态环境遭到破坏，水源渐少，不宜再做郡治。东平陵作为汉代济南国的国都和济南郡的郡治，有其生态因素。从郦道元《水经注》看，东平陵附近有巨合水、关卢水、武源水、白野泉水、听水等五条河流，应该水源充足，适宜生活和生产，但在南北朝时期，该地一度出现干旱。由于该地属于长白山余脉，地理结构与泰山余脉不同，导致东平陵水源不足。历下属泰山余脉，泉水丰沛，水源充足，更适合城市的发展。

最后，历城地理位置重要。历城据历山之下，北依济水天然屏障，南据泰山余脉，易守难攻。同时济南不仅地处东西交通要道，而且据南北交通要冲，地理位置和军事地位十分重要。

（二）齐州的设置

从行政区划上讲，南北朝时期的济南郡属于青州。刘宋政权时为安置渡河南下的河北民众，侨置郡县，"分青州立冀州，治历城"（《宋书·州郡志》），也就是说从青州划出一部分地盘作为冀州，以安置渡河南下的民众，而冀州的州治也设在济南。刘宋孝建二年（455），"督青冀二州诸军事、宁远将军、青冀二州刺史，镇历城"。孝建三年（456）孝武帝"以历下要害，欲移青州并镇历城……由是遂定。"（《宋书·垣护之传》）也就是说，孝武帝认为历城地理位置十分重要，欲把青州的州治也迁到历城。至刘宋孝武帝大明八年（464），在垣护之的支持下"青州刺史移历城"，即将青州州治迁移到历城。如此一来，历城既是历城县的县治，也是济南郡郡治，还是冀州、青州两个州的州治。

黄兴二年（468），北魏攻克历城。济南属北魏管辖。黄兴三年（469），慕容白曜因功被封为济南王，济南郡变成了济南国。由于北魏统治区内原有一个冀州，治信都（今河北冀州），攻占济南后，济南又有一个刘宋侨置的冀州，为了解决两个冀州的问题，遂于黄兴四年（470）改原刘宋在济南设置的冀州为齐州，这是济南称齐州的开始。改冀州为齐州，历城就成了齐州州治，对济南逐渐成为山东的政治中心有着非常重要的意义。

由于郡治、州治都迁移到历城，历城的城建面积迅速扩大。从郦道元的《水经注》看，济南城由原历城和东城构成，历水在历城和东城之间，东西两城的范围基本包括了今济南老城城厢的大部分地区。历城分东西城的状况一直延续到宋朝，直至金元时期才逐渐合为一体。

北魏前期齐州州治在历城西城，孝文帝时命元修义为齐州刺史，并允许他"更立馆宇"，于是元修义"移理东城"。（《魏书·汝阴王传》）如此一来，东城的规模逐渐超过西城。

隋朝建立后，对地方行政机构进行改革，撤销郡的设置，保留州、县两级。此前，济南既是齐州州治，又是济南郡治，还是历城县治。撤销郡的行政编制后，济南依然是齐州州治和历城县治。隋炀帝时又改州为郡，于是齐州称齐郡，济南又成了齐郡郡治。

唐初，改郡为州，齐郡又改称齐州。此后，除安史之乱的十几年间改称齐郡外，直至唐末，一直称齐州。济南一直是齐州州治。齐州的设置，扩大了济南对周边的辐射力。在唐代，根据山川形势把全国划分为若干道，作为州以上的行政区划，并设采访处置使为道的主管，当时的齐州属于河南道。

唐朝时，济南城有一次大规模的扩建，即唐宪宗元和十五年（820）并全节县入历城。全节县本称平陵县，地处今章丘、历城之间。贞观十七年（643）齐王李祐谋反，令齐州诸县共同起兵，以对抗朝廷。平陵县守臣李君

球誓死不从，并据城抵抗齐王李祐的叛军。平叛后，唐太宗下诏改平陵县为全节县。唐宪宗元和十年（815）正月，"以户口凋残，并全节县入历城县。"（《旧唐书·地理志一》）当时，全节城（在今历城董家和章丘龙山镇之间）拆毁所得砖石木材，全部用于济南城的扩建。随着济南城的不断扩建，原历下古城由于地处城内，便成了城中之城，被称为"子城"，而面积更大的东城便被称为"母城"，从而形成了"母子城"的城市格局。唐天宝年间，杜甫来济南游历，写有《同李太守登历下古城员外新亭》。值得注意的是，杜甫诗中写的是"历下古城"，可见在当时人们的心目中，济南有新城、古城之分，或母城、子城之分。

园林是衡量城市发展的一个重要指标。南北朝时期，中国园林已趋于成熟，段成式《酉阳杂俎》记载了使君林和房家园北朝济南的园林。

使君林是北魏齐州刺史郑悫避暑的地方。"历城北有使君林，魏正始中，郑公悫三伏之际每率宾僚避暑于此。取大莲叶置砚格上，盛酒二升，以簪刺叶，令与柄通，屈茎上轮菌如象鼻，传吸之，名为碧筒杯。历下学之，言酒味杂莲气，香冷胜于水。"（[唐]段成式：《酉阳杂俎·前集》卷七《酒食》）清代诗人董芸《使君林》诗序曰："今北水门外，树林阴翳，流水澄清，居人多治蔬圃，俗称北园，疑即其地。"

房家园是北齐博陵君房豹的私人园林。道光《济南府志》卷四六记载："历城有房家园，即博陵君（房）豹之山池也。"房豹，字仲干，东清河绎幕（今济南历城东）人，17岁时被齐州刺史辟为齐州主簿。北齐武成帝时拜西河太守，迁博陵、乐陵太守。北齐灭亡后，房豹回到故里济南，流连于山林，并辟建了一座山水园林，人称房家园。"历城房家园，齐博陵君（房）豹之山池。其中杂树森竦，泉石崇邃，历中祓禊之胜也。曾有人折其桐枝者，公曰：'何谓伤吾凤条？'自后，人不复敢折。公语参军尹孝逸曰：'昔季伦金谷山泉何必逾此！'孝逸对曰：'曾诣洛西，游其故所，彼此相方，诚如明教。'孝逸常（尝）欲还邺，词人饯宿于此，逸为诗曰：'风沦历城水，月倚华山树。'时人以此两句比

谢灵运'池塘'十字焉。"（［唐］段成式：《酉阳杂俎》卷十二《语资》）

限于史料，魏晋隋唐时期的济南城建规模和园林状况难以详知，只能通过"使君林"和"房家园"窥其一斑。

（三）济南的社会秩序与生产生活

魏晋隋唐时期，济南城的发展状况及市民的生存状态，限于史料，难以详述，只能根据零星资料进行碎片式的记录，管中窥豹，略见一斑。

魏晋南北朝时期，治少乱多，济南的社会秩序并不是十分稳定。汉末曹操担任济南相时，曾整顿过济南的社会秩序并收到了一定成效。曹操离任后，济南郡主簿刘节利用职务之便，称霸一方。"旧族豪侠，宾客千余家，出为盗贼，入乱吏治。"（《三国志·魏书·司马芝传》）济南属县菅县（今属济南市历城区）县长司马芝按制度征发刘节的宾客王同服役，县吏认为刘节势力太大，不如网开一面，免得刘节来找麻烦。如果执意征发，届时刘节定会藏匿王同。司马芝坚持按照规定向刘节发出让王同服役的通告，并强调要按时报到集合。到了报到集合的日子，刘节果然将王同藏匿起来，并利用职务之便让郡督邮责备菅县"军兴诡"，即耽误军用物资的征集调拨。菅县属吏十分害怕，表示愿意代替王同服役。司马芝不为权势所惧，直接上书济南郡守郝光，揭发刘节特权妄为、知法犯法的行为。在济南郡守的直接过问下，最终让主簿刘节代替王同去服役，以示对其胡作非为的惩罚。

北魏孝文帝太和七年（483），韩麒麟任齐州刺史，面对混乱的社会秩序，齐州从事刘普庆建议他以酷刑斩戮立威。韩麒麟说："刑法所以止恶，盖不得已而用之，今民不犯法，何所戮乎？若必须斩断以立威名，当以卿应之。"（《魏书·韩麒麟传》）韩麒麟性情恭慎，寡于刑罚，其在任期间，济南的社会秩序相对安宁。其后元修义任齐州刺史，为政宽和，深得民望。其属下齐州主簿房景远是清河绎幕（今属济南市历城区）人，心地善良，乐善好施。每遇到灾荒，即在大街或路口置粥，救

济饥饿无食者，被其救助存活者不计其数。平原人刘郁外出经过济南，遇到劫贼，一路同行的十多人都被劫贼所杀。轮到刘郁时，他急中生智，大声说自己是房景远的姨兄弟。这些劫贼本都是贫苦之人，因饥荒不得已才走上抢劫之路，他们都曾得到过房景远的救济，当听到被劫之人是房景远的亲戚时，相互议论说："我食其粥得活，何得杀其亲？"（《魏书·房景远传》）便停止杀人，并归还了抢劫的衣物。

隋初，赵轨任齐州别驾，其东邻有一株大桑树，树冠伸展到赵轨家，桑葚落在了院子里。赵轨让家人收拾桑葚，全部还给邻家，并把儿子们召集到面前，告诫他们非己之物不能据为己有。赵轨在济南任职四年，年年考绩第一，得到隋文帝的嘉奖，并被征入朝为官。临行时，百姓们在道旁手提清水相送曰："别驾在官，水火不与百姓交，是以不敢以壶酒相送。公清若水，请酌一杯水奉饯。"（《隋书·赵轨传》）

隋朝开皇年间，王伽担任齐州行参军，负责押送70余名本地囚犯到京城受审。按照法律规定，囚犯在途中都要戴上沉重的枷锁。由于济南到京城路途遥远，当行至荥阳时，许多囚犯已疲惫不堪，即便是负责押送的人员也感到十分劳累。王伽于心不忍，便下令解去囚犯的枷锁，与他们约定按期到京城长安（今陕西西安）集合，并对囚犯们说：如果你们有人失约而不能在规定的时间到京师集合，我只能为你们去死。结果，到了约定的日期，70余名囚犯全部如期到达，无一逃亡。隋文帝杨坚闻之，十分惊奇，对王伽大为赞赏，又召见囚犯代表李参等人入宫赐宴，将他们全部赦免。隋文帝为此下诏说："若使官尽王伽之俦，人皆李参之辈，刑厝不用，其何远哉？"（《资治通鉴》卷一七九《隋纪三》）这是一件以德化人的典型事例，从一个侧面反映了济南地区司法治理和社会教化的基本情况。

当然，并不是每一位在济南任职的地方官都能像王伽一样体察民困。隋朝开皇年间，卢贲任齐州刺史，每逢丰年粮食价贱时，他就低价收购，并倚仗权势规定自己收购完毕才允许他人收购。每逢灾年粮价腾贵时，他就高价出售，并倚仗权势规定自己出售完毕才允许他人出售。如此一来，大获其利。最终被告发，除官为民。

唐朝贞观年间，政治清明，社会稳定，经济繁荣，被称为"贞观之治"。这一时期的济南，也呈现出繁荣景象。杜甫《忆昔》中"齐纨鲁缟车班班，男耕女桑不相失"的诗句，是其生动写照。唐天宝四载（745），李邕作《登历下古城员外孙新亭》，其中有"负郭喜粳稻，安时歌吉祥"的诗句，反映了当时济南地区水稻种植的情况。济南地区的水稻，以章丘明水最优，道光《济南府志》卷一三曰："稻非北地常产，历、章诸处稍稍有之，其美者则以章丘明水为最。"由于济南水源充足，河汊湖泊众多，除种植水稻外，捕鱼种藕也是济南人的生产方式之一。段成式《酉阳杂俎·前集》曰："历城北二里有莲子湖，周环二十里。湖中多莲花，红绿间明，乍疑濯锦，又渔船掩映，罛罾疏布，远望之者，若蛛网浮杯也。"整个魏晋隋唐时期，济南虽然在全国的政治经济地位并不是很高，但自设立齐州后，作为州治的济南，其发展空间和辐射能力大大超越前代，逐渐成为海岱间的一个重要都市。

（郭殿宁）

二、 凌烟阁臣： 唐初名将秦琼、 程咬金

凌烟阁位于唐朝京师长安太极宫东北隅，是唐代表彰开国功臣的地方。贞观十七年（643），唐太宗令著名画家阎立本以真人大小的比例为24位功臣画像，陈列于凌烟阁，以示不忘这些开国元勋的赫赫功绩。这24人中有两位是今济南人，即徐州都督、胡国公秦琼和左领军大将军、卢国公程知节。

（一） 胡国公秦琼

今济南五龙潭有秦琼祠，又有"唐左武卫大将军胡国公秦叔宝故宅碑"，以纪念济南籍唐代开国大将秦琼。

秦琼（？—638），字叔宝，齐州历城（今山东济南）人。隋朝时，秦

秦琼故宅碑

琼是著名将领来护儿帐下的杂从人员。因聪慧勇猛，赢得来护儿赏识。秦琼的母亲因病去世，来护儿专门派人前往秦宅吊祭。有军史对此感到惊奇，问来护儿说："军中士卒家中遭逢丧事者甚多，将军都未曾遣使吊祭，为什么唯独吊祭秦琼之母呢？"来护儿回答说："秦琼勇猛，又有志节，将来必定富贵，怎么能以卑贱之人对待他呢？"

隋大业年间，隋炀帝多次征讨高丽。由于齐州是出征高丽的

基地，致使农民的徭役负担格外沉重，加上多年灾荒，粮价飞涨，各地农民纷纷揭竿而起。此时的秦琼投入到齐郡通守张须陀帐下，随其镇压齐郡境内的起义军。大业十年（614），秦琼跟随张须陀前去镇压屯驻于祝阿（今山东禹城西南）的卢明月起义军。当时，卢明月统军数万，而张须陀手下只有一万多人，双方军力相差悬殊。交战十余日，张须陀军粮将尽，战势晦暗，于是张须陀准备冒险绝地反击，奇袭敌军营地。深入敌营偷袭，充满着变故和危险，众军士皆默不作声，只有秦叔宝和罗士信自告奋勇，带兵直扑敌军营寨，为隋军取胜做出重大贡献。经此一战，秦琼之勇闻名远近。他也因累累军功被授予建节尉。

凌烟阁秦琼绣像

大业十二年（616），张须陀被任命为荥阳通守，秦琼跟随张须陀前往荥阳镇压翟让、李密领导的瓦岗军。在此役中，张须陀兵败战死，其旧部归属左光禄大夫裴仁基统领。大业十三年（617），秦琼随裴仁基降于李密。李密得秦琼大喜，任其为帐内骠骑。

唐武德元年（618），李密率兵与隋将宇文化及在黎阳（今河南浚县东北）激战，被流矢射中，翻身落马。秦琼快马赶到，杀退敌兵，救李密于九死之中，尽显英雄本色。

179

不久，被胜利冲昏头脑的李密为隋将王世充击败。秦琼也为王世充所俘，归顺了王世充。王世充素闻秦琼之勇，对他十分看重，封其为龙骧大将军。尽管王世充给予秦琼高官厚禄，但秦琼认为王世充为人奸诈，难成大事，便于武德二年（619）二月与程咬金等西行投奔李渊父子。

秦琼归唐之后，被安排在秦王李世民帐下。李世民素闻秦琼之名，厚加礼遇，授予其马军总管之职，并亲选数千精锐骑兵，由秦琼、程咬金等统领，组成玄甲队，每次出战必为先锋帐，成功扫清了各地割据势力的骨干力量。唐武德二年（619），北方最大割据势力刘武周举兵攻唐，唐河东地区几乎全部沦陷。秦王李世民率军与刘武周大将宋金刚对峙，屡屡失利。秦琼在美良川（今山西闻喜境内）设伏击败尉迟敬德，一举扭转战局。此后，秦琼以美良川为据点，跟随秦王李世民南征北战，为唐朝的建立立下了汗马功劳。

美良川一战，秦琼功居第一。唐高祖李渊遣使赐之以黄金瓶，并慰劳他说："你不顾妻子，远来投我，又屡立战功，如果我的肉可吃，也可割给你，

五龙潭秦琼故宅遗址（采自1929年《亚细亚大观》第五辑）

何况子女玉帛等，就更可赏给你了。"旋被任为秦王右三统军。武德三年（620），秦琼跟随李世民破宋金刚于介休（今山西介休），因功授上柱国。武德四年（621），又先后破窦建德、王世充、刘黑闼，因功封翼国公。李世民因此对秦琼愈加器重，秦琼也颇为自负。

武德九年（626），秦琼参加了"玄武门之变"，帮助秦王李世民诛杀了太子李建成和齐王李元吉，为李世民登上皇位扫清了最后的障碍。同年八月，李渊退位称太上皇，禅位于李世民。李世民登基，是为唐太宗。事定之后，秦琼功拜左武卫大将军，食封七百户。

晚年的秦琼，疾病缠身。每次生病，他都会对别人说："我自少生长在戎马之间，经历过二百多次战斗，身体屡受重创，流的血有几斛之多，怎么能不生病呢？"贞观十二年（638），秦琼因病去世，唐太宗追赠其为徐州都督，并让其陪葬昭陵。为表彰秦琼的战功，唐太宗还特令在其茔内立石人石马。贞观十三年（639），改封为胡国公。贞观十七年（643），唐太宗命著名画家阎立本在长安城的凌烟阁描绘二十四位功臣的画像，秦琼荣居其中。

明代以来，随着《说唐》《隋唐志传》等通俗小说的广泛流传，"好汉秦琼"之名家喻户晓，秦琼"瓦岗寨聚义""贾家楼结拜"等故事更是脍炙人口。济南民间也有许多关于秦琼的传说。相传秦琼在千佛山的一棵槐树上拴过马，这棵古槐被称为"秦琼拴马槐"。

今五龙潭一带，在元代时就相传是秦琼府旧址。元张养浩《复龙祥观施田记》曰："闻故老言，此唐胡国公秦琼第遗址，一夕雷雨，溃而为渊。有渔者

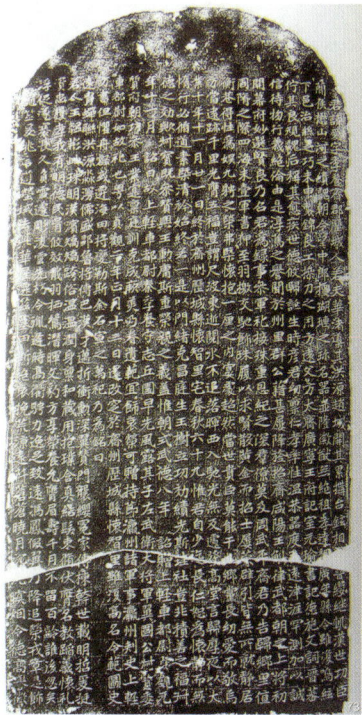

秦爱墓志铭拓片

181

善游，见阶阤皆玉石，尚隐隐可数……世神之，不敢宇。或谓溃而为渊者，龙尝居焉。是宜为道士观，祠五方之龙，庶永镇兹土，罔有后艰。"清代嵇文骏《游五龙潭》诗有"周郎坛坫今谁继，翼国英雄岂再逢"的诗句，其原注曰"寺为唐翼国公故宅"。

1995 年，在今经七路小纬六路一带建筑施工中，出土了秦琼父亲秦爱的墓志铭。据墓志铭记载，秦爱，字季养，大业十年（614）逝世于历城县怀智里（今经七路小纬六路一带），由此可知秦琼故宅应在历城怀智里。至于五龙潭的石碑，可能是秦家败落后被人移过来的。抑或是后人据张养浩《复龙祥观施田记》的记载而立。后人不明就里，便把五龙潭当作秦琼故宅了。

（二）卢国公程知节

程知节，原名咬金，后改名知节，字义贞，济州东阿（今属济南市平阴县）人。唐开国名将，凌烟阁二十四功臣之一。

隋末天下大乱，人们的生命和财产安全得不到保障，以骁勇闻名的程咬金聚集数百人，共同护卫乡里。能在乱世中组织数百人共保家乡，说明程咬金在家乡有一定的身份和地位。隋大业十三年（617）前后，在全国范围内形成了三支影响较大的起义军，即翟让、李密领导的瓦岗军，窦建德、刘黑闼领导的河北义军，杜伏威、辅公祏领导的江淮义军。此时，程咬金的自卫武装已不能保护乡邻的安全，遂归附瓦岗军，被李密任命为内军骠骑。当时李密从军中挑选了 8000 名特别优秀的勇士，分属四位骠骑将军，号称内军。李密得意地说："这八千人可以抵得上百万大军。"程咬金身为四骠骑之一，所受恩遇甚厚。隋大业十四年（618），瓦岗义军进攻洛阳的隋将王世充。当时，程咬金率领内军，与李密驻扎于北邙山上；单雄信率领外马军，驻扎于偃师。王世充出城决战，先袭击单雄信营垒，李密派程咬金和裴行俨出兵援助单雄信。裴行俨率先驱马冲向敌阵，不幸被飞箭射中，跌落马下，敌军乘势蜂拥而至。程咬金驰马救援，连杀围向裴行俨的敌将数人，并趁王世充军队惊恐后退之机，抱起裴行俨放在自己的马背上，勒马回奔。王世充的骑兵手舞长槊追赶，用槊刺伤了程咬金。程咬金猛然转过身去抓住槊柄，将其折断，又斩杀了追赶的敌将，二人才幸免于难，安全回到自己的营阵。

后来，李密战败，程咬金与秦琼被王世充俘获。王世充对他二人优待有加。程咬金私下对秦琼说："王世充气度浅薄，心胸狭隘，喜好像巫婆一样赌咒发誓，哪里像是拨乱反正的君主啊？"于是，二人离开王世充，转投李渊麾下。程咬金被李渊授予秦王府左三统军之职，随秦王李世民南征北战，先后打败宋金刚，生擒窦建德，降服王世充，屡立战功，被封为宿国公。

武德七年（624），太子李建成嫉恨程咬金是秦王李世民的死党，向唐高祖李渊进谗言，贬他为康州刺史。恰在此时，突厥进犯唐朝，李建成乘机建议由齐王李元吉带兵北征突厥，并抽调秦王府的勇将程咬金、尉迟敬德、段志玄、秦叔宝等随军，以削弱秦王李世民的势力。程咬金对李世民说："大王的左膀右臂如果被砍掉了，那大王自身恐怕也不能长久。我如今即便是死也不离开大王，希望大王快些设法保全自己。"不久，李世民发动"玄武门之变"，程咬金是主要参与者之一。事后，李世民授予程咬金太子右卫率。武德九年（626），李世民登基，升程咬金为右武卫大将军，食封七百户。

唐太宗贞观年间，程咬金历任泸州（治今四川泸州）都督、左领军大将军等职，后改封卢国公，授普州刺史。贞观十七年（643），以开国功臣入凌烟阁功臣图，列第19位。同年，转为左屯卫大将军，检校宫城北门屯兵事宜，加封镇军大将军。高宗永徽六年（655），迁左卫大将军。显庆二年（657），授葱山（葱岭）道行军大总管，率军征讨西突厥沙钵罗可汗（阿史那贺鲁）。在进军至恒笃城时，胡人数千家开门出降，程咬金却听从副职王文度的意见，默许王文度将出降的胡人全部杀掉，并分掉他们的财产。班师回朝后，因乱杀无辜被免除官职。不久，又被授为岐州（今陕西凤翔）刺史。程咬金以年事已高上表请求归养，朝廷许之。麟德二年（665）病逝，追赠骠骑大将军、益州大都督，陪葬昭陵。

（郑立娟）

三、 房谋杜断: 一代贤相房玄龄

济南市历城区彩石街道青龙山南麓有房氏祖茔,是唐代开国名相房玄龄之父房彦谦的茔墓。房彦谦生前曾任齐州主簿,卒后由其子房玄龄扶柩归葬故里济南。其墓现保存完好,有"唐故徐州都督房公碑",由李百药撰写,欧阳询书石,是中国古代书法的瑰宝,为历代所珍视。李百药、欧阳询都是当时的名家,之所以为房彦谦撰写碑文,很大程度是与碑主的儿子即唐代名相房玄龄有关。

(一) 杖策投唐

房玄龄(579—648),名乔,字玄龄。新旧唐书《房玄龄传》皆记载其为"齐州临淄人",故有人认为其为淄博临淄(今属山东淄博)人。其实不然,《新唐书·地理志》曰:"齐州济南郡,上。本齐郡,天宝元年更名临淄,五载又更名。"也就是说唐代齐州济南郡曾一度更名临淄郡,这里的"齐州临淄"即指齐州济南郡(治今山东济南),而临淄在唐代属青州北海郡,从未归属齐州,所以"齐州临淄"指的是今济南地区。济南历城青龙山的房氏祖茔,进一步佐证了房玄龄为济南历城人。

据今济南市历城区彩石街道的房彦谦墓志记载,房彦谦"寓居于齐",又说"宋元嘉中,分□郡之西部置东冀州东清□□绎幕县。"碑文虽有些脱落,但主体内容基本清晰,据考证,所谓"东清□□绎幕县"应是"东清河郡绎幕县"。(王洪军:《房玄龄家族谱系里籍考》,《齐鲁文化研究》总第二辑)东清河郡绎幕县故址今属济南历城,基于此,房玄龄应是济南人。

房玄龄少年聪颖,博览经史,善写文章。当时的大儒王通看到房玄龄的文章后,对其父房彦谦说:"此细眼奴,非立忠志,则为乱贼。"([唐]柳宗元:《龙城录》)房玄龄十八岁时中进士,当时的礼部侍郎高孝基素有"识

1960 年代的房彦谦墓及房氏墓地（王建浩 摄）

人"之名，他见到房玄龄后，惊叹地称赞说："我见过很多人，但从未见过像房玄龄这样有才能的，他日后必成大器。"不久，房玄龄通过吏部诠选，初授羽骑尉，后补隰城（今山西汾阳）县尉。

当时，隋王朝表面上一派升平的景象，但房玄龄通过敏锐的观察，洞悉到隋王朝隐藏的危机。他对父亲房彦谦说："隋文帝本无功德，是以诈取得天下。他的几个儿子皆骄奢淫逸，不行仁义之举，他们之间必会自相残杀。现在天下虽然表面太平，但其灭亡不可避免。"玄龄所做判断，最后皆一一应验。

隋大业年间，各地先后爆发反隋起义。大业十三年（617），太原留守李渊起兵反隋，并派李世民巡行渭北。当李世民抵达泾阳时，房玄龄"杖策谒于军门"（《旧唐书·房玄龄传》），投奔李世民。二人一见如故，李世民任命房玄龄为渭北道行军记室参军。从此，房玄龄成为李世民集团的智囊之一。次年，李渊称帝，建立唐王朝。李世民被封为秦王，房玄龄任秦王府记室，封临淄侯。

185

（二） 运筹帷幄

唐武德年间，房玄龄跟随李世民南征北战，每次攻占一地，别人都忙于搜罗珍宝，他却专注于访求当地的人才，并根据他们各自的才能，向李世民举荐。他又注意和谋臣猛将交往，推心置腹，使他们为秦王尽忠效力。当时，李世民麾下主要有两股势力，一是关陇势力集团，如长孙无忌、杜如晦、侯君集、尉迟敬德等，一是瓦岗寨旧部，如秦叔宝、程咬金、罗士信等。房玄龄将这两股势力紧密地组合在一起，充分发挥他们各自的长处，成为李世民集团的骨干力量。在平定群雄割据势力，统一天下过程中，发挥了巨大的功用。秦王李世民曾对人说："汉光武帝收揽邓禹后，其部下亲属关系日益密切。我现在有了玄龄，如同汉光武帝有了邓禹一样。"房玄龄在秦王身边担任秦王府记事参军一职，主管文牍书记之事。凡是王府的书檄，皆出自他手。唐高祖李渊曾称赞说："房玄龄见识不凡，可以委以重任。他每次替秦王上疏奏事，虽远在千里，却犹如面对面说话一般。"

武德四年（621），北方基本统一。李世民开设文学馆，招纳文学之士。房玄龄、杜如晦等十八人皆以本官兼任文学学士，号称"十八学士"，他们以后成为李世民势力的中坚力量。

李世民在平定群雄过程中，功勋卓著，引起太子李建成的猜忌，担心李世民威胁其自身地位。李建成与齐王李元吉结盟谋划，欲加害李世民。李建成深知房玄龄、杜如晦是李世民的左膀右臂，所以不断向唐高祖李渊进谗，将房玄龄和杜如晦调离秦王府。

房玄龄深知隐藏在李氏兄弟之间的矛盾与争斗，私下对长孙无忌说："秦王与太子怨恨已积，他们之间的争斗一旦爆发，必将闹得朝野震荡，人人自危。依我之见，秦王应早下决断，以安社稷。"长孙无忌深以为然，便谒见李世民，将房玄龄与他的谋划告诉了李世民。于是，李世民密诏房玄龄、杜如晦回秦府筹划应对策略。武德九年（626）六月，李世民发动"玄武门之变"，杀死太子李建成与齐王李元吉。

不久，李世民即位，是为唐太宗。房玄龄因功封邢国公，食邑一千三百户，授为中书令。后擢为尚书左仆射，监修国史，改封魏国公，仍总朝政。

（三）坐安社稷

房玄龄任宰相之职，长达二十余年。任职期间，他与另一宰相杜如晦齐心协力，共掌朝政。房玄龄善谋划，杜如晦善决断，二人相互配合，事皆能定。此事传为佳话，号称"房谋杜断"，为贞观初期社会稳定奠定了基础，唐太宗称其为"坐安社稷"。（《资治通鉴》卷一九二《唐纪八》）

唐太宗即位之初，朝廷面临诸多问题，首要的是吏治问题。中央和地方行政机构冗杂，办事效率低下。房玄龄在唐太宗的支持下大刀阔斧，精简官吏。中央的文武官吏淘汰过半，仅剩643人。房玄龄还重视典制律令，按"从宽"原则修订唐律，简化律令。这一举措备受好评。

官方修史肇始于房玄龄。唐太宗重视修史，以便总结历史经验，为巩固自己的统治提供借鉴。于是，太宗专设秘书内省，修前代国史。自贞观三年（629）起，房玄龄负责监修国史之事，前后历时十多年。他令姚思廉主修《梁书》《陈书》、李百药主修《北齐书》、令狐德芬主修《周书》、魏徵主修《隋书》。贞观十四年（640），全部撰成，由玄龄呈上。后来，在房玄龄的主持下，《南史》《北史》也相继完成。房玄龄位居凌烟阁功臣第5位，赞词曰："才兼藻翰，思入机神，当官励节，奉上忘身。"贞观二十年（646），玄龄已67岁高龄，太宗仍令其担纲重修《晋书》。玄龄感力不从心，请中书令褚遂良等共主修撰之事。以南齐臧荣绪《晋书》为本，兼采诸晋人文集，甚为详洽。贞观

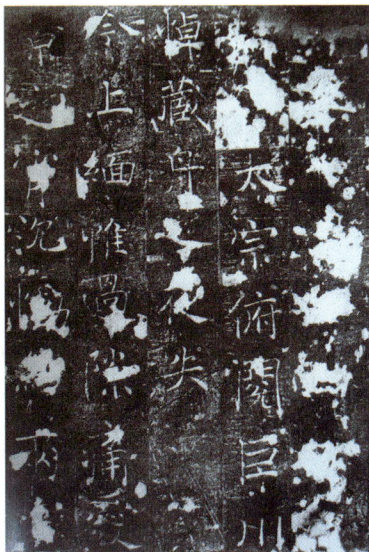

褚遂良书房玄龄碑拓片

187

二十二年（648），《晋书》一百三十卷全部写成。太宗下诏将史书藏于秘书省，房玄龄作为修史主管，受到嘉奖。由宰相监修国史，提高了修史的地位，自此以后，官修前朝史书，成为定制，为历代所遵循。

对于太宗的不明智之举，房玄龄敢于直言进谏。贞观十八年（644），太宗亲征高丽（今朝鲜半岛），他曾多次上言劝太宗谨慎从事，未被采纳。唐太宗远征高丽，久攻不克，只得无功而返。

贞观二十二年，繁重的政务，使房玄龄不堪重负，旧病复发。时太宗在玉华宫（位于今陕西宜君县境内）休养，闻听讯息，立即命房玄龄子女将其护送至玉华宫，并派名医给其治疗。期间，唐太宗每天都要询问他的病情，每当听闻玄龄身体有所好转，便十分高兴；每当听闻玄龄病情加重，便忧心忡忡。房玄龄感于太宗的深恩厚爱，对其子女说："我的病情已经难以痊愈，恐怕难再为朝廷效力了，但皇上给我的恩德却越加深厚。我如果辜负了皇上的恩德，那就是我没有尽到人臣应尽的责任。现在天下太平无事，朝廷各方面都处置得宜，只有皇上东征高丽之事，可能给国家带来祸患。此事皇上已下定决心，臣子们没有敢犯颜直谏的。我如果明知此事凶险而不明言劝谏，怕是死也不能瞑目。"于是，玄龄强撑病体，写下《谏伐高丽表》奏上。他在表中明确指出太宗征伐高丽出于其追求声名的私欲，以及征伐可能带来的弊端，言辞恳切。太宗见表后，对女儿高阳公主（房玄龄儿媳）说："房玄龄病情已如此严重，还在为国家忧虑啊！"

后来，房玄龄病情愈加严重，太宗多次亲临探视。贞观二十二年七月，房玄龄溘然长逝，太宗悲痛不已，为其停朝三日，追赠其为太尉、并州都督，谥号"文昭"，并下诏让其陪葬昭陵。高宗即位后，下诏配享太庙。唐代史官柳芳评价房玄龄说："玄龄佐太宗定天下，及终相位，凡三十二年，天下号为贤相。"（《资治通鉴》卷一九九《唐纪十五》）

（郑立娟）

四、 仰君如天： 济南吏民反对齐王李祐叛乱的斗争

唐朝初年，济南发生了一件惊天动地的大事，即唐太宗的儿子齐王李祐据济南谋反。李祐之乱并未得到当时济南民众支持。他们大多心向朝廷。有民众就称当时的皇帝唐太宗"提三尺剑取天下，兆亿蒙德，仰之如天"。（《资治通鉴》卷一九六《唐纪十二》）如此，济南吏民纷纷起来反抗，在朝廷平叛大军到达之前，即将叛乱平息。叛乱和平叛的战争，对济南造成了严重破坏。

（一） 齐王叛乱

唐朝初年，改郡为州，济南郡改称齐州，治历城。齐州下辖历城、山茌（治张夏，今属济南长清区）、祝阿、源阳（今属德州禹城南，贞观元年并入祝阿）、临邑五县。贞观元年（627），废除谭州，将谭州的平陵、亭山、章丘、临济四县并归齐州。至此，齐州辖八县，成为东方重镇，地位十分重要。

齐王李祐是唐太宗李世民的第五子，阴妃所生。李世民即位后，李祐被封为楚王，贞观二年（628）徙封燕王，贞观十年（636）改封齐王、齐州都督。改封齐王后不久，长孙皇后去世，李祐因丧事未能立即到济南赴任，直到次年才离开京师来到齐州。李祐在济南不到一年，又以养病为由返回京师长安，并羁留不回。在此期间，李祐与舅舅阴弘智多有交往。阴弘智对李祐说："王兄弟既多，陛下千秋万岁后，宜得壮士以自卫。"（《资治通鉴》卷一九六《唐纪十二》）李祐深以为然，遂产生了培植自己势力的想法。阴弘智乘机向李祐推荐自己的妻兄燕弘信。李祐见面后大悦，引为心腹，让其暗中为自己招揽勇士，培植势力。

贞观十五年（641），李祐回到济南。远离京师，又无人约束，李祐更加

189

肆无忌惮，甚至公开招兵买马，培植势力。李祐性格狂躁又自命不凡，不遵法度，游猎无度。昝君谟、梁猛彪等人以善射得到李祐宠信，从而整日厮混在一起，无所不为。唐太宗见李祐不务正业，十分揪心，担心其长此以往会陷入歧途，遂委任长吏薛大鼎辅佐李祐。薛大鼎尽职尽责，苦苦劝谏，但李祐依然亲近群小，不思长进。唐太宗以辅王无状的罪名，将薛大鼎革职，并以原吴王李恪的王府长史权万纪代之，并手诏权万纪，对于齐王的过错可随时上奏。权万纪在任治书侍御史时，曾弹劾尚书右仆射房玄龄考核不公，有不阿权贵之名。这可能是唐太宗委托其辅佐齐王李祐的一个重要原因。

权万纪被任命为齐王长史后，只要发现齐王李祐有不轨行为，即犯颜切谏，并驱逐了李祐宠信的昝君谟、梁猛彪等人。为树立自己的威信，权万纪不让李祐出城打猎，并将他围猎用的鹰犬全部放掉。李祐对权万纪的行为十分反感，又惮于权万纪手中有父亲唐太宗的手诏，也不敢与其公开作对，于是二人的矛盾越来越深。

权万纪为了向唐太宗显示自己辅佐齐王的成效，夸大齐王的过错并条陈于奏章，又声称由于自己的规劝，齐王的状况已有所改观。权万纪本想再次得到唐太宗的谕旨，以增加自己在齐王面前的权威。没想到唐太宗直接对李祐修书一封，对其以往的过错严加训诫。李祐认为是权万纪向唐太宗出卖了自己，由于权万纪的告状，才引来皇帝对自己的训斥，于是勃然大怒说："长史卖我，劝我而自以为功，必杀之。"（《资治通鉴》卷一九六《唐纪十二》）李祐对权万纪的不满与愤恨越来越大。

一天夜里，权万纪家突然落下一块巨石。权万纪怀疑是昝君谟、梁猛彪等人企图谋害自己，便将二人收系狱中，同时将李祐的恶行上奏唐太宗。贞观十七年（643），唐太宗派刑部尚书刘德威来济南调查，调查结果是权万纪所奏属实。唐太宗下诏让齐王李祐和权万纪一同入朝接受处理。李祐害怕父亲的训斥，一时乱了方寸，竟听从燕弘信兄长燕弘亮的建议，趁权万纪先行入朝之机，派人在途中将其射杀。

射杀朝廷命官是死罪，如朝廷追责，难以逃脱。燕弘亮为了自保，鼓动齐王李祐起兵。李祐没有主见，竟然听从了这一荒唐的意见，坐镇济南仓促举兵反叛。他自设官署，自称上柱国，拜燕弘亮为拓东王，昝君谟为拓西王，以燕弘信、梁猛彪为左右骁卫将军，统领各路兵马。齐王又征召年满15岁的男子入伍，扩充武装力量，同时下令济南城外的百姓向城内集结，以修缮兵器，加固城墙。

李祐反叛的消息传到长安后，唐太宗立即令兵部尚书李世勣带兵讨伐，并下诏斥责齐王说：我经常告诫你不要接近小人，你却反其道而行之，自取其咎，真为你痛惜。你据城起兵，背理违义，弃父叛君，天地不容，神人共怒。从前你是我的儿子，今天你是天下的仇人。权万纪为人忠烈，以身殉义，你却生为贼臣，死为逆鬼。我生有你这样的儿子，真是上惭皇天，下愧后土，除了扼腕叹息，真不知还能说什么。

李祐反叛并没有经过长期的准备和缜密的计划，而是因私怨引发事端，仓促起兵。面对城外李世勣的平叛大军，李祐及其心腹却在城内寻欢作乐，与美女对饮。李祐的属下多是被迫参与叛乱，见平叛大军压境，纷纷倒戈。齐王府兵曹杜行敏将齐王李祐劫持，燕弘亮等人在混乱中被杀，这场叛乱很快就被平息了。

唐太宗闻讯，诏李世勣罢兵。齐王李祐被执送京师，赐死于内侍省，其同党44人被诛杀。由于其他人多是被动跟从，为尽快稳定局面，皆不再问罪，济南又恢复了往日的平静。

（二）济南吏民反对李祐叛乱的斗争

李祐反叛不得人心，遭到济南吏民的反对。济南吏民在反对李祐叛乱的斗争中，憎爱分明，可歌可泣。

韦文振本为朝廷校尉，谨慎正直，被唐太宗任命为齐王府典军。出于职责，曾多次劝谏齐王，引起齐王的不满，被日渐疏远。齐王射杀权万纪后，又逼韦文振参与其事，遭严词拒绝。韦文振拒绝齐王后，纵马驰去，被齐王的心腹追杀。

李祐反叛后，齐州的属吏不得不从，但并不是死心塌地跟从李祐反叛。李世勣平叛大军兵临城下时，兵曹杜行敏欲发动兵变，劫持齐王李祐。"祐左右及吏民非同谋者无不响应。"（《资治通鉴》卷一九六《唐纪十二》）杜行敏带领部下乘夜色包围了齐王府，命人在四面擂鼓呐喊，声闻数里。李祐听到鼓声问左右发生了什么事情，左右谎称是李世勣的平叛大军已登上城墙。杜行敏凿垣进入齐王府，齐王与燕弘信等人身披铠甲、手持兵器退入齐王宅。由于齐王宅的建筑十分坚固，齐王闭门拒战，直到中午战斗仍未结束。杜行敏厉声对李祐说："从前你是皇帝的儿子，今天却是国家的叛贼。我杜行敏为国讨贼，义无反顾。你如不投降，当自取灭亡。"杜行敏让人在齐王宅周围堆放薪草，点火焚烧。李祐不得不出而就擒。

罗石头，济南人。李祐反叛后，招募民力修筑济南城池，罗石头也在其中。人们不愿跟随李祐造反，纷纷乘夜色缒城逃亡。罗石头却留在城内，当面指斥李祐的罪行，并持刀直前，欲刺杀他，结果被其身边的燕弘亮执杀。叛乱平定后，唐太宗诏赠亳州刺史。

高君状，济南的乡野村民。李祐叛乱后，曾率骑出城巡视，高君状指斥齐王说："皇上提三尺之剑，取得天下，亿万百姓蒙受其德，才过上安定的生活。对当今皇上无不感恩戴德，仰之若天，望之若神。齐王您驱使城中百姓反叛，犯君背父，神人共愤，您的举动无异于用一只手去摇动泰山，太不自量力了。"李祐听后勃然大怒，令左右将其绑缚，又自知反叛不得人心，始终未敢将高君状诛杀。平叛后，唐太宗诏授高君状榆社（今属山西晋中市）县令。

李君球，齐州平陵人，是谭州总管李义满的儿子。齐王反叛时，齐州属县多被动跟从。李君球及其兄子李行均所在的平陵县坚决不从，并据城自守，反抗李祐。李义满本是东平陵一带的豪杰，唐武德二年（619）归降唐朝，拜为谭州（治东平陵）总管，封平陵郡公。谭州与齐州并立，下辖平陵、章丘、亭山（治今济南章丘王亭村）、营城（治今济南历城东）、临济五县。贞观元年（627），废谭州，李君球所在的平陵县划归齐州。平陵县虽是齐州属县，但李家在那里拥有很大的势力，这也许是李君球敢于对抗齐王的一个原因。叛乱平定后，唐太宗为表彰李君球的忠节，授其游击将军。

房继伯，齐州平陵人。李祐反叛后，与李君球一起"据县不从，抗表以闻"。（乾隆《历城县志》卷四一《列传七》）唐太宗对平陵县百姓的忠烈行为十分感慨，敕曰："齐州平陵县百姓，爰自隋末，以至于今，常怀忠诚，不从寇乱，宜加优奖，以旌义烈，其县可依旧置，改名全节。"（乾隆《历城县志》卷四一《列传七》）

（陈翠莹）

五、矢志难移： 义净和尚万里求法

义净（635—713），俗姓张，字文明，法名义净，齐州山茌人。唐代名僧，武则天册封其为"三藏法师"，唐中宗册封其为"大唐三藏法师"。与东晋法显、唐玄奘并称中国"三大求法高僧"，是中国古代著名佛经翻译家，中国古代"海上丝绸之路"的开辟先驱之一。有《南海寄归内法传》《大唐西域求法高僧传》等存世。

（一）土窟寺出家

隋唐时期，人们受门阀政治的影响，往往在名字前标写自己家族所在的郡望。如韩愈出生于河南孟县，却自称"昌黎韩愈"，这里的"昌黎"即是郡望。义净的高祖从范阳来齐州任太守，遂家于齐州，但郡望为范阳。故此有人称义净为范阳人。其实，从义净高祖出任齐州知州到义净出家时已过数代，称其为齐州山茌人更合适一些。

义净的父母笃信佛法，在义净七岁时，将他送到齐州城西四十余里的土窟寺（位于济南长清区张夏街道土屋村）落发出家。土窟寺的创建者善遇和慧习本是神通寺僧人，为弘扬佛法，他们离开资财丰饶的神通寺，到齐州西四十余里的地方寻找静修之处，并在此掘地为坎，缮草为室，故称"土窟寺"。义净七岁出家，两位师傅对他爱护有加，"（善遇）法师乃恩厉父严，（慧习）禅师则慈伸母爱。"（［唐］义净：《南海寄归内法传·古德不为》）在两位高僧教导下，义净长进很快，不仅佛学造诣大增，对天文地理、阴阳历算、书法音乐等都有所涉及。贞观十九年（645），玄奘从印度游学回到长安，轰动朝野，此事对只有 11 岁的义净触动很大，遂萌生了西行求法的愿望。

永徽六年（655），21 岁的义净随师父到神通寺执行"受具足戒"的仪式，正式成为一名僧人。此后的五年间，义净精求佛教律典，尤其重视佛教戒律的学习。显庆五年（660）后，义净受慧习禅师的鼓励外出游学，得以杖锡东魏，负笈西京，开启了他的游学生涯。麟德元年（664），高僧玄奘逝世，在京师慈恩寺举行了盛大法事。送葬时，京师及诸州送行者百余万人。在玄奘事迹的感召下，义净西行求法的意志更加坚定了。

（二）万里求法

唐高宗咸亨元年（670），36岁的义净由长安返回齐州土窟寺，向慧习禅师请命西行。慧习禅师认为时不可再，"宜即可行""勿事留顾"。（《南海寄归内法传·古德不为》）咸亨二年（671），义净从齐州南下，经濮州、曹州、扬州，在扬州坐夏时，遇到前去广州赴任的岭南道龚州郡守冯孝铨。冯亦信佛，遂携带义净一同来到广州，并资助了义净出洋的路费。临近出海，原先约定同义净一同赴印的伙伴处一、弘祎、玄逵等却改变了主意，只剩僧人善行愿意随行。义净一时感慨，赋诗明志曰："我行之数万，愁绪百重思。那教六尺影，独步五天陲。上将可陵师，匹士志难移。如论惜短命，何得满长祇！"（《全唐诗》卷808）

咸亨二年（671）十一月，义净搭上波斯商人的货船，开始了前往印度的旅程。30多天后，到达室利佛逝国（今印尼苏门答

印度那烂陀寺遗址（局部）

腊岛上的巨港）。此地佛教盛行，佛寺内有大量经卷，适宜学习梵文。于是，义净在此停留了六个月，学习梵语。而同行的善行，则从此地返回唐朝。咸亨四年（673）二月，义净孤身到达印度，在印度登岸的地方是耽摩立底国（今孟加拉国塔姆卜克的古港口）。在这里，义净遇到了玄奘法师的徒弟大乘灯禅师，二人结伴而行，周游佛教圣迹，然后来到印度那烂陀寺。这里是当年玄奘求法修行的地方，规模宏大，僧众甚多。自上元二年（675）至垂拱元年（685）间，义净在那烂陀寺学习。这期间，他遍访名师，探究大小乘的奥义。此时玄奘当年的老师戒贤已经去世，义净在那烂陀寺的老师是继承戒贤衣钵的宝师子大德。垂拱元年（685），义净离开那烂陀寺，由海路乘船东归。归国途中，他在羯荼国停留一年、在室利佛逝国停留六年。在此期间，义净翻译了一部分佛经，并写成了《大唐西域求法高僧传》二卷、《南海寄归内法传》四卷。《大唐西域求法高僧传》记述了唐贞观十五年（641）至武后天授二年（691）间五十多位中外僧人在印度及南海一带游历、求法的事迹。《南海寄归内法传》详细介绍了印度及其所历南亚诸国佛教仪轨40条，为今天研究公元七世纪印度及南亚诸国佛教僧伽内部的宗教生活状况提供了丰富的资料。义净在海外25年，历游30余国，于武周长寿二年（693）回到广州。武周证圣元年（695），义净携梵本经论近400部、舍利300粒，从广州抵达洛阳，"天后敬法重人，亲迎于上东门外，洛阳缁侣，备设幢幡，兼陈鼓乐，在前导引。"（［唐］圆照：《贞元新定释教目录》卷十三）义净受到武则天极高的礼遇，也配合武则天做了一些政治宣传。证圣元年五月，"则天尝得玉册，上有铭十二字，朝野不能识，义净能读

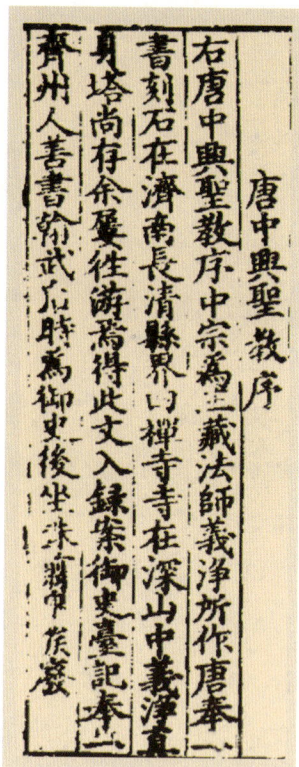

《唐中兴圣教序》书影

其文，曰'天册神皇万岁忠辅圣母长安'。证圣元年（695）五月上之，诏书褒答"。（［宋］赵明诚：《金石录》卷二五）武后据此在证圣元年九月加尊号"天册金轮圣神皇帝"，大赦天下，改元为"天册万岁"。（《旧唐书·则天皇后纪》）

（三）两京译经

义净回国以后，组织译场，投身于佛经翻译工作中，先后在洛阳大福先寺、长安西明寺、长安大内佛光殿、长安大荐福寺译经。

久视元年（700）五月，义净译出《入定不定印经》，武则天为其写了《大周新翻圣教序》，称义净为"缁俗之纲维，绀坊之龙象"。（［日］高楠顺次郎编：《昭和法宝总目录》）义净成为皇室倚重的佛教权威。唐中宗复辟后，依然礼待义净。神龙元年（705），唐中宗为义净新译的佛经撰写了《大唐龙兴三藏圣教序》。（简称《唐中兴圣教序》）据释智升《开元释教录》的记载，自天后久视元年（700）迄唐睿宗景云二年（711），义净翻译佛经56部，共230卷，其中以律部典籍居多。义净译经有自己的特点，译法比较灵活，经常在译文或正文下加注订正译音、译义、考核名物制度等。译述之余，亦常以律范教授后学，盛传京洛，在当时产生了巨大影响。

义净晚年居大荐福寺（今西安小雁塔之所在）卧病。其门人崇勖为他画像，唐睿宗还特意为义净的画像题写了《画像赞》。先天元年（712），义净奏请回齐州老家，得到准许。他在病中叮嘱门徒说："齐州孤妹，诸亲眷族，并言好住。"（［唐］圆照：《贞元新定释教目录》卷十三）可见其思乡思亲之切，然而，他尚未回到齐州，就于先天二年（713）正月十七日圆寂于长安大荐福寺翻经院，世寿七十九，僧腊五十九。

义净圆寂后，其部分舍利归葬故里齐州山庄的四禅寺。四禅寺专门建塔保存，并由御史唐奉一书写唐中宗《大唐龙兴三藏圣教序》碑。宋赵明诚《金石录》卷二五记载此事曰："《唐中兴圣教序》（《大唐龙兴三藏圣教序》），中宗为三藏法师义净所作，唐奉一书，刻石在济南长清县界四禅寺。寺在深

四禅寺经幢

山中，义净真身塔尚存，余屡往游焉，得此文入《录》。"据徐北文先生考证，四禅寺就是原来义净出家的土窟寺。另据清康熙《长清县志·古迹志》记载："《唐中宗圣教序刻》，在县治西八里阴河有浮图院，内一古碑，刻《唐中兴圣教序》，中宗撰，唐奉一八分书。"清康熙《长清县志·祠祀志》又载："阴河寺，县西十里。"阴河浮图院即阴河寺。综上可知，长清境内《大唐龙兴三藏圣教序》碑可能不止一处，四禅寺（原土窟寺）、阴河寺可能皆有该序碑，也可能是四禅寺衰败后该碑移至阴河寺。

宋神宗熙宁六年（1073），苏辙任齐州掌书记，在济南任职三年，其间曾登览泰山，途中探访四禅寺，并写有《四禅寺》诗，诗曰：

山蹊容车箱，深入遂有得。古寺依岩根，连峰转相揖。樵苏草木尽，佛事亦萧瑟。居僧麋鹿人，对客但羞涩。双碑立风雨，八分存法则。云昔义靖师，万里穷西域。华严具多纸，归来手亲译。蜕骨俨未移，至今存石室。遗文尽法界，广大包万亿。变化浩难名，

四禅寺钟楼

丹青画京邑。粲然共一理，眩晃莫能识。末法渐衰微，徒使真人泣。

由诗文可知，当苏辙走进四禅寺，守寺老僧为他讲述了昔日义净西域取经的故事，并指点导游了盛放义净舍利的四禅寺证盟塔陈迹。诗中万里穷西域的"义靖"即义净，诗中"双碑立风雨，八分存法则"句中的"双碑"即唐中宗撰写的《大唐龙兴三藏圣教序》碑和《唐四禅寺万菩萨像》碑。宋代金石学家赵明诚也曾来四禅寺搜寻金石文献，将在此发现的《大唐龙兴三藏圣教序》碑收入《金石录》中。如今四禅寺已圮，遗址仅存一座经幢和一座石钟亭。

（王春彦）

199

六、 神通道场： 济南佛教发展的缩影

神通寺位于济南市历城区柳埠镇金舆谷，古称朗公寺，前秦皇始元年（351）竺僧朗所建。隋开皇三年（583），隋文帝因"通梦屡感"，遂赐名为神通寺。神通寺历经 1600 余年，几度兴废，其建筑及遗存主要有四门塔、龙虎塔、千佛崖造像、墓塔林等，是济南地区佛教发展的缩影。

（一） 神通寺的创建与发展

神通寺的开创历史可追溯至前秦时期。据梁释慧皎的《高僧传》记载：朗公在金舆谷昆仑山中别立精舍，是为朗公寺。金舆谷，在文献中又称琨瑞谷、琨瑞溪、朗公谷。前秦主苻坚钦佩朗公的德行，遣使征请，朗公以老疾辞。于是苻坚每月修馈遗，以示敬重。后来苻坚沙汰众僧，乃别诏曰："朗法师戒德冰霜，学徒清秀，昆仑一山，不在搜例。"（［梁］释慧皎：《高僧传》卷五《晋泰山昆仑岩竺僧朗》）朗公寺在苻坚废教中并未受到冲击。前秦苻坚、东晋孝武帝司马曜、南燕主慕容德、后秦主姚兴、北魏道武帝拓跋珪等先后致书竺僧朗，并赠以厚礼。南燕主慕容德甚至授予僧朗"东齐王"封号，并把奉高、山茌二县的租税赐给朗公。朗公辞让"东齐王"封号，只是接受了两县的租税，从而奠定了神通寺迅速发展的基础。

朗公寺在十六国时已初具规模，"内外屋宇数十区"（［梁］释慧皎：《高僧传》卷五《晋泰山昆仑岩竺僧朗》），"上下诸院，十有余所，长廊延袤，千有余间"（［唐］释道宣：《续高僧传》卷十《隋西京胜光道场释法瓒传》），寺有高丽、相国、胡国、女国、吴国、昆仑、岱京等七国所送金铜像。由此可知，当时的朗公寺不仅是山东的佛教中心，还与南朝甚至西域、朝鲜半岛都有交往。北魏太武帝灭佛，因朗公寺在刘宋政权控制下未受波及。北周武帝宇文邕灭佛，因时间较短，朗公寺所受影响亦不是很大。唐释道宣《续高僧

传·法瓒传》称朗公寺"三度废教，人无敢撤"，是对上述状况的客观表述。

开皇元年（581），隋文帝"普诏天下，任听出家，仍令计口出钱，营造经像"。（《隋书·经籍志四》）隋文帝之所以推崇佛教，与其成长经历有关。隋文帝父亲杨忠年轻时曾活动于济南地区，娶当地布衣之女吕苦桃为妻。后其父西入长安，其母在冯翊般若寺生下杨坚，并由智仙尼姑代为抚养。此后，吕苦桃下落不明。隋文帝未见过自己的母亲，他登基后曾在其生母故里济南周边寻找，未能如愿。为此，他经常做梦感伤，这就是所谓"通梦屡感"。加之自己出生在佛寺，又由尼姑抚养成人。这应是隋文帝下诏崇佛的重要原因之一。

开皇三年（583），隋文帝改朗公寺为神通寺，以此来纪念自己的生母吕苦桃。开皇十四年（594），隋文帝杨坚柴燎岱宗，又"敕河南王为泰岳神通道场檀越，即旧朗公寺也；齐王为神宝檀越，旧静默寺也；华阳王为宝山檀越，旧灵岩寺也"。（［唐］释道宣：《续高僧传》卷一八《隋西京禅定道场释昙迁传》）河南王即隋文帝孙子杨昭。仁寿元年（601）隋文帝又诏令天下诸州名藩造塔，"敕令送舍利于齐州泰山神通寺。"（［唐］释道宣：《续高僧传》卷十《隋西京胜光道场释法瓒传》）在皇室的支持下，神通寺的规模越来越大。

唐代山东地区佛教活动活跃，所建寺院几乎遍布各州县，在这种情况下，神通寺逐渐失去了开山创基时一枝独秀的地位。会昌五年（845），神通寺在会昌法难中元气大伤，告别了辉煌兴盛的时代。

历经唐末五代以及宋初的战乱，神通寺逐渐走向衰败。金代末年，济南地区成为宋金交战的战场，神通寺更是零落殆尽。金末元初，神通寺"荐经兵燹，荒基矍础，埋没于蓁莽之中"。（元至治二年《敕赐神通寺祖师兴公菩萨道德碑》）到元代中期，神通寺广置庙产，元气得以恢复。"大殿、旁庑、僧舍，俱一新之。惠及云侣，众盈千指。"（元泰定三年《清惠明德大师敬公山主寿塔铭》）所谓"众盈千指"即僧众超过百人。此时，神通寺下属寺院多达二十余处。

元末明初，神通寺又遭战火洗劫。明成化年间（1465—1487），德王朱见潾重修寺院。弘治十年（1497）的《重修神通寺记》记录了当时的寺院庙貌，该记曰："面山曰金舆，桥梁曰通圣。东一台，台之上有浮屠，为四门，为方五；西一台，台之上有钟鼓楼、转轮藏，殿凡若干楹，相传为古戒坛也。……殿宇类悉彻而新之。尚有大殿二，一供佛及十八罗汉、二十四诸天，一供五百阿罗。天王殿四楹，伽蓝、祖师二殿亦如之，殿之后为方丈，凡五间，左为禅堂，又其后为法堂，两廊翼列。方丈之左右皆以延宾客、居徒众。又其西北隅则有龙虎塔、祖师林，其后则有四门塔、龙镇塔在焉。"

元明以来，神通寺几遭兴废，几度重修，却终究逃脱不了时光的无情，最终走向末途。清代乾隆年间，寺院住持兴寿和尚无视佛祖清规戒律，"放荡淫逸，无所不至"，大肆挥霍寺产，当卖土地近三百亩，盗卖树木不可胜数，神通寺愈加颓败，再无昔日荣光。

（二）神通寺主要文化遗存

神通寺的主要文化遗存有四门塔、龙虎塔、千佛崖造像、墓塔林等。

四门塔位于神通寺遗址的东南，建于隋大业七年（611），是一座用青石砌成的单层亭阁式塔，平面方形，边长7.4米。四面各辟一门，故称"四门塔"。塔檐用石板叠涩挑出五层，檐上叠筑23层，逐层内收叠筑至顶部，构成四角攒尖的方锥形塔顶。塔顶置塔刹，塔刹下方为方形束腰须弥座式的露盘，露盘四角置山花蕉叶，中筑圆形相轮。相轮上下共17层，自下而上收分，上部五层相轮正中凿圆形槽，安插柱状宝珠。塔心正中筑有石砌空心方形柱，柱上擎16条三角石梁，上置石板拱起，形成方形廊道。

四门塔形体雄伟浑厚，线条简约古朴，"乃汉代制法之余波，此塔结构虽简单，却具有平衡之美，在石筑之单层塔中，可谓之无与伦比者。"（［日］常盘大定、关野贞：《支那文化史迹·解说》第7卷，日本法藏馆，1941年版）塔室内的四尊佛像造像，皆螺髻，面门结跏趺坐，各具形态，面相端庄，衣纹简疏，古朴庄严。南面谓保生佛，北面谓微妙声佛，东面谓阿閦佛，西面谓

四门塔（新罗 摄）

无量寿佛。据《济南金石志》卷二记载：塔内有造像记两则。一则为东魏武定二年（544），另一则为唐景龙三年（709）。四门塔维修时，文物工作者在塔顶发现一块拱板石上刻有"大业七年造"字样，并在塔内发现了隋代舍利函。"大业七年造"题记和隋舍利函的发现，明确了四门塔的建造年代为隋大业年间，是神通寺的重大发现。塔北侧有九顶松，树干粗大，九枝繁茂，与古塔交相辉映，十分壮观。

龙虎塔位于神通寺遗址西北部，与四门塔相望，因塔身刻有龙、虎图像，故称。龙虎塔通高12.4米，平面呈方形，单层重檐。其底部为三重须弥座，塔身由四块巨大的石板扣合而成，内辟小室。塔身每面宽2.1米，高2.21米。塔心室内立一方柱，方柱每面刻一佛像，分别面对塔身四面的龛门。塔身外壁遍布繁缛的浮雕，有龙、虎、佛像、狮子、摩羯鱼首、金翅鸟、乐神、飞天等，整体布局浑然一体，雕刻细腻，构思巧妙。由于龙虎塔造于盛唐（717—845），因会昌法难，其建造工作被迫停工，北面仅用细钎打出轮廓形体，细雕工作未能完成。北宋前期，曾续修龙虎

203

塔，现存砖塔檐就是北宋绍
圣（1094—1098）以前的建
筑。（王建浩：《我所参加的龙
虎塔维修工程》）

千佛崖造像位于神通寺
遗址西侧白虎山山腰，东面
正对龙虎塔。造像区南北长
65米，高20米，共计造像
220余躯，题记40余则，多
为唐初作品，亦有后代的零
星刻凿。清代有多种金石学
著作和名山志都载录了部分
千佛崖造像题记，如阮元的
《山左金石志》、孙星衍的
《寰宇访碑录》、法伟堂的
《山左访碑录》、冯云鹓的

民国初年神通寺内的龙虎塔（［德］贝恩德·
梅尔彻斯 摄）

《济南金石志》、唐仲冕的《岱览》、金棨的《泰山志》等。题记多见唐贞
观、显庆、永淳、文明等年号，造像者多为皇室成员、贵族官吏，亦有僧侣
及少数平民。千佛崖造像保存基本完好，是我国为数不多的隋唐造像，具有
极高的历史和艺术价值。

墓塔林，位于神通寺遗址西北方，墓塔造型各异，刻工精美，样式繁
多，是我国佛教寺院规模较大的墓塔林之一。神通寺墓塔林有元代墓塔26
座，明代墓塔18座、墓碑15通。元代初期墓塔数量多，体量大，类型多
样；元代末期墓塔多单调、矮小；明嘉靖墓塔形制单一。明代出现了用墓碑
代替墓塔以省工省料的现象，这正是神通寺走向衰落的反映。

1964年，济南文物工作者在神通寺西北隅清理塔基淤土时，发现了一处
古代基台。基台呈长方形，面阔12.6米，进深10.77米。基台各面雕有伎

神通寺千佛崖造像（新罗 摄）

乐人物，操各种乐器，主要有兆鼓、鸡娄鼓、琵琶、笙、排箫、箜篌、吹角、箫、腰鼓、长鼓等，还有双头鸟、手托孔雀的壮士等，从刀法和人物神情看，应是唐代作品。

1984年，在农耕植树时，发现一处神通寺建筑遗址，其殿堂呈长方形，面阔五间，进深三间，墙为石砌，墙前有大佛坛，其南面东西两端各置小佛坛。殿址有石柱础22个，有的有题记和艺术雕刻，另有多种精美的建筑构件，为研究济南乃至山东的佛教历史提供了物质资料，也为研究我国古代建筑艺术提供了珍贵的实物资料。

（王春彦）

七、 舟车辐辏： 唐代济南地区的水陆交通

唐代的济南地区，水陆交通便利。山河表里的特殊地理位置，让济南成为当时中原与山东半岛交流的陆路咽喉；济水从济南北部流向渤海，使济南成为沟通内河航运与海运的重要纽带。开元盛世时"齐纨鲁缟车班班"（杜甫《忆昔》）局面的出现，与唐代济南地区舟车辐辏的水陆交通息息相关。同时，济南地区完善的水陆交通网络，还是唐代丝绸之路的关键组成部分，在中西交流史上占有重要地位。

（一） 唐代济南的陆路交通

唐代济南地区为齐州，是王朝东部地区交通的一个重要十字路口。《元和郡县志·河南道》记载，唐齐州东至淄州一百九十里，向西渡过黄河至博州二百九十里，正南偏西至兖州三百三十里，正北偏西至德州二百四十五里，东北渡过黄河至棣州三百五十里。上述交通网络，兼具水陆，济南地区在唐代的区位优势，由此可见一斑。《唐齐州长史裴府君神道碑》中就用"历下咽喉，华泉襟带"来形容济南的地理位置。

唐代济南周边地区多经济重镇，繁荣的商业贸易促进了以济南为中心的交通网的完善。独孤及在《李公神道碑铭》中称唐代青州为"海岱贡篚，衣履天下"，而济南在当时正处在青州与中原交流的东西交通要冲上。济南西南为郓州，该州在唐初"旗亭千隧，杂以郑商周客……有齐纨在笥，河鲂登俎，一都会也"。（王维《送郓州须昌冯少府赴任序》）由济南出发，经长清、平阴二县即可到达郓州（治今东平）。再如济南西面的济州，王维有诗赞云："闾阎河润上，井邑海云深。"（《初出济州别城中故人》）除了陆路连接外，当时的济州（唐玄宗天宝元年改为济阳郡，治今长清）与济南皆在济水沿岸，水路交通也十分便利。从济南南下过泰安，即到达

"万商往来，四海绵历，实泉货之橐龠，为英髦之咽喉"（李白《任城县厅壁记》）的兖州任城。处于十字路口、繁荣都会中间地带的济南，其经济之昌盛、交通之完善，可想而知。

唐代济南地区的陆路交通并非一直都是发达畅通的。《旧唐书·魏征传》记载，唐太宗李世民意欲封禅泰山，魏征认为从洛阳以东到海岱地区，苍凉残破，人烟断绝，道路萧条，进退艰阻，不宜前往封禅。从唐高宗时期封禅泰山的行进路径来看，济南地区是重要一站。"进退艰阻"虽有夸张的成分，但也反映出唐朝初年济南地区的交通状况并不尽如人意。

伴随着"贞观之治"局面的出现，济南地区的交通有所改善。《贞观政要·论政体》记载，当时从京师到边境，从山东内陆到海边，旅人不用自己准备干粮，衣食所需都可以从沿路购买。行路客人经过山东地区的村落时，待遇更为优渥，有时还会获得当地人赠送的物资。这一现象到唐文宗时期还曾保留，当时日僧圆仁经过临济县（治所在今济南章丘区），就有商人向其施舍五升米。（［日］圆仁：《入唐求法巡礼行记》卷二）这一方面反映出当时济南地区交通的便利，另一方面也反映出当时由交通便利带来的商业繁荣与社会安定。

唐高宗麟德二年（665）封禅泰山，济南地区的交通优势得以展现。当年唐高宗李治与武则天从洛阳出发，十二月到齐州治所济南，并在此停留十日。据《资治通鉴·唐纪》记载，跟随封禅的文武官员和仪仗队伍，连绵数百里，驻扎结寨时营帐遍布原野。如此大的封禅队伍选择驻跸济南，足见当时济南交通之发达。之后，封禅队伍从济南出发至长清灵岩寺，最后到达泰山。这一陆路交通线，与从济南南下到兖州的道路是一致的，如今亦是我国东部地区南北交通的重要干道。

（二）唐代济南的水路交通

除陆路交通外，唐代济南地区的水路交通也十分便利。以济水为主的内河航运，沟通了中原地区与山东半岛的联系。黄渤海沿岸地区的物资，如海

盐、粮食等，通过济水转输至内河航运和陆路运输网，内陆货物亦由此航道散布到山东半岛地区。济南正是济水航运的核心枢纽之一。

唐人封演在《封氏闻见记》卷六《饮茶》中谈道："自邹、齐、沧、棣，渐至京邑，城市多开店铺煎茶卖之，不问道俗，投钱取饮。其茶自江、淮而来，舟车相继，所在山积，色额甚多。"也就是说，唐朝流行饮茶，从邹州、齐州、沧州、棣州到京师地区，多开茶店。其中，邹州治所位于今济南市章丘区境内。齐州治所临济县位于今济南市区，今商河县在唐代属于棣州，沧州在齐州北邻。封演以上述四州作为典型地区，足见当时济南及周围地区饮茶风气盛行。这一地区堆积如山的各种茶叶，皆由江淮地区通过船只或车马运输而来，表明唐代济南地区水陆交通十分发达。其中，水路运输部分或许就是由隋唐大运河和济水转运而来。此外，王维在《齐州送祖三》一诗中曾吟诵道："天寒远山净，日暮长河急。解缆君已遥，望君犹伫立。"王维于齐州水边送别祖三，客船已经解开缆绳远去，诗人仍旧伫立在岸边目送。从齐州的位置来看，王维所言的"大河"，很有可能就是济水。实际上，在历代吟诵济南的诗歌中，济水、黄河送别题材的甚多，这些诗歌是该地区内河航运发达的佐证。

作为大河航运的补充，唐代济南地区的一些城市还有较为完善的城市内部航运系统。以济南城为例，据《元和郡县图志》记载："历城到营城三十里，自城以东，水弥漫数十里，南则迫山，实为险固也。"唐代历城东有如此大面积的湖泊，若想从这里通过，船舶运输必不可少。李白就曾在此坐船游览济南城外美景，并留下《陪从祖济南太守泛鹊山湖三首》：

其一：初谓鹊山近，宁知湖水遥？此行殊访戴，自可缓归桡。

其二：湖阔数千里，湖光摇碧山。湖西正有月，独送李膺还。

其三：水入北湖去，舟从南浦回。遥看鹊山转，却似送人来。

该组诗不仅描绘出鹊山湖烟波浩渺的壮丽景色，还向我们展现出湖上游船穿梭，水路四通八达的情景。

在唐代，鹊山湖位于济南城北，由此可入济水。杜甫《陪李北海宴历下亭》中提道："东藩驻皂盖，北渚凌清河。"这里的"北渚"就是鹊山，"清河"就是济水。济水航运和济南城市水路在鹊山湖交汇。除此之外，济水沿岸还建有泺口码头，通过泺河将济南城与济水联系在一起，河、湖沟通，共同构成济南城完整的水路交通网。

（三）唐代济南与丝绸之路

唐代济南在全国交通网络中的地位也十分重要。济南东面的临淄，一般被认为是陆上丝绸之路的东端起点。济南正处在临淄至长安的官道上，是陆上丝绸之路东端的重要一站。《新唐书·地理志》记载齐州济南郡土贡为丝、葛、绢、绵等，其在丝绸之路上的重要地位不言而喻。

在海上丝绸之路，济南发挥的作用也十分突出。《新唐书·地理志》记载，唐代沟通中外的交通要道大致有七条，由山东半岛到达朝鲜半岛的"登州海行入高丽渤海道"，就是两条海路之一。由该海道辗转可通日本，南下可至扬州和"广州通海夷道"，是唐代海上丝绸之路的重要组成部分。济南就是这一交通要道的经济腹地。

山东半岛的登州、莱州、密州，皆有"登州海行入高丽渤海道"的出海港口，并构成唐朝北方最大的海运中心。济南东行过青州，或者顺济水而下，即可到达这一中心。实际上，无论是唐太宗贞观十八年（644）的张亮、二十二年（648）的薛万彻自莱州泛海出击高丽；还是唐高宗显庆五年（660）的苏定方自成山出海征伐百济；以及武则天试图"诏市河南、河北牛羊，荆益奴婢，置监登、莱，以广军资"（《新唐书·张廷珪传》），从当时的交通条件来看，很大部分军事物资和人员，都要经济南地区东运至山东半岛，继而由海路转输至辽东和朝鲜半岛。

济南与东北亚海上丝绸之路到底有多密切，我们可以从王薄起义反观一二。隋朝末年，隋炀帝多次从海陆两路征伐辽东，山东作为后方颇受其扰。不堪徭役压迫的民众，在王薄的率领下，在济南附近的长白山（今章丘、邹平境）起义，频繁活动于齐郡和济北郡，从者甚众。隋末农民起义率先在济

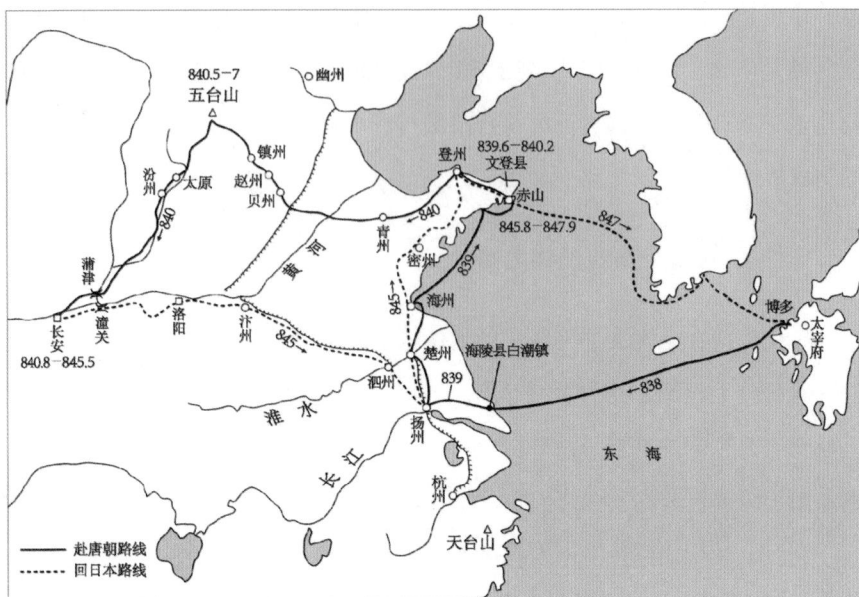

圆仁入唐行程示意图（采自［日］气贺泽保规：《绚烂的世界帝国：隋唐时代》）

南地区爆发，其中一个重要原因就是该地正位于由山东半岛经海路攻打辽东的重要交通节点上。前线战争造成的局势压力，沿交通线向内陆扩散，济南首当其冲。

济南地区在东北亚海上丝绸之路的和平交往中也发挥着积极作用。先天元年（712），唐玄宗派遣崔忻率领使臣出使渤海国。使团由长安出发，经洛阳、汴州、滁州、齐州、淄州，至登州乘海船远赴渤海国。唐朝使臣的行进方向，即著名的渤海国"朝贡道"，是唐朝与渤海国交流的两条基本路线之一，也是海上丝绸之路的重要航线。后来，统治区域包括齐州在内的淄青节度使李正己，之所以能够"货市渤海名马，岁岁不绝"（《旧唐书·李正己传》），即得益于这一海上交通要道。济南地区所在的齐州，就是海陆两条丝路上的关键纽带，也是唐朝与渤海国友好关系的见证。

济南还是由海路入唐的一个中转站。根据日僧圆仁著《入唐求法巡礼行记》卷二记载，他所乘船只遇风偏航，漂流至当时的文登县，后从此地西行，巡礼五台山。并于开成五年（840）四月七日经由今邹平市醴泉寺，"向正西行二十里，到章丘县。从县西行十五里，过济河渡口，时人唤为济口……八日，早发。正西行廿五里，到临济县……过市正西行三十里，申时，到临邑县界双龙村张家。"唐章丘县、临济县皆在今济南市章丘区，临邑又在今济阳区西北。圆仁经过时，三地并隶齐州。这一行进路径，揭示出唐代由今山东半岛西行至内陆，济南地区是至关重要的一站。

唐代济南地区水陆交通便利，以济南为中心的陆路交通与以济水为主的内河航运，共同构成了完善的交通运输网，实可谓舟车辐辏。更为可贵的是，济南地区因自身独特的地理位置，在唐代成为陆上丝绸之路东端的重要节点，东北亚海上丝绸之路的经济腹地，同时也是将二者勾连在一起的关键纽带，见证着唐代昌盛的海外贸易与频繁的国际交流。

（李贝贝）

八、 诗中取真： 唐代诗人与济南

唐代有许多著名诗人来济南游历，寻访古迹，凭吊先贤，观览胜景，发思古之幽情。李白、杜甫都曾在济南游历，杜甫、李邕的历下亭相会更是成为文坛佳话。高适、王维、卢象、魏炎等诗人也都曾在济南做官或漫游。他们在济南交友酬赠、游历山川，以自身的感受描摹他们眼中的济南山水名胜；用他们的妙笔，创作出一系列歌咏济南的优美诗篇，成为济南历史文化的重要组成部分。济南本土亦涌现出崔融、员半千、义净等诗人，可视为唐代诗坛中济南的浪花。

（一） 李白与济南

唐代浪漫主义诗人李白，出生于中亚碎叶，成长于四川江油，自称为陇右人。陇右是其郡望。与他同时代的杜甫却有"近来海内为长句，汝与山东李白好"（杜甫：《苏端薛复筵简薛华醉歌》）的诗句，称李白为山东人，《旧唐书》也称李白为山东人，这是因为李白曾在山东寄家的缘故。李白从开元二十四年（736）由湖北移居东鲁，寓居任城（今属山东济宁），直到乾元二年（759）将儿女移往楚地，在山东寄家长达23年之久。

从已知文献看，李白与济南最早产生关联，是其在济南紫极宫（老子庙）受道箓正式成为道士。早在天宝元年（742），李白奉诏入朝，唐玄宗亲自召见，优待有加，并命其为待诏翰林。李白也天真地认为自己大展宏图的机会到来了，满怀信心，期待朝廷的重用。没想到，李白等来的只是侍从游宴、作诗吟唱，很是失望。不久，李白又得罪了宦官高力士和杨贵妃。在天宝三年（744），被"赐金放还"。

李白放还后，醉心于访仙求道，产生了遁世之心。他曾与杜甫一起去道教胜地王屋山寻访道士华盖君，得知华盖君已死，怅然至极，旋往安陵（今河南鄢陵）请道士盖寰为他做好道箓（道家的秘文），准备到齐州（治今济南）请道士高如贵正式为其举行授予"道箓"的仪式。随后，李白来到济南，拜高如贵为师，接受道箓，正式成为一名道士。这是已知文献中李白来济南的最早记录。李白受道箓后，作有《奉饯高尊师如贵道士传道箓毕归北海》诗：

道隐不可见，灵书藏洞天。吾师四万劫，历世递相传。别杖留青竹，行歌蹑紫烟。离心无远近，长在玉京悬。

李白咏济南的山水诗，最著名当属《古风》中对华不注山的形象描写。其诗曰：

昔我游齐都，登华不注峰。兹山何俊秀，绿翠如芙蓉。萧飒古仙人，了知是赤松。借予一白鹿，自挟两青龙。含笑凌倒景，欣然愿相从。泣与亲友别，欲语再三咽。勖君青松心，努力保霜雪。世路多艰险，白日欺红颜。分手各千里，去去何时还。在世复几时，倏如飘风度。空闻紫金经，白首愁相误。抚己忽自笑，沉吟为谁故。名利徒煎熬，安得闲余步。终留赤玉舄，东上蓬山路。秦帝如我求，苍苍但烟雾。

该诗讲述李白登临华不注山时求仙访道的奇特想象。李白所攀登的既是现实中的山，又是他想要访求的仙山，亦真亦幻。李白追求的自在逍遥是当时唐代文人所共有的精神需求。因政治失意来到济南的李白，被济南的宜人风光吸引，借着济南的湖光山色，交往酬唱，寄情于山水之中，即使偶有让人感叹的人生体悟，仍然传递出积极的价值取向。

李白在济南期间，曾泛舟鹊山湖，作《陪从祖济南太守泛鹊山湖三首》：

其一

初谓鹊山近，宁知湖水遥。此行殊访戴，自可缓归桡。

其二

湖阔数千里，湖光摇碧山。湖西正有月，独送李膺还。

其三

水入北湖去，舟从南浦回。遥看鹊山转，却似送人来。

213

鹊山湖位于济南，因在鹊山下，故称。李白诗中的鹊山湖是已知文献关于鹊山湖的最早记载。这三首诗描绘了李白游鹊山湖时看到的景象。

李白在济南居住了多长时间以及在济南的游历经过，不可详知。在济南匡山旧有"李白读书堂"遗址。金代元好问在济南游历后写有《济南行记》，其中曰："匡山，齐河路出其下，世传李白尝读书于此。"又作《济南杂诗十首》，其一曰：

匡山闻有读书堂，行过山前笑一场。可惜世间无李白，今人多少贺知章。

元好问在诗中以谐谑的笔调，指出济南匡山的李白读书堂是可笑的附会。其实，匡山李白读书处，源于杜甫怀念李白的《不见》诗，其中有"匡山读书处，头白好归来"的诗句。杜甫诗中的匡山是指四川彰明的大匡山，并非济南的匡山。或许是济南人出于对李白的喜爱，也或许出于提高匡山知名度的需要，好事者将济南匡山与四川匡山相附会，便有了济南匡山李白读书堂之事。虽然明知济南匡山的李白读书堂为附会，但人们仍然对李白

济南匡山太白读书处（王琴 摄）

在此读书津津乐道。元代诗人王恽《匡山》诗有"匡山说有旧茅庐，李白当年此读书"之句。甚至还有人为匡山李白读书堂辩解，清人蒋因培《自题匡山读书图》诗序曰："匡山去济水不十里，太白少时流寓山东，所谓'匡山读书处，头白好归来'者，殆即指此。"这也许是对李白的喜好使然吧！

（二）杜甫、李邕与济南

开元二十三年（735），杜甫在东都洛阳参加科举考试落第，遂辞乡远游，来到山东。因杜甫的父亲杜闲任兖州司马，所以杜甫这次游历山东也有省亲的因素。杜甫省亲后，先南下漫游吴越，又北上游历齐赵。在齐地游历时，观齐地之形胜，发思古之幽情，自言"放荡齐赵间，裘马颇轻狂"。（杜甫《壮游》）大约在开元二十四年（736），杜甫到平阴访友，并写下《题张氏隐居二首》：

其一

春山无伴独相求，伐木丁丁山更幽。涧道馀寒历冰雪，石门斜日到林丘。不贪夜识金银气，远害朝看麋鹿游。乘兴杳然迷出处，对君疑是泛虚舟。

其二

之子时相见，邀人晚兴留。霁潭鱣发发，春草鹿呦呦。杜酒偏劳劝，张梨不外求。前村山路险，归醉每无愁。

全诗描写了张氏隐居生活的幽美惬意，借指张氏品德之殊胜，兼带讴歌二人友谊之亲密。

其一是写杜甫初次拜访张玠时的情境：春日的山中独处无伴，因而特意来此地访求您，山林间叮叮的伐木声，使山谷更显清幽。我经过残雪未融的山间小道，又经历石门古道，在傍晚时分来到您的隐居处。您从不贪财，夜间也不去观看金银之气，只愿每天欣赏麋鹿闲游。我乘兴而来，为您的情怀所感染，不觉间迷失了路径；思绪万千，仿佛是坐上随意漂游的小舟。

其二是写两人相识后的情景：您经常与我相见，眼下天色已晚，却仍邀

请我留下，以尽晚间雅兴。澄清的潭水上，鱣鱼游跃，弄出"发发"的响声。草野间，传来"呦呦"鹿鸣。酒本是我本家杜康发明的，却偏偏劳您来劝酒；桌上的甜梨本来就是您府上的特产，自然不必向外寻找。前村的山路早已走熟，虽有危险也不必担心，让我们一醉方休，尽情狂饮吧。

诗中的张氏，可能是指张珝。杜甫晚年有《别张十三建封》诗，张建封兖州平阴人，是张珝的儿子。以此推之，诗中的"张氏隐居"，应是张珝隐居的地方。

天宝三年（744）夏天，杜甫到临邑看望其弟弟杜颖，途经济南，顺便拜访朋友齐州司马李之芳。李之芳将杜甫来济南的消息告诉了北海郡太守李邕，李邕特意从青州来到济南，与杜甫相会。李邕是唐代著名的文学家和书法家，时为北海太守，世称李北海。他比杜甫的年龄大三十四岁，是杜甫祖父杜审言的朋友。杜甫与李邕在历下亭相会。李邕写诗叙述了杜甫祖父的功绩，表达了自己的敬仰之情。杜甫十分感动，即席写下《陪李北海宴历下亭》诗：

民国时期的历下亭（摄于 20 世纪 30 年代）

东藩驻皂盖，北渚凌青荷。海右此亭古，济南名士多。云山已发兴，玉佩仍当歌。修竹不受暑，交流空涌波。蕴真惬所遇，落日将如何。贵贱俱物役，从公难重过。

诗中赞美了济南的名士风流和秀丽景色，也表达了朋友之间的深厚友情。本诗虽是即席而作，却精妙自然，颇见功力。诗歌展现了宴会时历下亭周围的景色，同时又烘托了名士们相聚时的气氛。历下亭历史悠久，其位置几经变迁。北魏至唐代时，历下亭位于今五龙潭处，郦道元《水经注》称为"客亭"，顾名思义是官府迎接外来宾客之所。而历下亭之名，最早就是出现于杜甫之诗中，"海右此亭古，济南名士多"成为传诵千古的佳句，历下亭也因此而成名。后来，杜甫作《八哀诗·赠秘书监江夏李公邕》缅怀与李邕等历下亭聚会之事："伊昔临淄亭，酒酣托末契。"这里的"临淄亭"即历下亭。因齐州济南郡在唐天宝年间曾更名为齐州临淄郡，故称临淄亭。唐末，此亭荒废，后人遂于大明湖南岸重建此亭。

当时，李之芳还建一亭，被称为"员外新亭"。李之芳在新亭宴请杜甫和李邕，杜甫写下了《同李太守登历下古城员外新亭，亭对鹊湖》：

大明湖历下亭（［瑞典］安娜·接森 摄于1893—1897年间，这是迄今已知济南最早的影像）

新亭结构罢，隐见清湖阴。迹籍台观旧，气溟海岳深。圆荷想
自昔，遗堞感至今。芳宴此时具，哀丝千古心。主称寿尊客，筵秩
宴北林。不阻蓬荜兴，得兼梁甫吟。

该诗描绘了新亭的胜景和宴会的高雅，表达了杜甫的经世之志。诗中的
历下古城，即齐州州治历城，今属济南历下区。李邕也赋诗一首，曰《登历
下古城员外孙新亭》：

吾宗固神秀，体物写谋长。形制开古迹，曾冰延乐方。太山雄
地理，巨壑眇云庄。高兴汩烦促，永怀清典常。含弘知四大，出入
见三光。负郭喜粳稻，安时歌吉祥。

杜甫称新亭为"员外新亭"，李邕称"员外孙新亭"。员外，是指李之
芳。李白与李之芳是朋友关系，故称"员外新亭"，而李邕与李之芳是本家，
是李之芳的祖父辈，故称"员外孙新亭"。

杜甫的弟弟杜颖，是临邑县主簿。临邑是齐州的属县，在济南之北。杜
甫在济南游历后踏上了北上临邑看望弟弟的行程。临行前，特意向李之芳告
别，可李之芳此时已送李邕去了青州。杜甫辞别不遇，写下《暂如临邑至鹊
山湖亭奉怀李员外率尔成兴》：

野亭逼湖水，歇马高林间。鼉吼风奔浪，鱼跳日映山。暂游阻
词伯，却望怀青关。霭霭生云雾，惟应促驾还。

据此可知，在唐代鹊山湖上有亭。到宋代时，鹊山湖、亭均不复存。后
人往往根据杜甫的记载，寻找昔日鹊山湖、亭的踪迹，如清代诗人任宏远在
《鹊山湖寻杜少陵旧游处》一诗中记载其寻找鹊山湖亭的经历："往迹销沉
久，犹传杜甫游。山怀前度客，水改旧时流。春色荒亭古，秋风老树幽。何
人重歇马，惆怅鹊湖头。"

（三） 高适、 王维等与济南

除李白、杜甫、李邕外，曾客居过济南的唐代诗人尚有高适、王维、卢
象、魏炎、杜荀鹤等。他们或因做官，或因漫游，流连于济南的山水之间，

吟诗唱和，留下了不朽的诗篇。

济南地处鲁中南低山丘陵与鲁西北冲积平原的交接地带上，地势南高北低，境内河流湖泊较多，高适《同李太守北池泛舟，宴高平郑太守》诗曰：

每揖龚黄事，还陪李郭舟。云从四岳起，水向百城流。幽意随登陟，嘉言即献酬。乃知缝掖贵，今日对诸侯。

所谓"云从四岳起，水向百城流"，正是在济南的水文意象的浸染下，触动诗人豁达的胸襟，以济南之水寄托他们的情思，传递出积极正面的力量。

王维因做官来到济南。他兼具政治才能与文学才能，在济任职期间创作了大量优秀的诗歌作品。期间写下《齐州送祖三》（一作《河上送赵仙舟》，又作《淇上别赵仙舟》），抒发了他政治失意的悲愁之情。

相逢方一笑，相送还成泣。祖帐已伤离，荒城复愁入。天寒远山净，日暮长河急。解缆君已遥，望君犹伫立。

卢象，字纬卿，汶水人。约唐玄宗开元末前后在世，携家久居江东。开元中，与王维齐名，累官司勋员外郎。卢象名盛气高，遭到流言蜚语的诬蔑攻击，左迁齐州司马。可能在这个时候，卢象作《追凉历下古城西北隅，此地有清泉乔木》诗：

谢朓出华省，王祥贻佩刀。前贤真可慕，衰病意空劳。贞悔不自卜，游随共尔曹。未能齐得丧，时复诵离骚。闲阴七贤地，醉餐三士桃。苍苔虞舜井，乔木古城壕。渔父偏相狎，尧年不可逃。蝉鸣秋雨霁，云白晓山高。咫尺传双鲤，吹嘘借一毛。故人皆得路，谁肯念同袍。

封演《封氏见闻录》卷八载录了诗人魏炎的《舜井》诗三首：

其一

齐州城东舜子郡，邑人虽移井不改。时闻汹汹动绿波，犹谓重华井中在。

219

其二

西家今为定戒寺，东家今为练戒寺。一边井中投一瓶，两井相
摇响泙澶。

其三

济南郡里多沮洳，娥皇女英汲井处。窃向池中潜䢒来，浇茆畦
上平流去。

魏炎的舜井诗，是有关古代舜井的弥足珍贵的史料，为我们提供了唐朝
时期济南舜井的情况。舜井之外又有东家之井。唐末五代敦煌变文《舜子
变》说，舜子淘井，瞽叟正要落井下石，"帝释变作一黄龙，引舜通穴，往
东家井出"。

晚唐诗人杜荀鹤有《题历山舜祠》诗：

昔舜曾耕地，遗风日寂寥。世人那肯祭，大圣不兴妖。殿宇秋
霖坏，杉松野火烧。时讹竞淫祀，丝竹醉山魈。

其诗序曰："山有庙，呼为帝二子，多变妖异，为时所敬。"由此得知，

舜井（左庆 摄）

唐代的舜祠里有舜的两个妃子娥皇、女英之像。这首诗描绘唐末历山的荒芜寂寥，世人在舜祠不祭拜舜帝而祭拜山魈的情况。另外，唐人徐夤在《咏笔二首》之二中也曾写道："势健岂饶湘水阵，锋铦还学历山耕。"提及舜耕历山之事。这都为了解济南历史文化提供了珍贵的历史资料。

（四）唐代济南的本土诗人

唐代济南本土诗人相对沉寂，但也涌现出崔融、员半千、义净等有一定影响的诗人。

唐代济南本土诗人以齐州崔氏为巨擘，尤以崔融最为著名。崔融，字安成，唐代齐州全节（今属济南章丘）人，与李峤、苏味道、杜审言齐名，合称"文章四友"。

崔融出身于官宦之家，唐中宗为太子时，崔融是中宗的侍读，同时兼写东宫的表、疏，"东朝表疏，多出其手"。（《旧唐书·崔融传》）武则天封禅嵩山时，对崔融写的《启母庙碑》十分赞赏。启母即夏启的母亲涂山氏，崔融在碑中盛赞启母，有暗中赞扬武则天的意图。武则天大悦，便诏命崔融负责撰写朝廷碑文。他由此逐渐成为武后宫廷文人集团中的一员。武则天死后，崔融撰《则天哀册文》，用思精苦，绝笔而死，时年54岁。唐中宗念其侍读之恩，追赠为卫州刺史，谥为"文"。《旧唐书·崔融传》称其"为文典丽，当时罕有其比"。由此可见其在唐代文坛中的地位和影响。

崔融有诗文60卷，多已散佚，现存诗仅20首，《全唐诗》收其18首。其内容主要是边塞诗、交游诗和挽诗，并没有描写故里济南的诗篇。崔融之子崔禹锡、崔翘，孙崔彧，侄崔尚，以及曾孙崔岐、崔安潜皆承继其诗能，在诗坛留有姓名，他们的诗歌亦收录于《全唐诗》中。

员半千是唐代济南本土的另一位重要诗人。半千字荣期，唐代齐州全节（今属济南章丘）人。本名余庆，幼时拜王义先为师学习经史，王义先认为其必成大器，曾对他说："五百年一贤，足下当之矣。"遂改名半千。员半千臣事武则天，在政治上并没有大的作为，却著述甚丰，有《临戎孝经》《明堂新

礼》《三国春秋》等。晚年乞归田舍，放情于山水之间。开元二年（714）以94 岁高龄去世。《新唐书·员半千传》称："半千事五君，有清白节。年老不衰，乐山水自放。"其诗文集多散逸，《全唐诗》仅存其诗三首。

唐代济南高僧义净亦有大量诗作，被称为"诗僧"。义净，俗姓张，字文明，出家号义净，齐州山茌（今属济南长清）人。义净在土窟寺出家时，其师傅善遇精通诗文。当时唐太宗第五子李祐封为齐王，曾率文学侍从等人从济南驾临土窟寺，王府随从认为应吟诗纪念此事，众人推善遇首唱，善遇当即执笔题壁曰：

上圣光烈茂，英猷畅溟海。空谷自栖迟，荣命虚相待。万古山

川旷，千年人代改。真识了无有，徒见丹青在。

其诗意境高远，众人莫不叹服。义净善于咏诗，可能受老师善遇的影响较大。《全唐诗》存有义净诗七首。

上述唐代济南本地诗人虽有诗名，遗憾的是，他们并没有关于济南的诗歌流传下来。

（郑立娟）

第四章

宋金元时期的济南

宋金元时期历时四百余年，是济南历史上颇为重要的发展阶段。这一时期，济南各方面都有明显进步。

其一，政治地位不断提升。北宋前期的齐州只是一处普通军州，到北宋末年升为济南府，金朝沿袭之，元朝又设济南路，其所辖次一级政区虽变化多端，但大致奠定了济南政区的基本格局。金代山东东西路提刑司、山东东西路宣抚使司，元代山东东西道宣慰使司、山东东西道肃政廉访司等地方高层行政机构的治所或长期或短期驻于济南，推动了济南在山东地区政治地位的进一步提升，到明初成为山东地区的政治中心，一直延续至今。

其二，经济有了明显发展。宋金元时期济南地区的经济发展水平和速度明显高于邻近及北方其他地区，不少经济领域和部门在山东乃至全国都处于中上或领先地位。北宋齐州已是山东地区的

经济重镇，工商业发展较为突出，是北宋政权财政收入的重要支撑地之一。伪齐刘豫开通小清河后，使济南成为连接运河、黄河及海运的重要水运枢纽，更给济南带来了新的发展机遇，"水陆辐辏，商贾所通，倡优游食颇多"。（［元］于钦撰，刘敦愿等校释：《齐乘校释》卷五《风土》，中华书局，2012年版）《元史》卷九七《食货志五》即称"新城、章丘、长山、邹平、济南俱近盐场，与大、小清河相接，客旅兴贩"。元末危素更是称："济南之为郡，岱宗当其前，崤华经其后，泉流奔涌，灌溉阡陌，民庶繁伙，舟车辐辏，实乃要会之地。"（［元］危素：《济南府治记》，李修生主编：《全元文》第48册，凤凰出版社，1998年版）

其三，文化取得了令人瞩目的成就。宋词、元曲的创作和宋学的形成是宋元文化最重要的成就，济南在这几个方面都有杰出贡献。李清照和辛弃疾作为中国词史上的两座高峰，其成就分别代表了婉约词派和豪放词派的最高水平。张养浩则是将元代散曲推向巅峰的一流散曲家。"东州逸党"在北宋前期虽仅是昙花一现，但其却是宋学初兴阶段的重要推动力量。灵岩寺在宋代是禅宗南宗各派向北方传播的基地，金元时又成为北方曹洞宗的中心之一，且保存了号称"海内第一名塑"的罗汉像。济南在金代还保留了北方理学的余脉，是全真道由东向西传播过程中在鲁中地区的中心。元代济南的杂剧虽比不上邻近的东平，但武汉臣和岳伯川两位作家的创作却有其独到之处。

其四，"城即园林"的城市特征基本定型。在宋代，济南"城即园林"的城市特征基本形成，这一特征直接影响着今天济南城市的规划和建设。金代《名泉碑》记载的七十二名泉是后世对济南泉水进行审美考量和排比的典范。济南城市的知名度大幅度提高，其风光吸引了许多著名的政治家或文人儒士来此宦游，"有心长作济南人"。（《元好问全集（增订本）》卷一二《济南杂诗十首》）他们寄情于济南的湖光山色之间，给济南留下了众多名篇佳作，为济南文化增色不少。

一、 由州升府： 济南城市地位的显著提升

宋代的州分为六等，依次为都督州、节度州、观察州、防御州、团练州和军事州。北宋前期，齐州仅是防御州，属于州中较低的层次，地位并不高。由于宋英宗即位前曾任齐州防御使，故其即位后将曾为自己"潜藩"的齐州升为兴德军，即由防御州升为节度州。宋徽宗政和六年（1116），为尊显英宗，又升齐州为济南府。这标志着济南在宋代州府中地位的显著提升。

（一） 济南府治

仁宗嘉祐七年（1062）九月，刚被立为皇子不久的赵曙由岳州团练使迁齐州防御使。正是因为这个根本无须来齐州上任的虚衔使齐州成了"潜藩"，获得了升格的机会，政治地位不断提高，到徽宗时升为济南府。

南宋宁宗以前，曾作为皇帝"潜藩"的防御州、团练州和军事州只有睦、永、岳、泰、齐、和、贵、荣8处，后仅升节度州而未升府的有睦州与岳州两处，既未升节度州又未升府者有永、泰、和、贵、荣五处，只有济南既升节度州又升府。宋代虽然有为尊显皇帝而将其"潜藩"升格之惯例，但从以上八州的情况看，升格并非定制，宋人即称"或升或否，类出于有司一时之请"。（［宋］岳珂撰：《愧郯录》卷八《升建府镇》）实际上，有司是否奏请并非基于人、事等偶然因素，关键还在于该州的重要地位与发展水平。

在交通和地理方面，齐州地处水陆交通要道，是拱卫京师之重地。就水路而言，济水—五丈河水路是北宋政权得以维系的重要财赋运输通道，北临济水的齐州就是这条水路上的重要城市。就陆路而言，齐州是京师东至京东路治所青州和胶东沿海的必经之地，城内的泺源桥为京师东去之孔道，"自京师走海上者，皆道于其上"。（陈宏天、高秀芳点校：《苏辙集·栾城集》卷二三《齐州泺源石桥记》，中华书局，1990年版）

正是因为重要的交通地理位置，齐州在宋人眼中系"屯兵之地，夙表要冲"（［宋］徐铉著，李振中校注：《徐铉集校注》卷二五），对拱卫京师有重要意义，由此受到北宋王朝的高度重视，后还被列入实施"贼盗重法"的地区。"贼盗重法"指在常法之外，针对特定地区或特种犯罪制定特别法规严厉处置的做法。这一制度首创于仁宗朝，只限于开封府诸县。后来范围不断扩大。神宗熙宁四年（1071），齐州等京东地区的多个州县被纳入其中。

（二）素号富饶

齐州是山东一带比较富庶的地区。宋初，李汉超被任命为齐州防御使，原因就是"齐州赋税最多"。（［宋］欧阳修撰、李伟国点校：《归田录》卷一，中华书局，1981年版）熙宁时，曾巩亦说"其地富饶"。（陈杏珍等点校：《曾巩集》卷一三《齐州杂诗序》，中华书局，1984年版）齐州由此成为北宋政权重要的物资供应地，在北宋初年尤其重要。王曾《王文正公笔录》称：

> 国初，方隅未一，京师储廪仰给唯京西、京东数路而已，河渠转漕最为急务。京东自潍、密以西州郡，租赋悉输沿河诸仓，以备上供。清河起青、淄，合东阿，历齐、郓，涉梁山泺、济州，入五丈河达汴都，岁漕百余万石。

北宋未统一南方前，京城物资供应主要依靠京东、京西诸路。京东地区的潍州、密州以西诸州都要把租赋输送到沿济水各仓，从青州境内的济水入海口开始，上溯至高苑及淄州的博兴、邹平，进入齐州后继续逆流而上，经平阴、东阿（今平阴县西南东阿镇），在郓州西南入梁山泺，与广济河交汇。梁山泺以西为五丈河（后改名广济河）段，自济州经定陶、济阴（今定陶西南）、东明（今河南兰考东北），入开封府外郭善利水门。（参见李孝聪：《公元十一—十二世纪华北平原北部亚区交通与城市地理的研究》，中国地理学会历史地理专业委员会《历史地理》编辑委员会编《历史地理》第9辑）京东地区的粮食、布帛、钱物、食盐等通过济水—五丈河水路源源不断地运抵京城，仅漕粮一项就有60余万石，最多时达100万石。即使北宋统一全国后，江南的物资供应日益重要，但京东地区终北宋一代始终是京城物资的重要补给地之一。齐州还是河北边防前线财政的重要支撑地。仁宗至和年间，欧阳修称滨、棣、德、博、齐五州"素号富饶，河北一路财用所仰"。（李逸安点校：《欧阳修全集》卷一〇九《论修河第三状》，中华书局，2001年版）

齐州之所以成为北宋财赋的重要供应地，与其商业的迅速发展密不可分。

市镇经济的繁荣向来被视为宋代商业发展的重要标志。北宋京东东路所辖今山东境内共有市镇87个，其中齐州有46个，占一半还多，远超作为京东东路治所所在的青州，其中像遥墙镇、历城镇、泺口镇、标竿口镇等都是大型市镇。熙宁十年（1077），标竿口镇的商税额达到11567贯，与齐州城的商税额几乎相当。（参见张熙惟、谭景玉主编：《济南通史·宋金元卷》，人民出版社，2020年版）

城市中商业交易空间和时间限制的突破也是商业水平提高的重要标志。唐以前商业交易必须在专门设立的"市"内进行，且限于白天。中唐以后，交易比较多地突破"市"的限制，且出现了夜市。北宋时期济南已形成了比较繁荣的市场，店铺沿街布设，交易不再受时间限制，夜市也很兴盛。曾知齐州的曾巩有诗云"行到市桥人语密，马头依约对朝霞"（陈杏珍等点校：《曾巩集》卷七《早起赴行香》，中华书局，1984年版），反映出清晨市场上人来人往的热闹情景；通过"市井萧条烟火微，两衙散后雪深时"（陈杏珍等点校：《曾巩集》卷七《席上》，中华书局，1984年版）之句可间接得知济南夜市的状况。

齐州地区的商业经营理念和意识也很先进。现存于中国国家博物馆的北宋济南刘家功夫针铺广告印刷铜版，是迄今发现的世界最早的工商业印刷广告实物。该铜版四寸见方，上部横刻"济南刘家功夫针铺"八个字；中间重点突出商品标记，是一幅白兔捣药的图案，图案左右两侧刻有"认门前白兔儿为记"的标注；铜版下方有七行小字："收买上等钢条，造功夫细针，不偷工，民便用，若被兴贩，别有加饶，请记白。"对产品的质量、制作和使

用效果等进行宣传。这个铜版既可用来印刷广告传单及招贴，又可用来印刷包装纸，也可作为产品说明书，一举多得，表明 1000 年前的济南商人已有成熟的商品广告意识。

（三） 东方名郡

北宋时期，齐州在文化方面亦取得了令人瞩目的成就，有些甚至具有全国性影响，被称为"东方名郡"。（［宋］王辟之撰、吕友仁点校：《渑水燕谈录·佚文》，中华书局，1981 年版）

北宋前期，济南出现了颇具齐文化色彩的学术和文化流派——东州逸党，是宋学初兴阶段的重要推动力量，对宋学的奠基者泰山学派也产生了一定影响，并给宋元时期的齐鲁文坛注入了一股豪放之风，直接影响了后来中国词史上的两座高峰——李清照和辛弃疾的诗词创作。

佛教在唐代的基础上平稳发展。号称天下"四绝"之一的灵岩寺是禅宗南宗各派向北方传播的基地，云门宗、临济宗黄龙派的传入改变了北方佛教理论界相对单调的面貌，对当地儒士也有影响。佛教艺术领域，出现了被梁启超誉为"海内第一名塑"的宋塑罗汉像，反映了以齐州人盖忠为代表的当地雕塑家的艺术水平。

齐州的湖山泉林在当时具有很高的知名度，颇受赞誉。如曾巩称：

齐多甘泉，冠于天下，其显名者以十数。

苏辙称：

始余在京师，游宦贫困，思归而不能。闻济南多甘泉，流水被道，蒲鱼之利与东南比，东方之人多称之。会其郡从事阙，求而得之。

王辟之称：

齐为东方名郡，而张氏济南盛族，园池乃郡之胜游。泉之出百年矣，士大夫过济南至泉上者不可胜数。

济南的繁盛及其风光吸引了许多著名的政治家或文人儒士来此宦游。面对美丽的湖光山色，他们流连忘返。如欧阳修曰："今人过此犹留连……行客亦为留征轩。"（李逸安点校：《欧阳修全集》卷九《留题齐州舜泉》，中华书局，2001年版）曾巩称："总是济南为郡乐，更将诗兴属何人？"（陈杏珍等点校：《曾巩集》卷六《郡斋即事二首》，中华书局，1984年版）他们将诗兴都投给了济南的湖光山色，留下了众多名篇佳作，为济南文化增色不少。

在以上诸种因素的推动下，宋代济南文化呈现出比较兴盛的局面。宋人对此亦有评论，如曾巩称"齐故为文学之国"（陈杏珍等点校：《曾巩集》卷一三《齐州杂诗序》，中华书局，1984年版），刘颁称"济南名士迩来多"。（〔宋〕刘颁撰、逯铭昕点校：《彭城集》卷一四《寄王济州》，齐鲁书社，2018年版）

总之，北宋齐州重要的交通地理条件和社会经济文化的发展，使之在北宋250余处州府中的地位不断上升。

（谭景玉）

二、 官府风流： 曾巩与济南城建风格的形成

曾巩（1019—1083），字子固，建昌南丰（今江西南丰）人。北宋著名文学家，"唐宋八大家"之一。宋仁宗嘉祐二年（1057）进士。从宋神宗熙宁四年（1071）六月到熙宁六年（1073）六月，任齐州知州整整两年。这期间，他针对济南城市泉水众多、湖山泉林景观齐全的特点，对济南的城市景观进行了合理的规划和建设。

（一） 曾巩与大明湖基本格局的形成

济南地势南高北低，南部山区和城内诸泉群的水都要泄至城北的平原洼地，在北郊形成了大片湖沼，北宋以前称为历水陂。唐宪宗元和年间扩建济

济南大明湖公园内南丰祠（新罗 摄）

南城时，在今大明湖北岸修筑了高大的城墙。城墙将湖圈到了州城之内，湖水北泄的通道被阻断，但泉水仍不断向此汇集。虽在曾巩到齐州前就已建了北水门以泄之，但一遇暴雨，水患仍十分严重，"若岁水溢城之外，流潦暴集，则常取荆苇为蔽，纳土于门，以防外水入之，既弗坚完，又劳且费"。曾巩到任后，从府库拨出专款，购买石头，雇用民工，在旧水门的基础上，"垒石为两涯，其深八十尺，广三十尺，中置石楗，析为二门，扃皆用木，视水之高下而闭纵之"。（陈杏珍等点校：《曾巩集》卷一九《齐州北水门记》，中华书局，1984 年版）改建后的北水门使用木石结构，可比较方便地根据水位涨落开启闸门，既可向外排水，又能防止水回灌，从而消除了水患。

宋神宗熙宁五年（1072）初，曾巩在北城墙上修建了北渚亭。该亭十分壮观，置身其中可尽览齐州湖光山色之胜。20 多年后，晁补之出知齐州。他登上北渚亭旧址，见"群峰屹然，列于林上，城郭井间，皆在其下。陂湖迤逦，川原极望"。（［宋］晁补之：《济北晁先生鸡肋集》卷二《北渚亭赋》，四部丛刊本）这说明曾巩建亭时充分考虑了济南湖山林泉之胜概。

历水陂以南有一片杂草丛生的水域，叫"百花洲"。曾巩在洲内建造了百花台。台周围广植花木，其景色可与武陵的"桃花源"相比，正如他在诗中所言：

> 烟波与客同樽酒，风月全家上采舟。莫问台前花远近，试看何似武陵游。

曾巩组织民力从百花洲向北筑了一条贯通历水陂南北岸的长堤——百花堤，将湖水分为东湖和西湖两部分。沿堤种植花草，间以绿柳，游人可沿长堤直抵北城墙下，再登北渚亭。他在《百花堤》诗中描绘了其风光，诗曰：

> 如玉水中沙，谁为北湖路。久翳荒草根，未承青霞步。我为发其枉，修营极幽趣。发直而砥平，骅骝可驰骛。周以百花林，繁香泛清露。间以绿杨阴，芳风转朝莫。飞梁凭太虚，峣榭蹑烟雾。直通高城颠，海岱归指顾。为州乏长材，幸岁足秔稌。与众饱而嬉，陶然无外慕。

231

曾巩在沿湖及泉渠间建起了芙蓉、水西、湖西、北池等七座桥梁，将湖水和泉水串联起来，构成了湖泉交融的"七桥风月"胜景。曾巩离开齐州后对这一胜景仍念念不忘，曾两次作诗表达其眷恋之情，一是《寄齐州同官》：

> 西湖一曲舞霓裳，劝客花前白玉觞。谁对七桥今夜月，有情千里不相忘。

二是《离齐州后》：

> 将家须向习池游，难放西湖十顷秋。从此七桥风与月，梦魂长到木兰舟。

曾巩还在西湖的东岸、南岸，从与湖紧邻的州衙到水畔及湖内州渚修建了仁风厅、静化堂、芙蓉堂、名士轩、凝香斋、水香亭、采香亭、环波亭、芍药厅等厅堂亭台，使之点缀于湖光山色之中，令人流连忘返。总之，大明湖一带经过曾巩的精心规划和建设，逐渐构成了今日大明湖景区的基本雏形和格局。（参见任宝祯：《大明湖变迁史话》，济南出版社，2009年版）有学者认为，宋代的大明湖是最具艺术魅力的，是山水画、山水诗完美结合的产物。以后历代对大明湖的建设，无论如何雕琢，终究无法与该时期表现出的园林艺术魅力相抗衡。（参见宋凤：《济南城市名园历史渊源与特色研究》，北京林业大学，2009年博士学位论文）这里面应有曾巩的突出贡献。

（二） 曾巩对趵突泉园林发展的贡献

曾巩对趵突泉的园林建设做出了巨大贡献。首先，曾巩为趵突泉命名，提高了趵突泉的知名度。趵突泉曾用过"泺""泺源""娥英水""槛泉""瀑流""三股水""白突"等名，均不及"趵突"这一名字古雅、响亮且有文化意蕴，而这一名字恰恰最早见于曾巩的《齐州二堂记》一文。（参见张华松：《曾巩与济南泉水的时空溯源》，张华松著：《齐地历史与济南文化》，齐鲁书社，2010年版）其文说："而自崖以北至于历城之西，盖五十里，而有泉涌出，高或至数尺，其旁之人名之曰'趵突之

趵突泉畔泺源堂（摄于20世纪30年代初）

泉'。"有学者称曾巩直接将民间流行的语汇用于诗文创作，给泉正式命名，使得"趵突泉"一名从此日益响亮，并广泛流传开来。（参见戴永夏：《趵突泉史话》，济南出版社，2010年版）

其次，曾巩在趵突泉畔修建了"历山堂"和"泺源堂"两座建筑，作为迎来送往的驿馆，提高了趵突泉的知名度。他的《齐州二堂记》记述了建二堂的缘由和经过，并通过考证历山之位置和泉水之源交代了二堂之名的文化意蕴，使济南山水名声大噪。泺源堂因临近泺水而名，历山堂因面对历山而名。"历山堂"和"泺源堂"的修建，吸引了更多的文人墨客来趵突泉观览，促进了趵突泉园林的发展。

再次，曾巩正确断定趵突泉的水源，扩大了趵突泉的影响。对于趵突泉的水源，古人多认为来源于济水之源王屋山。如沈括《梦溪笔谈》说："古说济水伏流地中，今历下凡发地皆流水，世传济水经其下。"曾巩经过实地调研，提出趵突泉的水由南部山区的水渗透潜流而至。他在《齐州二堂记》中说："泰山之北与齐之东南诸谷之水，西北汇于黑水之湾，又西北汇于柏

233

崖之湾，而至于渴马之崖。盖水之来也众，其北折而西也，悍疾尤甚。及至于崖下，则泊然而止。而自崖以北至于历城之西，盖五十里，而有泉涌出，高或至数尺，其旁之人名之曰'趵突之泉'。齐人皆谓尝有弃糠于黑水之湾者，而见之于此。盖泉自渴马之崖潜流地中，而至此复出也。"

曾巩的《趵突泉》诗曰：

> 一派遥从玉水分，暗来都洒历山尘。滋荣冬茹温常早，润泽春茶味更真。已觉路傍行似鉴，最怜少际涌如轮。曾成齐鲁封疆会，况托娥英诧世人。

《齐州二堂记》和《趵突泉》诗对趵突泉的水源做了明确断定，记中"盖泉自渴马之崖潜流地中"和诗中"一派遥从玉水分，暗来都洒历山尘"表达的是一个意思，即趵突泉水源于南部山区。现代科学实验和实地勘探表明，趵突泉的水源确实是来自南部山区。曾巩的记和诗不仅扩大了趵突泉的影响，还对趵突泉的水源做出了正确的断定。

《趵突泉诗》中所谓"齐鲁封疆会"，即《左传》所言"公与齐侯会之泺"。所谓"娥英诧世人"是说娥英与大舜的传说。趵突泉旁有娥英庙，与南面历山上的舜祠相对。曾巩通过《趵突泉》诗，讲述济南悠久的历史和深厚的文化内涵，扩大了趵突泉的影响。

距趵突泉不远有金线泉。曾巩《金线泉》一诗，是已知关于金线泉较早的诗歌。其诗曰：

> 玉甃常浮灏气鲜，金丝不定路南泉。云依美藻争成缕，月照寒漪巧上弦。已绕渚花红灼灼，更萦沙竹翠娟娟。无风到底尘埃尽，界破冰绡一片天。

正是这首诗，使金线泉引起人们的关注，并逐渐发展为济南一个著名的泉水景观，并成为趵突泉园林泉水体系的一部分。

曾巩在济南虽仅仅两年，但其对济南的自然环境特点和人文历史底蕴都有深入把握，故能够以严谨的态度对城市景观进行合理规划和建设，奠定了日后济南城市主要景观的格局和风格。

（三） 曾巩诗中的济南园林

如果说大多数园林城市都是"城有园林"的话，济南则是"城即园林"。这一文化特征在宋代就已基本形成，在曾巩的诗文中也有明确反映。亭是城市园林的重要构成部分，曾巩的诗中有许多对济南园林之亭的描述。先看曾巩的四首诗。

一是《环波亭》：

> 水心还有拂云堆，日日应须把酒杯。杨柳巧含烟景合，芙蓉争带露华开。城头山色相围出，檐底波声四面来。谁信瀛洲未归去，两州俱得小蓬莱。

二是《鹊山亭》：

> 大亭孤起压城颠，屋角峨峨插紫烟。泺水飞绡来野岸，鹊山浮黛入晴天。少陵骚雅今谁和，东海风流世谩传。太守自吟还自笑，归来乘月尚留连。

三是《北渚亭》：

> 四楹虚彻地无邻，断送孤高与使君。午夜坐临沧海日，半天吟看泰山云。青徐气接川原秀，常碣风连草本薰。莫笑一樽留恋久，下阶尘土便纷纷。

四是《水香亭》：

> 临池飞构郁岧巉，桭槛无风影自摇。群玉过林抽翠竹，双虹垂岸跨平桥。烦依美藻鱼争饵，清见寒沙水满槔。莫问荷花开几曲，但知行处异香飘。

曾巩的这四首诗虽描写角度不同，但都写出了济南"城即园林"的特点，无论是"大亭孤起压城颠"的整体气势，还是"临池飞构郁岧巉"的夸张表述，或是"四楹虚彻地无邻"的写实叙述，都反映了无处不在的园林美景。尤其是《环波亭》诗，更是把济南全城处处烟柳、处处莲香的柳绿莲红，把"山色、湖光、泉水"一体的湖山景象整体托出。不难看出，后来清

235

人的"四面荷花三面柳,一城山色半城湖"正是由此脱胎而来。

曾巩为齐州知州,其郡斋实际上就是一处园林。《郡斋即事》曰:

满轩山色长浮黛,绕舍泉声不受尘。四境带牛无事日,两衙封印自繇身。白羊酒熟初看雪,黄杏花开欲探春。总是济南为郡乐,更将诗兴属何人。

《酬强几圣》诗曰:

俯仰林泉绕舍清,经年闲卧济南城。山田雨足心无事,水榭华开眼更明。新霁烟云飞观出,晚凉歌吹画桥横。寄声裴令樽前客,只欠高谈一座倾。

诗中"满轩山色""绕舍泉声""林泉绕舍""水榭华开""烟云飞观""歌吹画桥"等描写,把郡斋的园林特性生动地体现出来。

《二月八日北城闲步》诗曰:

土膏初动麦苗青,饱食城头信意行。便起高亭临北渚,欲乘长日劝春耕。

该诗中把"城头"与"高亭""北渚"相连,进一步体现了郡斋的园林性质,对"城即园林"做了自然的注释。

曾巩在济南任职期间,写有许多咏济南山水的诗歌,除园林诗外,还有咏华不注、鹊山、鲍山、舜泉、灵岩寺的诗,充分表达了他对济南风光的喜爱之情。

(谭景玉)

三、 东州逸党： 北宋前期济南地区的士大夫群体

"东州逸党"之名最早见于宋人颜太初的《东州逸党》诗。"东州"就是北宋京东路诸州军。从宋真宗末年到仁宗庆历以前，这里有一些文人意气相投，来往密切，在政治上相互提携，在文学上相互推重，在学术上相互切磋。由于他们的日常行为及文学创作等均表现出不受约束、豪放纵逸的特征，故被称为"东州逸党"。

（一） 东州逸党的人员构成

"东州逸党"的核心成员是济南籍人范讽以及与其亲善的石延年和刘潜，还有一些与其交游甚密且"慕其所为"的文人，如贾同、王樵、李冠、李芝等。

范讽，齐州（今属济南）人。以荫补官。时值宋真宗东封，因献《东封赋》而知平阴，以峻法治理豪强。宋真宗天禧年间举进士第，任淄州、郓州通判，知广济军，后任右司谏、三司度支判官、知审刑院、知青州。宋仁宗明道二年（1033）入为右谏议大夫，权御史中丞。寻加龙图阁直学士，迁三司使。他"性偶傥，好奇节，不拘细行"（［宋］李焘：《续资治通鉴长编》卷一一五，景祐元年秋七月乙未条，中华书局，2004 年版），在位仅半年就因遭宰相吕夷简嫉恨而转阁学士、迁给事中、黜知兖州。刚到兖州，又遭殿中侍御史庞籍弹劾，指责他"放纵，不拘礼法"（［宋］王珪：《华阳集》卷四八文渊阁四库全书本），被贬为武昌军节度行军司马。一年多后，徙保信军，后回齐州为母守丧。这期间，范讽有《题济南城西张寺丞园亭》诗：

> 园林再到身犹健，官职全抛梦乍醒。惟有南山与君眼，相逢不改旧时青。

从诗的内容看，范讽对"官职全抛"多少有些寂寥，"惟有南山"足以

慰藉，以致"日饮酒自纵，为时所讥"。（《宋史》卷三〇四《范讽传》）《宋史》也批评他"类旷达，然捭阖图进，不受名检，所与游者辄慕其所为，时号东州逸党"。除服后，知淮阳军、潞州等，约于宋仁宗庆历初年去世。

石延年（994—1041），字安仁，后改曼卿，应天宋城（今河南商丘）人。以朝廷录三举进士入仕，历知金乡县、通判乾宁军、永静军。累迁至大理寺丞。宋仁宗景祐二年（1035），因与范讽亲善而被贬为海州通判。后以太子中允、秘阁校理壮年而卒。他"少亦以气自豪，读书不治章句，独慕古人奇节伟行非常之功，视世俗屑屑，无足动其意者"。（李逸安点校：《欧阳修全集》卷二四《石曼卿墓表》，中华书局，2001年版）

刘潜（？—1038），字仲方，曹州定陶（今菏泽定陶）人。自少卓逸有大志，好为古文。以进士起家，历任淄州军事推官、知蓬莱县。他性格刚烈，与石延年是酒友。后因母亲去世，悲痛而死。

贾同，字公疏，后字希得，临淄人。宋真宗大中祥符四年（1011），他已40多岁，方得同进士出身，曾任历城县主簿、通判兖州、知棣州等。他笃古好学，试图通过自己的学问"扶道"，即提倡道统。他与李冠是好友，去世后，李冠等私谥曰"存道先生"。

王樵，字肩望，自称赘世翁，淄川人。他"博通群书，不治章句，尤善考《易》。与贾同、李冠齐名，学者多从之"。（《宋史》卷四五八《王樵传》。文中"尤善考《易》"之"考"应为"老"字之误）著有《游边集》三卷、《安边三策》、《说史十篇》，皆散佚。

李冠，字世英，历城人。据《宋史·刘潜传》的附带记载，知其举进士不第，得同三礼出身，调乾宁主簿。一生仕途并不通达，与刘潜同时"以文学称京东"，著有《东皋集》二十卷，今已佚。有词《六州歌头·项羽庙》：

　　秦亡草昧，刘项起吞并。鞭寰宇，驱龙虎，扫欃枪，斩长鲸。血染中原战，视余耳，皆鹰犬，平祸乱，归炎汉，势奔倾。兵散月明，风急旌旗乱，刁斗三更。共虞姬相对，泣听楚歌声，玉帐魂惊，泪盈盈。念花无主，凝愁苦，挥雪刃，掩泉扃。时不利，骓不

逝，困阴陵，叱追兵。呜咽撼天地，望归路，忍偷生！功盖世，何
处见遗灵？江静水寒烟冷，波纹细、古木凋零。遣行人到此，追念
益伤情。胜负难凭。

李芝，历城人。与李冠是诗友，曾为王樵作《赘世先生传》。张方平有
《送李芝东归》诗，可知其生平事迹之一鳞半爪，节录如下：

此君齐鲁之奇才，三十疡废吁命哉。来游京国动凄怆，东归泰
山卧崔嵬。

李芝虽被誉为"齐鲁之奇才"，但直到而立之年仍未取得功名，只能归
隐于故乡。

释秘演，号文惠，山东僧人。宋真宗天禧年间为右街讲经僧。与石延年
交游最久，诗酒相娱。他"好论天下事，自谓浮图其服而儒其心"（［宋］尹
洙：《河南集》卷五《浮图秘演诗集序》，文渊阁四库全书本），擅长作诗，有
《秘演诗集》，收诗三四百篇。

除以上"逸党"的主要成员外，还有一些人与他们往来甚密。如宋城
（今河南商丘）人张方平少年时曾与"逸党"人物刘潜、石延年等意气相
投，"相与纵酒为高"。（［宋］张方平：《乐全集》卷三三《谢苏子瞻寄乐全集
序》，文渊阁四库全书本）任至宰相的濮州（今菏泽鄄城）人李迪与范讽关系
密切，曾受范讽牵连而被贬。濮州雷泽（今菏泽）人高弁与李迪、贾同等相
友善，石延年、刘潜皆其门人。

（二）东州逸党的特征

从总体上看，"逸党"这一文人群体有以下几个特征：

第一，从"逸党"成员的生活作风看，都以喜欢豪饮，生活放荡不
羁，性情豪旷奔放而著称，常有"出格"之举。范讽即使在守丧期间仍
然"饮酒自纵"。（《宋史》卷三〇四《范讽传》）石延年"喜豪饮"，任海
州通判时，刘潜来访，二人在船上"剧饮"，到夜半酒要喝完时，看到
船中有斗余醋，就将其倒入酒中饮之，天明时酒醋俱尽。王樵在知州刘

通前去拜访时竟翻墙逃走。

第二，"逸党"成员大多官位不高，甚至仅是布衣，但都关心国计民生，敢言无顾忌，尤其喜谈军事，重视边务防备，表现出以天下为己任的积极入世精神，甚至如释秘演那样的僧人，亦好论天下事。"澶渊之盟"后，很多人都认为可以放松武备了，石延年却"上言天下不识战三十余年，请为二边之备"。(《宋史》卷四四二《石延年传》) 王樵"唯以论兵击剑为事"(《宋史》卷四五八《王樵传》)，曾以一头驴负载行李，徒步千里游览塞外，筹划灭辽之策，写成了《安边三策》。寇准在宋真宗晚年因反对刘太后干政被贬，贾同能在刘太后临朝的情况下请求为寇准平反，足见其敢言。

第三，从"逸党"成员及其追随者的籍贯看，大多来自京东路的齐州、淄州和青州等地，他们之间联系极为紧密，在政治上相互援引，荣损与共；在学术上或师或友，意气相投，有着相近的学术主张。王樵与贾同、李冠就是处于师友之间。范讽对青州、齐州等地的士人多有提携。宋仁宗明道年间，他推荐历城人张揆知莱州掖县。明道二年（1033）章献太后崩后，范讽欲引荐石延年，石延年极力推辞。后来范讽被贬，石延年因与范讽关系密切而被贬为海州通判。(参见崔海正：《北宋"东州逸党"考论》，载《武汉大学学报》2003年第4期)

在"逸党"的主要成员中，范讽一生的精神和事业主要在于政治，诗文与学术成就并不突出；石延年和刘潜的事业和成就多在诗文而非学术；贾同、王樵、李冠等在学术成就上相对突出。对于"逸党"的影响，颜太初的《东州逸党》诗有所描述：

> 东州有逸党，尊大自相推。号曰方外交，荡然绝四维。六籍被诋诃，三皇遭毁訾……斯人之一唱，翕然天下随。斯人之一趋，靡然天下驰。乡老为品状，不以逸为嗤。宗伯主计偕，不以逸为非。私庭训子弟，多以逸为宜。公朝论人物，翻以逸为奇。家国尽为逸，礼法从何施。

由上可知"逸党"之风在当时社会的盛行。颜太初是孔门高足颜渊第

47 世孙，一生以儒学卫道士自居，对"逸党"深恶痛绝，甚至建议朝廷要对"逸党"成员"分捕复大索，憸人无孑遗。大者肆朝市，其徒窜海湄。杀一以戒万"（北京大学古文献研究所编：《全宋诗》卷二二六，北京大学出版社，1991 年版），故而可能对"逸党"的影响有所夸大。

（三） 东州逸党的影响

要具体探讨"逸党"的影响，需要从其成员的交游谈起。在"逸党"成员的交游中，最重要的当属泰山学派的孙复、石介等人。石介的为人和作风亦深受"逸党"之风的浸染。"逸党"人物关心国计民生，敢言无顾忌，豪旷奔放的性格在石介身上也很突出。庆历新政之初，他写成九百余言的长诗《庆历圣德颂》，以爱憎分明的态度鞭挞尸位素餐的保守派，热情歌颂范仲淹等新政的领袖人物，为改革大造舆论。这首"别白邪正甚详"的政治诗一问世，立刻震惊了朝野上下。由于地缘上的邻近，加之双方成员的相互交往，"东州逸党"对泰山学派的学术和文学成就及主张都产生了深刻影响，并通过这种影响凸显了自身在宋代文化史和学术史上的意义。

首先是学术上的影响。从整个宋学来看，由章句注疏转向寻求义理、疑经思潮及标榜自己承续孔孟之道统都是其极为突出的特征。"逸党"学者顺应了唐宋之际学术发展的大势，在治学上表现出了一些新的倾向，如"不治章句"，开始突破汉学章句注疏的旧传统，向义理之学转变；对经典提出怀疑，尊崇孟子，主张道统之说等。"逸党"在学术上的这些倾向到稍后的泰山学派更为突出，并成为宋学奠基者——泰山学派学术上的重要特色之一。虽在"逸党"之前，已有柳开等个别学者在治学上表现出上述倾向，"逸党"学者不是开宋学风气之先者，其治学方法亦处于守旧与革新的过渡阶段，但却是宋学初兴阶段的重要推动力量。

其次是文学上的影响。石介深受"逸党"豪放诗风的浸染，其诗歌多因事而发，以政治时事为主题，如长诗《庆历圣德颂》即为庆历新政造舆论而作。再如《寄沛县梁子高》之"醉读兵韬斗龙豹，闲抽宝剑舞星辰"、《喜

雨》之"天捉乖龙鞭见血，雷驱和气泄为霖"等诗句都可表现石介的豪迈诗风。在"逸党"及石介等的影响下，齐鲁诗坛的豪放之风日甚一日。"皇祐以后，时人作诗尚豪放，甚者粗俗强恶，遂以成风"（［宋］魏泰撰、李裕民点校：《东轩笔录》卷一一，中华书局，1983年版），这种风气在京东地区尤为明显。总之，"东州逸党"给宋元时期的齐鲁文坛注入了一股豪放之风，使我们在考察后世济南诸多文坛大家的文风时，不能不联想到其前辈"东州逸党"的影响。宋代词坛上的"二安"——李清照和辛弃疾都是济南人，其作品无不具有一种豪迈之气。"逸党"成员不仅擅诗，也擅词。"东州逸党"大致与柳永、晏殊生活于同一时期，当时词坛上仍充溢着浓厚的脂粉气，李冠等人异军突起，开宋词豪放一派之先河，在词史上具有重要意义。他们的词作对"二安"的影响也极为明显。直到元代，张养浩作品的豪迈特色仍旧十分明显。

（谭景玉）

四、寻寻觅觅：李清照的文学成就

李清照是两宋之际出现的中国古代最杰出的女词人。她诸体皆擅，尤以词闻名，其词作虽存世不多，但流传甚广，自成一体，在词史上占有重要地位。

（一）少女时代

由于史籍记载语焉不详，李清照的生卒年代和籍贯至今都存在争议。对其生卒年代，一般认为她生于宋神宗元丰七年（1084），大约在宋高宗绍兴二十五年（1155）或以后去世，享年至少73岁。对于其籍贯，长期以来都是"历城说"和"章丘说"并存，但对其是济南人毫无争议。

李清照的文学成就有其家学渊源。她的父亲李格非以文章受知于苏轼，为"后苏门四学士"之一，是当时的文章名流。

李清照的词作在宋代已结为《李易安集》或《漱玉词》刊行，但均已失传。今存其词集均为后人辑录，流传广者有王仲闻的《李清照集校注》、徐培均的《李清照集笺注》和徐北文主编的《李清照全集评注》等，均对李清照词做了尽可能的整理辑补。

李清照除从事词的创作外，还写成了《词论》这部词史上最早产生巨大影响的词学评论，提出了词"别是一家"的观点，主张诗和词应有严格分野，诗用以言志，而词主要用以言情，用来描写个人生活的感受。李清照词的创作与其历尽甘苦的一生密切相关，每一阶段的代表作都是她该时期生活的生动记录。

李清照十五六岁以前的少女时代是在济南度过的。这一时期的作品主要是反映少女生活的闺情词。如《点绛唇》刻绘少女爱玩和羞涩的情态，细腻传神，活灵活现：

蹴罢秋千，起来慵整纤纤手。露浓花瘦，薄汗轻衣透。见客入来，袜刬金钗溜。和羞走，倚门回首，却把青梅嗅。

漱玉集序
壬戌歲暮李君冷衷以所編易安居士漱玉集屬予校定乃取半塘老人刻本
漱玉詞爲箋其同異多寡之數而歸之閱數月冷衷蒐集益富成書五卷復屬
序於予。案四庫箸錄漱玉詞一卷。即毛氏汲古閣本。得詞僅十七首。附以金石
錄序一篇而已。半塘所刻爲詞凡五十首。於毛氏本鷓鴣天枝上流鶯一闋。靑
玉案一年春事一闋證其爲少游。永叔作。概置弗錄。則已校毛本增三十五首
矣。冷衷此編所集文凡五篇。詩凡十八首。詞凡七十八首。詩文爲半塘刻本所
未采者。以詞相校則復增二十八首矣。半塘所集據梅苑樂府雅詞花草粹編
全芳備祖詞統諸書而冷衷得自梅苑花草粹編詞統者。又多爲半塘所未采。
意半塘所據諸書尚非全本也。陳直齋書錄解題。漱玉詞別本五卷。黃叔暘花
菴詞選亦稱漱玉詞三卷。然則以視今所存者。其詞散佚蓋已多矣。冷衷引據
漱玉集 序 一
冷雪盦叢書

《漱玉集》（民国排印本）

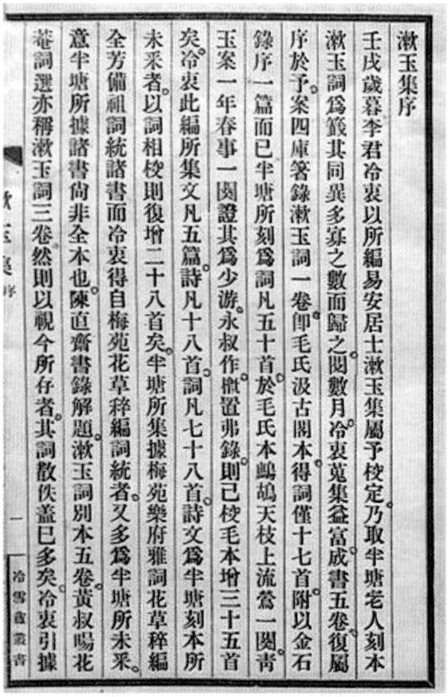

对在家乡的这段生活，李清照一直记忆犹新。离开家乡后，她写了两首记述自己出游乐趣的词，描绘了故乡的风光，一是《如梦令》：

常记溪亭日暮，沉醉不知归路。兴尽晚回舟，误入藕花深处。争渡、争渡，惊起一滩鸥鹭。

二是《怨王孙》：

湖上风来波浩渺，秋已暮、红稀香少。水光山色与人亲，说不尽、无穷好。莲子已成荷叶老，清露洗、蘋花汀草。眠沙鸥鹭不回头，似也恨、人归早。

学界对上述两词中的溪亭和湖具体究竟为何者虽有不同认识，但对其描写的是济南景色却无争议。济南城市颇具特色的景观——湖山泉林和代表济南文化的物象——荷花鹭鸟都深深地印在了李清照的脑海里，成为其记忆中的故乡形象。

大约在16岁那年，李清照被父亲接到了东京。很快，她就写出了使她获得“词女”美名的《如梦令》：

昨夜雨疏风骤。浓睡不消残酒。试问卷帘人，却道海棠依旧。知否、知否？应是绿肥红瘦。

该词以构思新颖、造语精巧而闻名。宋陈郁《藏一话腴·内篇》卷下称“‘绿肥红瘦’之句，天下称之”。清王士禛《花草蒙拾》更誉“绿肥红瘦”

李清照故居（章丘区文物局提供）

之句为"人工天巧，可称绝唱"。

（二）绝世奇才

18岁那年，李清照与赵明诚结为伉俪。二人志同道合，唱和诗词，共同搜集考辨金石，生活十分幸福。宋徽宗大观元年（1107），赵明诚之父赵挺之去世。他们夫妻二人一起回青州守制，过了十余年退居乡里的生活。这期间，共同完成了《金石录》的初稿。宋徽宗宣和二年（1120），赵明诚重被起用后，夫妇间难免时有离别，李清照由此写了不少伤离叹别、怀念丈夫的名作。如《醉花阴》：

> 薄雾浓云愁永昼，瑞脑销金兽。佳节又重阳，玉枕纱厨，半夜凉初透。东篱把酒黄昏后，有暗香盈袖。莫道不销魂，帘卷西风，人比黄花瘦。

该词结尾颇得古今读者激赏，"人比黄花瘦"巧妙、含蓄地表达了离思

245

之重。《一剪梅》写秋日出游，触景生情，勾起了心底对丈夫无法排遣的殷切思念：

> 红藕香残玉簟秋，轻解罗裳，独上兰舟。云中谁寄锦书来，雁字回时，月满西楼。花自飘零水自流，一种相思，两处闲愁。此情无计可消除，才下眉头，却上心头。

宋钦宗靖康初年，金人大举南下，北宋灭亡，李清照一家随宋室南渡。宋高宗建炎三年（1129），赵明诚病故，对李清照的打击尤为沉重。她从此陷入了家破人亡、颠沛流离、孤苦无依的深渊之中。痛苦的遭遇使其词风大变，由此写出了一些催人泪下的伤乱词。如宋高宗绍兴五年（1135）避地金华时写的《武陵春》：

> 风住尘香花已尽，日晚倦梳头。物是人非事事休，欲语泪先流。闻说双溪春尚好，也拟泛轻舟。只恐双溪舴艋舟，载不动、许多愁。

"愁"本是无形的，作者却写出了它的重量，匠心独运。再如《声声慢》刻画了词人晚年孑身独处的愁苦之情：

> 寻寻觅觅，冷冷清清，凄凄惨惨戚戚。乍暖还寒时候，最难将息。三杯两盏淡酒，怎敌他、晚来风急。雁过也，正伤心，却是旧时相识。满地黄花堆积，憔悴损，如今有谁堪摘。守着窗儿，独自怎生得黑。梧桐更兼细雨，到黄昏、点点滴滴。这次第，怎一个、愁字了得！

该词起笔巧用七对叠字，音调谐美，清陆以湉《冷庐杂识》卷五誉之为"千古创格，亦绝世奇文也"。

李清照在词史上成就卓异，屹然为一大宗。对李清照的词，历代多有赞誉。宋王灼《碧鸡漫志》卷二称："易安自少年便有诗名，才力华赡，逼近前辈，在士大夫中已不多得。若本朝妇人，当推文采第一。"明杨慎《词品》卷二谓："宋人中填词，李易安亦称冠绝。使在衣冠，当与秦七（按：即秦观）、黄九（按：即黄庭坚）争雄，不独雄于闺阁也。"清李调元《雨村词话》卷三称："易安在宋诸媛中，自卓然一家，不在秦七、黄九之下。词无一首不工……盖不徒俯视巾帼，直欲压倒须眉。"李清照词在群花争艳的宋代词苑中，独树一帜，自成一家，人称"易安体"。从艺术风格上看，易安体具有如下特点：一是情感真挚。其前期的恋情词，如《一剪梅》《凤凰台上忆吹箫》等满纸至情，自然率真。其后期怀旧写愁的伤乱词，如《武陵春》《声声慢》等篇字字血泪，全是发自肺腑的心声，没有半点儿雕琢矫饰。二是熔炼日常口语。李清照"用浅俗之语，发清新之思"（［清］彭孙遹：《金粟词话·李易安词意并工》，唐圭璋编：《词话丛编》，中华书局，1986 年版），创造了以自然率真为主要特色的文学语言。三是善用白描法。漱玉词长于以白描手法创造动人的意境，通俗易懂，自然流畅。如《醉花阴》写离思凝重："帘卷西风，人比黄花瘦。"《永遇乐》写孤寂失落："不如向帘儿底下，听人笑语。"均以直白之语，写深浓之情。四是讲求韵律美。漱玉词喜用双声叠韵，选辞注重声韵美。《声声慢》词首句连下 14 个叠字，历代词家异口同声赞为千古绝调。（参见刘乃昌主编：《李清照志 辛弃疾志》，山东人民出版社，2009 年版）

历来谈及李清照的词，往往只强调其中婉约的一面，其实她的词作也有

李清照绣像

豪放的一面，如《渔家傲》：

天接云涛连晓雾，星河欲转千帆舞。仿佛梦魂归帝所，闻天语，殷勤问我归何处。我报路长嗟日暮，学诗谩有惊人句。九万里风鹏正举。风休住，蓬舟吹取三山去！

作者设想在梦游中通过与天帝的问答来寄托自己的情思，景象壮阔，气势磅礴。近人梁启超称其"绝似苏辛派，不类《漱玉集》中语"。（梁令娴：《艺蘅馆词选》乙卷，中华书局，1935 年版）清沈曾植则称"易安倜傥有丈夫气，乃闺阁中之苏（轼）、辛（弃疾），非秦

247

（观）、柳（永）也"。（〔清〕沈曾植：《菌阁琐谈》，唐圭璋编：《词话丛编》，中华书局，1986年版）

李清照的词在当时就有很大影响，易安体也是后继者学习的楷模，如侯寘有〔眼儿媚〕《效易安体》，辛弃疾也有〔丑奴儿近〕《博山道中效李易安体》，可见当时人对易安体的尊崇。李清照所开创的易安体继往开来，集婉约派之大成，并使之发展到了高峰，丰富和发展了古代文学的一个流派，为宋词增添了光彩。至于李清照在中国词史上的地位，清况周颐《蕙风词话》卷四有较为恰当的评价：

> 李易安时代犹稍后于（朱）淑真。即以词格论，淑真清空婉约，纯乎北宋；易安笔情近浓至，意境较沈博，下开南宋风气。

这里十分明确地指出了李清照在两宋词的发展中是过渡时期承先启后的作家之一，对南宋词的发展有不可低估的影响。（参见程千帆等：《两宋文学史》，上海古籍出版社，1991年版）

李清照多才多艺，除词以外，其散文与诗歌创作也取得了很高的成就。她的散文传世很少，仅10篇左右，但大都具有较高的思想艺术水平，尤其是晚年写的《金石录后序》，是中国散文史上为数不多的出类拔萃的篇目之一。历代多有赞誉之辞。明祝允明称其"有此文才，有此智识，亦闺阁之杰也"。（〔明〕刘士鏻辑、王宇增删：《古今文致》卷三引，《四库全书存目丛书·集部》第373册，齐鲁书社，1997年版）清李慈铭称："宋以后闺阁之文，此为观止。"（〔清〕李慈铭撰、由云龙辑：《越缦堂读书记》，中华书局，2006年版）李清照在诗歌方面的成就虽不及词，但凭借深湛的思想意蕴而受到人们的赞誉。她的诗有强烈的现实感，能通过对历史的反思来表达对现实的深沉忧虑，抒发自己的爱国之情。代表作当数《浯溪中兴颂诗和张文潜二首》。另其《乌江》《夏日绝句》诗借咏史而言志，气势恢宏，其中的"生当作人杰，死亦为鬼雄"更是千古传诵的名句。

（谭景玉）

五、 挑灯看剑： 辛弃疾的抗金斗争与文学成就

辛弃疾（1140—1207），原字坦夫，后改幼安，号稼轩。历城人。南宋著名词人。从"靖康之变"到辛弃疾登上词坛将近40年，其间经过大批南渡词人的创作实践，转变了词的功能和审美境界，促进了南北词风的融合，在变动与普及中为词史高峰期的到来做好了充分准备。在这一历史条件下，辛弃疾继承了苏轼以来的豪放词风和张孝祥等的爱国主义创作思想，使词境变得更为雄奇阔大，彻底打破了词为艳科的传统观念，以大量的词篇将爱国豪放词推向词史的巅峰。（参见陶尔夫等：《南宋词史》，黑龙江人民出版社，1992年版；程千帆等：《两宋文学史》，上海古籍出版社，1991年版）

（一） 坎坷一生

辛弃疾出身于官宦世家，父亲早逝，靠祖父辛赞抚养成人。金兵攻占济南时，辛赞因族人太多未能脱身南渡，后无奈仕金，但仍怀念故国，常带辛弃疾"登高望远，指画山河，思投衅而起，以纾君父所不共戴天之愤"。（［宋］辛弃疾：《进美芹十论札子》，徐汉明编：《新校编辛弃疾全集》，湖北人民出版社，2007年版）祖父的教导深刻地影响了辛弃疾的一生，对其后来成为爱国词人有巨大影响。

南宋高宗绍兴三十一年（1161），金主完颜亮大肆征调人力、物力南下攻宋。中原民众不堪压迫，纷纷揭竿而起，其中声势最为浩大的是活动在泰安一带的由济南农民耿京领导的义军。辛弃疾出于忠贞之心与恢复之愿，在济南南部山区召集了两千多人的队伍参加了耿京义军。他被任为掌书记，掌军中印信与机要文书等，实际处于谋主的地位。他不仅亲身参与了义军的多次战斗，还为义军谋划了与南宋军队协同作战的战略，劝耿京"决策南向"，归附南宋政权。

绍兴三十二年（1162）正月，耿京派诸军都提领贾瑞与辛弃疾等奉表南归，在建康（今江苏南京）受到了宋高宗的接见。当他们带着南宋给耿京的任命返回时，义军内部发生了重大变故。义军将领张安国等杀害了耿京后降金。辛弃疾闻讯后，率50人直闯济州（今菏泽巨野），闯入金军大营，在千军万马中生擒了正与金将酣饮的张安国，昼夜兼程将张安国押送到建康斩首。这件事在南宋朝野引起很大轰动，表现了他不同寻常的胆识。早年的这段军旅生活成为其后来多首壮词的重要素材。

　　南归之初，辛弃疾被任命为江阴军（今江苏江阴）签判。南宋孝宗乾道元年（1165），任建康府判官，奏《进美芹十论札子》。乾道六年（1170），又向宰相虞允文进呈《九议》。这两篇文章是辛弃疾散文的代表作。南宋刘克庄对其有很高的评价："文墨议论尤英伟磊落。乾道、绍熙奏篇及所进《美芹十论》《上虞雍公九议》，笔势浩荡，智略辐辏，有《权书》《衡论》之风。"（［宋］刘克庄：《辛稼轩集序》，曾枣庄等主编：《全宋文》第329册，上海辞书出版社，2006年版）辛弃疾在这两篇文章中分析了当时的政治、军事形势，提出了富国强兵以图收复失地的措施。在其战略设计中，山东占有重要地位。他不仅看到了山东的重要战略地位，认为只有先谋山东，才能进取河北，控制燕京，而且强调了以劲勇著称的山东民众可以重用。这些认识无疑与其早年在山东组织义军抗金的经验有密切关系。乾道八年（1172）调滁州（今安徽滁州市）任知州。南宋孝宗淳熙六年（1179），改任湖南安抚使兼潭州（今湖南长沙）知州，为政以养民为意，创建了劲旅"飞虎军"。两年后，调任隆兴（今江西南昌）知府兼江西安抚使。同年冬，被诬告而落职，回上饶带湖新居赋闲。

　　辛弃疾在带湖闲居十年，创作了大量文

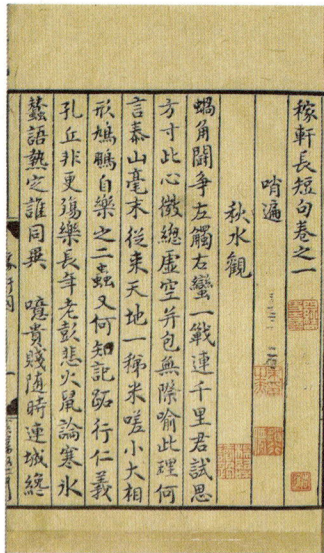

《稼轩长短句》书影

学作品，从其作品内容看，他虽谓"闲居"，实则无时无刻不在关心天下大事。宋光宗绍熙三年（1192），闲居十年的辛弃疾又被起用为福建路提点刑狱，半年后摄福建路安抚使职。其后曾一度为太府少卿，不久又改派福州知州兼福建路安抚使。但都是不久就被贬官。

开禧三年（1207），被授为兵部侍郎。他两次上章辞免，方遂所愿。由于辛弃疾在带湖的住处失火被毁，于是他举家迁居铅山。后又命进枢密院承旨，未及受命而辞世。

（二）光复情结与文学成就

辛词现存 600 多首，是宋代词人中作品最多的一位。其词集版本很多，今人邓广铭著《稼轩词编年笺注》，将各种版本合为一集，去其重复，并加以辑补，共收辛词 626 首，是目前最完善的本子。徐汉明编有《新校编辛弃疾全集》，将今存辛弃疾的词、诗、文尽行收录，颇便参考。

辛弃疾生活在宋室偏安江南，君臣苟安，光复无望的时代。他虽然立志光复，但始终不能行其志，展其才。他坎坷曲折的一生只能以悲剧结束。辛弃疾将自己毕生致力于光复的努力，对国家前途和民族命运始终不渝的关注和深沉强烈的忧患与责任感，以及由此引发的全部希望与失望、欢乐与痛苦都付于词的创作之中。

辛弃疾念念不忘家国之忧，心中所系常是中原故土。他在作于南宋孝宗淳熙二三年（1175—1176）间的［菩萨蛮］《书江西造口壁》中称：

郁孤台下清江水，中间多少行人泪。西北望长安，可怜无数山。青山遮不住，毕竟东流去。江晚正愁予，山深闻鹧鸪。

作者在曾遭受金军大肆掳掠的赣西一带抚今追昔，由赣江水联想到民众遭受苦难时的血泪，对金人治下的北方军民表示了深切怀念。"青山遮不住，毕竟东流去"，即景抒情，表达了对收复失地的坚定信念。此词在健拔的笔锋中掺和着含蓄的情调，有含蓄蕴藉之美。

由于辛弃疾时刻忧虑光复前景和国家命运，这种忧虑却不为他人所理

251

解，故而常在词中表达一种知音恨少的孤独寂寞感。如［青玉案］《元夕》：

> 东风夜放花千树。更吹落，星如雨。宝马雕车香满路。凤箫声
> 动，玉壶光转，一夜鱼龙舞。蛾儿雪柳黄金缕，笑语盈盈暗香去。
> 众里寻他千百度，蓦然回首，那人却在，灯火阑珊处。

此词用大部分笔墨描绘了杭州元宵之夜倾城冶游的盛况，最后以"众里寻他千百度，蓦然回首，那人却在，灯火阑珊处"写出了一位置身欢乐之外的人物。词中前后构成的对比展示了作者强烈的孤独感。全词情文并茂，尤其是最后几句，有"意境之高超，可谓独绝"（梁启勋：《词学》下编《描写物态》，中国书店，1985年版）之誉。

辛弃疾常常追忆早年的军旅生活，表达自己志在收复家国的决心。如［破阵子］《为陈同甫赋壮词以寄之》：

> 醉里挑灯看剑，梦回吹角连营。八百里分麾下炙，五十弦翻塞
> 外声。沙场秋点兵。马作的卢飞快，弓如霹雳弦惊。了却君王天下

辛弃疾故居牌坊（王海峰提供）

事，赢得生前身后名。可怜白发生！

前九句是以词人早年经历为基础对沙场征战的想象，抒发了为国立功的远大抱负，写得威武雄壮，不愧为"壮词"，但这只是梦幻，结尾陡然跌落现实，理想与现实的极大落差，表达了作者的光复理想被碾碎后无可奈何的悲愤之情。

辛弃疾还通过咏史怀古之作表达对国事的关注。代表作如其晚年写的［南乡子］《登京口北固亭有怀》：

何处望神州？满眼风光北固楼。千古兴亡多少事，悠悠，不尽长江滚滚流。年少万兜鍪，坐断江南战未休。天下英雄谁敌手？曹刘。生子当如孙仲谋。

词中将孙权作为杰出英雄歌颂，实是借古讽今，借题发挥，表达了对当时宋廷君臣能否担当北伐重任的忧虑。再如［永遇乐］《京口北固亭怀古》：

千古江山，英雄无觅，孙仲谋处。舞榭歌台，风流总被，雨打风吹去。斜阳草树，寻常巷陌，人道寄奴曾住。想当年金戈铁马，气吞万里如虎。元嘉草草，封狼居胥，赢得仓皇北顾。四十三年，望中犹记，烽火扬州路。可堪回首，佛狸祠下，一片神鸦社鼓。凭谁问：廉颇老矣，尚能饭否？

作者推崇的英雄人物除孙权外，还有曾率军北伐的南朝宋武帝刘裕，在慨叹孙、刘式英雄人物的同时，也慨叹自己壮志难酬。词中怀古感旧与伤今虑远交融，寄慨弥深，沉郁悲壮。

对于辛词的风格，几乎所有论者都会提及其"豪放"的特征。南宋刘克庄称辛词"大声鞺鞳，小声铿鍧，横绝六合，扫空万古，自有苍生以来所无"。（［宋］刘克庄：《后村先生大全集》卷九八《辛稼轩集序》，四部丛刊本）四库馆臣称其词"慷慨纵横，有不可一世之概"。（［清］永瑢等：《四库全书总目》卷一九八，中华书局，1965 年版）实际上，辛词的风格也是多样的，刘克庄在指出其豪放特征的同时，也指出"其稗纤绵密者亦不在小晏、秦郎之下"。（［宋］刘克庄：《后村先生大全集》卷九八《辛稼轩集序》，四部丛刊本）在

辛词中，"大声镗鞳，小声铿鍧"与"秾纤绵密"两个方面是合二为一的，是统一的。这是一种刚柔并蓄、兼融众体而又能自成一格的新的美学风格。

辛词在艺术上也有独到之处。辛弃疾彻底突破了传统词家用语上的旧框框，不限于用词家语言写词，也不仅长于点化前人诗句入词，还广泛运用骚赋、散文、经典、小说乃至俚语等，并使用诗歌中常用的比兴手法，进一步扩大了词的功能和容量，使其词能更自如地抒写情志，更广泛地反映社会生活。这既体现了他在艺术上的开创性和不断追求，也使词的发展至辛弃疾呈现出更大的变化和更新的艺术风貌，从而对南宋及后世词产生了重要影响。（参见巩本栋：《辛弃疾评传》，南京大学出版社，1998年版；刘乃昌编选：《辛弃疾集》，凤凰出版社，2006年版）

辛弃疾崛起于南宋中叶，发扬了苏轼变革词风的传统，继承了南渡后抗金爱国词的余绪，丰富了词的题材，提高了词反映社会生活的能力，创作了大量深刻反映时代精神的爱国主义篇章，创造出了雄奇深婉的词风，在词史上具有集大成的意义。他与志同道合的词友陈亮、韩元吉等相互唱和，影响所及，使南宋词坛形成了一个创作倾向大体相同的爱国词派，在文学史上颇引人注目。辛弃疾不仅以大量词作丰富了我国的文学宝库，而且他的爱国热忱、创作传统、艺术经验也在词史上有着深远影响。宋末的遗民词人、金末的元好问、清代以陈维崧为宗主的阳羡词派等都深受稼轩的影响。他不愧为中国历史上杰出的爱国词人。（参见刘乃昌编选：《辛弃疾集》，凤凰出版社，2006年版）

（谭景玉）

六、 交通枢纽： 小清河的开凿与济南水陆交通枢纽地位的形成

宋金元时期是济南水陆交通枢纽地位形成的重要时期，具体表现有二：一是其在山东乃至华北地区陆路交通枢纽的地位进一步稳固；二是随着小清河的开通，其与外部往来的水路交通得到了很大开拓。水陆交通的便捷对济南经济、政治、社会及文化的发展均产生了重要影响。

（一） 重要的陆路交通枢纽

中国古代历朝交通网络的建设都是以都城为中心，向四周拓展。北宋、金、元各朝，全国交通网络的中心随政治中心的变化而不断变化。由于济南四通八达，居于东西和南北两条交通干线的交汇之处，因此无论都城是在其西南方，还是在其北方，"当南北东西之要冲"（［元］胡祗遹：《紫山大全集》卷九《济南新驿记》）的济南的交通枢纽地位都未曾动摇。

北宋时，从都城东京（今河南开封）向东经郓州到京东地区有一条重要的东西交通干线，齐州北濒济水，南依泰山山脉，地处平原和山区丘陵交接地带，为京东地区东西交通孔道，是郓州通往淄、青、莱、登诸州必经之地。城内有泺源桥，"自京师走海上者，皆道于其上"。（《苏辙集·栾城集》卷二三《齐州泺源石桥记》）

从东京到郓州后，向东北循济水东南岸东阿、平阴、长清三县行250里可达齐州。东阿县治今山东平阴县西南旧县，在郓州西北45里。平阴县即今山东平阴县，在郓州东北90里，东有泰山山脉阻隔，西临黄河、济水，自古以来就是郓州东通青齐之孔道。长清县即今济南市西南长清区，在郓州西南80里，为郓州赴齐州必经之地。

从齐州向东沿泰山、鲁山、沂山山脉北麓东行200里至淄州，治淄川

255

县，即今山东淄博市西南淄川区。淄州向东北 100 里至青州，治益都县，今山东青州市。青州东经昌乐县达潍州，今山东潍坊市。潍州东北经昌邑县抵莱州，今山东莱州市。莱州东北经黄县达登州，治蓬莱县，即今山东蓬莱市。(参见王文楚：《北宋东京与登州间驿路考》，王文楚著：《史地丛稿》，上海人民出版社，2014 年版) 该东西向干线十分繁忙。齐州以东的青州乃京东东路治所，与京城人员往来频繁。天圣以前，高丽使节都是由登州登陆，也要由此路前往东京。密州板桥镇设立市舶司后，河北、河东等地的商旅也经由此路"般运见钱、丝绵、绫绢往来交易，买卖极为繁盛"。(《续资治通鉴长编》卷四〇九，元祐三年三月乙丑条)

宋代山东地区还有数条南北向的交通线，其中最长的一条从徐州出发，向北经沛县、滕县、邹县，行 350 里至兖州，再向北经中都县，渡汶水到郓州，然后可沿前述东西干线第二段到齐州，再向北经临邑县行 240 里到河北东路的德州。这是从南方通往河北的一条重要线路。

以上两条交通路线在唐代就已基本形成，到北宋时又有所完善，如东西

小清河远眺（摄于 20 世纪 20 年代末）

干线上的东阿到平阴县段，就随县治迁徙而取直，缩短了40里。两条路线后来亦有调整，但处其交汇之处的齐州作为交通枢纽的地位却未改变。

金代山东地区的陆路交通线基本沿袭宋代路线，没有大的改变，只是因为金的都城长期在北方，使得南北交通线路的重要性得以提高，这种情况到元代更加明显。

元朝统一全国后，在空前辽阔的疆域内以都城大都（今北京）为中心，建立起了以驿站为节点的全国性陆路交通网络。从大都南行，到陵州（今山东德州）后分为三条道路，其中有两条经过济南地区。一条经过济南西部到徐州。另一条向东南经禹城到达济南，又正东偏南到明水，再向东经淄莱路到益都（今属山东青州），道路在此又分为二，或径直向东到山东沿海，或向南经沂州到邳州。

（二）发达的水路交通

宋金元时期的济南不仅是重要的陆路交通枢纽，内河水路交通也很发达。

首先，齐州是五丈河—济水水道的重要枢纽。

终北宋一代，京东地区都是京城物资的重要补给地，其与京城的水上交通主要依靠五丈河—济水水道。可以说，该水道是北宋政权得以维系的重要运输通道，北临济水的齐州就是该水道上的重要枢纽。北宋未统一南方前，京城物资供应主要依靠京东、京西诸路。京东地区的粮食、布帛、钱物、食盐等通过济水、广济河、五丈河水道源源不断地运抵京城。即使北宋统一全国后，该水道的作用仍不容小觑。元丰年间，寿州寿春县令、充曹州教授周谞称："广济河实京师漕运三河之数，下则通于江、淮、二浙，上则达于京师，故京东一路所产，与夫江、淮、二浙皆得以有无相易，而致诸京师。"（[宋]李焘：《续资治通鉴长编》卷三六一，元丰八年十一月丁巳条）由此也可知五丈河—济水水道对包括齐州在内的京东地区的重要意义，齐州等京东诸州甚至可以通过其与两浙互通往来。

其次，济南是小清河的源头所在。

济南是伪齐刘豫的发迹之地，更是其重要的物资供应基地之一，故而受到刘豫的高度重视。伪齐在济南最重要的施政措施是开凿小清河。元于钦的《齐乘》卷二称：

> 古泺水自华不注山东北入大清河。伪齐刘豫乃导之东行，为小
> 清河。自历城东迳章丘、邹平，又东迳般阳之长山、新城，又东迳
> 高苑，至博兴合时水，东北至马车渎入海。曲行几五百里，故自济
> 南东传博兴南源众水古入济者，今并入小清焉。

由上可知，刘豫在济南北郊的泺水与大清河交汇处筑堰，使泺水沿新疏浚的济水故道改向东流，即为小清河。它全长近500里，经章丘、邹平、长山（今属滨州邹平）、新城（今淄博桓台）、高苑（今属淄博高青）、博兴等，在马车渎入海。

小清河的主要功能是内河运输，与大清河、黄河互相补充，是金代山东东西航运的重要通道。它可利用济南丰沛的泉水和沿途汇入的河流来保证河

小清河帆船直通济南西门（采自清末德文明信片）

运水位，使船只从河口能直抵济南，河运与海运联为一体，改善了济南的水上交通条件，对济南城市及其文化的发展具有重要影响，具体表现在：

首先，小清河增强了济南与山东和东南沿海的经贸联系，尤其是沿海所产食盐通过它可便捷地运至济南，以致其有"运盐河"之称。这使济南成为食盐和其他货物的集散地。济南城市的商业气氛有了明显增强，于钦在《齐乘》卷五中说："济南水陆辐辏，商贾所通，倡优游食颇多。"元戴表元的《寄赵子昂济南》诗对此有更生动的描述：

济南官府最风流，闻是山东第一州……秋风鱼酒黄粱市，夜月笙歌画舫舟。

这无疑会影响到济南文化的发展，金元时期济南俗文学的勃兴亦与此密切相关。

其次，小清河的通航使济南不仅只是陆路交通枢纽，其也成为重要的水上交通枢纽。从西汉到宋代，山东一带的政治中心是青州。与济南相比，青州只通陆路，而济南在宋金元时期却是水陆路皆通。在元代，虽然行政机构山东东西道宣慰使司仍设于益都路，但监察机构山东东西道肃政廉访司已设于济南。到明初，行政机构山东承宣布政使司迁至济南，济南成为山东的政治中心。水陆交通的便捷应当是济南政治地位不断上升的重要因素之一。

（谭景玉）

七、 江湖散人： 元代散曲家杜仁杰

杜仁杰，字仲梁，号止轩，先名之元，先号善夫，济南长清人，金末元初诗人、散曲家。才宏学博，诗文兼擅，而尤以"善谑"散曲名世，被誉为"德行文章冠冕南北"。一生未仕，以子贵，赠翰林承旨、资善大夫，元武宗追谥曰"文穆"。因其晚年号"散人"，人称"江湖散人"。

（一） 乱世人生

杜仁杰生于家境优渥的仕宦之家，可谓书香门第，家境殷实。他的祖父杜渊，曾为小吏。他的父亲杜忱是当时的词赋大家，清道光《长清县志·人物志》载杜忱"字信卿，姿美行洁，以辞赋雄东州，试为益都路魁，登进士，授京兆录事判官"。杜仁杰在青少年时期便受其祖、父的文学传教和影响，在诗、词、曲、文等方面多有建树。金宣宗贞祐元年（1213），成吉思汗率军南征中原，金迁都汴梁。杜忱以疾退居家野，于贞祐四年（1216）逝世。杜仁杰葬父于家乡，心中种下了对蒙古政权敌视和仇恨的种子，这也是他后来"累征不就"的原因之一。

金哀宗正大元年（1224），杜仁杰南游汴梁，参加科考，干禄求官，可是未能考中。庆幸的是，在汴梁，他结识了大诗人元好问。元好问诗"忆初识子梁王台，清风入座无纤埃"（［金］元好问：《遗山先生文集》卷五《去岁君远游送仲梁出山》），写的即是初识杜仁杰时的感知。之后杜仁杰西游郑、洛等地，著有《河洛遗稿》一卷。现存诗作《题洛书赐禹之地》《游猴岭寺诗与裕之分韵得严字》《善应寺道中诗同裕之赋》等即作于西游郑、洛时。杜仁杰游河、洛期间，诗风既有"四海为壑天为池，谁以茫昧贾后疑""路穷拥抱合，万古龙飞潜"的豪放，亦有"树点红罗幄，山呈绿玉肤。清流一流水，独木几横桥"的清新。其早年诗作有"小杜"之风。

正大四年（1227），杜仁杰再次参加科举，考中进士。在今济南长清五峰山洞真观的"戊申岁纪海众信士姓氏之图"第三层即可见"进士杜仁杰"的题名。（蔡美彪：《杜仁杰生平考略》，《文学遗产》2002 年第 1 期）这时，杜仁杰的家乡长清已被蒙古军占领，他虽中了进士，却无法返乡做官。于是杜仁杰同友人张澄、麻革等往内乡投靠内乡县令元好问，开启了他的内乡隐居生活。隐居期间，杜仁杰以作诗为业，同友人相互品评诗作，诗风日渐成熟。他在《和信之板桥路中古风二首》中用"徒老黄尘中""日暮风萧萧"表达自己的慕仕之悲和生不得志的愤懑，后又在《解嘲呈元明府》中用"四方糊口非君事，自识飘零有是非"自我安慰。元好问评其诗作曰："仲梁材地有余，而持择功夫胜，其余或亦有不迨二子（李汾、麻革）者。绝长补短，大概一流人也。"（［金］元好问：《遗山先生文集》卷三六《逃空丝竹集引》）正大七年（1230），杜仁杰离开内乡，东游陈、蔡、许、颍，再入汴京，寻找出仕做官的机会。

然而，造化弄人。正大八年（1231），蒙古军分两路包抄金都汴梁，开兴元年（1232），拖雷与金师战于钧州，金军大败。同年，元军攻陷汴梁，金哀宗出逃，渡河北上，史称"壬辰北渡"。杜仁杰随金军出逃，在延津北渡黄河，历经艰难凄苦，逃归故里长清。《从军》《延津待渡寄仲温参议》《夜宿郓城》等诗即作于杜仁杰北渡途中。《从军》"风酣战阵声"、《延津待

真静崔先生画像赞碑（碑阴有杜仁杰撰文）

渡寄仲温参议》"战尘如雾水如天"、《夜宿郓城》"残月和灯照敝帷,疏风乘隙入征衣"等描写的是战乱中的逃难之苦。杜仁杰这一时期的作品,字里行间常流露出对元军侵伐暴行的无限痛恨,这是他不仕元廷的重要原因。

杜仁杰北渡,经东明、郓城回到长清。他曾感怀北渡,写有《病中忆坦夫兄》《病中枕上》诗。《病中忆坦夫兄》用"共脱壬辰乱,他乡见愈亲"之句追忆了杜仁杰与坦夫曾同经壬辰北渡及他乡见面的亲切。《病中枕上》中"忽忽卧几月"之语,则表达了杜仁杰入东平幕府之前的彷徨、焦躁、苦闷和消极避世之情。

(二) 严氏幕宾

杜仁杰逃回故里长清后,入幕东平严实。此时,严实称藩东平,"以长清为汤沐邑,往来其间,折节下士"。([清]道光《济南府志》卷六十八《艺文四》)严实出自济南望族,金朝时为长清县尉。元军攻下汴京后,严实降元,被任为东平路总管。金亡后,严实派人到汴京把孔子第 51 代孙元措接到东平,公开打出尊儒的旗帜,聚集了一些汉人知识分子。这正是杜仁杰"不屑仕进,游严相之门"([元]蒋正子:《山房随笔》)的真实原因。杜仁杰不仅为严实"延教其子",还成为严实的政治谋划者,先后辅佐严实、严忠济、严忠嗣、严忠范两代四人长达 33 年之久,为东平严氏在山东的统治做出了贡献。

杜仁杰在东平时期遵循儒家的仁义礼乐学说,积极建议严氏父子改"善善堂"为"种德堂",教严氏子孙和当地百姓行善修德,试图把金亡后的东平营造成"王道乐土"。同时,建议严氏父子兴办东平府学,为东平培养了一批政治人才和文化人才。当时东平集中了一大批金亡后的名流人物,像王磐、王鹗、商正叔、商挺、宋子贞、李治、李昶、刘肃等。他们都为治理东平做出了贡献。在杜仁杰等的辅佐下,严氏父子治理东平成绩斐然。

杜仁杰在东平幕府约十年时,曾遭谗者中伤,被严实冷落。他用"穆生"自比,发出"人家酒应熟,谁为问南邻"的感叹,意即严实对他这个久居的门客已经冷淡不热情了，感叹到了自己该离开的时候了。后经及时疏通，严实待他又"款密如初"。

元定宗贵由二年（1247），杜仁杰为家乡五峰山的崔道演撰写了《真静崔先生传》。该传刊刻在五峰山《崔真人画像赞碑》碑阴。《崔真人画像赞碑》正面分别刻杜仁杰、元好问、刘祁为崔道演作的像赞。杜仁杰在《真静崔先生传》中盛赞崔道演悉心修道、以医术救民、以善行教化恶人、以信义教化弟子的德行和涵养。杜仁杰在《虚静真人像赞》中亦盛赞崔道演："公轺出，理崩坏，为无为，戒当戒。握天地，纳沙芥，一死生，齐内外。"前文所述"戊申岁纪海众信士姓氏之图"第三层见"进士杜仁杰"的题名，"戊申岁"即元定宗贵由三年（1248），恰是杜仁杰为崔道演写传记的第二年。

杜仁杰在严氏幕府时期，多次谒孔庙、登泰山。定宗后海迷失元年（1249），杜仁杰随从严忠济先谒孔庙，后登泰山。中统元年（1260），杜仁杰又与严忠范同游徂徕山，撰《贫乐岩铭》。中统五年（1264），杜仁杰再

五峰山皇宫门

与严忠范游泰山，写了慨叹时政的《泰山天门铭》。

杜仁杰在东平严氏幕府时期留有诗文若干，其中以散曲影响最大，以套曲［般涉调·耍孩儿］《庄家不识勾栏》为代表。该套曲创作于中统元年（1260）前后，以一个庄稼汉进城看戏的所见所感，真实记载了元杂剧的演出形式。当时东平已经具备了演出杂剧和戏曲的场所（勾栏）、宣传演出的海报（花碌碌纸榜），介绍了勾栏内的场景，有观众席（层层叠叠团圞坐）、舞台（"钟楼模样"的戏台）等。杜仁杰散曲广泛吸收民间语言，嬉笑怒骂皆成文章，形成了通俗亲民、生动活泼、滑稽戏谑的语言风格，开元代散曲之新风，受到民间广大民众喜爱。《宦门子弟错立身》中"你课牙比不得杜善夫"说的即是杜仁杰滑稽戏谑的语言风。套曲［般涉调·耍孩儿］《庄家不识勾栏》是杜仁杰散曲的代表作，也是东平经济发达、文化繁荣的侧面反映。

至元初年，东平行台严氏兄弟相继失势，东平行台易人。继任东平府长官的是张德辉。张德辉，字耀卿，号颐斋，冀宁交城人。金贞元间，试掾御史台。金亡北渡，被史天泽辟为经历官。元世祖即位，任张德辉为河东南北路宣抚使。中统二年（1261），考绩第一，于至元元年（1264）迁东平路宣慰使。至元元年，杜仁杰随从张德辉祭拜孔子、登览泰山，留有咏岱游记散文《东平张宣慰登泰山》。该文主体写登泰山之景，描摹了雨中望岱、岱顶观日出诸景象，末段借用"韩愈开衡山之云、苏轼借海藏之春"典故讴歌了张德辉推行汉法的伟业，强调这是"挥剑成河、变昼为夜"的壮举，故泰山为之动容变色，并由此引发出人生的感叹。

随从张德辉祭孔、祭岱之后，杜仁杰作《鲁郊》诗，再次借用"穆生"典故，发出了"穆生自合寻归计，不在区区醴酒间"的感叹。显然，东平行台易主，严氏的礼遇已经不再，杜仁杰自觉留之无益，遂决意离去。

（三）隐居灵岩

至元二年（1265），杜仁杰离开东平，优游于长清灵岩、五峰间，隐居

五峰山玉皇殿

于灵岩寺石龟泉附近，留下了《题五峰山》《游灵岩寺》等诗作。

《题五峰山》诗曰："青崖何亭亭，险绝不可状。中有仙人台，曾此簇天仗。千年迹已陈，剪灭复谁创。贤哉王真隐，志欲铲垒障。林中万古滩，手独辟空旷。得非借天巧，毋乃烦鬼匠。向来樵牧场，今为锦绣障。泉鸣灌木杪，人语飞鸟上。居人固自轻，过客诚难忘。时危乍便静，景胜翻增怆。信宿已过期，久留非涉妄。明日黄尘中，回头失昆阆。"（［清］李桐：《五峰山志·艺文第十一》）该诗作于杜仁杰离开东平，隐居灵岩寺、优游五峰山之时。诗歌赞颂了五峰山的自然风光，这里有巍巍矗立的青崖山、高耸入云的仙人台、清清泠泠的山泉水。杜仁杰对开拓五峰道场的王志深给予了高度评价，对金元战争给人们带来的创伤和灾难进行了大胆的批判。

《游灵岩寺》是已知杜仁杰最后一首诗歌，诗曰："涧冰消尽水声喧，山杏开时雪满川。老木嵌空从太古，断碑留语自前贤。蓬莱不合居平陆，兜率胡为下半天。金色界中无量在，可能此地了残年。"（清康熙《灵岩志·艺文志二》）

265

杜仁杰隐居灵岩寺，为其秀丽的山水风光和悠久的寺观文化所陶醉，将灵岩寺比作"蓬莱仙岛""兜率天宫"，表达出作者对这世外山水的由衷赞美。

七十高龄的杜仁杰曾于至元八年（1271）至至元九年（1272）间，独身一人，西游长安。"老泪河源竭，忧端泰华齐"是杜仁杰西行途中感慨和悲怆的体现。杜仁杰晚年作品既有这种悲怆之作，又有"泉鸣灌木杪，人语飞鸟上""涧冰消尽水声喧，山杏开时雪满川"的飘逸与洒脱。

杜仁杰仙逝于长清灵岩寺，葬于长清东北的王宿铺西。其好友王旭评价他说："造华钟秀，江山孕奇，贤运五百，非公而谁？学际天人，声名四驰。雄章俊语，星日争辉。高文典册，元气淋漓。"（［元］王旭：《祭止轩先生文》）对杜仁杰的品格和文学成就给予了充分的肯定。

（王春彦）

八、 齐鲁一人： 元代著名政治家、 文学家张养浩

张养浩 (1270—1329)，字希孟，号云庄。山东历城人。元代著名政治家、文学家。其为政经验结集为官箴书《三事公告》，其诗文结集为《归田类稿》 (或称《张文忠公文集》)，另有散曲集《云庄休居自适小乐府》传世。被誉为"齐鲁一人，今古罕俪"。 ([明] 尹旻《祭张养浩》，见《元张文忠公集》附录)

（一） 人生经历

张养浩祖籍章丘，祖父张山始迁居历城。父亲张郁勤俭持家，农商兼营，使张家逐渐发展成为当地一个较为富裕的家庭。张养浩的青少年时代是在济南度过的，他"年少而志厉，绩学而善文"。 ([元] 姚燧：《牧庵集》卷二十六《朝列大夫飞骑尉清河郡伯张君先墓铭》) 九岁时，元灭南宋，统一中国。这一大的政治变革似乎对正在读书的少年没有多大的触动，张养浩依然潜心读书。他"晨绎夕研，潜心理窟；川纳山藏，洪纤毕畜" (张养浩：《萱花草赋》)，逐渐成长为一位学识丰富的青年。

张养浩十七岁时，到历下舜祠观览，作七律《过舜祠》以抒志：

太古淳风叫不还，荒祠每过为愁颜。苍生有感歌谣外，黄屋无心揖让间。一井尚存当日水，九嶷空忆旧时山。能令子孝师千古，瞽叟元来不是顽。

十九岁时，作《白云楼赋》。该赋文情并茂，将济南的"华鹊之烟雨"嵌入作品，热爱家乡的情绪跃然纸上。又通过对张荣家族在济南"分符握节"的赞赏与羡慕，体现出有志青年对建功立业的追求与向往。该赋令张养浩"以才行名缙绅间"，山东按察使焦遂对张养浩的才学十分欣赏，推荐他做东平学正，从此张养浩开始了仕宦生涯。

267

云庄小像

张养浩任东平学正三年期满，赴京谋求发展。元成宗元贞年间，被聘为御史台掾。大德九年（1305）授堂邑（今属聊城）县尹。在堂邑任上，为教化民风，张养浩毁淫祠三十多所。为政以德，深得民望。在官十年，受到当地百姓的称颂。

元武宗至大元年（1308），拜监察御史，上《时政疏》，指斥朝廷十大弊政：一、赏赐太侈，二、刑禁太疏，三、名爵太轻，四、台纲太弱，五、土木太盛，六、号令太浮，七、幸门太多，八、风俗太靡，九、异端太横，十、取相之术太宽。言皆切直。因他主张改革弊政而触怒当权者，被贬为翰林待制。旋又被罢官。

元仁宗即位后，张养浩被朝廷重新启用，召为右司都事，后历任秘书少监、陕西行台治书侍御史、右司郎中、礼部侍郎等。仁宗延祐五年（1318）拜礼部尚书。在此期间，与元明善一起主持了元代第一、第二次科举考试，选拔了张起岩、许有壬、欧阳玄、黄溍等一大批人才，为朝廷的人才储备和文化发展做出了贡献。

元英宗即位之初，张养浩参议中书省事。上《谏灯山疏》，指出："所玩者小，所系者大；所乐者浅，所患者深。"言真意切，广受赞誉。

张养浩不仅政绩卓著，还根据自己的从政经历，对为政经验进行总结，对为官之道进行探索，写出了著名的官箴书《三事忠告》，即《牧民忠告》《风宪忠告》《庙堂忠告》，分别对县尹、御史、丞相提出了十项忠告。"其言切近理，而不涉于迂阔"。（纪昀：《三事忠告提要》）

元英宗至治元年（1321），张养浩"自度不能行其志"（《新元史·张养浩传》），弃官归隐，回到故里济南，并修建云庄别墅，颐养天年。这段时间，张养浩流连山水，啸傲林泉，或饮酒赋诗，或寻亲访友，或读书耕田，诚如他自己所说"乞得自由身，且作太平民"（［元］张养浩：《雁儿落兼得胜令》），过了近八年的隐居生活。这期间，朝廷七次征召，都被其拒绝。

元文宗天历二年（1329），关中大旱，朝廷召其任陕西行台御史中丞前往赈灾。他到任四个月，就因操劳过度而去世。朝廷赠授其陕西等处行中书省平章政事，追封滨国公，谥"文忠"。

元人苏天爵称道张养浩说："其牧民则为贤令尹，入馆阁则曰名流，司台谏则称骨鲠，历省曹则号能臣，是诚一代之伟人钦"（［元］苏天爵：《七聘堂记》），可谓恰如其实。

（二） 散曲大家

张养浩是今知元代散曲家中作品数量较多的作家之一，其《云庄休居自适小乐府》收录了161首小令和2首套数。从内容上看，张养浩的散曲可分为两大类：

一类是其在隐居期间所作，多吟闲情逸致。这类作品数量较多，约近其全部散曲的八成。在闲适的心态下，张养浩对家乡济南的美丽风光和美好的田园生活做了生动描绘。如［中吕·普天乐］二首：

> 树连村，山为界，分开烟水，隔断尘埃。桑柘田，相襟带，锦里风光春常在。看循环四季花开，香风拂面，彩云随步，其乐无涯。

> 芰荷衣，松筠盖。风流尽胜，画载门排。看时节采药苗，挑芹菜。捕得金鳞船头卖，怎肯直抢入千丈尘埃！片帆烟雨，一竿风月，其乐无涯。

其他如［越调·寨儿令］《春》《夏》《秋》《冬》分别吟咏四季美景，［中吕·普天乐］《大明湖泛舟》描写泛舟湖上的见闻和感受，都是优秀的

济南文忠园（新罗 摄）

写景作品。

张养浩的写景咏物散曲很有特色。他写自然风光，不只着眼于写出大自然的秀丽景色，更着意于写出生活本身的诗情画意。如［双调·庆东原］：

鹤立花边玉，莺啼树杪弦。喜沙鸥也解相留恋：一个动开锦

川，一个啼残翠烟，一个飞上青天。诗句欲成时，满地云撩乱。

此曲最后两句着意刻画诗人创作时的环境和精神状态，尤其令人神往。明朱权《太和正音谱》卷上称"张云庄之词如玉树临风"，说的就是其这一类作品。

另一类是其赴陕西救灾时所作，多表现其忧国忧民之情。散曲原来往往被作为个人遣兴或彼此唱和凑趣的一种工具，大多吟咏儿女柔情，而张养浩将田园生活、农村场景，尤其是将民众疾苦和咏史怀古等引入曲中，将散曲推上了反映重大社会主题和更广阔社会生活的道路。他对元代散曲发展所起

的作用，犹如苏轼在北宋词坛的地位。（参见薛祥生、孔繁信选注：《张养浩作品选·前言》，人民文学出版社，1987年版）

元文宗天历二年（1329），关中大旱，赤地千里，饥殍遍地，饥民相食，张养浩被任命为陕西行台御史中丞，前往主持赈灾。他沿途就救济灾民，正如其在［中吕·喜春来］所写：

> 路逢饿殍须亲问，道遇流民必细询。满城都道好官人，还自哂，只落的白发满头新。

此曲内容显豁，语言朴实，艺术手法也较单纯，但却能充分反映作者那拳拳为民之情。

在陕西期间，张养浩面对着丰富的历史遗产，思接千古，从历史到现实，他思考了王朝的兴衰成败与民众的关系，写下了震撼千古的［中吕·山坡羊］《潼关怀古》：

> 峰峦如聚，波涛如怒，山河表里潼关路。望西都，意踌蹰，伤心秦汉经行处，宫阙万间都做了土。兴，百姓苦；亡，百姓苦。

此曲"兴，百姓苦；亡，百姓苦"，则是千锤百炼，一字千钧，语气犀利而警拔，语意丰富而深沉。全篇写得悲壮沉郁，情深而理远。作者借怀古之名，发出"兴，百姓苦；亡，百姓苦"的呐喊，是难能可贵的，也突破了元散曲的狭隘消沉，开拓了散曲的主题，表现了对人民命运的关注和同情及对统治者的揭露和针砭，使此曲在"元散曲，乃至整个古代诗歌中，都是难得的优秀作品"。（参见蒋星煜：《元曲鉴赏辞典》，上海辞书出版社，1990年版）

除《潼关怀古》外，张养浩其他的怀古之作，如《骊山怀古》《沔池怀古》《北邙山怀古》《洛阳怀古》《未央怀古》《咸阳怀古》等也脍炙人口。如果将这些怀古散曲与其以前的作品对比，就会明显地看到其艺术的升华：他已经不再执着于对个人遭遇的感伤抑或庆幸，而是达到了前所未有的历史高度，达到了其散曲艺术的最高峰。（参见王少华、张达：《山东元明散曲》，山东文艺出版社，2004年版）

总之，这一类作品因感伤时事，有许多都写得雄健激昂，淋漓酣畅，有

张养浩墓文物保护标志碑（新罗 摄）

一股浓烈的情感蕴于其中。近代曲学研究专家卢前在其《论曲绝句》中称张养浩散曲"丹丘豪放真成派"（卢前：《论曲绝句》，载《卢前曲学四种》，中华书局，2006 年版），另一曲学研究专家梁乙真则认为张养浩散曲的风格兼有豪放与清逸之风，但以豪放为宗（参见梁乙真：《元明散曲小史》，商务印书馆，1934 年版），说的主要是这一类作品。

对张养浩的散曲成就，学者何贵初从作品数量、体制、题材、风格和技巧等五个方面进行了综合考察，他指出：张养浩所留散曲总数在元代散曲家中居第三位；在散曲体制上应用曲牌种类较多，有勇于尝试和创新的精神；题材比较广阔，在儿女柔情、消极避世等千篇一律的题材外扩阔了元曲的创作天地；风格多种多样，或清俊明丽，或飘逸疏放，或雄健激昂；技巧方面则熟练地运用对偶，引用典故，精于选词炼字等，表现出较高的水平。总之，张养浩的作品处处体现出真挚的情感、深厚的内容、阔大的气象、雅驯的文字，代表着一股健康的力量，应该是元曲作家中一流的作家。（参见何贵初：《张养浩及其散曲研究》，香港文星图书有限公司，2003 年版）

（三） 诗文成就

张养浩遗留的诗歌也不少，有四五百首。其诗歌都是缘事而发，直抒胸臆，从不作无病呻吟，如其《哀流民操》诗用反复吟咏的手法，用质朴的文字，不加丝毫藻绘雕饰地记录了当时的真实情况，明显吸收了白居易新乐府的一些长处。（参见薛祥生等注：《张养浩作品选·前言》，人民文学出版社，1987 年版）他对家乡济南的湖光山色、林泉草木都充满了深厚感情，并以自己的诗笔作了生动描述和深情赞美。如《登汇波楼》诗：

　　何处登临思不穷？城楼高倚半天风。鸟飞云锦千层外，人在丹青万幅中。景物相夸春亘野，古今皆梦水连空。浓妆淡抹坡仙句，独许西湖恐未公。

对汇波楼及其周围山水进行了描绘，如巨幅画图，千景生辉，构思巧妙，耐人寻味。再如其《趵突泉》诗：

　　绕栏惊视重徘徊，流水缘何自作堆？三尺不消平地雪，四时常吼半天雷。深通沧海愁波尽，怒撼秋风（涛）恐岸摧。每过尘怀为潇洒，斜阳欲没未能回。

"三尺不消平地雪，四时常吼半天雷"的诗句，对趵突泉涌浪堆雪的描写绘声绘色。还有《登历下亭》诗：

　　僮年尝记此游遨，邂逅重来感二毛。翠绕轩窗山陆续，玉萦城郭水周遭。风烟谁道江南好，人物都传海右高。怪底登临诗兴浅，鹊华曾见谪仙豪。

"翠绕轩窗山陆续，玉萦城郭水周遭"的诗句，再现了泉城济南山环水绕，大明湖映红照翠，胜似江南风光的自然风光。清周永年在《重刊归田类稿序》中称赞他"家于云庄，辞聘侍亲十余年。于环城之溪光山色，刻划清新，为诸家所未及"。

张养浩的散文成就也不容忽视。《四库全书总目》卷一六六称："养浩为元代名臣，不以词翰工拙为重轻……即以文论，亦未尝不卓然可传。"从内容看，或指斥朝政黑暗，如《驿卒佟锁住传》批评元代社会掠卖儿童的恶习，《时政书》和《谏灯山疏》则把矛头直指最高统治者；或关心民生疾苦，如《祭李宣使文》则称由于大旱及兵祸，关中地区流民几十万，"纵横山谷，鹄形菜色，殊不类人。死者枕籍，臭闻数里"；或抒写自己的政治抱负和处世态度，主张为官者要实施仁政，处处为民众着想；或歌颂家乡的山水名胜，相关作品主要有《重修汇波楼记》《龙洞山记》《标山记》《游紫金山记》《云庄记》和《翠阴亭记》等。

张养浩的《龙洞山记》是济南游记作品中最具典型意义的作品。该记不仅记述了龙洞山的自然风光和历史文化，还叙说了作者等人游山的窘态，一改游记类作品的画风，别有风味：

窃欲偕同来数人入观。或曰是中极暗，非烛不能往，即遣仆燃

济南张养浩墓（新罗 摄）

束荄前导。初焉，若高阔可步；未几，俯首焉；未几，磬折焉；又未几，膝行焉；又未几，则蒲伏焉；又未几，则全体覆地蛇进焉。会所导火灭，烟郁勃满洞中。欲退，身不容；引进，则其前愈狭，且重以烟，遂缄吻、抑鼻、潜息。心骇乱恐甚，自谓命当尽死此，不复出矣。余强呼使疾进，众以烟故，无有出声应者，心尤恐然。余适居前，倏得微明，意其穴竟于是，极力奋身，若鱼纵焉者，始获脱然以出。如是，仅里所。既会，有泣者，恚者，诟者，相讥笑者，顿足悔者，提肩喘者，喜幸生手其额者，免冠科首具陈其狼狈状者。惟导者一人年稚，形瘠小，先出，若无所苦，见众皆病，亦阳懊力殆。其宴于外者，即举酒酹穴者，人二杯。虽雅不酒，必使之酹，名曰定心饮。

张养浩在元代诗文界的地位十分重要。他与当时的许多文学家，如元明善、贡奎、欧阳玄、黄溍、许有壬、马祖常、虞集、袁桷、柳贯等都有深厚交情，虽然有不少是其晚辈，并得到其指点，但他总是将自己看成是他们中间的一员，与他们一起将元代散文推向繁荣，正如吴师道在《张文忠公云庄家集序》中所言，"逮延祐中，天子方好文，一时侍从言语之臣，号称最盛，而公颉颃其间"。

（谭景玉）

275

九、 山左名刹： 四绝之首灵岩寺

灵岩寺位于济南市长清区万德街道方山之阳，自苻秦皇始元年（351）朗公讲经草创灵岩，至今已有 1600 多年的历史。晋宋之际，法定禅师重新开山建寺。至隋唐时期，灵岩寺借助国家财力得到了巨大发展，得以与浙江天台国清寺、江苏南京栖霞寺、湖北江陵玉泉寺并称"域内四绝"。宋元时期灵岩寺经济繁荣，建筑布局逐渐完善，被誉为"四绝之首"。经过 1600 余年的兴废，灵岩寺留下了大量碑碣、古建筑群、雕塑和墓塔等遗存和遗迹，是济南乃至山东佛教发展的典型个案，无愧为山左名刹。

（一） 灵岩寺的创建与发展

灵岩寺所在地，称"灵岩山"，是泰山十二支脉之一，其山势以方山为

清末方山脚下的灵岩寺全景（［德］柏石曼 摄）

顶点，构成一个群山环抱的绝谷，东西长约十公里，南北约五公里，周围山峦秀拔，谷内松桧楚楚。灵岩古刹即掩映于云山烟树之中。灵岩山主峰，青壁四削，方正如印，故称"方山"。至于灵岩名称的由来，则与朗公说法有关。据《高僧传》记载，朗公即竺僧朗，京兆人，硕学渊通，苻秦皇始元年移卜泰山。朗公到泰山后，倍受当时统治集团的尊敬，北魏道武帝拓跋珪、东晋孝武帝司马昌明、前秦苻坚、后燕慕容垂、后秦姚兴、南燕慕容德等都曾遣使致书，并赠送大量礼物。朗公借助南北朝时期各位帝王的延揽，获得了很高的声望。据说朗公讲经非常精彩，听者千有余人，猛兽降服，顽石点头，"灵岩"名称由此而来。从听众规模来看，朗公讲经当有一定的场所。这是灵岩寺的初创阶段，可称之为"灵岩草创"。

北魏太武帝太平真君七年（446），"诏诸州坑沙门，毁诸佛像"（《魏书世祖太武帝纪》），灵岩寺受到冲击而一度荒废数十年。直至北魏正光元年（520），法定禅师来游方山，"先于方山之阴建神宝寺，后于方山之阳建灵岩寺，是为开山第一祖"。（［清］马大相：《灵岩志》卷二《人物志》）法定禅师在晋宋之际即是著名禅师，至北魏正光年间法定重新开山，再建灵岩寺时，当属于法定禅师的晚年时期。

隋初，"郡县佛寺，改为道场"（《隋书·百官志下》），灵岩寺改名为宝山道场。开皇十四年（594），

灵岩寺辟支塔

277

隋文帝杨坚柴燎岱宗，"敕河南王为泰岳神通道场檀越，即旧朗公寺也；齐王为神宝檀越，旧静默寺也；华阳王为宝山檀越，旧灵岩寺也"。（《续高僧传》卷十八《隋西京禅定道场释昙迁传》）华阳王是隋文帝杨坚的孙子杨楷，王侯级的大檀越助力了灵岩寺的发展。

灵岩寺旧址在甘露泉西，因其地理位置偏狭限制了寺院的扩大和发展，唐代高僧慧崇于贞观年间迁建灵岩寺至方山脚下，为灵岩寺的发展开拓了空间，其迁建之功当"与定公功相侔矣"。（《灵岩志·人物志》）灵岩寺建有"武德阿阁，仪凤堵波"（［唐］李邕：《灵岩寺碑颂并序》），阿阁可能是功德证明龛，仪凤是唐高宗李治年号（676—679），"仪凤堵波"的兴建应与唐高宗李治、武则天驻跸灵岩相关。麟德二年（665），唐高宗李治与皇后武则天率领人马驻跸灵岩十天，下诏免齐州一年半的租赋，唐高宗和武则天驻跸灵岩给灵岩寺带来了新的发展契机，同时也以"国之财力"助推了灵岩寺的发展。

灵岩寺在隋唐统治者的推动下，殿堂斋寮，日新以盛。唐玄宗开元（713—741）中，灵岩寺降魔禅师大兴禅教，数年间"学者臻萃，供亿克周"。（《唐高僧传》卷八《唐兖州东岳降魔藏师传》）到唐宪宗元和年间（806—820），李吉甫纂《十道图》时，将灵岩寺与"润之栖霞、台之国清、荆之玉泉"合称为"域内四绝"。会昌五年（845），唐武宗灭佛，大毁佛寺，复僧尼为民，史称会昌法难。此次法难，灵岩寺遭受空前劫难，仅功德证明龛佛像残留。大中元年（847）闰月，大复佛寺。大中五年（851），寺主僧从惠奉皇恩远降，许令漆饰旧基，灵岩寺旋又恢复了往日的生机。

宋元时期，灵岩寺进入了又一发展兴盛期。宋太宗乾德年间，曾向灵岩寺赐田，灵岩寺田产的绝大部分来源于此次赐田。"然其衣食之用，出于寺之田园者盖三之二，其地实亡宋乾德间所赐也"（［金］周驰：《十方灵岩禅寺田园记》），可见乾德赐田对灵岩寺发展的贡献之大。

宋真宗景德年间，灵岩寺获得寺额，改名为"敕赐景德灵岩禅寺"，后仍去"景德"字，复名灵岩禅寺。（《灵岩志·封域志·沿革》）宋神宗时期，为了进一步加强对灵岩寺的控制，敕差左街僧录司定力禅院讲《圆觉经》，赐紫僧行详就任灵岩禅寺住持，行详上任时，政府要员王安石、俞充、蔡冠卿、蔡延庆等都赋诗相送，当时宰相王安石有《送道光法师住持灵岩》，云："灵岩开辟自何年？草木神奇鸟兽仙。一路紫苔通窅窱，千崖青霭落潺湲。山祇啸聚荒禅室，象众低摧想法筵。雪足莫辞重跰往，东人香火有因缘"（《灵岩志·艺文志二》），成为僧俗交往的典范。

金世宗大定六年（1166），朝廷推恩，弛天下山泽以赐贫民，"惟灵岩同五岳，留护灵脉，不在赐例，采伐者仍治以罪"（《灵岩志·艺文志·敕诏》），元代多次下达圣旨、法旨保护灵岩寺寺产。马大相编纂《灵岩志》时，元旨存者尚有八道，内容绝大部分与灵岩寺寺产保护有关。以上种种，皆促进了宋元时期灵岩寺寺院经济的繁荣。香客慕名而来，"每岁孟春迄首夏，四向千里，居民老幼，匍匐而来，散财施宝，惟恐不及。岁入数千缗，斋粥之余，羡盈积多。以至计司管榷，外台督责。寺僧纷扰，应接不暇，大违清净寂寞之本教"（［宋］张公亮：《齐州景德灵岩寺记》），以致灵岩寺"野有良田可以封万户，□有华屋可以荫万夫，帑有羡资可以苏万民，僧有方便可以化万心"。（［宋］王遹：《齐州灵岩寺千佛殿记》）灵岩寺鼎盛时期，"寺之殿堂、廊庑、厨库、僧房，间总五百四十"（［宋］张公亮：《齐州景德灵岩寺记》），僧众人数一直维持在二三百人之间。蔡安持称之为"四绝之中处最先"（《灵岩志·艺文志二》），灵岩寺有了"四绝之首"的美誉。

明清时期，灵岩寺由盛转衰，尤其是明朝末年以来，饥民作乱，盗贼蜂起，土寇孙化亭等啸聚万人，踞青崖山寨倡乱，以灵岩为属寇巢穴，灵岩寺僧受迫害者颇多。"逮于今日，道法陵夷。僧废清规，人罕正信。芘苕散于饥馑，殿阁圮于风霜。灵泉呜咽而断流，宝树萧疏而失荫。"（［明］傅光宅：《重修千佛殿记并词》）清代乾隆皇帝东巡、南巡八次驻跸灵岩寺，在一定程度上促进了灵岩寺的发展，但最终也未能挽救灵岩寺走向衰败的命运。清末民国时期，政局动荡，加之灵岩寺经营不善，僧徒散亡，逐步走向衰败。

（二）灵岩寺古建筑遗存

灵岩寺佛教文化底蕴深厚，寺内留有众多建筑遗存。灵岩寺的庙貌，主要是唐、宋、金、元时代奠定的。现存唐代建筑及遗址主要分布于方山北部山坡，主要有：千佛殿、御书阁、辟支塔、般舟殿、功德证明龛、慧崇塔等，从建筑分布来看，唐代建筑当是依据山形所建。宋元时期新建的主体建筑是在唐代建筑基础上向南部地势空旷处沿中轴线式布局从后向前发展的。寺内中轴线上的建筑，自南而北为山门（金刚殿）、天王殿、钟鼓楼、大雄宝殿、五花殿，而其建筑年代的顺序，则是自北而南。（张鹤云：《山东灵岩寺》）

灵岩寺山门，也叫金刚殿，面阔三间，进深二间，单檐硬山顶，始建于元代，现为清代遗物，内有金刚像两尊，俗称哼哈二将，为1985年新塑。

天王殿，面阔三间，进深二间，单檐硬山顶，约创建于金末元初，现存为明代建筑，内有1994年重塑的弥勒像和四大天王像。

钟鼓楼，宋金之际灵岩禅寺第八代敕差住持妙空净如创建。钟鼓楼皆为单檐歇山顶建筑。钟楼内的铜钟由正昂和尚铸造于明正德六年（1511），鼓

灵岩寺千佛殿

楼内的鼓为 1984 年复制。

大雄宝殿，唐宋时称"献殿"，原为礼拜五花殿的前殿。宋代灵岩寺住持净照仁钦兴建，约建于北宋崇宁二年（1103）至崇宁四年（1105）间。明正德年间（1506—1521），鲁庄王朱阳铸捐塑三大士像于内，献殿从此改名为大雄宝殿。它面阔五间，进深六间，前为外廊式卷棚顶，后为硬山顶，构成勾连搭，前有月台。早期佛像皆毁，现有释迦牟尼佛和菩萨像，为 1994 年新塑。大雄宝殿是现今寺中僧人举行佛教活动的主要场所。

五花殿，又名五花阁，殿内设佛像，是僧众诵经礼佛的地方。"宋太平兴国中，（延珣）乃建五花殿于法堂之前。重檐叠拱，上峙三级，下施四楹，丹垩彩藻，为天下第一。"（［宋］王裕：《灵岩寺重建五花殿记》）景祐（一说嘉祐）年间，重净长老重建。殿阁两层，上礼三大士像，下供奉主尊观音像。五花殿四面各五间，四面皆辟门，外有壮丽的回廊。宋代，五花殿因供奉主尊观音像，灵岩寺有了"观音道场"的美誉。明正统五年（1440）至昂重修，清乾隆十一年（1746）性端重修，后毁于火灾。现五花殿遗址可见高大宽厚的石砌墙。

千佛殿，唐宋时称大雄宝殿，为寺之大殿。千佛殿建于高大的台基之上，面阔七间，进深四间，单檐庑殿顶，出檐深远。内有三身佛像，即毗卢遮那佛（法身）、卢舍那佛（报身）、释迦牟尼佛（应身）。据元丰三年（1080）《李公颜金像记》，卢舍那佛塑于宋治平二年（1065），由僧惠从搭李公颜父亲的船由钱塘运至灵岩。（元丰三年《李公颜金像记》，在灵岩寺方丈院门洞西墙壁上）释迦牟尼佛，由天津卫善信孙海、邵通发愿募施，落成于明成化十年（1474）。成化十一年（1475）春，由孙海、邵通等躬送至灵岩宝刹，该佛高四尺五寸，饰以黄金，绚以螺髻，肖像俨然。（成化十一年《大灵岩寺造像记》，在灵岩寺千佛殿东崖壁）

御书阁，唐贞观年间慧崇创建，宋大观中仁钦和尚重修，今阁为明代建筑。此阁曾供奉唐太宗及宋太宗、真宗、仁宗、徽宗的御书。金贞祐中，寺遭兵燹，御书尽毁。明万历年间，寺僧塑大悲菩萨像于御书阁

内，崇祯时改塑玉皇大帝像。阁基嵌有历代石刻多通，其中有宋代蔡卞写的《〈楞严经〉偈语碑》，书法极佳，为世人所推崇。蔡卞是王安石的女婿，蔡京的弟弟，官至尚书左丞，以书法显名。明学士方豪跋语曰："君子可以人废书乎？"

辟支塔，建于北宋前期，是一座八角九层阁楼式砖塔，塔高55.7米，八面浮雕镌刻古印度孔雀王朝阿育王皈依佛门故事。塔身以青砖砌成，各层皆施腰檐，塔檐与塔径自下而上逐层递减，收分得体。塔身四面辟门，塔内一至四层设塔心柱，内辟券洞，可拾级而攀。塔身上置铁质塔刹，由覆钵、露盘、相轮、宝盖、圆光、仰月、宝珠组成。自宝盖下垂八根铁链，与第九层塔檐角上的八尊铁质金刚承接。辟支塔是灵岩寺的标志性建筑，唐宋八大家之一的曾巩有诗赞曰："法定禅房临峭谷，辟支灵塔冠层峦。"

墓塔林，现存墓塔167座，碑铭81通，是国内仅次于嵩山少林寺的第二大墓塔林。墓塔林以中间甬道为中轴线，分成左右两部分，甬道北端为开山祖师法定禅师塔。塔林墓塔以形制可分为方形塔、钟形塔、鼓型塔、喇嘛塔、经幢式塔、亭阁式塔等。墓塔的不同形制和雕刻精致的图案纹样，为研究墓塔演变提供了宝贵的实物资料。塔铭记载了许多佛教史料，对中国佛教史研究具有重要价值。

（三）千佛殿彩塑罗汉像

灵岩寺千佛殿彩塑罗汉像是灵岩寺雕塑艺术的代表，梁启超先生盛赞其为"海内第一名塑"。这些罗汉像皆坐于0.8米高的砖砌束腰座上，高度在1.05米~1.1米，比真人略大，生动传神。著名诗人贺敬之题诗赞之曰："传神何妨真画神，神来之笔为写人。灵岩四十罗汉像，个个唤起可谈心。"灵岩寺彩塑罗汉像打破了佛教造像模式，他们形体各异，有饱经风霜的老僧，有天真无邪的小沙弥，有瘦骨嶙峋的门徒。他们形态不拘，或热烈争辩，或说法诵经，或坐禅修行，随意洒脱，体现出浓厚的世俗化、生活化气息。灵岩寺罗汉服饰以宽袍大袖款式为主，与当时文人士大夫中所流

灵岩寺千佛殿彩塑罗汉像

行的服装样式一致。服装上的牡丹、莲、石榴、寿桃等图案也充满了浓浓的世俗色彩。服装用色艳丽，富贵气息盎然，民俗格调浓郁。

灵岩寺千佛殿四十尊彩塑罗汉像主要来源于宋代的三十二镇山罗汉像。三十二镇山罗汉像的记载最早见于泰定三年（1325）《寿公禅师舍财重建般舟殿记》，"三十二尊镇山罗汉，光生一千余岁，祝寿大堂具备，承斯妙善"，原置于般舟殿中。明代，因般舟殿倾圮，殿内三十二镇山罗汉中有二十七尊移入千佛殿，又补塑十三尊，共计四十尊，摆放于千佛殿殿内砖砌束腰座上。

（四）灵岩寺现存石刻

灵岩寺不仅有"唐文皇之篆，开元之碑，宋王临之飞白，蔡卞之楷书"等或具有政治意义或具有书法价值的名刻，还有大量包含历史文化、佛教文化信息的石刻文献遗存。唐及五代大约15通（包括题记，下同），宋代90余通，金代30余通，元代70余通，明代460余通（则），清70余通（则），民国2通，共计700余通（则），其数量之多，规模之大，在国内寺院尚属少见。这些石刻文献是研究、挖掘灵岩寺历史文化和佛教文化的重要史料。

李邕《灵岩寺碑颂并序》，是记述灵岩寺早期历史的最重要碑刻之一。该碑落款时间为天宝元年（742）十一月，是李邕晚年之作。与李邕早期作品相比，该碑圆笔使用增多，浑厚与灵动并存。《灵岩寺碑颂并序》明确记载："晋宋之际，有法定禅师者，景城郡人也，尝行兰若……建立僧坊，弘宣

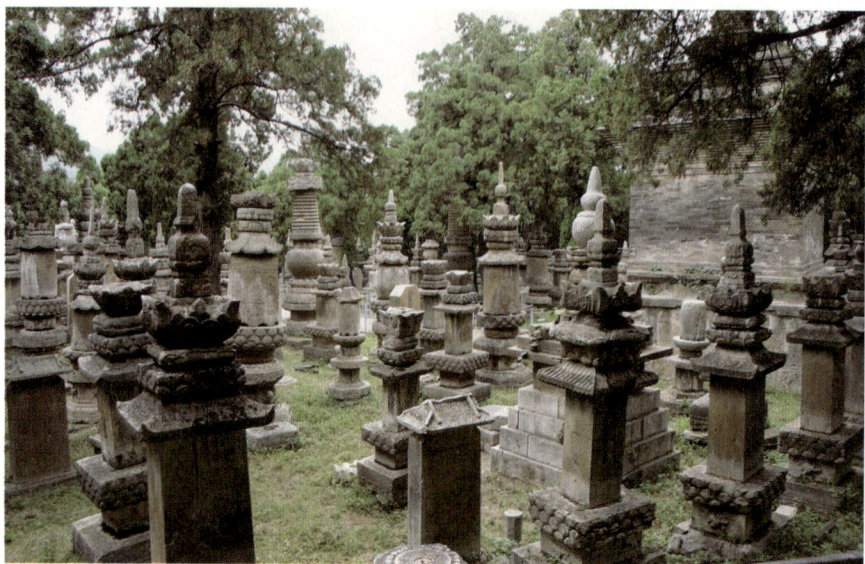

灵岩寺墓塔林（局部）

佛法。"该碑也记载了唐高宗和武则天驻跸灵岩后灵岩寺的发展盛况。

周驰《十方灵岩禅寺田园记》，是涉及灵岩寺土地问题的重要石刻。该碑由周驰撰，赵沨书，党怀英篆额。周驰，济南人，屡以策论魁天下。贞祐年间，济南陷落，周驰不肯降，携二孙投井而死。党怀英和赵沨皆善书，合称"党赵"。（《金史·文艺志下·赵沨传》）党怀英，字世杰，原籍冯翊，因其父为官泰安，遂定居泰安。大定十年（1170）进士，官至翰林学士承旨，擅长文章，尤工篆籀，称当时第一。赵沨，字文孺，东平人，大定二十二年（1182）进士，官至礼部郎中。性冲淡，学道有所得。尤工书，自号"黄山"。济南今存名碑较多，而萃三名人于一碑者，首当此碑。该碑明确记载了灵岩寺土地来源，天圣、绍圣年间山场土地被侵占及收回过程等。碑阴刻有灵岩寺山场土地范围示意图，并附带详细的文字说明，堪称"灵岩地契"。灵岩寺历史上土地屡遭侵占，该碑在收回灵岩寺被侵占土地过程中发挥了重要的作用。

（王春彦）

十、 济南巨观： 华阳宫古建筑群

华阳宫原是金元时期济南全真道教的重要活动场所，因位于华不注山之阳而得名。金正大五年（1228），由全真道士重玄子陈志渊奠基兴建。明嘉靖年间"禁淫祠"，华阳宫改易奉祀对象，得以保存。明末、清代乃至民国初期，华阳宫又兴建了泰山行宫、三教堂、棉花殿以及佛教的净土庵等寺观，形成了集儒、释、道为一体，自成体系的古代传统建筑格局。因华阳宫规模最大、历史最久，又处于整个建筑群的中心地位，故常以"华阳宫"作为整个古建筑群的代称。华阳宫古建筑群是目前济南地区最大的古代建筑群，被誉为"济南巨观"。

（一） 华阳宫的创建与发展

华阳宫的创始年代，史料中无详细记载。明代学者王象春《齐音》之《元阳子》诗序曰："晋元阳子，长白山人，得《金碧潜通》一书于伏生墓中，细为注解，携之修真于华阳宫。"南宋董思靖《道德真经集解序说》即称"唐元阳子《金碧潜通决》"（《全宋文》第246册），认为元阳子为唐代人。这说明至迟在唐代，华不注山已有名为"华阳宫"的道教场所。

1985年，在舜井街舜园内出土了至治三年（1323）的《迎祥宫碑》，该碑记录了金代全真道士陈志渊兴建华阳宫的过程。碑文由元代历史学家张起岩撰并书，由元代著名散曲家张养浩篆额。张起岩和张养浩都是济南人，碑文的内容应是不容质疑的。碑载："重玄子陈公志渊之来济南也，即府治东北华不注山南麓结庐托处，属金兴定庚辰岁。明年，其徒稍集，遂迁于山之北。又七年，正大戊子，奠居山之阳，今所谓华阳宫者。"即金兴定四年（1220），全真道士陈志渊来到济南，结庐于华不注山南麓，创建华阳宫。

陈志渊，道号重玄子，河间人，全真道教龙门派创始人丘处机的弟子，

俯瞰华阳宫（采自 1929 年《亚东印画辑》第五辑）

赐号圆明大师，在济南全真道教的拓展方面发挥了重要作用。至元年间主持
重修历城白云观，派遣弟子□道威、赵志信在舜祠旁创建迎祥宫，最重要的
是他奠基兴建了华阳宫。陈志渊来到华山的第二年，收徒渐多，带领弟子从
华山南麓迁往华山之北。又经过七年的耕凿自养、集财聚力、传播教义、发
展信徒，至正大五年（1228），奠居华山之阳，兴建华阳宫。自陈志渊兴建
华阳宫后，华不注山道教香火绵延，渐成规模。

　　元代的华阳宫，亦可从当时的文献记载中窥见一二。元代于钦《齐乘》
记载："华不注山……山前道院中有石，刻太白诸贤诗"，所谓"山前道院"
即是华阳宫。当时华阳宫依靠华不注山的声名吸引了不少社会名流的到访。

　　明代立国，朱元璋扶植道教正一派，抑制全真派。他在《御制玄教斋醮
仪文序》中称："禅与全真务以修身养性，独为自己而已；教与正一专以超
脱，特为孝子慈亲之设，益人伦，厚风俗，其功大矣哉。"华阳宫全真派失
去了统治者的认可和支持，发展受到影响。嘉靖年间，华阳宫被列入淫祠，

据明代山东学政陆钱《崇正祠碑记》载："嘉靖壬辰，诏天下毁淫祠。于是有司议毁华阳，值抚台袁公厘革庶政，爰秩祀典。乃进藩臬诸君谋曰：'祀淫非彝，毁成匪俭，匪彝典将废，匪俭民将戕，盍存旧而新之，以正易淫。'"（乾隆《历城县志》卷十一）华阳宫被列为淫祠，显然会影响其发展。为扭转被动局面，嘉靖十一年（1532），巡抚袁宗儒建议"华阳宫"更名为"崇正祠"，并改易华阳宫供奉对象，主殿供奉逄丑父、闵子骞，两庑祀名宦铁铉等二十一人和乡贤黄福等十九人，并对"崇正祠"进行了维修，"颓者起之，腐者新之"，改易之后的崇正祠焕然一新。

明万历六年（1578），山东巡抚赵贤发现华山前的呼雷闸年久失修，便与知府宋公议修，具体由历城县丞许某负责修建事宜。许某利用修建呼雷闸的机会为华阳宫正名，"崇正祠"又更名为"华阳宫"，并在四季殿改塑句芒、祝融、蓐收、玄冥四帝。

清初，华阳宫被佛教徒占领，由和尚住持道场。清初学者全祖望于雍正九年（1731）游华不注，接待他的是华阳宫沙门。他记述道："沙门笑曰：'檀越之来，……'""沙门汲华泉至，拾乱薪烹之。"（［清］全祖望：《游华不注记》）清光绪三十一年（1905）华阳宫四季殿再次重修，《重修华阳宫四季殿碑记》说："望之孤峰插天，秀如芙蓉者，华不注山也。其山之阳，苍松茂密，华泉环流其外者，殿宇幽雅也。课雨占晴，祷之极有灵验，春耕秋获，司之更有丰登者，四季之神灵莫测也。自古多年，不知建立于何时，至今日久年遥，神像残淡而无色；风催雨剥，庙貌倾圮而有伤。所以，五庄社首，目击心伤，不忍袖手旁观，约同僧人募化四方，善人君子多捐囊资，共成盛事。……僧人隆封、徒孙仁惠叩募。"由此可知，四季殿的重修由僧人主持，也可知当时是佛教徒住持华阳宫。这次维修规模宏大，修成之后，四季殿"画柱雕梁，殿宇无不灿烂；闳高垣厚，神像无不辉煌"。民国二十年（1931），中国佛教徒灾区救护团慈善医院在华阳宫成立。民国二十四年（1935），历城县长张贺元在山崖大书"佛教居士功德林"，说明民国时期华阳宫佛教活动

比较兴盛。一直到 1948 年济南解放，佛教徒才正式撤出华阳宫。

（二） 华阳宫古建筑群遗迹

华阳宫古建筑群主要包括华阳宫、泰山行宫以及一些庙观院落和单体建筑。每座祀神建筑都有供奉的神灵。

1. 华阳宫

由一宫门、钟鼓楼（皆倾圮）、二宫门、忠祠、孝祠、四季殿组成，依照中国古代传统的中轴线布局。

一宫门，原内塑龟、蛇二神，是华阳宫门户的护法神，已毁。

钟鼓楼，用以安放道场法器钟和鼓。从其遗址看，东为方形钟楼，西为圆形鼓楼，其方位亦适宗教中的"晨钟暮鼓"之意。

二宫门，建于高大的台基之上，左右两侧供奉"四值功曹"。他们分别值年、值月、值日、值时，承担着往来三界传递信息的职责。

忠、孝二祠，结构相同，左右对称，建筑为明清遗迹。忠祠，供奉春秋

孝祠（新罗 摄）

时期舍身救驾、效忠君主的齐国大夫逢丑父。公元前589年，齐晋鞍之战中齐军败绩，晋军猛追，齐顷公的战车围华不注山转了三圈，逢丑父见形势危急，与齐顷公换装易位，后来马车倾倒，齐顷公的战车被晋军韩厥追上。逢丑父佯令齐君去华泉取饮，齐君得以逃脱，被后世尊为忠君的典范。孝祠内祀春秋时期孔子的学生闵子骞。闵子骞（前536—前487），名损，字子骞，春秋末期鲁国人，在孔门中以德行与颜回并称，为七十二贤人之一。孔子曾称赞他："孝哉闵子骞！人不间于其父母昆弟之言。"（《论语·先进》）后被列入二十四孝。忠、孝祠的设立既是明代"禁淫祠"活动中华阳宫灵活变通的结果，也是济南地区推崇儒家思想和儒家人物的表现。

四季殿，是华阳宫的主殿。从文献记载看，明嘉靖十一年（1532）、明万历六年（1578）、清光绪三十一年（1905）先后进行维修。清末民初，四季殿面阔五间，进深三间，单檐硬山顶建筑，前接三间卷棚，形成勾连搭，扩充了殿堂空间。两侧山墙有遗留的古代壁画。殿内神像九尊，均置于高大的神座之上，中间是玉皇大帝像，由两侍女持芭蕉扇护持，太白金星、托塔

三官殿（新罗 摄）

李天王侍立玉皇大帝两侧。太白金星亦名启明、长庚、明星，身着文臣长袍，为老者形象；托塔李天王，身披铠甲，足踏祥云，右手托塔，左手执令旗，头戴将冠，以勇猛护法著称。四季殿两侧供奉上古四帝句芒、祝融、蓐收、玄冥。句芒，臂挟桃花，是四帝中的春神，为古代传说中的木官之神。祝融，臂挟荷花，是四帝中的夏神，以火施化，传为上古帝喾时的火官，被后人尊为火神。蓐收，臂挟菊花，是四帝中的秋神，掌管风力，被后人尊为风神。玄冥，臂挟腊梅，是四帝中的冬神，也是居北方的雨神。如今，四季殿建筑群经过整修，东庑祠逢丑父等二十四忠，西庑祠闵子骞等二十四孝，合称忠孝祠。

2. 泰山行宫

泰山行宫在华阳宫西侧，由门楼、地藏殿、十王殿、元君殿组成，围墙环绕，形成独立的院落。

门楼，创建于清光绪二十二年（1896），是进入泰山行宫的门户。地藏殿创建于清康熙二十四年（1685），内供奉地藏王菩萨，其职能是掌管阴阳间六道生死轮回。十王殿创建于明崇祯二年（1629），内祀十大阎罗王。十王分司地狱十殿，掌管人间生死轮回、地狱刑罚，其形象凝眉瞪目，以示阴间险恶，恫吓民间兴恶之人。元君殿创建于明崇祯二年，是泰山行宫的主殿，面阔三间，进深一间，前有廊厦，单檐硬山顶。清康熙二十六年（1687）、光绪二十年（1897）均有修建。殿内奉碧霞元君，两侧为眼光娘娘和送子娘娘，为历代百姓所推崇。碧霞元君是道教尊奉的神，传说是玉皇大帝的女儿，宋真宗时被封为"天仙玉女碧霞元君"，世俗中多称其为"泰山老母""泰山奶奶"等。碧霞元君作为生育之神为民间妇女尊崇，两侧的眼光娘娘和送子娘娘都是碧霞元君的化身。

3. 其他庙观院落和单体建筑

华阳宫古建筑群，除华阳宫、泰山行宫外，还有净土庵、关帝庙、三元宫、玉皇宫等庙观院落。

净土庵位于华阳宫和泰山行宫之间，是一座四合院式的佛教道场，由门楼、东西厢房、三圣殿及寮房组成。三圣殿是净土庵主殿，相传是民国时期济南交通银行汪行长出资兴建，供奉阿弥陀佛、观音菩萨、大势至菩萨。主尊阿弥陀佛是"西方极乐世界"的教主，能接引念佛人往生"西方净土"，故又称"接引佛"。

关帝庙原名观音堂，创建于清康熙十八年（1679）（《建观音堂记》），原应是供奉观音的殿宇。2000年维修后改名关帝庙，由关圣殿和春秋殿组成。关圣殿内供奉关圣帝君，造像端坐，身披铠甲，正气凛然。春秋殿内为关帝伏身夜读《春秋》的形象。在民间，关帝被奉为武神、财神，受到广泛膜拜。

三元宫位于古建筑群的最北部，由门楼、三官殿及东西配殿组成。三官殿是其正殿，约为清末民初遗迹，供奉天官、地官、水官。三官源于原始宗教对天、地、水的自然崇拜，传说天官赐福、地官赦罪、水官解厄。配房皆倾圮，房内有通往地宫的入口，地宫空间广大，砖石砌拱券顶，北侧两门洞

华阳宫古建筑群文物保护标志碑（新罗 摄）

置"入牝""出玄"石匾，南端辟门，匾曰"会仙洞"。地宫是道士们用以闭门修行的专用场所。

玉皇宫在华阳宫正北，由玉皇殿、西陪房、山门组成。清嘉庆二十三年（1818）《建修西陪房碑》记载："四季殿之北，观音堂之东，有旧庙焉，名为玉皇殿，神至尊也。年来庙宇黯淡，渐次倾圮，邻近父老慨然，谋所以重修之，鸠工庀材，以告竣矣。既竣之后，众以庙貌孤特，不甚慊意，复思作西房，以为陪衬。"可知，玉皇殿建成较早，倾圮重修时，兼作西陪房。《建修西陪房碑》立石者记作"主持僧普参、徒通心"，此时的玉皇宫由佛教徒住持道场。

除上述独立院落外，华阳宫还有一些单体建筑，如观音殿、三教堂、三皇殿、棉花殿、龙王庙等。

观音殿在净土庵的西院，创建于清康熙二十四年（1685），供奉单尊观音菩萨，内壁遗有壁画。

三教堂，在观音殿后，供奉释迦牟尼佛、孔子、老子像，体现了儒、释、道三教的融合。自宋代理学开始，出现儒、释、道三家融合的趋势，经过明朝进一步发展，儒、释、道三教思想相互兼容，相互借鉴，教义上相互沟通。三教堂这种儒、释、道三教并容的殿堂模式从明代开始形成。

棉花殿，约是清代中期遗迹，供奉蚕神，用以保佑五谷丰登。

在华阳宫古建筑群的建筑体系中，华阳宫创建最早，在整个古建筑群中起中心作用，是济南历史文化发展的重要历史标记。

（王春彦）

第五章

明清时期的济南（上）

　　明清时期是中国古代历史上最后一个大一统时期，时间长达五个半世纪。这是中国历史上相对稳定的一个时期，虽也有因争夺最高统治权和改朝换代带来的动乱，但绝大多数的时间一直是和平、稳定的。明代，都城迁至北京，济南和山东省因承担着守护运河航道、捍御海上安全等重任而成为拱卫京畿的重地，地位不断提升。明清时期，济南在各个方面较之前代均有不同程度的发展、进步。

　　其一，政治地位显著提升。在明代，济南为山东六府之一，统辖四州、二十六县，辖区空前扩大。特别是洪武九年（1376）后，济南成为山东省省会，这一地位一直延续至今。此外，明代的济南还是德王藩封之地，德王及其子孙即分封于此，使得济南更多地进入了中央的视野。清代，济南府行政辖区有所缩减，析出武定府、泰安府，但其核心区域并未发生太

293

大变化，并基本延续至后世。在明清时期，巡抚、三司、府、县等各级行政机构，再加上王府及其属官，各类衙署驻于济南，使济南成为山东省的政治中心，这极大地提高了济南的地位。

其二，经济继续向前发展。在明代，济南地区的经济发展水平虽然不及运河沿线的临清等地，但其发展态势良好，至清代已与周边地区相差无几。经济的发展与以下几个因素密切相关。一方面，通过大、小清河运输网络，济南地区的盐业经济得到长足的发展，泺口等地成为重要的商业城镇。另一方面，济南为山东省会所在地，区域性政治中心对商业经济的促进作用较为明显，围绕官员、藩王生活的消费性行业较为兴盛。此外，鲁西运河沿线商品经济的发展也带动了济南地区商业经济的发展。通过大、小清河及运河的水运交通，济南被纳入全国商品交流网络中。在明清时代，济南府出现了一些规模较大的商业市镇，如泺口"多富商，竞以仆马衣服相耀"（民国《续修历城县志》卷四十一《列传三·文苑》）；再如章丘旧军镇，在明代就设有税课局，"于乡镇之中，特为繁盛"。（嘉靖《章丘县志》卷一《建置二·乡镇》）此外，龙山、明水等地也发展成商人聚集的市镇。

其三，城市建设体系更加完备。济南政治、经济地位的提升，带动了城市建设事业的发展。整个明清时期，各类衙署驻于济南，推动了济南城市建设的快速发展，基本奠定了济南的城建布局。同时，私家园林规模发展。明清时期济南著名的私家园林除明德藩王府的西苑外，还有著名的万竹园、漪园、小淇园、贤清园等。文人墨客在此游憩、宴乐、会友、读书，成为城市文化生活的重要载体。明清时期，济南府学文庙和以泺源书院为代表的各色书院，规模不断扩大，具有社会教化和公共性质的建筑日渐完备，丰富了城市发展的内涵。

一、 山东省会： 济南作为山东政治中心地位的确立

明朝建立后，在济南设山东行中书省（洪武九年改为承宣布政使司）山东提刑按察使司。洪武八年（1375）又将山东都指挥使司从青州迁至济南。自此以迄今日，济南一直是山东省的省会，逐渐成为山东政治中心。

（一） 明初济南省会地位的确立

明代的济南府幅员辽阔，公鼐《重修济南府儒学记》云："环山以东为郡六，济南为大，其地络海岱兼齐鲁，三分有其二，幅员数千里，地广而人众，人文盖甚盛焉。"（［清］道光《济南府志·艺文》）济南府南包泰山，大清河从北部奔流入海，正处于齐鲁大地的山地、平原交界处。其所辖州县状况

明代济南府辖区范围图

据《明史·地理志二》载："济南府，太祖吴元年（1367）为府，领州四，县二十六。历城、章丘、邹平、淄川、长山、新城、齐河、齐东、济阳、禹城、临邑、长清、肥城、青城、陵县，泰安州辖新泰、莱芜，德州辖德平、平原，武定州……阳信、海丰、乐陵、商河，滨州辖利津、沾化、蒲台。"据此，明代划归济南府属的州县共有三十余个，行政辖区远大于今天的济南市，其政治地位之高，不言而喻。

明代济南地位的提升是各种因素综合作用的结果。明朝政府之所以将山东省会由青州迁至济南，有其现实考虑。这首先是宋元以来济南地区经济发展的结果。自宋代以来，济南地区的经济一直平稳发展，在山东地区逐渐占据了重要地位。这一时期，济南地区在传统农业经济稳步发展的基础上，商业市镇也不断出现。金朝时期济南的济阳县，"桑蚕之饶，户口殷庶""水陆俱通，四方游贩岁集而月至者，莫如济阳"。（陈大举：《创建先圣庙记》，见民国《济阳县志》卷十六）而元代的济南，"水陆辐辏，商贾所通"。（《齐乘·风土》）经济的发展为济南地位的提升奠定了坚实的基础。

其次，明初省级行政区划调整后，济南的地理位置更便于朝廷进行统治。元代，整个山东地区都属于腹里，为中书省直辖之地，元大都是这个区域的行政中心。明初，山东被划为一个单独的行省，此时的山东省范围较之宋代的京东东路要大得多，特别是在山东西部地区增加得更明显，行政中心由青州往西移至济南，更有利于加强对全省的管理。

其三，济南与省外的交通较之青州更加便利。随着元代会通河的开凿，山东西部地区得以开发，运河周边的临清等地逐渐发展起来，济南可通过大清河水域接入运河网络。洪武时期，明朝都城在南京，永乐以后都城迁至北京，为确保北京城的物资供应，明朝政府十分注重维护运河水道。所以，将省会迁至济南，显然更有利于明朝廷通过运河交通网加强对山东地区的控制，也便于山东与外省特别是京师之间的交通。

其四，明初倭寇频繁入侵明朝北部沿海地区，山东半岛面临严重的海防危机，这也是促成省会西迁的一个原因。据记载，明朝初年倭寇频繁入犯，

"北自辽海、山东,南抵闽、浙、东粤,滨海之区,无岁不被其害"(《明史纪事本末·沿海倭乱》),山东濒海,成为倭寇入侵的重灾区。倭寇猖獗,"不时徜徉波涛中",危害甚重,如在洪武二年(1369),倭寇曾大举入侵山东海滨郡县,"掠民男女而去"。(《明太祖实录》卷三十八)原先的行政中心青州府,南、北濒海,特别是南部濒临的黄海海域,此时正面临着严重的海上威胁。所以,省会西迁有助于躲避倭寇入侵的风险。

最后还有一个可能存在的因素就是,元明鼎革之际,各方势力在山东地区发生了激烈的争夺,青州是争夺的重要地区。几经战火的青州地区,生灵涂炭、经济残破,而济南地区经历的战乱相对少些,经济状况也相对优越,更适合承担省城的重任。

总之,明初济南成为山东省会,逐渐成为山东的政治中心,政治地位得到极大的提升。

(二) 明代济南政治中心的建设

随着政治、经济、军事地位的提高,明代济南府已经成为山东省的中

清末珍珠泉

心。就政治地位而言，各省级衙署设于济南，涉及山东省的政令绝大多数从此发出。德王就藩后，朝廷对济南的关注也逐渐增多。正如崇祯《历乘·济南府图说》所言："山东为郡者六，而济南其首也，是为会城，德藩插于其中，各公署若星列。"据统计，洪武九年（1376）后，明朝政府在济南城内建山东布政使司、按察使司、都司，以及粮储道、东兖道、海右道、驿传道等衙门，加上济南府、历城县等各级官署，计有32处之多。

明代济南是德王分封之处。德王朱见潾为明英宗次子，宪宗成化二年（1466）就藩济南。德王朱见潾崇儒重道、忧国爱民，颇受赞誉。德王府建于今大明湖南岸珍珠泉附近，宏伟华丽，是济南府城内面积最大的建筑群。历代德王又繁衍郡王多位，他们均于城内建筑府邸，主要有西门内的泰安王府和临朐王府、南门内的宁海王府和宁阳王府、县庠西的纪城王府以及府馆街的嘉祥王府和清平王府。此外，王府还有诸多属官，如长史、审理、纪善等，他们的衙门建于德王府前。（《历乘·公署》）

除此之外，济南城内还设有阴阳学、医学、僧纲司、道纪司等官，掌理医卜星象、佛道事务等。加之遍布城内的各种坛庙寺观及其从业人员，济南城内人口数量较之以前增加不少，这也充分体现了其作为省会的政治型城市特色。

因为济南是省会、王府所在地，所以明代济南地方政府对本地城池建设颇为重视。据崇祯《历乘·城池》载："历之城高数仞，缭之以砖，綦固矣。且流水淙淙，周于城下，诚可战可守之地。"其实，明代济南府城，早在洪武四年（1371）时即已开始用砖石筑城。建成后的济南城墙，内、外"筑以砖石"，周围十二里四十八丈、高三丈二尺、阔五丈，城有四门，东为"齐川"、西为"泺源"、南为"历山"、北为"汇波"，其中汇波门为水门，亦称"北水门"。（《历乘·城池》）有明一代，济南府城墙历经成化四年（1468）、成化十九年（1483）、万历二十年（1592）、天启五年（1625）、崇祯七年（1634）五次重修，蔚为大观。至明末时，济南府城拥有城楼十一座、铺舍五十五座，城市建设基本完善。

（三） 明代济南府的军事与经济

在军事上，明代济南府俨然已是军事重镇。诚如崇祯《历乘·兵防》所言，"历为齐鲁之会，尤称重镇，故一卫鹊峙、诸营星罗，制至善矣"。在崇祯时期，仅历城县就有军门标下锋营、济南卫城操营等六营，计有官兵3842名、马匹818匹。

这一时期，以济南为中心的山东军事布局已经构建起来。在山东的东部，胶东半岛东、南、北面的濒海卫所是主要海防力量。这些海防力量以登州的备倭都司府为中心，以鲁中重镇青州为缓冲，可以有效抵御海上之敌，构成护卫省城、拱卫京畿的前沿阵地。西部则通过设置德州卫、临清卫、济宁卫等卫所，重点防御运河沿线的重镇济宁、临清、德州等地，确保漕运畅通。海防、河防的安全，可确保省城济南无虞。此外，济南府城周边还有德州、泰安、兖州等重镇拱卫，安全也有了保障。

这种重视海防、河防的军事布局有着现实必要性，我们可以从援朝御倭战争间王士性在《广志绎》中的一段话加以说明。王士性指出，日军占领朝鲜后，对山东造成巨大威胁，如果日军入侵，路线大致如下，"其登必从安东、日照，此数百里无兵。然中国之膏腴夷险，倭必有乡导预知之，而泰山香税，外国所艳闻也，则必驰泰安州。既则济宁商店咸在城外，倭必觊之而走济宁。又则进临清大贾所必觊也，而驰临清。掠劫既饱，然后入省城。此山东大厅堂，而倭所必由之道也"。（［明］王士性：《广志绎》卷三《江北四省》，中华书局，2012年版）王士性通过预测日军可能的入侵顺序点明了山东军事防御需重视海防、河防，如此方可确保省城安全。

在经济上，济南地区的农业、手工业、商业均得到发展。在农业方面，粮食作物品种日益完备，农业时、空布局趋于完善，农产品商业化进程加速。在手工业方面，门类众多且有发展重点，冶铁业、采煤业、纺织业发展迅速，既有自然经济的特色，同时也逐渐融入商业网络。在商业方面，济南地区城镇商业日趋繁荣，乡村商业也有所发展，大商人、高利贷者及专业商

人纷纷出现，特别是盐商，势力强大。伴随着商业发展，奢侈品需求日益旺盛，各行业之间身份流动加速，济南地区逐步纳入全国市场网络中。

此外，明朝政府也通过行政手段来扶持、壮大济南地区的经济力量。山东北部濒海地区的划入，使济南府得享盐业之利。明代，在济南设掌管食盐转运、经营的山东都转运司，下辖滨乐、胶莱二分司，在泺口设置批验所。济南府所辖的利津永阜、沾化富国盐场，所产海盐可通过大清河运抵泺口，胶莱分司所辖之盐场亦可通过小清河水运抵达泺口。民国《续修历城县志·盐法》："济南、泰安、东昌、兖、沂、曹六府食盐，向自永阜场筑包，由大清河运至泺口，分运各州县，故泺镇为东省运盐一大总汇。"泺口镇因航运而兴，"多富商，竞以仆马衣服相耀"。明清方志中，多有关于盐商的记载，如黄廷臣"以业醝致素封"；再如杨龙云，"为人代理醝务。家稍裕。……中年，家日隆，自置盐业若干，总理东纲盐务，遇事秉公，众商之恃强凌弱、挟富欺贫者，均惮之不敢逞"。（民国《续修历城县志·一行》）

除此之外，因泰安州划入所带来的泰山香税也是一笔财富，据《广志绎》记述："泰山香税，乃士女所舍物，藩司于赋税外资为额费。……不惟官益此数十万众，当春夏间，往来如蚁，饮食香楮，贾人旅肆，咸藉以为生。"据估计，仅香税一项收入，每年就能达二三十万两。这笔钱至迟"在弘治年间已被官方征用，成为地方财政的预备金"（邱仲麟：《明清泰山香税新考》，《台大历史学报》第 53 期，2014 年 6 月），对地方政府的财政状况大有裨益。

洪武初年，明朝即确立了济南山东省会的地位，此后一直相沿未改。靖难之役后，明朝都城迁至北京，一直到清末，济南因地处"神京肘掖"而受到朝廷的重视，明代的济南府因此也确立起山东省政治、经济、文化中心的地位。

（赵树国）

二、 气壮鹊华： 铁铉与靖难之役中的济南保卫战

明初，朱元璋为了防御退入大漠的蒙古残余势力，在大肆杀戮功臣以加强皇权的同时，又恢复了历史上早已废弃的分封制，企图依靠膝下的皇子皇孙们来"夹辅王室"，确保朱明天下千秋万代。但这一制度致使部分封国势力过大，为后来靖难之役的发生埋下了祸根。此次军事角逐中，位于南北交通要冲的济南，在铁铉的指挥下进行了一场可歌可泣的保卫战。清人翁方纲高度评价铁铉的功绩，称："其气足以壮鹊华，澈源泉，贯金石，而耀日星也。"（民国《续修历城县志·建置考二·坛庙》）

（一） 靖难阴影下的济南

洪武二年（1369），朱元璋开始"编《祖训录》，定封建诸王国邑及官属之制"。（《明太祖实录》卷41）此后数年中，他陆续分封自己的二十四个儿子和一个从孙为藩王。

出于防御北方蒙古势力的需要，朱元璋在从西北到东北的漫长防线上分封了一系列重要藩国，如以北平为中心的燕国，以大宁为中心的宁国，以广宁为中心的辽国等。这些藩国都处北方边塞地区，故又被称为塞王。这些塞王，"莫不傅险狭、控要害，佐以元侯宿将，权崇制命，势匹抚军，肃清沙漠，垒帐相望"。（《名山藏·分藩记》）其中燕王、晋王势力最大，甚至连开国大将冯胜、傅友德都要受其的制约。特别是燕王朱棣，由于屡次率军打败元朝残余势力，朱元璋命令其"节制沿边士马"（《明史·成祖本纪》），俨然成为北方诸王的领袖。

朱元璋希望通过分封诸子为王，"上卫国家，下安生民"（《皇明政要·固封守》），最终实现长治久安的设想，但很快就化为泡影。洪武三十一年（1398），朱元璋去世，皇太孙朱允炆继承皇位，年号建文。建文帝即位后，

各个藩王根本不把小皇帝放在眼里。为此,建文帝召集亲信齐泰、黄子澄研究削藩策略。黄子澄认为"燕预备久,卒难图"(《鸿猷録·靖难师起》),力主先削周王等势力较小的藩王。建文帝采纳黄子澄的建议,在一年之内先后削去周、岷、湘、齐、代五个势力相对较小的藩王,同时派人监视燕王,又以防边为名在北平附近部署自己的亲信部队,以监视燕王。

面对不利形势,燕王朱棣开始装疯卖傻,迷惑朝廷,并在谋士姚广孝的策划下,"练兵后苑中""日夜铸军器"(《明史·姚广孝传》),随时准备发动兵变。后来朱棣的密谋败露,在将要被朝廷捉拿之际,公开起兵反抗朝廷。为了做到师出有名,朱棣乃"上书天子,指齐(泰)、黄(子澄)为奸臣,并援《祖训》'朝无正臣,内有奸恶,则亲王训兵待命,天子密诏诸王统领镇兵讨平之'。书既发,遂举兵。自属官属,称其师曰'靖难'"。(《明史·成祖本纪》)因此,这场统治阶级内部争夺皇位的战争,又称为"靖难之役"。

朱棣起兵后不久就迅速扫清了北平的外围,并积极准备南下。这时,由于朱元璋大肆杀戮功臣,朝中已经无将可派,建文帝只好起用幸存的老将长兴侯耿炳文为大将军,率军三十万北伐。但建文帝又害怕背负杀害叔父的罪名,所下旨意模棱两可,严重影响了军心士气及平叛战略的执行。此后,建文帝不满耿炳文的固守战略,希望一鼓作气平定叛乱,于是改任虽为名将李文忠之后,但却"寡谋而骄,色厉而馁,未常习兵见阵"(《明史纪事本末·燕王起兵》)的李景隆为大将军,集结五十万大军讨伐朱棣。

李景隆出师不利,在围困北平失败后,狼狈退至德州。建文二年(1400)四月,李景隆又在河北南部的白沟河大战中惨败。五月,李景隆弃德州,逃往济南,靖难战火也随之烧到济南城下,可歌可泣的济南保卫战拉开帷幕。

(二) 铁铉与济南保卫战

铁铉(1366—1402),河南邓县人,洪武年间入国子监学习,后授礼科给事中,不久调任都督府断事。铁铉聪明果决,碰到疑难案件,能明察秋毫，处理得当，得到明太祖朱元璋的夸奖，赐以"鼎石"二字，以示褒奖。

建文初年，铁铉出任山东参政，尽职尽责地为北伐军督运粮饷，保证军队后勤供应充足。白沟河之败，李景隆单骑退守德州，周边城池戍军望风溃退。铁铉不但没有畏惧退缩，反而与参军高巍酌酒同盟，收集溃散士兵，急忙由临邑赶往济南，与李景隆的部将盛庸一道，督促将士死守济南。燕王朱棣则乘势攻打济南。李景隆率十万大军仓促应战，布阵未毕即被冲溃，李景隆只身南逃。

朱棣认识到济南地理位置的重要性：燕王一旦攻取济南，进可长驱直入，直下南京，退可占据北方的大片疆土。因此，他督促"靖难军"筑长围，昼夜攻击。建文帝为加强济南的防御力量，升铁铉为山东布政使，负责守卫济南城。面对朱棣的猛烈进攻，铁铉依仗济南城墙高大，督帅属下尽力捍御。他用计焚毁"靖难军"攻城的战具，并不时派出少数人马偷袭，让"靖难军"疲于奔命。

朱棣见硬攻不成，就让人射书入城，劝铁铉放弃抵抗，归顺燕王。但铁铉始终不为所动，反而与朱棣打起了"舆论战"。让城中儒生高贤宁作《周公辅成王论》，劝朱棣效法周公，忠心辅佐建文帝，做一个贤良的臣子。朱棣见铁铉拒绝投降，只得继续攻城。

"靖难军"围困济南已达三个月，济南城依旧固若金汤。朱棣决定修堰积城外诸溪涧水，以水淹城，迫使铁铉投降。城中军民闻此消息，十分恐惧。铁铉却说："无恐。计且破之，不三日遁矣。"他先是让守城士卒昼夜痛哭，"济南鱼矣，亡无日矣"，以麻痹朱棣。然后采用诈降之计，拆除守城设备，派千人出城迎接燕王入城，说："东海之民，不习兵革，见大军压境，不识大王安天下、子元元之意，或谓聚而歼之。请大王退师十里，单骑入城，臣等具壶浆而迎。"（《明史纪事本末·燕王起兵》）燕王朱棣一听，面露喜色，以为大功告成。却不知铁铉早已在城门上方放置了一块大铁板，意图待朱棣入城时，将其击毙。朱棣不知是计，果然只带少数亲信入城。朱棣刚进城门，铁板自上急落，由于城门楼上士兵放铁板的时机没有把握好，铁板落

下的时间稍早了一点，只砸伤了朱棣坐骑的马头，未伤着朱棣。朱棣情知上当，换马而逃。事先埋伏好的士兵跳出拦截，守城士兵也急忙收挽吊桥。眼看吊桥就要被挽起，朱棣策马飞奔而过，这才捡了条性命。

朱棣恼羞成怒，回营后下令加紧攻打济南城，并连续用火炮轰击城墙。眼看城墙就要倒塌，铁铉机智地让守城将士将明太祖朱元璋的神牌悬于城上，北军投鼠忌器，遂停止炮击。铁铉乘机将城墙修补牢固，还时不时派出小股部队出城骚扰。

朱棣围困济南数月不克，师疲财匮，而济南的援军又即将赶到，忧心忡忡，不知如何是好。姚广孝劝朱棣先撤回北平休养再做打算。"靖难军"北返，济南保卫战以铁铉的胜利告终。

整个靖难之役，济南城都没有被朱棣的"靖难军"攻破。朱棣娴熟军旅、长于谋略，自起兵以来，攻无不克、战无不胜，兵锋所指，所向披靡，从未遭受过这样的失败。济南保卫战的胜利打破了燕军不可战胜的神话，延缓了朱棣进军的步伐，更重要的是保护了文化名城济南免受战火的蹂躏，保持了济南经济文化持续发展的潜力，铁铉因之深得当地人民的爱戴。

（三） 宁死不屈铁忠襄

铁铉与盛庸乘北军后撤，士气低落之机，一路掩杀并乘胜收复了德州，声势大振。建文帝大为欣慰，于军中擢升铁铉为兵部尚书、赞理大将军军事，封盛庸为历城侯。铁铉受赏升迁之后，并未骄矜夸耀，而是设宴于天心水面亭，犒赏军士，激发忠义，拥护建文帝。

济南保卫战后，铁铉认真分析了当时的形势，认为德州之败后朝廷在德州所囤积的军饷尽归朱棣，济南城守五月已筋疲力尽，加之一些将领驽钝不可靠，所以不能贸然进军，只能固守济南，以牵制"靖难军"、支援江淮，待"靖难军"不能攻克江淮不得不回师时，再半路邀击。

建文二年（1400）九月，建文帝下令南军继续北伐，再次形成对燕王军堵截合围之势。十月，朱棣佯征辽东，乘沧州城墙不坚且守军疏于防范之

铁公祠（摄于20世纪30年代）

机，发动突然袭击，一举攻克沧州，俘虏守将徐凯。并乘胜南下，连续攻占临清、馆陶，攻掠大名，焚毁南军粮饷，兵锋直抵汶上、济宁一带。铁铉、盛庸率军尾随燕军，驻军东昌（今属聊城）。

十二月，双方军队在东昌（今属聊城）城下决战。铁铉、盛庸为激励将士，特"宰牛宴犒将士，誓师励众，简阅精锐，背城而阵，具列火器毒弩以待"。（《明史纪事本末·燕王起兵》）燕军由于连战皆捷，骄傲轻敌，盲目向前进攻，致使许多士兵被南军火器所伤，朱能冒死将被团团围住的朱棣救出。骁将张玉不知燕王已出，又突入战阵营救，最终战死。南军紧随朱棣后面追击，但因奉有建文帝"毋使朕有杀叔父名"（《明史纪事本末·燕王起兵》）的命令，不敢放箭，多次眼睁睁地看着朱棣破阵而去。此役，铁铉、盛庸率军擒斩"靖难军"万余，又乘其全线溃败时，全力追杀，使朱棣一时处于被动。

朱棣在山东战败后，吸取教训，不在山东、河北与建文帝的军队纠缠，而是乘南方兵力空虚之际，于建文四年（1402），以最快的速度由河北衡水南下，在安徽击败建文帝的主力，又在镇江城下击败盛庸指挥的水军，进逼

305

清末济南铁公祠内景（采自德文明信片）

南京。六月三日，燕军进抵金川门，守卫金川门的李景隆和谷王朱橞开门迎降。建文帝见大势已去，于宫中举火自焚而死，也有人说建文帝通过地道逃出皇宫，出家为僧。朱棣攻占南京后，在南京登基称帝，改元永乐，是为明成祖。"靖难之役"以朱棣的最后胜利告终。

朱棣夺取南京称帝改元以后，取得了政治上的优势，南军迅速瓦解。铁铉仍带领残兵驻守济南以图恢复，由于寡不敌众，再加上皇帝下落不明导致军心涣散，最终兵败被擒。朱棣在朝堂上亲自审问，铁铉不但不对朱棣下拜，反而连看都不看，"反背坐廷中谩骂"（《明史·铁铉传》），甚至在被割掉耳鼻之后，仍不肯回顾。朱棣大怒，将其处死。铁铉毫不畏惧，至死骂不绝口，死时年仅37岁。

铁铉死后，其家人受到牵连，母亲薛氏和83岁的老父亲被发配海南，儿子福安年仅12岁，也被发配河池（今陕西凤县东）充军，康安被发配到鞍辔局为匠，后来均被害死。妻子杨氏和两个女儿被发到教坊司，杨氏病死，两个女儿不甘受辱，极力反抗。后来朱棣感其不屈而将她们赦出，嫁与士人。

铁铉宁死不屈，令人钦佩。朱棣虽然处死了铁铉，但是他对于铁铉还是非常敬佩的。南明弘光初年，为激励臣下效忠明朝、勠力抗清，特追赠铁铉为太保，谥"忠襄"。后人为了纪念他，在大明湖畔修建了铁公祠。

（赵树国）

三、 世守齐邦： 明代德王与济南

明代济南府城内有一座金碧辉煌的宫殿，那就是明德王府，它的使命诚如德王府门前牌坊上的题字："世守齐邦"。如今，济南城内几乎已看不到德王府的地面建筑。但德王府曾经存在的痕迹和记忆，却深深嵌刻在济南这座城市的肌理中。今济南城内及周边遗留下许多与德王府相关的地名与传说，向人们展示着历代德王的生平事迹、精神世界和灵魂归宿，述说着明代德王与济南的密切关系。

（一） 明朝历代德王事略

明代就藩济南的第一代德王是明英宗朱祁镇的第二个儿子朱见潾。

朱见潾生于明英宗正统十三年（1448），次年，英宗在征讨瓦剌时于土木堡兵败被俘，朱见潾的叔叔朱祁钰继承皇位，三年后朱见潾被封为荣王。景泰八年（1457）正月，朱祁钰病重，朱祁镇在石亨、徐有贞和太监曹吉祥等人的拥护下，趁机发动"夺门之变"，复辟称帝，改元天顺。三月，朱见潾的哥哥朱见深被重新立为太子，就是后来的明宪宗。朱见潾在同日被封为德王，封地德州。据说朱见潾见济南山水形胜远胜德州，请求改封济南，并于明宪宗成化三年（1467）就藩济南。

在朱见潾就藩济南之前，济南周围曾封过两个王。明太祖洪武年间封朱元璋的第七子朱榑为齐王，封地在青州（治今青州市）。朱榑在建文元年（1399）被人告发企图叛变而被废为庶人。明成祖朱棣即位后，恢复朱榑的齐王封爵，但终因骄纵不法，再次被废。另一个是明成祖永乐年间所封朱棣次子朱高煦，是为汉王，永乐十五年（1417）被强令就藩乐安（治今惠民县）。明宣宗宣德元年（1426），朱高煦因起兵造反失败而被废为庶人，后被杀。齐王与汉王被废后，留下了很多王府闲田。朱见潾请求将齐王和汉王遗留在东昌、兖州的闲田，以及白云、景阳、广平三湖之地赐予自己，并得到明宪宗的许可。上述土地面积广大，仅东昌府寿张一地就有四千余顷。（《明通鉴》）

德王的封地不仅面积广大，而且山川秀美、物资丰饶。但朱见潾却贪得无厌，还想侵占南旺湖和汉王留下的牧马场。明宪宗考虑到南旺湖是运河漕运的重要航道，马场很久之前就已经成为民田，没有应允。明孝宗正德初年，诏令以后王府庄田每亩每年要征银三分。朱见潾以新的诏令施行后王府将无法自给自足为由，请求废止该诏令。明孝宗却反问道："王何患贫！"（《明史·诸王列传》）朱见潾的意见没有被采纳。

明孝宗正德十二年（1517），第一代德王朱见潾薨逝，谥号"庄"，其子朱祐榕继位。嘉靖年间，明世宗下旨收回宣德以后各王府请求增封的山场湖陂。巡抚山东都御史邵锡认为德王从齐王、汉王那里得到的东昌、兖州等地的闲田和白云湖等湖泊，虽然名为王府庄田，实际上乃是"山场湖陂之目"（《明实录·世宗实录》），应在收回之列。但朱祐榕坚持认为上述地方就是庄田，因此与邵锡发生了争执。德王府原先请求增封的那些土地、湖泊，很多在增封前就已是有主的民间耕地。划为王府庄田之后，王府官校横征暴敛，民众不堪其扰。邵锡指出德王偷换概念，同时指责德王府的家臣们结党营私，欺上瞒下。最后，德王的几个湖泊被明世宗收回，朱祐榕与邵锡也因此交恶。

德王府仪卫司军定额一千七百人，如有逃亡，德王就自行补充。嘉靖十一年（1532）八月，邵锡认为补充王府仪卫的做法不符合制度规定，命令济南府知府拒绝给候补者发放银饷。在朱祐榕的纵容下，德王府的兵卫哗变，公然冲毁济南府府衙大门。这件事惊动了嘉靖皇帝，他警告朱祐榕要谨遵法度，严管下属。但议论者认为这次冲突是邵锡胁迫德王过激所致，罪责不完全在德王朱祐榕身上。此事虽然被平息下来，但德王府与属地长官之间的矛盾已经公开化。嘉靖十八年（1539），明世宗归还了德王府初封时的庄田，并允许德王自行征税。当年，朱祐榕薨逝，谥号"懿"，其孙朱载墱嗣位。

明神宗万历二年（1574），朱载墱薨逝，谥号"恭"，其子朱翊馆嗣位。万历十六年（1588），朱翊馆薨，谥号"定"，其子朱常洁嗣位。崇祯五年（1632），朱常洁薨逝，谥号"端"，世子朱由枢嗣位。崇祯十二年（1639）正月，清军攻克济南，朱由枢被抓，三年后死于塞外，清廷以王者之礼安葬了他。朱由枢被擒的第二年，其堂弟朱由栎嗣位为新的德王。崇祯十七年（1644）清朝入主中原，朱由栎降清，两年后遇害，明德王与明朝一样彻底成为往事。

（二） 德王与明代的济南府城

明宪宗成化元年（1465），朱见濂改封济南的请求得到皇帝恩准，遂于当年在元代济南公张荣府邸旧址上大兴土木，营建德王府，历时两年方才竣工。

1942 年的后宰门街（赫达·莫里逊 摄，采自《一个摄影家眼中的中国之旅》）

德王府规模宏大，它东至今县西巷，西至今芙蓉街，南至今泉城路，北至今后宰门街，乾隆《历城县志·故藩》记载：“德府，济南府治西，居会城中，占三之一。”王府正门叫端礼门，北门叫广智门，东门叫体仁门，西门叫遵义门。朱常洁在位期间，曾在北门外举行过一次规模盛大的盂兰盆会，超度孤魂野鬼。王象春《中元》诗云：“高僧大会盂兰盆，殿下亲临广智门。施舍连年增几万，阴风灯灭哭饥魂。”王府内仿照故宫三大殿，建承运殿、圜殿和存心殿三殿，并建有正宫、东宫、西宫三宫，四周有两道高墙防护，建筑总量据说达到八百多间。

除了宫殿楼阁外，王府西还建有时称“西苑”的花园，珍珠泉和濯缨湖就在园内。珍珠泉历来被称为名胜，金代诗人雷渊有《济南珍珠泉》诗云：“大地万宝藏，玄冥不敢私。抉开青玉罅，浑浑流珠玑。”划入德王府后，珍珠泉依旧为人钟爱。胡缵宗《宴珍珠泉》诗中，记述了他在德王府接受宴请的场景：“宫娥初下珍珠箔，帝子遥临锦绣池。”珍珠泉上建有渊澄阁，李先芳在《奉使德藩，召燕渊澄阁观珍珠泉作》一诗中云：“台榭吞寒浦，笙歌沸夕烟。地灵喷玉屑，天派泄珠泉。”描绘了从渊澄阁上观看珍珠泉的美丽景色。渊澄阁西是白云、观月两亭。从白云亭可以观看到濯缨湖，德王朱见潾曾作《白云亭》一诗：“印月池头月正明，主人曾此濯冠缨。肯夸风景殊人世，却爱源流合圣清。”明代很多诗坛翘楚，如前七子”之一的边贡和“后七子”之一的李攀龙，都曾来此游览。濯缨湖，即北魏著名的流杯池所在地，汇聚珍珠、散水、溪亭诸泉而成，面积有数十亩之大。北岸堆有假山，湖水自南而北绕过假山，经北墙下的水道汇入大明湖。

明德王府的西苑，不仅是风景名区，还是文人们的雅集胜地，这应与明德王崇尚儒学分不开。德王府刻过《汉书》《昭明太子文选》《云庄乐府》《张文忠诗集》等书，表明历代德王并非全是纨绔子弟。

明德王府景色优美，《历乘》称：“德藩有濯缨泉、灰泉、珍珠泉、硃砂泉，共汇为一泓，其广数亩。名花匝岸，澄彻见底；亭台错落，倒影入波；金鳞竞跃，以潜以咏；龙舟轻泛，箫鼓动天。世称人间福地、天上蓬莱不是过

矣。且当雪霁、白云缭绕，下接水光、上浮天际，宫殿隐隐在烟雾中宛然如画，真宇内未有之奇也。"但可惜的是，崇祯十二年（1639），德王府被清兵焚毁，辉煌不再。清康熙二年（1663），山东巡抚周有德将王府缩改为巡抚署院。新建署院泉林优美，乾隆皇帝几次南巡路过济南都驻跸于此。

德王府约占明济南府城的三分之一。实际上，这一建筑群除了明德王府外，还有众多的郡王府。明朝制度规定，亲王诸子除世子外，皆封郡王。朱见潾在济南共传袭六代，至明朝末年，济南府城中有八座郡王府："泰安王府，在西门内；临朐王府，在西门内；宁海王府，在南门内舜庙东；临清王府，在尹家巷；纪城王府，在县庠西；嘉祥王府，在府馆街；清平王府，在嘉祥王府西；宁阳王府，在宁海王府东，即旧安陆府。"（民国《济南指南》）2011 年，济南府城内发掘出明宁海王府和宁阳王府两座郡王府，其中宁阳王府东西宽 83 米，南北长 134 米，规模可观。

如今的济南，已经找不到原德王府和郡王府的地面建筑了，只留下一些与德王府有关的地名，如王府池子、小王府池子、后宰门街，以及与郡王府密切相关的小王府街、府馆街等地名。

（三） 德王与济南的宗教信仰

明代藩王没有权利干预地方事务，人身自由也受到限制。在这种情况下，他们逐渐热衷于宗教活动。由于当时的皇帝多信奉道教，藩王们也纷纷效仿，德王就是道教的拥趸。

济南大明湖北有真武庙（今北极阁），是明代济南府城内最大的道观。根据《真武庙启圣殿记略》记载，朱见潾就藩济南后，每年都来此礼奉诸神、修缮庙宇。正德九年（1514），朱见潾派人修缮真武庙时，开凿了感应井泉，并立《感应井泉记碑》于井侧。朱祐榕又在真武庙后建净乐宫，后改称启圣殿。今济南市长清区崮云湖街道有大崮山玉皇庙，内有正德十一年（1516）《德府重修玉皇庙记碑》，记载了朱见潾修缮玉皇庙的事宜。庙内还有嘉靖四十四年（1565）《玉皇庙赡田记碑》和《玉皇庙祀田记碑》，记录朱载墱等德王捐献庙田、资助道教活动之事。嘉靖年间，德王还将泰山三阳观作为其香火院，划定土地三十亩，作为道众衣粮之资。

德王最重要的道教活动场所，位于今长清区五峰山。朱见潾就藩济南后在五峰山南建设陵寝。立于今洞真观玉皇殿前的嘉靖十三年（1534）《长清县建迎仙亭记》碑文言："山曰青□，近以德府建陵，更名曰青龙。"碑记后还有若干德王府成员题名。所谓"德府建陵"，据道光《长清县志》记载："明德庄王墓、德懿王墓、德怀王墓、德恭王墓、德定王墓、德端王墓俱在县东南四十里青崖山之阳。"此青崖山位于五峰山南，二者连绵相对，实为一体。今青崖山南麓尚存明德王陵遗址，是目前所知规模最大、保存最为完整的明代亲王的家族墓地。

五峰山有洞真观，与德王陵仅一山之隔。洞真观与德王陵的关系十分密切，据万历末年所立《洞真观三元宫醮会碑记》云，明德王府每年孟冬祭祀德王陵后，还要祭祀五峰山洞真观。德王府还在洞真观内建德王府大厅，光绪《五峰山志》记载："德王府大厅，在宫门东……昔之鸟革翚飞者……"可以想象德王府大厅昔日之光彩，如今洞真观内还有大殿基址的遗存。

德王府供职人员也经常在洞真观进行宗教活动。三元殿后东侧墙上正德十三年（1518）《题神虚宫》铭文题名中有"德王府典膳史谊、监生史谏、徐聪……冠带官……"再如上述《洞真观三元宫醮会碑记》记载，德王府承奉副"刘公"倡起举行斋醮，"命谕本府书校张易从、张文宇、陈随寿为会之首，各捐己财，结而为会……上祈皇朝伟固，次愿国王□□宗藩康泰、内宦恩公获福无疆，下佑生民清吉年□丰登……"今玉皇殿前有天启七年石碑，记录洞真观内塑像管理者，其中有"德府仪卫司仪卫副谢九成□氏"。

洞真观附近还有一玄都观。光绪《五峰山志》记载："元（按：'玄'之避讳）都观，在山南封植界外，明德庄王所建，亦名南观，今已废，有德藩之香火院在焉。"朱廷升《五峰山敕建一天门迎恩阁碑记》记载："南冈坦迤，有石殿朴古，为元都观。"根据上述记载可知，玄都观在五峰山南冈，为石质大殿。五峰山与青崖山南北相连，位于五峰山阳的洞真观与位于青崖

山阴的玄都观，实际上在同一个山谷之内。

　　由于德王的原因，洞真观进入皇家视野。明神宗派遣周玄贞来此管理宫观，并赏赐给洞真观一部《道藏》，洞真观由此成为道教信仰的一方重镇。明神宗还将洞真观改名为敕建保国隆寿宫，增设庙宇，频繁赏赐，从皇帝、后宫，到藩王，皆在此斋醮，洞真观已然成为皇家道场，与泰岱、灵岩并称"鲁中三山"。（据道光《济南府志·山水》）

（李贝贝）

四、泺口重镇：海河联运的商业码头

泺口之名由来已久，北魏郦道元《水经注·济水》记载："（泺）水出历城县故城西南，泉源上奋，水涌若轮。……泺水又北流，注入济，谓之泺口也。"泺水发源于趵突泉，经济南城西向北注入济水，泺水入济水处即为泺口。金代，在此地设立泺口镇，为历城六镇之一。明代称雒镇或泺镇，清代恢复泺口镇旧名。因便捷的水陆交通，明清时期的泺口作为海河联运的重要港口，迅速发展成为一个经济繁荣的商业市镇。

（一）明代泺口商业巨镇的形成与发展

明代成书的《历乘》，称泺口为"商人贸易之处，胶莱分司驻焉。鹊山高峙，大清东流，楼船往来，亭阁飞甍，诚一巨镇"。

济南泺口码头（采自1940年《亚东印画辑》）

"商人贸易之处"容易理解，那么"胶莱分司驻焉"指的是什么呢？这一说法，与泺口盐运有关。据《明史·食货志》记载，明太祖洪武二年（1369）设立山东都转运盐使司，官署设在济南城内，掌管山东盐政。该司"辖分司二，曰胶莱，曰滨乐；批验所一，曰泺口；盐场十九，各盐课司一"。实际上，胶莱分司并不驻在泺口。道光《济南府志·盐法》引《运判通志》云：胶莱分司原在胶州，明嘉靖年间才移驻济南，称胶莱分司专司，设在泺口的只有批验所。由于胶莱分司之盐，都须由泺口批验所验掣后方可放行，泺口自然成为山东盐政要地。

早在元代，泺口作为盐运枢纽的地位就已经开始凸显。张起岩为周信臣所作《去思颂》记载，元顺帝至元元年（1335），周信臣任山东东路都转运盐使，在泺口买田建设盐场，检验、储存运盐司滨乐所的官盐，然后通过水陆交通转输至全国各地。明代泺口镇能成为"商人贸易之处"，很大一部分原因就在于这一时期兴起的官盐运输。

明代的泺口镇成为商贾云集、盐运兴盛的商业重镇，根本上还是得益于此地发达的水陆交通网络。首先，泺口自古就是济水（唐代以来，济水山东段逐渐改称大清河）上的重要港口，可以通过河道与大海相连，沿海盐货可溯河运至此地。金代初年，伪齐刘豫为了疏通大清河而在河的南面开挖小清河，泺口从此与大清河分离，但依然可以通过小清河与海洋相连接。加之大清河航运的延续，泺口镇逐渐成为大、小清河南北最主要的货物集散地。

到了明代，由于海上交通不便，山东半岛食盐积压严重，为了解决这一问题，通往盐场的河道被利用起来。雍正《山东通志》卷载明人甘一骥《盐河议》云：明代初年，山东运盐的盐河有东、北二大支。北面一支就是大清河，属泺口、蒲台二批验所管理。这条盐河上起东平坎河口，经东阿、平阴、长清、齐河而东至泺口，向下流经齐东、蒲台、滨州、沾化，从利津入海，通宁海、永阜、丰国、永利、利国、富民、丰民、王家冈等盐场。盐场产的盐再由上述路线回运至蒲台、泺口二关，最终到达京杭大运河。东面一支盐河是小清河，属乐安批验所管理，小清河上游就是泺口。由此可知，明初山东大清河和

小清河航运

小清河两条重要的盐河在将海盐运输至内地时，都要经过泺口。

其次，泺口可以通过泺水与济南城相连接，借助济南便利的陆路交通，将货物输送至山东各地、中原腹地和北方地区，实现水陆联运。

再者，泺口的兴盛与京杭大运河是分不开的，大运河虽然距离泺口镇有一定的距离，但得益于济南地区完善的水陆交通，商人们可以便利地往来于二者之间。明于慎行在《安平镇志序》中提到，运河边上的张秋镇，"东且三百里而为泺口，而盐荚之贾于东、兖者，十而出其六七"，这里的"盐荚"指的就是盐商。也就是说，泺口之盐贩卖到东昌府、兖州府者，十之六七都要经过张秋。这是因为张秋在运河之上，由此可北上东昌府，南下兖州府。再者，明朝为了运输山东海盐，大力疏通大清河，让途经泺口的盐从大清河进入大运河航线，由此运往全国各地。泺口盐业与运河的密切联系，由此可见一斑。

凭借东连大海的大清河、小清河，加之腹地济南的便利交通和明王朝南北经济命脉京杭大运河，泺口被编织到全国水陆交通网络之中，并因其特殊

317

的地理位置而成为该网络中水陆联运的重要节点，实现了明代泺口镇的经济繁荣。

（二） 清代泺口水陆联运的进一步繁荣

清代的泺口镇，水陆交通要地的地位较之明代几乎没有变化，但商业更加繁荣。

大清河航运业在清代更加繁盛。清末陈锦所撰《勤余文牍》中有《张秋军次答翁叔平同年治河书》一文，其中提到大清河运盐航线：自济南泺口下行一百八十里到蒲台，又下行一百二十里到利津，又下行四十里由太平湾入海，河上盐船往来，每年约需行船往返二千四百次，最后都归入泺口，由此再运入京杭大运河。大清河航运的繁忙，是因为清代山东沿海盐场的进一步发展。清初山东盐场与明代一样是19处，康熙至道光年间逐步裁并为8处，但制盐能力有所提升。乾隆中期，山东盐的年生产量已超过2亿斤，此后又陆续增加，进入制盐的鼎盛时期。如此多的海盐，多赖大清河航运。

大清河运来的盐，需要先运至泺口。清山东都转运盐使司泺口批验所延

1933 年《济南市市区图》中的泺口镇

洛口渡船（采自1931年《亚东印画辑》）

续明代旧制，依旧是山东沿海盐货转运内陆的重要关口和盐仓。道光《济南府志·盐法》记载，洛口专司负责收验过往盐船，并巡查大清河南北两处盐仓。商人载盐到达洛口后，都要先贮存在官府盐仓内。这两处盐仓，在大清河北面的名叫顺园、流园，在大清河南面的名叫通园、达园。当时无论哪一盐仓，都存满了待运之盐。

　　将暂存在洛口的盐转运至内陆地区，主要是通过京杭大运河。洛口之盐货是如何进入大运河的呢？顾炎武的《天下郡国利病书》记载：从山东沿海而来的盐商在洛口中转之后，由大清河向上游驶至东平鱼山，此后由河渠运至东平西，再由小盐河（马颊河故道）运到京杭大运河边上的张秋镇，进入京杭大运河。道光《济南府志·灾祥》还记载，大清河大决堤后，运河舟楫可直抵洛口，这也能证明运河与洛口之间存在一条水路。此外，二者之间还有一条陆路。顾炎武在《肇域志》中记述道：自洛口而来的盐船由大清河到东平鱼山停靠卸载，此后由陆路运输至运河，这一路线附近的张秋、阿城中

319

凡有车马的民众，多跟随商人转运盐货，并从中获利颇多。清代济南城作为山东重要的交通中心之一，泺口盐货也有很多是由济南转运至各地。

清代末年，泺口依旧是山东重要的水陆联运中转站，其地位还可从厘金中窥见。厘金创行于咸丰三年（1853），是清朝后期为了增加财政收入而开始征收的商业税，最初定税率为值百抽一厘，故称"厘金"。厘金制度全国通行后，课税对象和税率都有较大变化。《丁文诚公奏稿》中有篇同治八年（1869）丁宝桢的奏折，其中提道：咸丰十一年（1861）到同治元年（1862），山东巡抚谭廷襄为解决财政困难，先后在历城泺口镇，聊城东关，阳谷、寿张、东阿兼管的张秋镇，平阴、东阿兼管的滑口镇，设立四处关卡抽取厘税。其中泺口抽收百货兼及盐税，其余各卡皆专抽杂货。泺口每年可收取四五千金以至万余金，为山东诸关卡之首。泺口关卡税收丰盈，可反衬出泺口商业经济的繁荣。

其实，泺口作为水陆联运的中转站，转运的货物并非仅有海盐一项，周围木材、药材、毛皮等货物也在这里集散。道光《济南府志·人物》记载历城人王伯忠，在泺口贩瓷为业。济南并不盛产瓷器，泺口的瓷器应是由外地运来。泺口镇商品种类繁多，但盐无疑是所有商品中的重中之重，是泺口的经济命脉。

（三）清代泺口的经济转型与市井生活

清代末年，中国遇到了"三千年未有之变局"，泺口也面临新的机遇与挑战。

咸丰年间，黄河夺大清河河道入海，沿海物资改走小清河运至黄台囤积，再用车转运至泺口，泺口航运史上的"黄河时代"取代"清河时代"。洋务运动时期，在"自强""求富"的宗旨下，很多重要城市都开始引进西方技术，开办近代工业。清光绪元年（1875），山东省巡抚丁宝桢在泺口创立山东机器局，除制造枪械外，还制造黑火药。光绪二十年（1894），山东巡抚李秉衡对机器局进行扩充，员工兵夫增加到近千人。此后山东机器局不

泺口镇民房（采自 1929 年《亚细亚大观》第五辑）

断引进外国先进设备，建起多种工厂。这就是后来济南兵工厂、山东化工厂和山东北方现代化学工业有限公司的前身。泺口从传统的商业城镇，慢慢转变成为近现代工业重镇。

1904 年，胶济铁路开通，泺口镇因紧邻铁路而快速发展，规模有所扩大，其发展的"铁路时代"来临。为了方便运输，1906 年商人们从黄台桥修了一条小铁路通往泺口，名为清泺小铁路，黄台、泺口和胶济铁路的关系由此更为密切，泺口也成为黄河下游最为重要的码头。1912 年，位于泺口的黄河铁路大桥建成，津浦路全线开通，泺口商镇的发展更进一步。但此时的盐运多止步在黄台，泺口的发展开始与盐分离。

明清时期泺口商业上的繁荣，还催生了此地多姿多彩的市井生活。

清代泺口发展成为有 32 条街巷的商贾大镇，酒楼满布，人流不息。王士祯在《泺口》一诗中就曾称"泺口千家聚"，鹿松林《泺口春日》中也有

"千家分两岸，一水在中央"的描写，可见此时泺口的繁荣程度超过了一般县城。泺口众多街道中，有条街叫"三义街"。清初，秦、关、范三家承包了原有业商的行商权，号称官商。三家还结成联盟，相互庇护，自办缉私武装，组织水陆运输专线，垄断泺口盐运。经营致富后，三家在泺口修建这条"三义街"，并在街北头建"三义阁"，并通街都是深宅大院。

经济的繁荣，催生了私家园林的修建，如清广平府知府刘叔枚所建的亦园，其假山堪为一绝。谢仟《过刘淮南亦园》写道："岜岫即紫纡，台榭复盘踞。到来淡忘归，白云岩头住。"乾隆年间工部员外郎李士琛在此建基园，钟廷瑛初次来到这里时，发出了"忽踞园林胜，疑曾梦中游"（钟廷瑛《初寓基园》）的感慨。金埴《不下带编》记载：历下泺口有盐商刘氏，将枣园开辟为用来教人歌舞的梨园。金埴作诗云："乐为红梨歌太繁，枣花香里舞新翻。愿祈教主唐天子，诏改梨园号枣园。"歌舞娱乐的繁荣，正是商业发达、市井生活多彩的集中体现，也为后来济南"曲山艺海"的地位奠定了基础。

伴随着经济的繁荣，泺口的教育事业也逐渐发展起来。清道光年间，山东省盐运使李梅宾在泺口设立义学，广收学生。泺口还设有泺口书院，后因此地过于繁华而迁徙至较为僻静之处。

明清时期，泺口逐渐发展成为济南乃至山东地区的商业重镇，见证着古代济南社会的变迁和经济的发展，是济南城市发展的重要构成部分。

（李贝贝）

五、 康乾南巡： 康熙、乾隆与济南

开创了"康乾盛世"的康熙、乾隆两位清朝皇帝，从康熙二十三年（1684）九月二十八日到乾隆四十九年（1784）四月二十三日，在百年间先后六次南下巡视江南。在这六次南巡途中，济南作为山东省会曾多次成为驻跸或巡视的一站。他们在济南游览胜景，多有题咏，留下诸多诗篇和珍闻逸事。

（一） 康熙南巡与济南

康熙在位期间曾六次南巡，其中有三次驻跸济南。

康熙二十三年（1684）九月二十八日，康熙开启首次南巡之旅，离开京师，由直隶陆行进入山东，到达山东省会济南时，原任山东巡抚新升工部右侍郎徐旭龄，率所属地方官员跪迎于城西。康熙因久慕趵突泉盛名，没有选择直接进城，而是径直来到趵突泉亭（即观澜亭，位于泉池南侧），召徐旭龄近前，询问地方治理、民风土俗等情况。康熙帝临泉见三股泉水喷涌，池中碧波粼粼，喜不自胜。徐旭龄随即奏请御笔留题，以宠名泉，留作万世宝翰。康熙随即援笔大书"激湍"二字。

据乾隆《历城县志》、道光《济南府志》记载，济南城内的康熙墨迹碑刻有74方之多，唯独此碑刻历经劫难保存至今，尚立于趵突泉上。康熙帝御题之后，命扈从的大臣也各书二字，以作纪念。大学士明珠题曰"添澜"，掌院学士常书题曰"飞泉"，掌院学士孙在丰题曰"飞涛"，内阁学士麻尔图题曰"漱玉"，侍讲学士高士奇题曰"珠渊"，吏部尚书伊桑阿题曰"溅雪"，礼部尚书介山题曰"洄瀑"，副都御史觉罗孙果题曰"扬清"。康熙又即兴作《趵突泉》诗一首，抒发对于趵突泉的喜爱之情：

> 十亩风潭曲，亭间驻羽旄。鸣涛飘素练，进水溅珠玑。汲杓旋烹鼎，侵阶暗湿衣。似从银汉落，喷作瀑泉飞。

323

民国时期的珍珠泉

康熙离开趵突泉后由西门入城，但未作停留，登南门城楼后出城，是日驻跸长清县杜家庙（今市中区陡沟街道杜家庙村）。向晚时分，徐旭龄奏称，衙署内有珍珠泉，请书二字留题。康熙遂书"清漪"二字赐之。

康熙二十八年（1689），康熙第二次南巡，于正月十六日再次驾临济南。此前几日康熙驻跸德州平原县七里铺西南，并亲制上谕，诏示山东巡抚钱珏减免山东钱粮，此事遐村僻壤皆有所耳闻。故而康熙到济南之时，此消息早已传布省城内外。乡绅士民数万人夹道跪迎，纷纷叩谢皇恩。康熙驾幸趵突泉，在泉边向钱珏详细询问民情政情。随后由西门入城，至巡抚院署，观珍珠泉。扈从诸臣及巡抚、布政使进前，请御笔留题。康熙援笔书"作霖"二字，赐予山东巡抚钱珏，并作《观珍珠泉》一诗并序：

济南多名泉，趵突、珍珠二泉为最。昔经过趵突，曾赋篇什；今临珍珠泉上，爱其澄澈，题曰'作霖'。

一泓清浅漾珠圆，细浪溱洄小荇牵。偶与诸臣闲倚槛，堪同鱼藻入诗篇。

第一泉碑（摄于20世纪30年代初）

此次济南之行，康熙还作有《南巡再过济南》一诗，描绘他所见济南盛况：

> 六御重经历下城，频将疾苦问苍生。肩摩毂击风犹在，土沃农恬世久平。

> 户户春灯佳节过，村村社鼓乐郊盈。韶年渐布阳和泽，淑气晴光仗外横。

康熙四十二年（1703），康熙第四次南巡，于正月二十四日第三次驾临济南。驾至济南，乘车由泺源门入，经皇亭，下榻巡抚公署，观珍珠泉，御书《三渡齐河即事诗》一章，令悬之巡抚署门，晓示臣民。又书《督抚箴》一篇及御制诗，赐山东巡抚王国昌。午后乘车出历山门到趵突泉，御书"源清流洁"四字，称赞趵突泉的清洁、高雅，并赋《趵突泉留题"源清流洁"四字》诗一首：

> 突兀泉声涌净波，东流远近浴羲和。源清分派白云洁，不虑浮沙污水涡。

后又书"润物"二字，意谓济南泉水润泽万物，造福于民，令悬珍珠

325

泉。当时学臣徐炯请求皇上赐一幅御书，康熙在趵突泉白雪楼又挥笔写下"学宗洙泗"四字，令悬白雪书院。

（二）乾隆南巡与济南

乾隆一生五次东巡山东，六次南巡途经山东，其间十到济南，却九次过济南城而不入。

乾隆十三年（1748）二月初四，乾隆与其母东巡，先是到了孔子故里曲阜谒拜，又登临泰山，三月初三来到济南开山，驻跸于此。四日，驾临济南府，作《车驾至济南驻跸》：

> 谒圣祀岳回，便道至历下。周巡千里余，于焉少休暇。都会验风谣，牧伯容民社。筹政急当务，先后岂容借。连年灾祲余，安民为要也。召父与杜母，古有今岂寡。申命群有司，助予不逮者。

这是乾隆第一次来济南巡视，"潇洒似江南"的风光和美丽的泉水让他喜不自胜。他像他祖父康熙一样，没有立即入城，而是先来到趵突泉。"趵突腾空"的景象令他赞叹不已。当他品尝到清冽甘美的泉水时，更是大加赞赏。把原来封的"天下第一泉"北京玉泉称作"玉泉趵突"，改封趵突泉为"天下第一泉"。清王培荀在《乡园忆旧录》中记载此事："纯皇帝南巡，一路饮玉泉水，至此换趵突泉水，携之而南，遇名泉再易。"在瞻仰完康熙的《趵突泉》诗碑之后，赋《恭依皇祖〈趵突泉〉诗韵》一首：

> 穹碑瞻圣藻，古寺驻春旂。即景清明日，湔裙大小玑。波心翻雪练，石齿漾苔衣。对此蠲尘虑，从添逸兴飞。

此日，驻跸济南巡抚公署，御笔题写了《乾隆戊辰上巳后一日题珍珠泉》一诗：

> 济南多名泉，岳阴水所潴。其中孰巨擘，趵突与珍珠。趵突固已佳，稍藉人工夫。珍珠擅天然，创见讶仙区。卓冠七十二，分汇大明湖。几曲绕琼房，一泓映绮疏。可以涤心志，可以鉴眉须。圆流有灵孕，颗颗旋相於。乍如历海峤，鲛人捧出余。又如对溟渤，

三五呈方诸。作霖仰尧题，泽物留神谟。我来值暮春，农夫正新畲。看彼芃芃者，欣此涓涓如。安得符圣言，远近均沾濡。

这首诗由乾隆亲笔题写，后刻石立碑于珍珠泉北侧，今碑犹在。

五日，乾隆奉皇太后阅济南、青州、兖州三营兵，并亲御弓矢，连发皆中。乾隆作《阅济南兵》诗一首：

广甸芜烟暖，崇台旭影晴。居安修武备，巡狩效先程。组练云中耀，钲螺风外鸣。青齐寻禹迹，便与诘戎兵。

阅兵之后，又至舜祠，亲诣行礼，作《谒舜庙》一首：

孝称千古独，德并有唐双。历下仪刑近，城中庙貌庞。春风余故井，云气护虚窗。缅继百王后，钦瞻心早降。

登上千佛山顶远眺，诗兴大发，赋《千佛山极目》诗一首：

分干自岱宗，冈峦雄且秀。历城作南屏，洪荒判早就。偶来恣揽结，望远欣所遘。驻辇傍云关，步屟跻萝岫。初无五丁斧，石佛谁所镂。拈花或龈笑，悲物或眉皱。其下有空洞，淙淙出乳窦。精室筑左侧，琴书芳润漱。两树丁香花，芳菲绿阴茂。开窗纳烟霞，俯槛睇锦绣。泰麓巢云处，延赏既已富。探奇复得此，坐久消清昼。因悟境无穷，骋怀难尽副。

六日，乾隆登临济南城楼，阅济南府城，游览百花洲、鹊华桥，泛舟大明湖，登历下亭和会波楼，又至北极庙拈香。期间，对所览济南景物多有题咏。乾隆《历城县志》录有《济南府海棠正开，对之有作》《百花洲诗，用宋曾巩韵》《题鹊华桥绝句》《大明湖》《春暮游历下亭》《暮春之月，登会波楼》等。

七日，乾隆再次幸临趵突泉，并拈香祈雨。其时正值山东大旱，他命人在趵突泉畔摆下香案，然后浴手拈香，率随从文武官员跪拜乞雨。仪式结束后，当场写下了《再题趵突泉》诗：

济南城南古观里，别开仙境非尘市。致我清跸两度临，却为突泉三窦美。喷珠屑玉各澜翻，孕鲁育齐相鼎峙。汇为圆池才数亩，

327

放泺达江从此始。朱栏匼匝接穹楼，祀者何仙钟吕子。曲廊蜿蜒壁勒字，题咏谁能分姓氏。过桥书室恰三楹，研净瓯香铺左纸。拈咏名泉亦已多，汒兹实可称观止。曾闻地灵古所云，屯膏珍享恐非理。拟唤天龙醒痴眠，今宵一洒功德水。

巧合的是，乾隆祈雨当日下午，惊雷阵阵，大雨倾盆，万民皆喜。

此次东巡过后，乾隆又曾四次东巡，六次南巡，共九次过济南，均未入济南城。究其原因，应与孝贤皇后有关。乾隆十三年（1748）东巡过济南时，孝贤皇后在济南偶感风寒，行至德州弃车登舟时，孝贤皇后却死于船上。正是因为孝贤皇后病倒于济南，济南成为乾隆的伤心之地，这也成为他后来多次过济南而不入城的原因。

（郑立娟）

六、 城即园林： 明清时期济南的私家园林

明清时期济南的私家园林以别墅园、宅园为主。别墅园以避暑、休养居住为目的。这类园林往往选在自然景观优美的地方，或峰峦叠嶂，或清泉溪流，园主人在造园时往往因势利导，借自然为园，不需要过分的人为雕饰，以求自然之趣。园内叠山、泉水、花木、建筑的设计皆以简约为主，追求"精而造疏，简而意足"。明清时期济南著名的别墅园林主要有万竹园、漪园、小淇园等。宅园以日常游憩、宴乐、会友、读书为主要目的。该类园林在建造时大多通过路径、泉溪的有机组织将房屋、花木、泉水融为一体，使其成为既有居住功能又有艺术魅力的府宅，从而达到身虽居闹市而仍能尽享山林之趣的需求。相对于别墅型园林来说，宅园的建造相对复杂，在借助自然之势的同时，泉林曲水、亭台楼榭、轩榭廊台，尽在其中。明清时期济南著名的宅园除明德藩王府西苑外，主要有贤清园。

（一） 万竹园 （通乐园）

万竹园，位于济南趵突泉畔，自元代以来即是一处负有盛名的园林胜地。元人于钦《齐乘》云："登州泉、望水泉在万竹园内。"明隆庆五年（1571），武英殿大学士殷士儋遭高拱排挤，罢官回里，"筑庐于泺水之滨，讲学著书，一时从者如云"。他购得万竹园，并将其易名通乐园。"通乐"语义双关，既有本园"通"于"泺"源（趵突泉）之意，又暗含人人同乐的意思。园内的泉水穿墙绕屋，过桥环亭，形成优美的景观。殷士儋借势于园中筑亭疏水，建造"蒙斋亭"（俗称"阁老亭"），叠山凿池，广植花木；遍寻名石，并将张养浩云庄别墅中的凤、龟、麟、龙四块奇石皆移入园中，建造川上精舍。通乐园之山水景观盛极一时，引无数文人前往观览。于慎行有诗赞曰："泉声故自花间出，山色依然座上来。"（明·于慎行《过殷少保金

万竹园

《舆山房有感》）济南诗人王苹评价："至其斋阁之靓深，烟水之苍茫，泉石竹树，幽遐瑰诡之观，已无复能言之者矣，昔人所谓仰而望山，俯而听泉，掇幽芳而荫乔木，风霜冰雪，刻露清秀，四时之景，无不可爱者。"（清·王苹《王苹诗文选》）殷氏败落之后，该园几易其主，直至废为菜圃，时人皆呼其为"阁老园"或"殷家亭子"。

康熙年间，王苹购得此园，修建为自己的宅园，因园中望水泉在金人名泉碑中列名第二十四，故而取名"二十四泉草堂"，人称"王氏南园"。王苹在《二十四泉草堂园记》中说："园自文庄公后，数易其主，废为菜圃已六七十年，而泉流如故，涛喷珠跃，金霏碧池，以环周于短垣茅屋之外。"甚至出现了"平沟塍，斩乔木，埋山石，耕之以为田，而泉亦竭矣。"经过王苹的整修，园中幽静空阔，独具野趣。王苹诗曰："何处森菻有敝庐，空存老树与清渠。乱泉声里谁通展，黄叶林间自著书。草色又新秋去后，菊花争放雁来初。菻畦舍北余多少，取次呼童一荷□。"王苹在修理园子时，竟然发现其前的太湖石犹在，万分欣喜，作诗云："百年竟落书生手，满郡犹呼阁老亭。"王苹之后，万竹园再度沦为菜园。清光绪二十九年（1903），袁世凯任山东巡抚，张怀芝为讨好袁世凯，购得万竹园欲为袁世凯建生祠，最终未遂。后张怀芝任山东督军兼省长，征集民工，重修万竹园，始成今日之规模。1949 年以后，万竹园被有关部门占用，20 世纪 80 年代，万竹园由趵突泉公园管理。

（二） 刘氏园与小淇园

小淇园，为万历年间历城籍户部尚书赵世卿弃官返乡后在大明湖畔修建的别墅园。此园前身，为历城著名文人刘天民的刘氏园。乾隆《历城县志》记载："刘家亭，小淇园北。闻小淇园亦刘氏园也。后归赵氏，止于一亭。今淇园废矣，而刘亭犹在。"刘天民挚友许邦才作《刘使君湖上亭》一诗：

> 柳荫涵竹翠，荷气袭帘清。凭槛看鱼泉，从桥指月生。山光城
> 外过，鸟影镜中明。沙溜萦琴曲，花源出弈声。

从诗中描述的柳荫匝地、翠竹摇曳、荷芰飘香，小屋隐于绿荫深处，小亭凌于湖面之上，可知刘氏园景致疏雅，尽显文人气派。清代济南诗人周乐有《游刘氏园》：

> 晨兴风日佳，游侣共翩翩。招邀过别墅，未诺足已前。到门闻
> 水声，石罅流潺湲。回廊随径曲，透折山根连。林鸟惊客起，飞鸣
> 移树颠。迤逦陟坡陀，古洞低头穿。敧石如云坠，细草茸茸悬。绝
> 顶一凭眺，鹊华见悠然。欢噱坐席地，肴蔌罗杯盘。华发醉颜酡，
> 如与花争妍。人影忽在地，凉月升娟娟。

赵世卿的小淇园，是在刘氏园的基础上发展起来的。赵世卿于园中广植修竹，赵世卿的儿子在改建别墅园时沿湖岸修建了山石港湾。港内：柳丝拂水，荷碧莲红，曲桥横溪，幽静深邃，修竹成林；港外兰舟纵横、琴声悠扬。园内的"冷香亭""问水亭""丛桂堂"等建筑点染于花丛绿荫里，小淇园的景色一时名扬天下。明末刘敕于《历乘》中记载：

> 明湖之干，园名"小淇"。昔大司农赵公以忤江陵削藉，乃种
> 竹湖上，咏啸自怡。厥后起家，其公子伯玉涯度萧萧，有山林之

致，乃诛茅结屋，始勤垣墉。又数年，竹皆盈把，初谢箨，色莹如玉，清阴瑜里。设有阮籍诸人再出，当醉倒其中矣。竹径逶迤，而东增以亭榭，名花错绣，榆柳夹集，景趣幽绝，且截木为舟，采石为山，一觞一咏，可登可临，故贵人豪客多游览于斯，遂称湖干之胜概云。

明人将此园胜景标目为"竹港清风"，为"历下十六景"之一。可惜小淇园在清初已遭废弃，遗迹无存，胜景"竹港清风"亦随之消逝。

（三）漪园

漪园位于济南老城西门外五龙潭东流水街的古温泉处，为清初历城人张秀所建，当地人称其"张家园"。清代著名诗人王士禛曾作《游漪园记》一文，详细描述漪园内景致：

> 济南发地皆泉，而其奇尤在城西。温泉者，七十二泉之一也。……稍折而东，是为漪园。跨水为亭，为堂，为楼阁，为长廊，皆因水为胜，然始入门，不知其为水也。门向北，梵石为路，路尽复为门，两垂柳夹之，婀娜可爱。有堂亦北向，颜曰"漱玉"。堂之后为池，白石为栏槛，水清碧可鉴毛发。下视，石子纵横如樗蒲，中多龟鱼。……池上有杨柳合抱，长条下垂披拂，与萍藻相乱。……池之东，循廊而南，为"清皓"之阁。级石而上，南山如画屏，紫青缭碧，争效于栏楣之下。下俯清流，曲折而东，泺源之水自南下汇之，同入於西城之壕，北流以会明湖之水。阁上或书唐人诗，一联云"泉声到池尽，山色上楼多"。风景宛然。石蹬北下，复长廊，廊西即大溪阁。……廊北皆巨竹。廊尽有亭，颜曰"云根雪瀑"。亭前有桔桐数株，可荫可憩。西出，得二垂柳，与来径合。……

通过王士禛的描述可知漪园内泉、亭、堂、阁、廊、竹等景致一应俱全，也知该园属传统人工山水园，以泉溪水景为胜，园内厅堂、池、山的布置，花木的栽植皆是以泉水为线索。四周缭垣，院中温泉，以石砌池，池中饰有假山，水从石峰跌下，喷珠溅玉，尤其是隆冬季节，可见"云雾润蒸"的自然奇观。同时，造园者张秀又通过种植柳树、竹林、梧桐等大片植被，展现出清沁雅致的艺术氛围。

漪园的怡人景色，吸引达官贵人、文人逸士争相访问，如王士禛、田同之、朱纲、张元、蒋士铨、姚鼐等人都曾游憩漪园，漪园环境的优雅静谧，也在很大程度上激发了文人们的创作欲，恰如清代历城诗人朱纲所述："我来此园中，心静如止水。二三同志人，列坐環一几。清言角名理，竞发若斗蚁。更复作小诗，磨墨书矮纸。"（［清］朱纲：《同魏水村郭南洲二兄子青三兄子垣集张氏漪园分得水字》）

（四） 贤清园 （伊人馆、 逯园、 朗园）

贤清园，原址位于今五龙潭公园内的贤清泉上，初为明代济南秀才陈治策所建，称伊人馆。后为逯坦购得，重建园林，易名为逯园。清乾隆年间，此地为德州人罗渊碧所有，易名"贤清园"，俗称"罗家园"。乾隆年间，山东按察使沈廷芳应园主之邀，游览贤清园，并撰写了《贤清园记》，记录贤清园当年的泉石之美和林木之盛：

> 泉本名"悬清"，一名今名……德州罗氏为园其上，园可十亩余，缭以周垣，荫以嘉木。其南一池，方可三寻，源如贯珠，灂灂不息，澄澈逾镜，净不可唾。东西凿沟，西从垣出，穿柳根，根浸久，皆红色，清藻相映，殊是可爱。东沟注而北，穿篨道二十步许。又稍北，自地中行，进石窦间。窦拱大，水喷尺余，与趵突泉三窦等第。趵突用锡筒束以出，兹自石溢，天工人为，不较然欤？窦泄为北池，视南池广而浅其半焉，菱叶荷花，轻儳白沙，致亦佳。池西南有沟（构），差小于南池者。南池阳屋三楹，颜曰："贤清草堂"，东西俱篨。北池北屋如之，屋左设石几，可饮可弈。其花木有黄梅花、桃、杏、李、合欢、紫薇、海棠、杂以修竹、蒲桃，而栝柏数本，高柳十

333

章，青入天半，俱数百年物。……

嘉庆年间，贤清园被清代著名学者周永年之子周震甲购得并改建，因本人号朗谷而称"朗园"。由周震甲经营的朗园，与原来的罗氏贤清园相比，景色更显疏朗，书卷气更加浓郁。王培荀畅游朗园后称："藏书万卷，种竹千竿，入门巨竹拂云，清泉汹涌过亭下，飒飒如风雨声，汇为方塘，周五六十步，名'贤清泉'。……北堂临水，栏外无寸土，前面尽敞，月下听泉，阶上垂钓……"（〔清〕王培荀辑《乡园忆旧录》）光绪三年（1877），济东泰武道道员李宗岱，将朗园改建成"汉石院"，修建了古色古香的厅堂和飞檐挂云的亭榭。民国以后，该园林荒芜。其遗址在今五龙潭公园内。

总之，济南的私家园林已融入城市整体布局，在追求自然情趣的同时，与城市浑然一体，呈现出"城即园林"的格局。

（郑立娟）

七、 尊孔崇儒： 济南府学文庙

文庙，亦称孔庙、夫子庙、文宣王庙、至圣庙，是古代祭祀孔子的地方。府学则是古代府级行政机构为培养人才而兴办的学校。贞观四年（630），唐太宗诏令"州县学皆立孔庙"。从此，文庙与府学合而为一，官学发展与儒家文化传承得以有机结合。济南府学文庙坐落于济南老城区内芙蓉街北首，东与百花洲、曲水亭街相邻，北临大明湖，是古代济南府唯一的府级官学机构和官方祭孔场所，与曲阜孔庙、南京六合文庙、苏州文庙并称"中国四大文庙"。

（一） 济南文庙的历史沿革

据清康熙《历城县志·建置考》记载，宋代熙宁年间，郡守李恭于大明湖南岸创建济南府学文庙，是我国现存文庙中始建年代较早的。宋代"天下郡邑必有学，学必有庙"，庙学一体为济南府学文庙的创建提供了契机。元代张起岩在《济南路庙学新垣记略》中记载：此文庙"规制如鲁泮宫"，是说济南府学文庙是以曲阜孔庙的规格制度为蓝本创建的。

金代贞祐年间，府学文庙因战火而遭到严重破坏。元代，统治者为巩固政权以及稳定社会秩序，采用"尊用汉法"的文教政策，于是"庙学合一"的府学文庙得以保存。至元年间，济南府学文庙恢复官学；至正年间，山东宪副珊竹忽里哈赤、知事李彦敬命人修缮文庙垣墙，济南府学文庙得到扩建。元末，社会动荡不安，府学文庙没有得到充分的利用和保护，彻底颓败。

明代尊孔崇儒，又采用"治世宜用文"的文教政策，庙学得到前所未有的发展。这一时期济南府学文庙得到多次整修和扩建，规制也趋于完备。洪武二年（1369），济南知府崔亮重建文庙，修建了大成殿和大门；明天顺五

济南府学文庙明伦堂（任飞翔 摄）

年（1461），济南知府陈钰再次整修文庙；成化十年（1474），济南知府蔡
晟在府学文庙内建筑了钟英坊、毓秀坊两座牌坊和屏门；成化十三年
（1477），巡按御史梁泽拓建了大成殿、东西两庑，建造了戟门、明伦堂（宣
讲所）、棂星门等，以后又重修数次，尤其是有"明人伦"讲学厅的明伦堂
的建制，使济南府学文庙实现了真正意义上的"庙学合一"。成化十九年
（1483），济南太守蔡晟在府学文庙内修建了乡贤祠，同时在东西两庑之内放
置像龛和乐器，增建庖厨、库房、解舍、环碧亭，这标志着济南府学文庙的
祭祀活动更加正规；正德七年（1512），济南知府章寓之在文庙增建了讲堂，
为济南府学文庙聚众讲学提供了条件；万历二十八年（1600），济南太守沈
蒸修梯云溪，把芙蓉泉水引入到外泮池，而且将方、圆二亭建在了棂星门的
左右；天启七年（1627），太守樊时英将棂星门的方、圆二亭分别命名为
"中矩亭""中规亭"，又挖凿水池，将大明湖的水引入，在池上建造了飞跃
亭，并开凿了玉带河，把河水引入到内泮池，从西廊庑后面绕至尊经阁（藏
书楼）；崇祯六年（1633），济南知府顾燕语又一次重修府学文庙；崇祯十

一年（1638），济南知府苟好善重修了文庙大成殿、明伦堂，后来遭遇战争，明伦堂被毁坏。

清代崇尚儒家经学，广兴学校，这一时期是文庙发展的鼎盛时期。据相关资料记载，清代对济南府学文庙的修葺不断，但基本保持了明朝文庙的规模和建筑布局。到清朝末年已成为济南府城内规模恢宏的古建筑群，其主要建筑除去中轴线上的棂星门、泮池、影壁、大成门、大成殿外，还有府学的明伦堂、尊经阁、乡贤祠、节孝祠、名宦祠、崇圣祠和教官衙门等建筑。

济南府学文庙是宋代以来济南文化、教育的中心，清末废除科举后，作为具备地方官学性质的济南府学失去了为科举考试提供生员的作用，文庙因而逐渐走向没落。由于连年战争，济南府学文庙遭到毁坏。中华人民共和国成立后，文庙一度被小学、工厂等占用，许多建筑被毁。1992年被公布为山东省文物保护单位，2005年开始进行大修，残存的古建筑被修复，被拆除的部分也得到复建。

济南文庙棂星门（摄于20世纪30年代）

（二） 文庙的建置与祭孔活动

据乾隆《历城县志》记载，济南府学文庙"规制如鲁"，即其形制、规模与曲阜孔庙相似。济南府学文庙的建筑布局是前庙后学。"庙"是专用于祭祀孔子的场所，济南府学文庙里作为"庙"的建筑部分包括影壁、大门、棂星门、中规亭、中矩亭、泮池、钟英坊、毓秀坊、屏门、更衣所、牺牲所、戟门（大成门）、东西廊庑、月台、大成殿、乡贤祠、名宦祠等。

影壁，又称万仞宫墙，位于文庙大门前，是文庙中轴线上的第一座建筑。济南府学文庙的影壁为"一"字形，用砖砌而成，顶部有黄琉璃瓦覆盖，背面正中有圆形砖雕装饰的图案。万仞宫墙之名出自《论语·子张》："夫子之墙数仞，不得其门而入，不见宗室之美，百官之富，得其门者或寡矣。"用宫墙之高万仞比喻孔子的学问和思想博大精深。

大门，是进入府学文庙的第一道门。大门面阔三间，进深三间。房顶覆

济南府学文庙尊经阁（任飞翔 摄）

盖了黄色的琉璃瓦，朱漆木门，门上饰有金色门钉，是府学文庙留存不多的古建筑之一。

棂星门，为四柱三间冲天式雕花石坊。柱间设红色栅栏门，柱前后以石鼓夹抱，并分别用石戗柱倾斜支撑。棂星原作灵星，根据《后汉书》记载，灵星为专管天田之神，古人认为它"主得士之庆"。因此，古代祭天，先要祭祀灵星。棂星门象征着尊孔如尊天，这充分体现了封建社会对孔子的尊崇。济南府学文庙的棂星门始建于明成化十三年（1477），原来的棂星门已毁坏，如今棂星门是根据史料重新修建的。

中规亭、中矩亭，分列于棂星门内东、西两侧，中矩亭为方形，中规亭为圆形，黄琉璃瓦攒尖顶。语出《礼记·玉藻》："周旋中规，折旋中矩。"《周礼·考工记》："方者中矩，圆者中规。"

泮池，位于棂星门北数米，池近半圆形，弧面朝南，北岸弦长 37.4 米。池周环绕白石望板、望柱。泮池为儒家文庙及学宫专用，是文庙兴官学的标志。《诗经·泮水》篇有"思乐泮水，薄采其芹"等句，意思是学子可在泮池中采摘水芹插在帽缘上，以示文采。科举时代学童进府学、县学为新进生员，须经泮桥入宫拜孔子，叫"入泮"或"游泮"。济南府学文庙的泮池始建于明代，已毁。现今泮池是文物工作人员根据文庙现存建筑情况重新修建的。泮池的泉水是由南面的芙蓉街流过来，然后经玉带河流到曲水亭，再汇入大明湖。维修后的泮池，恢复了以前的水道。

钟英坊、毓秀坊，位于泮池以北，文庙东西院墙内侧，钟英坊在东，毓秀坊在西，彼此遥相对应。二坊形制相同，皆是四根柱子三间三楼的庑殿顶式木制牌坊，顶部覆盖着黄色琉璃瓦。明成化年间，由济南知府蔡晟组织修建。"钟"寓意集中，"毓"寓意孕育，钟英毓秀寓意济南府学文庙孕育着深厚的文化内涵。今天济南府学文庙的钟英、毓秀牌坊是 2005 年之后根据史料记载重建的。

屏门，是文庙的第三道门。为六柱五楼式，重昂单檐庑殿顶，覆黄琉璃瓦，饰吻兽，檐下以云头斗拱承托，额题"海岱文枢"四字，额枋彩绘

"旭日云鹤""金龙戏珠"等图案。"海岱文枢",寓意济南府学文庙乃海岱地区文化中枢。1952年,牌坊的地上部分被迁至大明湖公园南门。如今的屏门,是2007年参照今大明湖南门牌坊和有关资料在原址复建的。

更衣所、牺牲所,位于屏门东、西两侧。每年祭孔前,主祭官须在更衣所沐浴、更衣,斋宿三日,牺牲所则用于祭孔大典上祭祀用品的准备。更衣所建筑为原物,牺牲所原建筑已被拆除,2006年根据史料记载在原址复建。

戟门(大成门),是进入大成殿前院落的正门。因两旁小耳房里曾置显示仪节等级的戟而得名。戟门面阔五间(复建后的戟门为三开间),歇山顶,上覆黄琉璃筒瓦。两侧原与廊庑相连,与大成殿组成一封闭院落。在古时祭孔之日,文武官员于此整理好衣冠,在庄严肃穆的鼓乐声中,缓缓打开戟门,过戟门,而上大成殿。大成门有左中右三个门,为表示对孔子及文庙的尊崇,平时仅以两旁掖门出入,东称"金声",西称"玉振"。

东西廊庑,即大成殿前东西两侧的长排庑房,彼此相对,与戟门(大成门)和大成殿围成封闭院落,廊庑内供奉历代先贤先儒。1950年代,原廊庑因年久失修而坍塌,2006年在原址重建。

月台,又称"佾台",是府学文庙大成殿前的露台。是祭孔典礼上举行乐舞仪式的地方。

大成殿,是举行祭祀仪式的地方,属于文庙的主体建筑。大成殿始建于宋熙宁年间,原面阔五间,明代扩建为七间,后又经数次重修扩至九间。进深四间。单檐庑殿顶上,覆盖黄琉璃筒瓦。现在的济南府学大成殿是"落架抬升"原样重修的。

乡贤祠、名宦祠,是分别祭祀乡贤、名宦的场所。明成化十九年(1483),济南知府蔡晟建立乡贤祠,用于祭祀济南府德才兼备的贤人。今济南府学文庙并未重建这一历史文化建筑。

早期修建的文庙是单纯的祭孔场所,祭孔仪式也相当严谨。"每岁仲春秋上丁前二日,各衙门设斋戒牌,不饮酒,不食蒜薤,不吊丧问疾,不听乐,不理刑,不判署刑杀文字,不预秽恶事。"在济南府学文庙的大成殿主祀孔子,两旁配祀有四配、十二哲。四配，位于孔子像两侧，即孔子弟子中最杰出的颜回、曾参、孔伋、孟轲。十二哲，位于殿内东西两端，每端各6位：东面为闵损、冉雍、端木赐、仲由、卜商、有若；西面为冉耕、宰予、冉求、言偃、颛孙师、朱熹。除此之外，在东西廊庑中祀历代对儒学发展传播起到重要作用的先贤先儒，历代虽有更替，但基本稳定。从明代开始，乡贤祠和名宦祠也被移入济南府学文庙中，主要祀乡里的贤人和造福一方百姓的官员。另有，祭祀孔子父辈的启圣祠。明清时期在济南府学文庙中供奉有上百位圣贤的牌位。

祭孔之日，祭典从夜半子时开始。祭祀的主要仪式叫"大成殿释奠礼"，按"鸣赞""引赞"的呼吟，整个过程由迎神、初献、亚献、终献、撤馔和送神六部分组成。祭孔程序为皇帝钦定，比较烦琐。如今这套祭祀仪程仍被保留沿用。

（三）府学的建置与教学活动

"学"是文庙专门用作学校教育的场所，济南府学文庙属于"学"的建筑部分包括：明伦堂、四斋、尊经阁等。

明伦堂，是文庙内专司教育之职的场所，体现了文庙的"庙学合一"特性。面阔五间，进深四间，单檐歇山顶，顶部覆盖黄琉璃。"明"是"知道"的意思，"伦"即道德伦理，是"做人做事"的原则，明伦即是让人知道做人做事的道理，这也是儒家的教学理念之一。始建于明成化十三年（1477）。古时每月的农历初一和十五拜谒孔子后，训导在此宣讲上谕和政府法令。1950年代被拆除，现已在原址复建。

四斋，是古代学子自修读书的地方。分列于明伦堂东西两侧。四斋分别是"志道斋""据德斋""依仁斋""游艺斋"。斋室名取自《论语·述而》："志于道"，即立志要高远；"据于德"，即为人处世的行为要依据德行；"依于仁"，即对人对物要有仁爱之心；"游于艺"，即指娴熟地掌握技艺，游憩于礼、乐、射、御、书、数六艺之中。

尊经阁，又称藏书楼，是文庙存储经典之地。两层重檐歇山顶建筑，进

深四间，四周有回廊，第二层面阔三间，进深两间。始建于元延祐二年（1315）。20 世纪 50 年代，原尊经阁仅剩遗址。2008 年根据明代建筑的形制在原址稍偏南处进行了重建，建成之后的尊经阁是文庙内最高的建筑。

在古代，济南府学文庙是济南教育教学活动的场所，也是济南文化教育的中心，被誉为"齐鲁文衡""海岱文枢"。济南府学文庙北侧的明伦堂就是文庙进行教学的地方，生员和教授在此读书、讲学，以儒家文化为主要的学习和教学内容。济南府学文庙作为儒家文化的物质载体，对于儒学的传承有不可磨灭的贡献。

济南府学文庙作为府一级的地方官学，另一重要功能是为科举输送考生。因"庙学合一"制度的出现，使得文庙逐渐成为地方官学的代表，成为选拔人才的重要场所。随着科举取士制度的地位日益重要，各级文庙的官学教育也以科举教育为中心施教，这也是济南府学文庙自建立起至清末这近千年的时间里一直发挥的作用。

如今，济南府学文庙依旧于每年举办文庙讲堂、成人礼、开笔礼、国学经典诵读等文化活动，逐渐成为弘扬中华民族优秀传统文化的新阵地。

（郑立娟）

八、 泺源书院： 济南书院教育的缩影

"书院"之名最早出现于唐代官方设立的"丽正书院""集贤书院"，它是收藏、整理、校对书籍的官方机构。到了宋代，书院的数量急剧增加，出现了闻名天下的岳麓书院、白鹿洞书院、应天府书院等书院，其教育职能也逐渐完备。至清代，书院呈现出前所未有的繁荣景象，成为集教学、藏书、学术研究等多种活动于一身的教育组织机构。仅济南的书院就多达三十余处，其中最著名、最具代表性的便是清代山东最大的官办书院——泺源书院。

（一） 泺源书院的创建

泺源书院的前身是始建于明代的历山书院。据乾隆《历城县志》记载，明万历二十四年（1596），山东巡盐御史毕懋康在趵突泉东的谷继宗（济南历城人）别墅故址上创办历山书院。建立之初，"六郡士子读书其中者以百计"。天启初年，历山书院在禁毁书院事件中被取消，改为邮亭。清顺治十一年（1654），山东布政使张缙彦重修书院，并翻建白雪楼。白雪楼为明代文坛"后七子"领袖李攀龙所建，是其读书居住处。翻建后的白雪楼环境优美，故将书院更名白雪书院。康熙皇帝南巡来济南时，应山东学政徐炯之请，为白雪书院题匾额"学宗洙泗"，一时间白雪书院的声名大振。省内学子闻风而动，纷纷来白雪书院求学。康熙二十五年（1686）山东巡抚张鹏、康熙二十七年（1688）山东布政使卫既齐多次增建学舍。雍正十一年（1733），山东巡抚岳濬奉"省会之地仍各建书院，以作育人才"的谕旨，将济南白雪书院定为省会书院，因原址地方狭小，不能容纳更多士子读书，遂将其迁址于城内明代山东都指挥使司旧址（今省府前街和芙蓉街之间），取"泺水之源"义，更名为泺源书院。泺源书院建院之初，雍正皇帝还特

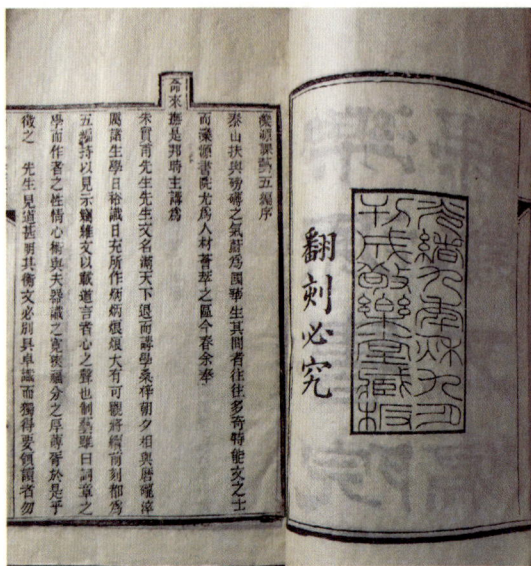

[清] 光绪木刻本《泺源书院课艺》书影

赐白银千两，以示重视。

泺源书院曾于乾隆、嘉庆、道光、同治、光绪年间重修扩建。乾隆六年（1741），山东巡抚朱定元对泺源书院进行修葺，扩建院舍，并形成规模。嘉庆九年（1804）山东巡抚铁保、道光八年（1828）山东巡抚琦善，先后动员社会各界为泺源书院捐助白银15000多两，用于修缮、建舍、购书等，成为书院的主要经费来源。道光二十一年（1841）山东巡抚托浑布、同治十年（1871）山东巡抚丁宝桢、光绪二十二年（1896）山东巡抚李秉衡又先后对泺源书院进行三次重修。重修后的泺源书院有三座大门，两处讲堂共计八间，文昌阁一处，供帅生职役住宿的斋舍共一百六十四间，门屋二十间，厨房两间。书院建筑布局规整，凡斋舍均红砖铺地，白垩抹墙，讲堂与甬道之间以石铺路，"其庭殖殖，其舍翼翼，其众济济，其来于于"。（民国《续修历城县志》卷十五）正是由于泺源书院多次修建扩充，规模越来越大，环境越来越好，吸引了一大批优秀的教师和向学的士子，泺源书院逐渐发展成为山东最大的书院。

（二）泺源书院的教育活动

泺源书院的主要功能是教育，主要体现在教学、祭祀、藏书等三个方面。

教学活动是泺源书院的主要活动。泺源书院建立之初就以"得天下英才而教育之"为办院宗旨。乾隆十三年（1748），巡抚准太经理泺源书院时，制定《训课条规》，提出六个"为学"：即"为学莫先于立志""为学莫要于寡欲""为学当敦实行""为学当秉虚衷""为学当勤讲读""为学当慎交"，旨在让学生立志笃行，明德静心，肩负起治国理民的重担，也正是秉承着"为国储才"的办学宗旨，诸多饱学鸿儒会聚于此，他们或是担任书院的山长，或是主讲，教学传道，使泺源书院一度兴盛。

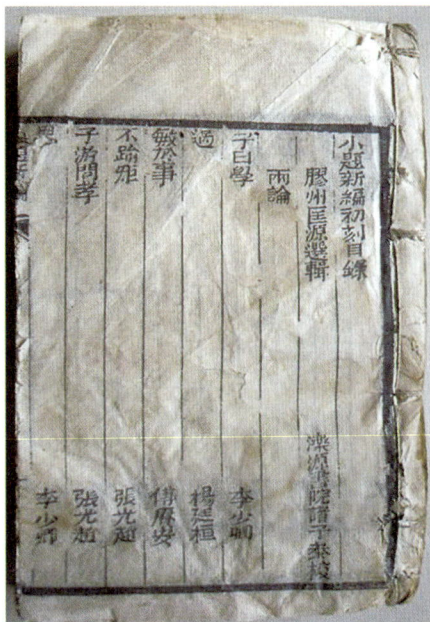

匡源辑、泺源书院诸子校《小题新编》书影

泺源书院的最终目的是为科举服务，所以讲授内容以四书五经及程朱的阐释为主。如乾隆二十六年（1761），桑调元任泺源书院山长、主讲期间，教学尊崇程朱理学，以尚志力行为先，提倡贯通群经，并制定了《泺源书院学规》。《学规》开篇即强调朱子之学在书院教育中的地位。

泺源书院实行因材施教的教学方式。如乾隆十六年（1751），沈起元受聘山东泺源书院掌教时，对每个学生因材施教，"或宜读庆历，宜读启祯，宜读八家者，各为选授"。他还将师生之间的质疑答惑整理为《泺源问答》，成为后人研究书院教学的重要史料。

泺源书院在经学教育之外，还鼓励学术研究。以中国近代著名藏书家、中国近代图书馆事业的奠基人、中国近代教育事业的先驱者缪荃孙为例。缪荃孙在来到泺源书院授课之前，曾任过翰林院编修，授课于江阴南菁书院。光绪十七年（1891），他应山东巡抚张曜之聘到泺源书院讲课。缪荃孙在泺源书院任教的时间仅四月有余，但他为泺源书院所做贡献巨大。据缪荃孙

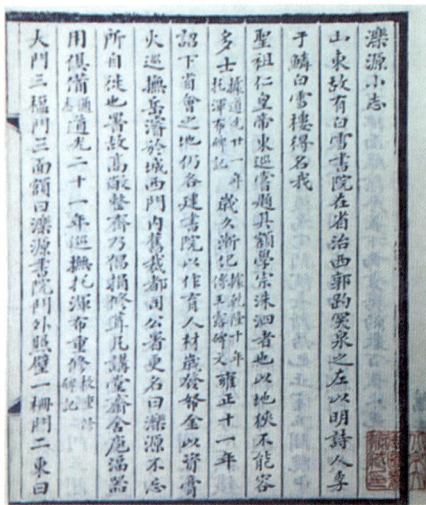

缪荃孙辑《泺源小志》书影

《艺风老人日记》记载，他任教期间，除了最后的决科题外，凡出课题十次，基本上是十天一课。泺源书院学生众多，缪荃孙收课卷最多时达到八百本，讲学任务非常繁重。他采取了八股试帖、经史辞章兼顾的教学方法，使学生在应付科举考试之余开阔视野，为今后从事学术研究奠定一定基础。另外，他对山左金石的搜拓，为山东金石学研究奠定了基础。缪荃孙的另一重大贡献是为泺源书院辑录了一部史志《泺源小志》。该志内容共6000余字，详细生动地记述了泺源书院的历史沿革，书院的内设格局、房舍的安排、周围景致等等。

在硕学大儒们的教导下，书院就读学生也是人才辈出，名重于世。乾隆十八年（1753），书院选拔优等生二十七人，取得"乡试中式七人，选拔居五"的好成绩。同治年间，匡源任泺源书院山长，讲学十七年，弟子多达三千多人，培养出清代状元曹鸿勋、著名学者柯劭忞、王懿荣等。

泺源书院除日常教学活动外，还举行祭祀活动。因泺源书院是以考课为主，书院学子的最终目标是为了考取功名，所以书院建有文昌阁，将主管考试、命运的文昌帝君尊奉为神祇。除了供祀文昌帝君之外，还会供祀一些儒家的先贤以及历史上著名的学者，例如匡源在主持泺源书院时就新建仓颉祠以便祭祀之用。另外，据道光《济南府志》记载，泺源书院"有文昌阁，阁下有朱子祠堂"，乾隆二十六年（1761），山长桑调元"建以国朝陆龙其稼书、张履祥考天、劳史麟书三先生配有碑"（道光《济南府志》卷十七），供祀一些历史上著名的理学家。

泺源书院亦是一个巨大的藏书基地。据文献记载，清代书院一般的藏书量在 1000 卷左右，而泺源书院的藏书，按卷册、封、部折算后共有 2000 册以上，远远超出清代一般书院的藏书水平。而且，泺源书院藏书种类繁多，涉及经、史、子、集各类文献。其中，儒家经典相关的书籍占据藏书的大多数，充分体现出书院与科举之间的密切关系。（王君茹：《山东泺源书院发展变迁研究》，陕西师范大学，2017 年硕士学位论文）

（三） 书院改制

清朝末年，在内忧外患之下，书院也不可避免地受到外来文化的冲击。随着西学东渐，人们对旧有的书院制度产生了厌倦，主张对书院进行改革的呼声日渐高涨，刑部左侍郎李端棻和万木草堂主人康有为，一北一南，遥相呼应，力主书院改革。慈禧太后虽极力反对，但终也抵挡不住历史潮流的发展，书院改制势在必行。

泺源书院与外来文化在济南的第一次正面交锋即济南教案的发生。清光绪七年（1881），美国长老会传教士选定泺源书院附近的一块地面，准备设立教堂、医院，推动教会在济南的发展。消息传开后，当地士绅，尤其是泺源书院的师生非常愤怒，泺源书院师生当即发出揭帖，要求收回房屋。7 月 13 日上午，济南市民在泺源书院先生带领下，成群结队涌向教堂工地，"即将房内物件损失，并重殴承作工头"。（山东省地方史志编纂委员会：《山东省志》卷十三《外事志》）此后，清政府在美国驻华公使一再照会的压力下，最

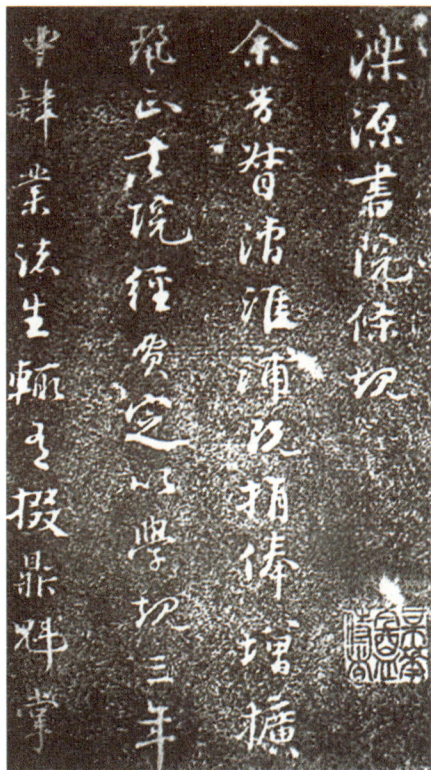

泺源书院条规拓片

347

终妥协退让，以退还房价并赔偿"损失"结案。

光绪二十七年（1901），慈禧太后被迫实行"新政"，正式颁布书院改制的上谕。山东巡抚袁世凯闻风而动，积极响应创办学堂，上呈《山东省城试办大学堂暂行章程》折稿，对书院改制后如何创建大学堂做了详尽说明。同年十月，清廷正式批准成立山东大学堂，并通令全国仿照办理。官立山东大学堂在泺源书院正式创立。周学熙（另一说为袁世凯的智囊唐绍仪）任首任校长（时称"管理总办"），英、美、德、日籍教习8人，美国人赫士担任总教习。新学堂的招生、教学依据《山东省城试办大学堂暂行章程》实行。

光绪三十年（1904），官立山东大学堂由泺源书院旧址迁入杆石桥西（现山东省实验中学），改称山东高等学堂。泺源书院旧址改建为山东师范学堂，开创了国内省级师范教育的先河。至此，泺源书院实现了由传统教育向现代高等教育的转变。

山东泺源书院自清雍正十一年（1733）正式建立，至光绪二十七年（1901）改制为山东大学堂，历经一百六十八年的风雨历程，在清代山东文化史和教育史上留下了浓墨重彩的一笔，为齐鲁大地传承圣贤文脉和培养栋梁之才做出了重大贡献。

（郑立娟）

第六章

明清时期的济南（下）

明清时期是济南文化发展最繁荣的时期，涌现出了边贡、李攀龙、于慎行、李开先、王苹、马国瀚等一大批文化名人。其亮点主要体现在以下几个方面：

一是涌现出若干文坛领袖。明清时期，济南地区的作家整体数量也许不是最多的，但文坛领袖人物的数量，却是其他任何地域都无法相比的。李攀龙"崛起沧海，雄长泗上。诸姬主盟中夏，燕、秦、吴、楚之人翕然宗之，如黄河泰岱。——后之学者，闻于鳞之风，皆振衣高步，追踪古作者，于鳞有起衰之功矣"。（施闰章：《沧溟先生墓碑》）李攀龙与王世贞、李开芳、谢榛、徐中行等七人被称为"后七子"，李攀龙则被称为"宗工巨匠"，是公认的"后七子"领袖人物；于慎行，不仅官至宰辅，而且是享有盛名的文坛巨匠，与冯琦、公鼐并称"山左三家"，在明神宗朝被公认为"文学之冠"。李开先居家期间，"济南

一带擅长写作词曲的文人刘天民、乔龙溪、袁公冕、袁崇冕、高应玘、张自慎等，都集在李开先周围，一时形成了以李开先为核心的词曲创作中心"。
(李伯齐：《山东文学史论》，齐鲁书社，2003年版)

二是形成了济南诗派和许多文学社团。李攀龙曾在济南隐居十年，这一时期是其诗歌创作最为活跃的时期，他与济南诗人许邦才、殷士儋等人相酬唱，对济南的文坛产生了重大影响。明代中叶至清初，山东诗人大多崇尚李攀龙，形成了"济南诗派"。"嘉靖八子"之一的李开先，罢官后家居近三十年，"与同乡作家结为词社"。(李伯齐：《山东文学史论》，齐鲁书社，2003年版) 清前期王士祯在济南作《秋柳》四章，和者众，结成"秋柳诗社"。从整体上看，文人唱酬和结社是明清时期文学发展的一个特点，全国各地都有这种现象，但济南的文学结社影响之大，为其他地域所无法比拟。

三是曲艺成就突出。戏曲是最具民间性质的一种文学形式，其语言、风格和声律都有一定的地域性。明代的戏曲以传奇为主，李开先的《宝剑记》是明中期三大传奇之一。李开先罢官家居期间，"结交山人词客，畜养民间艺人，且不避凡俗，为民间戏曲的演出，自编自导"(李伯齐：《山东文学史论》，齐鲁书社，2003年版)，为明代曲艺文学创作做出了巨大贡献。李开先也被誉为"词坛之雄将，曲部之异才"。(吕天成：《曲品》)

明清时期上述文化特点的出现，与济南政治中心地位的确立和经济发展及文化教育状况分不开。一方面，济南作为山东省会，居山东政治中心的地位，自然也就成为文人聚集或家居的地方。据约略统计，"明清时期山东作家近800余人，济南地区为250余人，约占山东作家总数的三分之一"。(李伯齐：《山东文学史论》，齐鲁书社，2003年版) 另一方面，随着济南经济的发展，私家园林融入整个城市布局，出现了万竹园、小淇园、漪园等私家园林，这些园林成为文人骚客宴游、会友、酬唱的地方，为文学昌盛创造了条件。同时济南府学文庙和书院的社会功用越来越大，为济南培养了大批俊彦，从而推动了济南文学的发展。

一、 自是风流： "前七子" 中的济南人边贡

在济南华不注山之阳有一处古泉，名叫华泉，这是春秋时期齐顷公"三周华不注""取饮以免"的地方。明代蜚声文坛的"前七子"之边贡，就居住在华泉附近。边贡自号"华泉子"，人称"华泉先生"，其诗歌成就以五七言律绝最高，陈田《明诗纪事》称边贡"律诗翩翩，自是风流"。边贡在两次守制和辞官归里期间，写有大量描写家乡济南的诗文，被称为"济南诗派"的奠基人。

（一） 宦海沉浮

边贡（1476—1532），字廷实，山东济南人，明代著名诗人、文学家。边贡以诗著称于弘治、正德年间，与李梦阳、何景明、徐祯卿并称"弘正四杰"。后来加上康海、王九思、王廷相，被称为明代文学"前七子"，在中国文学史上占有重要地位。

边贡的祖父边宁，任职于应天府。边贡之父边节，曾任山西代州知州。

华山脚下的华泉（雍坚 摄）

边贡画像

边贡自幼聪慧，青少年时期即博览群书。弘治九年（1496）刚过20岁便中进士，授为太常博士，主事礼乐祭祀。不久，边贡迁升兵科给事中，负责监察战备物资和稽察兵部官员。任职期间，他不避权贵，不计利害，上书弹劾贪冒军功、卑怯无能的中官张瑜和太医刘文泰、高廷和用药之谬，又劾监军太监苗逵、保国公朱晖、右都御史史琳用兵之失。弘治末年还上《言边患封事疏》，疏文激昂凛然，直述国家大事。

弘治十八年（1505）五月，孝宗皇帝朱祐樘病死，武宗朱厚照继位，年号正德。武宗荒淫无道，不问朝政，朝中大权全由宦官刘瑾把持。当时边贡官任太常寺丞，清止高洁，不善逢迎，结果被外放为河南卫辉知府，不久又改授湖北荆州知府。外放任职，使边贡的锐意进取之心受到很大的伤害。

正德五年（1510）春，边贡赴荆州任所。在荆州任内，他或驱车四境访察民情，或登山游水吟诗作赋，心情十分抑郁。不久，权阉刘瑾伏诛，不少受刘瑾迫害的官员纷纷回京任职，而未曾阿附刘瑾的边贡却未能返京，而是仅仅升为山西提学副使。因此时边贡收到父死讣音，未能赴职即回家奔丧。

正德九年（1514）仲冬，边贡守制期满，起为河南提学副使。提学副使，是督察地方教育、整饬学规和科举取士的高级学官。边贡虽然因未能返京而心情惆怅，但他仍尽职尽责，秉公办事。他主持乡试时，能公正取士，

"号称得人"（乾隆《历城县志》卷十七），赢得了清正廉明的赞誉。

边贡有感于朝政日非，加之体弱多病，于正德十二年（1517）上疏请求辞官，未获准。不久，与自己共同生活的母亲病死在他就职的荆州，于是边贡扶灵柩回乡守丧。

嘉靖元年（1522），边贡被起用为南京太常寺少卿，又任南京太常寺卿。嘉靖七年（1528）升任南京刑部右侍郎，南京户部尚书。边贡虽然身为高官，却是在留都南京任职，并无多少实权，很难有大的作为。他为此十分苦闷，常常在闲暇之时游览胜迹，饮酒纵欢。嘉靖十年（1531）右都御史汪鋐以"纵酒废职"罪弹劾边贡，淡情官场的边贡并不申辩，遂致仕还乡，卜居于历城华山下的华泉附近。

（二）边贡与济南诗派

"前后七子"中，边贡和李攀龙均为历下人，在其同乡、同学、知交、晚辈中产生了一批追随者，他们共同尊奉复古派的诗歌主张，可视作两次复古运动在济南一带的回应。他们的活动年代几乎与复古派同时，被目之为"历下诗派"或"济南诗派"。清初王士禛曾说："历下诗派始盛于弘正四杰之边尚书华泉，再盛于嘉靖七子之李观察沧溟。"（《渔洋诗话》卷上）王士禛在《边华泉诗集序》中又说："不佞自束发受书，颇留意乡国文献。以为吾'济南诗派'大昌于华泉、沧溟二氏。"由此可见，明代济南确实有一个诗派存在。

作为"前七子"之一，又名列"弘正四杰"，边贡的出现打破了有明一百三十年来山东诗坛寥落的局面，开启了明中叶山东诗坛的鼎盛和繁荣，被视为"济南诗派"的奠基人。王士禛在《华泉先生诗选序》中说："吾济南诗派大昌于华泉、沧溟二氏，而筚路蓝缕之功，又以边氏为首庸。"充分肯定了边贡在济南诗派形成中的地位和作用。

边贡对济南诗派的巨大贡献，还体现在他对济南山水风物的描绘。如《七月四日泛湖次暮春佛寺韵》：

湖上扁舟寺里登，水云如浪白层层。横桥积雨斜仍断，卧石临溪净可凭。却过竹林忘问主，欲寻莲社恨无僧。酒酣更向城南眺，落日满山烟翠凝。

千佛山和大明湖是济南最著名的山水景物，此诗将二者结合起来描写，颇有意趣。作者扁舟泛湖，欣赏湖光山色、小桥流水等极具韵致的美景，使人顿生无限神往之感。

再如《三月三日陪藩臬诸公登千佛山寺》诗云：

故山还与故人登，石磴岩峣梵阁层。南郭正当春晚出，北阑遥对暮云凭。含风翠壁悬千佛，落日青林见一僧。车马载驰灯火乱，坐欣归路夕光凝。

故地重游，故人重会，此时诗人的心情是愉快的。该诗抓住千佛山的景色特点，移步换景，按照登山过程细致地描写了整个游山过程。故读罢此诗，仿佛陪诗人一同游览千佛山般，给人身临其境的美感。

边贡多年在外为官，却时常惦念着家乡，写有许多思念家乡的诗句。如"我济富山水，人称名士乡"（《春日卧病寄刘子希尹王子孟宣·其一》），再如"泺源桥上柳，应有拂阑条"。（《夜中不寐登楼有怀》）

故乡济南的山水美景，激发了边贡的创作热情，给他的文学创作带来了巨大的影响。同时，远离政治的田园生活，也让他加深了对文学特性的认识，提高了对文学作品的审美感悟能力，逐渐形成了他诗风中古淡飘逸的一面。边贡的诗以富有文采为时人称许。他的送别、游赏诗作，韵味深厚，文笔传神，时见新意，有不少清丽隽秀之作。他的诗文，后人编为《边华泉全集》。清初著名文人王士禛编有《华泉先生集选》四卷。

边贡一生长期为官，却没有安享富贵。他寄情山水，吟著诗文，在文学上取得杰出的成就，与李梦阳、何景明、孙祯卿、康海、王九思、王廷相等结成文学集团，被称为明朝中叶文学复古运动的"前七子"，一扫"台阁体"长期笼罩文坛的局面，形成了一个声势浩大的文学运动。

（三） 西园·北村·万卷楼

边贡家族世居华不注山阳，号称"东村"。与"东村"对应的，是边贡在丁父忧期间于大明湖东北筑建的"西园"别业。边贡曾作《西园八景》组诗描绘其间景致，第三首云："月落古堤上，人行春陌头。晓烟如有意，长伴绿杨楼。"描绘了西园别业的各种美景，给人一种空灵幽静、禅意悠然的韵外之致。

边贡后又在华不注山下华泉边修建别业，名"北村"。卜居"北村"期间，边贡读书授徒，与友人唱和，流连于家乡的湖光山色间，写了大量吟咏诗作。如《卜山居成有作》：

久定华山约，今来始卜居。梦游曾屡到，心赏复何如。圃巷环高柳，渊泉抱古墟。从兹簪与绂，当有绝交书。

这首诗表达了边贡罢职归乡隐居的心情。

金人列济南七十二泉碑时，华泉即"查无可考"。清道光《济南金石志》却记载，清嘉庆十九年（1814）尚有华泉石刻，"在华山下泉井上"。可见华泉在历史上曾多次被填埋，如今其迹难辨。边贡在华泉一带的具体隐居之处，已无从可考。不过从边贡《分题得鹊山湖送维正李宪副之山东》诗中称"山前绿稼隐茅茨，旧是齐侬钓游处"，可知他的居家靠近鹊山湖。鹊山湖位于济南市北郊华山与鹊山之间，本是由㴖水北流汇潴而成，因盛产莲藕，故又称莲子湖。宋金之际，刘豫开凿小清河，导㴖水东行入渤海，鹊山湖遂因不纳㴖水而渐趋干涸。

边贡爱书成癖，酷好收藏金石古

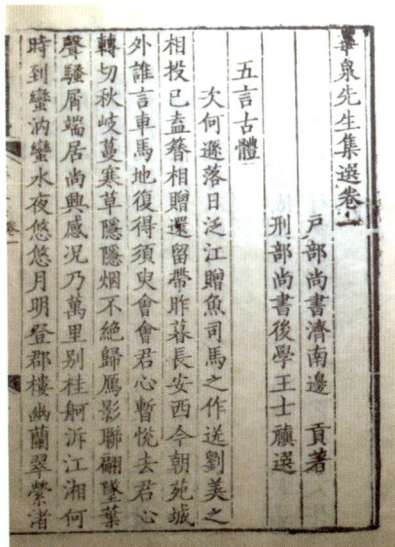

《华泉先生集选》书影

籍，其俸禄主要用于购买珍本善本和金石碑帖，他自称"月俸无多苦积书"。（《自感一首》）弃官还乡后，他在大明湖畔德王府附近修建了一座藏书楼，自题"万卷楼"，将其毕生收藏的金石古籍珍藏其中，每日以读书赏石为乐。嘉靖十一年（1532）"万卷楼"毁于火灾，毕生心血，顿时化为乌有。边贡难掩悲伤的情绪，仰面大哭："嗟呼，甚于丧我也！"（钱谦益：《列朝诗集小传·边尚书传》）边贡痛苦异常，从此大病不起，于次年辞世，终年57岁。边贡死后葬于历城东南莱家庄，墓志铭由生前好友户部尚书兼翰林院学士王廷相撰写，其墓前竖着王廷相所写的神道碑。

边贡自号"华泉子"，平生诗文也以描写故乡景色者居多，可见其对故乡山水感情之深厚。边贡为官清廉，身后并无多少财产，其子孙皆贫困，大多以教授为业，到其七世孙时，已成为普通农村百姓了。

边贡墓位于济南东部，清代诗人任弘远《拜边华泉墓》曰："荒坟环千峰，春色细而里。我来拜先生，泪落如逝水。"清人符兆伦《华泉吊边廷实》曰："不见华泉人，空饮华泉水。再读华泉集，泉水争清泚。"如今"北村""西园""万卷楼"皆成往事，边贡墓也难以寻觅。

（王绍之）

二、 宗工巨匠： "后七子" 领袖李攀龙

李攀龙（1514—1570），字于鳞，号沧溟。历城（今属山东济南）人，"后七子"的领袖人物，与王世贞齐名，并称"王、李"，主盟文坛二十余年。李攀龙辞官归里后，在家乡济南筑白雪楼，隐居高卧，杜门谢客，醉心创作，其诗以七言律绝成就较高，被尊为"宗工巨匠"，著有《沧溟集》等。

（一） 年少猖狂， 起社复古

李攀龙自幼爱好文学，尤其喜好古文。其父李宝小有资产，通过捐币做了德王朱见潾府中的"典膳正"。但李宝酗酒成性，以至家无余财。李攀龙九岁时，其父因饮酒过度而死，其母张氏依靠纺织度日，独自抚育三子成人。李攀龙24岁时成为府学廪生，府学廪生可享受府学的生活供给，如此一来，就减轻了家庭负担。在府学读书时，李攀龙与殷士儋、许邦才约为知交。因其自幼性情疏放，不耐当时书塾中讲授的经训内容和八股文，时常以古典诗文与塾师讨论，同窗讥其为"狂生"，李攀龙听闻后却欣然道："吾而不狂，谁当狂者。"（王世贞：《李于麟先生传》）其实，李攀龙的这种"狂"性，直到中年仍很明显，他在《岁杪放歌》诗中说："终年著书一字无，中岁学道仍狂夫。"充分体现了李攀龙的精神风貌。

嘉靖十九年（1540），27岁的李攀龙参加乡试。当时著名文学家王慎中任山东提学佥事，对李攀龙十分赏识，李攀龙以乡试第二名的成绩中举。嘉靖二十三年（1544）的殿试，三十岁的李攀龙位列三榜，被赐同进士出身，从此走上仕途。

当时正值严嵩主事内阁，李攀龙不愿依附严党，自称"傲吏"，因此不免沉沦下僚。入仕后，李攀龙先是被分配到吏部文选司，任顺天府乡试同考

试官，后又供职刑部，先后任刑部广东司主事、刑部员外郎、刑部山西司郎中。嘉靖二十六年（1547），李攀龙在任刑部广东司主事时，与刑部同僚吴维岳、王宗沐等结成诗社，并与在京的同乡好友殷士儋、李先芳、谢榛等人多有唱和。在这一年王世贞中进士，在大理寺试政，由李攀龙的山东同乡李先芳引荐入社，李攀龙是一般家庭出身，而王世贞是世家子弟，家庭背景、个人经历与李攀龙都大相径庭，但二人一见如故，志趣相投，互为知己，并称于文坛。李攀龙等人的论诗主张，与"前七子"相唱和，形成一个新的文学流派，史称"后七子"，"诸人多少年，才高气锐，互相标榜，视当世无人，七才子之名播天下"。（《明史·李攀龙传》）他们文学主张的基本内容，即文主秦汉，诗规盛唐，是继"前七子"的文学复古运动。他们为彻底改变"台阁体"统治文坛的局面而不懈努力，李攀龙则以"后七子"的领袖而声名日显。

嘉靖三十二年（1553），不愿攀附严党的李攀龙见放京外，出守顺德（今河北邢台）。三年任期中，李攀龙请蠲民税，政刑宽简，政绩卓著。其间诗文创作，也取得一定成就。但身在顺德，毕竟难以施展抱负，李攀龙自我描绘任职时的生活说："一州如斗大，日出而视事，既不崇朝，闭阁卧也"。（《与王元美书》）在这种状态下，他的诗歌创作却很突出，无论赠答抒怀，还是描山摹水，或是关心时政之作，都各具特色。《登黄榆、马陵诸山是太行绝顶处四首》《春兴》等，是这一时期的代表作品。

嘉靖三十五年（1556）夏，李攀龙被提升为陕西提学副使，这是一个掌管学校教育和考察士子的官职，李攀龙也雄心勃勃，希望能有所作为。但到任不久，山东东阿人殷学任陕西巡抚。殷学爱慕虚荣，对属下多倨傲无礼，"尝下檄于鳞代撰奠章及送行序"。（《艺苑卮言》卷七）以居高临下的态度，命令李攀龙代他写作祭文等。李攀龙难以忍受上司挟势倨傲的作风，加之自己身体有疾，遂以养病为由上疏乞归，旨未下即拂衣辞官。

（二）楼名白雪，诗称历下

李攀龙由陕归里后，在济南历城王舍人庄之东的鲍山下筑楼隐居，安心养病，并取楼名为"白雪楼"。对于白雪楼，李攀龙在《酬李东昌写寄〈白雪楼图〉并序》中记述道："楼在济南郡东三十里许鲍城，前望太麓，西北眺华不注诸山；大小清河交络其下。左瞰长白、平陵之野，海气所际，每一登临，郁为胜观。"后以"鲍山白雪"成为济南明代"历下十六景"之一。

自白雪楼建成后，李攀龙便隐居高卧，潜心诗作。乡居期间，他与故交友人在白雪楼切磋诗学、晨夕唱和，慕名来访者也络绎不绝，"海内学士大夫，无不知有沧溟先生者"。（王世贞《李于鳞先生传》）李攀龙身体渐好后，又在百花洲畔建楼居住，潜心著书，亦名为"白雪楼"。据说，这座楼建在百花洲中的一座小岛上，没有桥梁，只备小舟往来渡客。所以，他的朋友许邦才在诗中称它为"湖中楼"。在百花洲畔的这座楼中，李攀龙不与权贵往来，对来访者一律严格筛选。王士禛在《带经堂诗话》中记载道：若有俗客来，李攀龙高卧楼上不出，不放舟引渡；若有文士到来，则"先请投其所作诗文，许可，方以小舴艋渡之。否者，遥语曰：'亟归读书，不烦枉驾也。'"

李攀龙居住于湖光山色之间，对这座白雪楼十分喜爱，他在《白雪楼》一诗中这样写道："伏枕空林积雨开，旋因起色一登台。大清河抱孤城转，长白山邀返照回。无那嵇生成懒慢，可知陶令赋归来。何人定解浮云意，片影漂摇落酒杯。"白雪楼给了李攀龙一片心灵净土，使他得以潜心创作。在百花洲畔居住的这段日子，是李攀龙诗文创作的重要时期，所写诗文，殆占《沧溟集》之大半，因而其诗文最初结集，曾名为《白雪楼集》。

李攀龙自幼生活在济南，嘉靖二十三年（1544）中进士后才离开济南去各地为官，辞官后又居里十多年，因此对家乡济南的名胜古迹、泉湖山林多有诗咏，如《与转运诸公登华不注绝顶》《过吴子玉函山草堂》《杪秋同右史南山眺望》《五日和许傅湖亭宴集》《和殿卿白云亭醉歌》等。

《与转运诸公登华不注绝顶》云：

> 中天紫气抱香炉，复道金舆落帝都。二水遥分清渚下，一峰深
> 注白云孤。岱宗风雨通来往，海色楼台入有无。不是登高能赋客，
> 谁堪洒洒向平芜。

诗人以其雄浑俊丽的笔触，书写家乡的山水。华不注山平地突起，直入
云霄。西北眺帝都，东南望海岱，视野辽阔，景色壮美。从如此豪迈壮丽的
诗句中，不难看出诗人对家乡山水的热爱。

《过吴子玉函山草堂》云：

> 玉函山色草堂偏，恰有幽人拥膝眠。树杪径回千涧合，窗中天
> 尽四峰连。绿阴欲满桑蚕月，白首重论竹马年。就此一樽无不可，
> 因君已办阮家钱。

李攀龙性情严冷亢直，不善掩饰，喜怒皆形于色，反映在诗文上，即表
现出强烈的亲疏好恶。对其少小同学、历下乡人则极力揄扬推介，成就了
"历下诗派"的兴盛。不仅极大地促进了众多济南本土文人在全国的成名与
显扬，也使得复古风潮在济南一带的影响持续久远。

隆庆元年（1567），李攀龙起复，出任浙江按察司副使，分管沿海海防
事务，不久升为浙江布政司左参政。隆庆三年（1569），诏拜河南按察使。
在河南任职仅四个月，老母病故，又扶柩归里。李攀龙本就身病体弱，加之
持丧哀痛过度，遂卧病不起，于隆庆四年（1570）八月十九日暴疾而卒，终
年五十八岁。济南人殷士儋为李攀龙作《墓志铭》，称赞他"书狱狱平，治
人人安，风士士起"。清代山东学政施闰章慕名瞻仰李攀龙墓，见垅墓不合，
景象荒凉，便筹资修葺李攀龙墓，并亲作碑文，充分肯定了李攀龙在文学史
上的地位。

（三）宗工巨匠，风尘人间

李攀龙作为"后七子"的领袖人物，与谢榛、王世贞等倡导文学复古运
动，主盟文坛二十余年，被尊为"宗工巨匠"（殷士儋：《明故嘉议大夫河南按

察司按察使李公墓志铭》)，其影响及于清初。李攀龙的各体诗中，以七律和七绝较优。其七律声调清亮、词采俊爽、语近情深。此外，李攀龙崇尚古人，认为先秦古文已有古法，后世作者只要"摭其华而裁其衷，琢句成辞，属辞成篇，以求当于古之作者而已"。（王世贞：《李于麟先生传》）他所著的《答冯通书》提道："秦汉以后无文矣。"李攀龙推崇汉魏古诗、盛唐近体，所编《古今诗删》，宋元诗一首未录，可看出其论诗宗旨。李攀龙的诗文，由其友人、"后七子"领袖之一的王世贞整理编集为 30 卷，题《沧溟先生集》，其后屡有翻刻，历百年而不衰。李攀龙所编《古今诗删》，选各代之诗，影响颇大，后又摘取其中唐代诗歌编为《唐诗选》，成为当时通行的学塾启蒙读本，明清两代，其影响不亚于《唐诗三百首》。

李攀龙还有"李风尘"之称。清人陈田《明诗纪事》引蒋一葵《尧山堂外纪》说："李于麟诗多'风尘'字，人谓之'李风尘'。"李攀龙诗追求格调"高古"，喜欢选用那些时间深远、空间广阔的意象以表达这种风格；同时在社会沉沦、个人不如意的情形下，李攀龙又不自觉地频频使用"风

李攀龙墓（采自 1929 年《亚细亚大观》第五辑）

尘"意象，来表达他的漂泊感、孤独感以及对社会的厌恶感。尽管他采用多种艺术手法并不影响诗的正大高古格调，但"风尘"意象毕竟与雄壮意境不够和谐。这种不和谐恰恰反映了诗歌不仅是个人情感、理想的结晶和返照，更是社会历史的映像。在这种意义上，李诗的"风尘"意象正是一种带有特定时代文化底蕴的意象。

作为元明以来山东最负盛名的诗人，李攀龙得到了大多数山东文人的热切追慕和拥戴。济南同乡殷士儋《李于鳞》诗称："镕今铸古法先秦，七子名高第一人。唯有虞山西北炉，九原屈杀李于鳞。"同乡李先芳《李于鳞》诗称："四海论交二十秋，夫君佳句胜曹刘。怀中久握连城璧，历下重开白雪楼。"新城王象春《得于鳞湖边旧舍居之》亦曰："草堂略似浣花居，况是先生手泽余。不比谢墩争姓字，但须更贮满楼书。"可见同侪后辈对李攀龙的追捧。

明万历年间，山东按察使叶梦熊为纪念李攀龙，出资在趵突泉附近修楼纪念李攀龙，亦名白雪楼。李攀龙九世孙李献方在《重修白雪楼记》中说："白雪楼初建于城东王舍庄，再建于湖上碧霞宫侧，后俱倾圮。明万历间臬台叶公梦熊补建于趵突泉上。"明清之际，这座白雪楼坍塌。清顺治十一年（1654），时任山东布政使的张缙彦又在此重建。在明清山东文人的眼中，白雪楼俨然成为一座纪念碑似的建筑，它传承了济南文人的风范。

（王绍之）

三、 雄将异才： 明代散曲家李开先

李开先（1502—1568），字伯华，号中麓，别号中麓子、中麓放客、中麓山人，济南市章丘区绿园村（今名东鹅庄）人，明代著名戏曲家、文学家。与王慎中、唐顺之、赵时春等并称"嘉靖八子"。所作《宝剑记》，为明代戏曲的代表作。被誉为"词坛之雄将，曲部之异才"。（吕天成《曲品》）

（一） 仕宦生涯

李开先祖籍甘肃陇西，宋金之际迁居章丘。经过几代经营，李氏逐渐成为章丘大族。但至李开先父亲李淳时，家道已经破落，"门户几不能支"。（李开先：《闲居集》卷八）

李开先画像

李开先十八岁时，其父病逝，母亲含辛茹苦，支持他全力应试。嘉靖八年（1529），李开先中进士。据《李氏族谱·世纪》记载，李开先廷试时"因遗'臣谨对'三字，故罢二甲"。也就是说，李开先本应进入一甲，因答卷未按规定写"臣谨对"三字而改为二甲。按当时的科举规定，参加考试者无论回答内容如何，都需在答题前写"臣谨对"三字，以示认真审题答卷。遗漏这三个字，会被认为对科考不重视，对考官不尊重。

李开先进士及第后，进入户部

任职。当时的户部尚书梁材，勤于政事，致力于条例法度的修订与完善，对李开先非常器重，指派他修订《会计录条例》这部重要典籍。初出茅庐的李开先旗开得胜，一举成名，赢得了"雅负经济"的美誉。

在户部期间，他曾两次运饷赴边，这在很大程度上影响了李开先的一生。二十九岁时，他运送饷金去宁夏边防，亲眼目睹边备败弊，防御废弛，感慨颇多。他上书揭露守边将领谎报军功，但却没有引起朝廷的足够重视。在从宁夏返京的途中，在河南染病，于是扶病回里。

嘉靖十一年（1532），李开先病愈，赴京任户部云南司主事，掌管太仓，又以户部主事身份兼管徐州粮道，不久又接受敕命为承德郎。之后，又历任吏部考功司主事、稽勋司员外郎、文选司郎中。吏部文选司为吏部四司之首，掌管官吏考核升降，职位十分重要。在明代内阁激烈的倾轧中，李开先"率矜涯岸，高自标志，闭门谢宾客，虽亲故人不相接，以示尊倨"（殷士儋：《金舆山房稿》卷九），赢得了时人的尊重。

正是李开先这种刚正的性格，不能为内阁权臣所用，在激烈复杂的派系斗争中，李开先不适应复杂的人事纠葛，受到当政者的厌恶。嘉靖十九年（1540）李开先升任提督四夷馆太常寺少卿，虽曰升职，却由拥有实权变为闲职。在这一时期，明朝廷政治日趋腐败，嘉靖帝朱厚熜笃信道教，怠政不朝；权臣夏言、严嵩，专权蛮横，打击异己。

嘉靖二十年（1541）春天，紫禁城太庙发生天火，嘉靖帝不思自检，却令四品以上京官"自陈乞休"，变相罢免了包括李开先在内的十二位官员。这场"天火"，彻底烧掉了李开先的政治前途，结束了他的政治生涯。李开先罢官，表面上看是因为太庙失火，实际上是内阁倾轧的结果。李开先事后追忆此事时曾说："虽出内批，孰不知为权贵人所为？"（李开先：《闲居集·潘春谷传》）所谓"权贵人"即当时的内阁首辅夏言。李开先失官后，返回故里。嘉靖二十二年（1543），李开先编成《中麓山人拙对》，其中有一联曰：夹山为水夹水为龙龙山自古来惟水，弃农为儒弃儒作吏吏儒今日又归农。写出了他由农家子弟通过读书做官又免官归农的人生轨迹。

隆庆二年（1568），李开先卧病经年，因脾病去世，年67岁。

（二）嘉靖八子

李开先在京为官的十年间，公事之余，他常常同王慎中、唐顺之、陈束、赵时春、熊过、任瀚、吕高等在一起聚会交流，和诗唱文，时称"嘉靖八才子"。他们反对明代"七子"倡导的"文必秦汉，诗必盛唐"的文学复古运动，主张学习韩愈、柳宗元、欧阳修和曾巩，重视作品的内容，要求文字平易朴实，注重民间文学，反映人民生活，为明代戏曲的发展做出了贡献，同时也为李开先日后进行文学戏曲创作打下了坚实的基础。

李开先罢官回乡后，他又与同乡好友成立词社，后来又成立了"富文堂词会"，自任会长。成员大部分是致仕闲居的官员，有不少还是他的故交。他们在一起吟诗诵歌，互相讲评，以此为乐。这种互相促进的诗词交流，极大丰富了李开先的写作素材。于是在章丘绿原山中，李开先因忙于仕途而中遏的散曲兴趣又点燃起来。其散曲集为《中麓山人小令》，其引言曰："每于箫鼓中按拍，弦索上发声，中多悲氛之音，激烈之辞，似乎游心浮气，尚有存者。……寓者寄意，听者幸求诸言意之表，奚必俱事实哉！"从李开先的自叙，可知李开先重登曲坛，写作散曲，决非是游戏之笔，而是借以消遣胸中的积愤，表达对家国命运的关注。虽曾有人视《仙吕南曲傍妆台·中麓小令》为"自颓"之

李开先墓（章丘区文物局提供）

作。但"嘉靖八子"中的茅坤深识李开先的心曲，愤而为之作辩，"明公还齐以来，而所得著书，不可多见，不知于刘向、扬雄氏何如也"，"而其中所持，固有涵于世之耳目，而非其所见与闻者矣"（《中麓小令跋》）正是缘于此。《中麓小令》是李开先的代表之作，使明代散曲有了很大的改观。这是李开先反对复古主义文学思潮在散曲发展史上所做出的具体贡献。

李开先还著有《画品》，对前人及时人的绘画作品进行品鉴，嘉靖三十五年（1556），他的《闲居集》问世，其中收录诗词4卷、文章8卷。

（三） 雄将异才

李开先罢官后的30年间，一直生活在故乡章丘，过着"门前逢父老，相与话桑麻"（《隐居》）的悠闲生活。由于常常接触下层民众，他对民众的贫苦生活有了深切了解。面对南倭北虏的忧患，他愤然而作："远报倭夷盛，近闻野哭哀。人多安攘志，惟我愧非才。"（《忧时事》）

李开先爱好戏曲，除了一生创作、整理、评论大量戏曲之外，还亲自传授弟子，并亲自演奏，为戏曲的发展做出重大的贡献。李开先亦爱好藏书，早在他为官之时，他的薪俸就主要用来购书。回乡后，他起建藏书万卷楼，"藏书之名闻天下"，所藏以词曲话本最多，因此有"词山曲海"之美誉。他曾自作了一副对联曰："书藏古刻三千卷，歌擅新声四十人。"

闲居在家的李开先学而不倦，笔耕不辍，最终成为著名的文学家、戏曲家。他一生仅改定元人传奇乐府，就有数百卷。在其众多的著作中，影响最大的，当属他的传奇《宝剑记》。

明初，传奇以袭用或改编元代剧作为多，内容多单纯宣传封建礼教，创作颇为凋敝。明中叶以来，这一状况有所改变。李开先在改编时融入了自己对权臣奸相的憎恨，影射时政，字里行间充满浓郁的政治气息。《宝剑记》创作于嘉靖二十六年（1547），系据民间剧改编。在创作过程中，李开先塑造了一个挺身直谏、仗义执言的林冲形象，通过林冲寄托自己对肃清朝纲的渴望，宣泄对当政权臣的痛恨。

李开先纪念馆（章丘区文物局提供）

除《宝剑记》外，李开先在戏曲方面的著作，还包括根据韩信拜师改编的传奇《登坛记》；描写唐代李德武妻裴淑英孝节之行的传奇《断发记》；李开先还采用金、元院本形式写成杂剧《一笑散》六种：《园林午梦》《打哑禅》《乔坐衙》《昏厮谜》《搅道场》《三枝花大闹土地堂》。

（王绍之）

四、 文学之冠： 东阁大学士于慎行

　　济南市平阴县东阿镇是春秋时期齐相管仲的采邑，旧称谷邑、谷城。此地人杰地灵，英才辈出，明代东阁大学士于慎行就出生在这里。于慎行在万历年间由皇帝日讲官累升任礼部尚书、东阁大学士。他熟悉历代典章，对明朝礼制建设做出了较大贡献。他的文学造诣极高，与冯琦、公鼐并称万历前期"山左三家"，被公认为神宗朝"文学之冠"。

（一） 少年得志

　　于慎行（1545—1608），字可远，又字无垢，明代兖州府东阿县（今济南市平阴县东阿镇）人，著名政治家、文学家。

　　于慎行系西汉名臣于定国后裔。其家族于明洪武年间自文登徙入东阿，然门第不显，故于慎行自称"寒门薄祜"。于慎行之父于玭（1507—1562），授许州知州，历静宁州知州，迁平凉府同知，摄府事，康熙《东阿县志》称其"以廉爱著称"。于慎行的母亲刘淑人出身于东阿望族，邢侗所编《东阿于文定公年谱》称其"庄慧，娴书史"。于玭有五子二女，慎行排行第五。于慎行的父母及其二兄慎思、三兄慎言俱善诗文，一门风雅，彬彬称盛。

于慎行画像

于慎行除了受家风熏陶外，还在少年时期就求学济南，先后师事宿儒闽人郑日休、张天衢、黄应麟等。山东布政使朱衡对于慎行尤为看重，将他招之馆下，与其子朱维京一同读书。朱衡对于慎行教诲颇多，对其清廉品格的形成影响尤大。于慎行十七岁考中举人，乡试放榜次日，按例举行乡饮之礼，欢宴考官和中式举人，谓之鹿鸣宴。主考官非常器重于慎行，提出在鹿鸣宴上为他举行冠礼，这是许多人求之不得的荣耀，于慎行却以未奉父命而婉辞，一时传为佳话。

（二） 仕途坎坷

明隆庆二年（1568），于慎行中进士，选为翰林院庶吉士。散馆后，授翰林院编修。入史馆预修《世庙实录》。次年，因为官俸微薄，至于"邸中贫甚，不能给朝夕"（邢侗：《东阿于文定公年谱》），加之体弱患病，不得不于八月予告归家。其后，因朝廷启史馆预修《穆宗实录》，于慎行于万历元年（1573）复职。次年二月，充会试天下举人同考试官。

于慎行复职后，很快升为翰林院修撰，并充当皇帝的日讲官，为皇帝讲解经史。日讲原都是由翰林院年高资深的学者充当，像于慎行20多岁年纪便成为皇帝老师的极为罕见。于慎行担任直讲前后十四年，一直到万历十七年（1589）升任礼部尚书始解其事。

万历初年，首辅张居正权倾一时。张居正对于慎行才华十分赏识，对于慎行多有提携。于慎行品行正直，当御史刘台上表弹劾张居正被捕下狱时，朝臣们唯恐惹祸上身，纷纷躲避，于慎行却前去探视，令人动容。

万历五年（1577），张居正之父病逝。按照当时的制度，张居正应解职守制，这样一来，张居中就要离开中央的权力中心，他正在推行的变革可能会受到影响，于是张居正便令门生向朝廷为其提出"夺情"，御准后，举朝哗然。于慎行与同官一起疏谏，张居正大怒。于慎行因此事得罪张居正，不得已以疾为由辞官归乡。据《明史·于慎行传》记载：张居正得知上疏是于慎行所拟后，对于慎行说："您是我所推重的人，难道也跟随别人干这种事

吗?"于慎行正色道:"您推重我,所以我才这样报答您。"张居正听后,大怒而去。这年的十一月,朝廷因星变考察百官。张居正借考察之名,利用职权,将当时疏谏的赵志皋、张位、习孔教等人统统贬谪。于慎行虽然未被贬谪,却遭到张居正的排挤。万历六年(1578)二月,朝廷本有大礼加恩,依例讲官拟进一阶,因张居正作梗而作罢。于慎行本体弱多病,在朝既不得志,遂于万历七年(1579)三月称疾,得旨回籍调理。

万历十年(1582)六月,张居正病逝,家居近四年的于慎行再次奉诏入京,仍旧充当日讲官。当时,日讲官共有六人,都是于慎行的同年,但其他五人官职和俸禄都高于于慎行。过了许久,于慎行才进升为左谕德。万历十二年(1584)四月,诏令查抄张居正家产,于慎行不计前嫌,写信规劝刑部右侍郎丘橓手下留情。言词恳挚感人,传诵一时,由此可见于慎行为人之忠厚耿介。万历十三年(1585)于慎行晋升为侍读学士。十四年(1586)晋升为礼部侍郎。

万历十七年(1589)七月,于慎行升任礼部尚书,成为身居二品的社稷重臣。此时,朝中正因立储问题争执不休。自万历十七年起,不断有人提出立储问题,请神宗早建东宫。但因朝中大臣拥立人选与神宗期待不符,神宗一直没有应众臣所请,希望用拖延术搪塞众臣。身为礼部尚书的于慎行,负责天下礼仪、祭祀、宴飨、贡举之事,对自己分内之事义不容辞。他连疏极谏,神宗非常生气,再三责备于慎行"以东宫要挟皇上。"于慎行说:"册立之事,是臣部职掌,我如果不说,是为失职。请皇上速决大计,我宁可弃官归里。"神宗很不高兴,大骂于慎行"疑上""涌乱国本"。正在这时,发生了山东乡试事件。万历十九年(1591)山东乡试,传言主考官为给事中李周策,副主考官为主事杨凤。待乡试开始,果然如此,显然负责科举考试的礼部有人泄密。于慎行身为礼部尚书,难免其责。在这种情况下,于慎行只能引咎辞职,神宗准其致仕归里。于慎行家居十余年,朝野上下多次荐他出山,神宗皆不允。至万历三十五年(1607),东宫已立、国本确定,廷推内阁大臣,于慎行名列七人之首。神宗命他以原官加太子少保兼东阁大学士入

于慎行墓

阁办事。此时，于慎行已经重病缠身，勉强到京进谒。不数日，卒于京华官邸，年63岁。赠太子太保，谥文定。

（三） 文冠一时

于慎行学贯百家，明习典故，《明史》称"慎行明习典制，诸大礼多所裁"。此外，他对历史也颇有研究，并有不少著述问世，如《谷山笔麈》十八卷、《读史漫录》十四卷等。《谷山笔麈》将万历以前的典章、典故、人物、兵刑、财赋、礼乐、释道、边塞等，做了精当记述，为研究明代的政治、经济、文化、军事、宗教等诸多方面，提供了较宝贵的资料。《读史漫录》评议史事，臧否人物，总结兴亡成败，是一部难得的史学著作。

于慎行在地方志编修方面贡献甚大。万历十年（1582），纂《东阿县志》，始于方域，终于艺文，凡十二卷，共四表八志，俱取法迁《史》、班《书》，李光第称其"纲举目张，弘博雅畅，有非他邑志可比者。"（《康熙东阿县志·序》）万历二十年（1592）取旧志，采百家之籍，旁参郡县之史，探

371

赜补漏，提要钩玄，纂修《兖州府志》，越三年成书，五十二卷，次年刊刻。其所载内容详尽，体例严谨，考证精确，社会经济方面的资料尤为丰富。堪称明代方志中的杰作。于慎行还作《兖州府志序》《安平镇志序》，对方志理论进行阐发。

于慎行的文学成就，主要体现在《谷城山馆诗集》二十卷和《谷城山馆文集》四十二卷。谷城山在今平阴县东阿镇东北五里，一名黄山，传说是汉代张良与黄石公期会处。于慎行曾筑室谷城山下，名"谷城山馆"，书以室名名之。《谷城山馆诗集》收录了诗人许多吟咏其家乡平阴山水风光的佳作，将平阴洪范泉、云翠山、东流泉、岱山等景色，以清丽的笔触描写出来，使景物神态毕现，风格清丽，韵味隽永。

于慎行文风诗风的总体特征是典雅和平，自饶清韵。其诗歌从容旷达、质朴典雅，多抒发个人情怀抱负和描绘山水自然风光。于慎行与方沆等人在万历初年曾在南京举瀛洲诗社，追踪"三杨"台阁风雅。其《九日留都瀛洲会集呈诸馆丈》诗云："馆阁先朝多故事，群公勋业踵三杨。"究其动机，并非主张文风回归词气安闲、春容和平，而旨在振颓起衰，倡导博大雅正之风。

于慎行以诗歌见长，写有许多咏颂家乡的诗篇。如《九日登小岱山》："九日罢微欢，孤尊眺岳坛。晚烟千室翠，落日万峰丹。已有鸿堪听，还无菊可餐。江湖回白首，愁见是长安。"

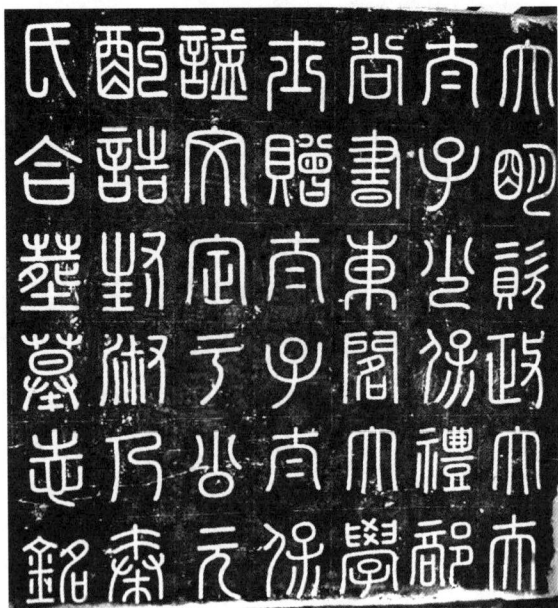

于慎行墓志铭

小岱山即少岱山，雍正《山东通志》卷六载："少岱山在东阿城东一里，横亘廓门。以其在岱宗之西，故名少岱。"诗人独自一人登临家乡的这座名山，极目远眺，见夕阳西下，山间景色壮美，思及自身，却不由产生寂寥之感。"举目见日，不见长安"，家乡山水虽然壮丽，也难抚平诗人哀愁。又如《洪范池和韵》："何地探灵境，仙泉旧有名。天光金镜冷，潭影玉壶清。溪鸟依人立，林蝉尽日鸣。鱼龙今寂寞，不畏夜珠惊。"洪范池又名龙池，位于今平阴县城西南部洪范池镇，是济南西部最为著名的泉池。诗人寻名而来，感家乡泉池清泠幽静，遂有此作。全诗自然流畅，景物描写动静结合，使人如同身临其境，不禁产生喜爱向往之情。此外，还有《雪中济南道上携张就山同行忽失所在诗以觅之》《同可大对饮黄山玉龙峡上》《卜筑黄山别业》《铜城望见云翠诸山》等，也都是诗人吟咏家乡的名篇。

　　于慎行以其笃实、忠厚、正直的品德受到朝野上下的尊重。他"学有原委，淹贯百家，博而核，核而精"。(《明史·于慎行传》)他明习典制，朝中礼制多是他亲手修定。神宗一朝公认于慎行与临朐冯琦为"文学之冠"，被誉为"人品事业，宇内第一"。(《明史·于慎行传》)

（王绍之）

五、 山左醇儒： 清代著名经学家张尔岐

张尔岐（1612—1677），字稷若，号蒿庵居士，又号汗漫，济南济阳人。曾参与编修《山东通志》，撰有《仪礼郑注句读》《仪礼考注订误》《周易说略》《老子说略》《春秋传义》《夏小正传注》《蒿庵闲活》等，是明、清之际著名经学家。《清儒学案》有"蒿庵学案"，称张尔岐为"山左第一醇儒，学究天人，而无理障。"

（一）坎坷命途

张尔岐祖上以种田为生，父亲是位管理驿站的小吏，好儒学，笃信程朱之说。张尔岐自幼在父亲的督课下，攻读四书，后屡试科场，考取诸生。明崇祯十二年（1639），清军沿太行山与运河南下，长驱直入山东腹地，掳明德王朱由枢，战火烧毁了张尔岐的家乡。张尔岐一家被迫出走，在逃至河北沧州的途中遇上了清军，其父和二弟死于刀箭之下，三弟也身被重创，几乎丧命。家国的骤然变故，使张尔岐痛不欲生，儿度欲投水自尽，甚至想遁入空门，终因家有老母，不得已而止。

张尔岐对国难当头而卖身发迹的文人不屑一顾，以"群雏且饱官仓谷"目之。而他自己则是"百口难传亡国恨"，毅然焚毁了以前的应制书稿，绝意科名，志不仕清。父亲去世后，又取《诗·小雅·蓼莪》中"蓼蓼者莪，匪莪伊蒿。哀哀父母，生我劬劳"诗句，自题草庐曰"蒿庵"，以表达失去亲人的痛苦和母子相依之意。入清以后，张尔岐居家著述，一任院落内"藜莠塞户"也不修治，终日闭门，不问世事，怡然自得。

顺治七年（1650），朝廷以张尔岐是宿儒，举其名贡入太学。他以病为由，坚辞不出。康熙十一年（1672），清廷大举延揽理学人才，再次劝其入仕，他仍然推辞不就，以教授乡间子弟和埋头著述为务。

随着清政权的日益强固，张尔岐从愤世转为避世，"唯有数落古人是决不知动气，决不能回口，说着亦得，说不着亦得，图得销却痞闷"。（张尔岐：《蒿庵集》卷三《列仙班》）此后，除在学术上与顾炎武、刘友生、李象先、李顺、王宏撰等人时有交往外，一直默默无闻地过着"与人无竞物无争"（张尔岐：《蒿庵集》卷四《自挽》）的耕读生活，贫困终生。

（二）经学大师

张尔岐自幼聪颖好学，熟读经史，兼及诸子，旁及太乙、奇门之学，他对儒家经典，特别是《易》和《仪礼》用功最勤。《仪礼》是儒家的重要经典之一，前人所作的注疏因年湮代久，多有脱漏，致使后人难以读懂。张尔岐经苦心研读，除将传、注分清外，还删削了书中烦琐附会的文字，并重新进行断句，纂成《仪礼郑注句读》一书。又为监本（官定本）《礼记》和石经《仪礼》勘正脱误共 300 余处。张尔岐在济南讲授《仪礼》时，偶为当时著名学者顾炎武所知，顾敬佩其见解精辟，翌日即登门拜访，谈论欢洽，遂订交为友。后来，顾炎武曾说："独精'三礼'，卓然经师，吾不如张稷若。"

张尔岐笃守程朱之学，竭力维护其正统的理学思想，对宋明以来的"援儒入道"倾向予以强烈抨击。作《学辨》五篇，即《辨志》《辨业》《辨术》《辨成》《辨征》。强调经世致用的学风与民生疾苦、社会治乱相联系。

此外，张尔岐的序传文也为人所称道。他认为当时许多文人代笔墓志铭大多是言逾其实的"谀墓篇"。遂在自己病沉时，向家人口授墓志铭，寥寥三百字，质朴简当，无一谀字浮词，以示与浮靡空疏之风相决绝。张尔岐的序传文章，取材谨严，叙述详整，往往夹叙夹议；议论则有感而发，寓意深邃，具有明清易代之际学人之文的特点。

张尔岐一生著述很多，除《仪礼郑注句读》外，其重要者尚有《易经说略》《诗经说略》《书经直解》《老子说略》《春秋三传驳义》《蒿庵闲话》《弟子职注》等，多由后人及弟子刻版问世。此外，他还写了许多杂记和读

书笔记，大都收录在《蒿庵集》和《蒿庵闲话》中。

张尔岐志不仕清，世人尊其为处士。他先以为荣，晚年却深深感到这对于倡"正学"、挽人心的"大业"终无力量，便改变了初衷，谆谆告诫子弟要争取做官，自己则带着"心期一点终难了，不做天边处士星"的哀叹。康熙十六年（1678），张尔岐病故于家乡，享年六十六岁。

（三）济阳 "活神仙"

在济阳县民间，一直流传着这样一个传说故事。传说三百多年前，济阳县出了一位"活神仙"张尔岐张先生。张先生能识天文地理、通气象物候、晓神通变化，于人危难时飘然而至，使人化险为夷。张先生古道热肠，亲切和善，儒雅大智，颇有道骨仙风。张尔岐的传说故事在流传过程中，增添了许多传奇和神话色彩。后人对张尔岐的传说进行了挖掘整理，形成了具有济阳地域特色的民间文学艺术形式。2008 年，《张尔岐的传说》被列入济南市第二批非物质文化遗产代表性项目名录，2013 年被列入山东省第三批非物质文化遗产代表性项目名录。

传说故事大都来自现实，现实中的张尔岐品德高尚，亦为时人称颂。张尔岐虽说精通太乙、奇门之学，但他从不恃其所学愚弄乡里。他身体力行，反对迷信。一次，天大旱，同乡老儒郑某为民斋戒祈雨，坐曝日中不食不饮，请命于天。幸而三日后天降大雨，人皆以为菩萨显灵，张尔岐却不以为然，写信批评道："雨泽是何物，却于泥身上求"，指出这种枉费精力的做法既愚蠢又可笑。

张尔岐一生寒素，耿介自持。其门人艾元徵时为康熙朝刑部尚书，每有重礼馈赠，必婉言拒绝，平时更无所干求。张尔岐曾应聘参与修《山东通志》，事毕不受酬礼而归。他事亲至孝，因体弱多病而研习医道，术成后乡邻纷至求诊，必细心施治，不惮劳烦。与弟分居，自择劣等田产。其二弟残疾，张尔岐甘愿代其承担赋役三十余年，临终还嘱咐儿子们为叔父代承赋役。

张尔岐卒后，乡里以其字改村名为张稷若村。乾隆年间，山东按察使陆耀，仰慕张尔岐学识，为纪念张尔岐在济南按察司东建"蒿庵书院"，并以张尔岐的《辨学》五篇之《辨志》题其堂名为"辨志"。民国期间，先后于济阳城内、济阳县白杨店、张稷若村建蒿庵祠。张尔岐墓原在本乡陈玉寨东，后迁至本村附近，为省级文物保护单位。济阳图书馆现藏有张尔岐自撰墓志石刻一方，手书三件，著作数种。

（王绍之）

六、 秋柳四章： 神韵派诗人王士禛与济南

"国朝称诗坛，渔洋起山左。主盟四十年，有似中流柁。"这首诗是说王士禛主盟清朝诗坛的地位。"海内公卿大夫、文人学士，无远近贵贱，识公之面，闻公之名，莫不尊为泰山北斗。"是说王士禛在清代诗人群体中的地位和形象。这位被尊为"泰山北斗"的诗人，与济南也多有因缘，他的著名诗作《秋柳诗》四章就作于济南。

（一） 秋柳园

王士禛（1634—1711），字子真、贻上，号阮亭，别号渔洋山人，为避清世宗胤禛讳，改名"士正"。清高宗以"正"字与"禛"字笔画相去甚远，赐改"士禛"。

济南大明湖公园内秋柳园（新罗 摄）

王士禛是新城（今淄博桓台县）人。因新城在清代属于济南府，所以王士禛常自称济南人。

　　王士禛出生在一个世代官宦家庭，祖父王象晋，明万历三十三年（1605）进士，官至浙江右布政使。王士禛自幼聪慧过人，尤喜赋诗。十一岁即与祖父对诗，并作《落叶》诗数篇；十二岁游济南写《题明湖诗》，留下"杨柳临湖水到门"（全诗已失）的著名诗句；十五岁时便刻印了诗文集《落笺堂初稿》。顺治七年（1650），应童子试，连得县、府、道第一。顺治十五年（1658）进士，次年任扬州推官。康熙四十三年（1704）官至刑部尚书。他一生作诗4000余首，在诗歌创作中提倡"神韵"说，强调作诗须求含蓄自然，留其韵而遗其迹。著有《带经堂集》《渔洋文略》《渔洋诗集》《池北偶谈》等50余部，还编选《古诗选》《华泉集》等多部诗文选集，为清初文坛公认的盟主。

　　清顺治十四年（1657），王士禛游济南，与诸名士在大明湖天心水面亭会饮，见杨柳四株，"披拂水际，叶始微黄，乍染秋色，若有摇落之态"（王士禛《菜根堂诗序》），诗兴大发，作《秋柳诗》四章。诗中句句写柳，却通篇不见一个柳字，而且风格独特，境界高远，令人称绝，震惊当时文坛，一时和者数十人。后来历下文人在此成立"秋柳诗社"，并建馆舍多间，观柳赏荷，即兴赋诗，雅称"秋柳园"。清代朱照云的"数椽馆舍明湖侧，后辈人传秋柳章"、董芸的"霜后残荷雨后萍，几株烟柳尚青青"，咏的就是"秋柳园"。清末，人们将秋

[清] 禹之鼎绘《王士禛画像》

柳园南形成的小巷命名为秋柳园街。秋柳园遗址在今大明湖东南岸的一片树林中，相传此地是王士禛读书处。

历经三百多年的风雨，秋柳园馆舍业已湮没，今日的秋柳园位于大明湖东南岸，为大明湖公园的园中园。是一座以长廊围合的庭园，门朝南，门上悬"秋柳园"匾额，由清代书法家何绍基书写。进门左右两侧为碑廊，为王士禛诗词和山东大学文学院袁世硕教授撰写的《秋柳园记》。园内佳木葱茏，碧波如镜。更有翠柳数株，垂丝依依。园内主体建筑为二层仿古式，坐北朝南。一层大门上方悬匾额"清远堂"，二层檐下悬匾额"秋柳诗社"。进入一楼大厅，迎面立有王士禛像，厅内陈列王士禛生平、文学成就；二楼秋柳诗社西墙上有王士禛的《泛明湖记》，东墙上悬《王士禛会友图》，为文人活动场所。

（二）秋柳诗与"神韵说"

王士禛的诗清新蕴藉、刻画工整。他提出的神韵诗论，强调诗文创作的兴到神会和含蓄。主张诗歌"天然不可凑泊"，洒脱自然，别有情致而不落俗套，以"不著一字，尽得风流"为作诗要诀。王士禛在大明湖畔作的《秋柳诗》四章，一向被视为其代表作：

其一

秋来何处最销魂，残照西风白下门。他日差池春燕影，只今憔悴晚烟痕。愁生陌上黄骢曲，梦远江南乌夜村。莫听临风三弄笛，玉关哀怨总难论。

其二

娟娟凉露欲为霜，万缕千条拂玉塘。浦里清荷中妇镜，江干黄竹女儿箱。空怜板渚隋堤水，不见琅琊大道王。若过洛阳风景地，含情重问永丰坊。

其三

东风作絮糁春衣，太息萧条景物非。扶荔宫中花事尽，灵和殿里昔人希。相逢南雁皆愁侣，好语西乌莫夜飞。往日风流问枚叔，梁园回首素心违。

其四

桃根桃叶镇相连，眺尽平芜欲化烟。秋色向人犹旖旎，春闺曾与致缠绵。新愁帝子悲今日，旧事公孙忆往年。记否青门珠络鼓，松柏相映夕阳边。

关于秋柳诗的写作背景，王士禛在《渔洋山人自撰年谱》中曾言：此诗于清顺治十四年（1657）秋与邱石常、柳击、杨通久兄弟等在济南大明湖所作。这一年，王士禛二十三岁。虽然他已会试得中，但由于未赴殿试，实际上并未步入仕途。此时虽距明清鼎革已有十三年之久，但那场巨大激烈的变革给王士禛内心所造成的创伤，并没有消失。王士禛《落叶诗魂》："年年摇落吴江思，忍向烟波问板桥。"可视为其从明亡以后至写《秋柳诗》时的心态反映。诗人以反复缠绵、幽微细腻的笔触，诉说着内心的孤独和渺茫，正契合了明清易代之际文人的普遍情绪，故而产生了轰动效应，《秋柳四章》也因此获得了永恒的生命。

虽然《秋柳》四章创作时期的王士禛尚没有提出"神韵"二字，他的神韵说也远没有发展成熟，但在彼时他已经开始了探索神韵诗的道路，开始了对这种"羚羊挂角，无迹可求""不着一字，尽得风流"的境界的追求。《秋柳》四章体现了这个特点，意味含蓄，境界明丽，句句写柳，而又通篇不见一个柳字。通过对意象的罗列和对自然景物的描写，传达出了浓浓无尽的哀伤。

如今，秋柳园旧时的馆舍及水面亭台早已毁圮，但新建的园林景色亦别有风味。波光激滟，荷香四溢，虹桥卧波，垂杨依依，"秋柳园"经三百余年，神韵犹存。

（王绍之）

七、 诗有别才： 清代济南诗人王苹

王苹（1661—1720），字秋史，号蓼谷山人，自号二十四泉居士，诗名王黄叶。济南历城人，清初山东著名诗人，有《二十四泉草堂集》《赤霞山庄笔记》等传世。

（一） 功名坎坷

王苹出身于官宦人家，他的父亲王钺，清顺治五年（1648）戊子科武举，授江南大河卫千户。为官清廉，提升为定州卫守备。因为政绩突出，又被调任江宁后卫守备。由于不愿阿谀奉承，触怒了上司，遭诬罢官，滞留江宁。因为母亲刘恭人祖籍济南，晚年想回济安养，又有异母兄在济南经商，遂奉母命，带着全家迁居济南历城。康熙十六年（1677），王苹的父亲在济南万竹园之侧租赁旧屋两间，王苹一家就居住在那里。当时王苹只有十四岁。

王苹一生坎坷，郁郁不得志，在仕途上遭遇了许多挫折。他二十五岁入县学补为诸生。从二十六岁起，逢乡试必考，却屡次落第，直到康熙四十一年（1702）才在应天乡试时中举，这时他已经四十四岁了。中举的王苹自然是非常高兴，他在《九月初四日

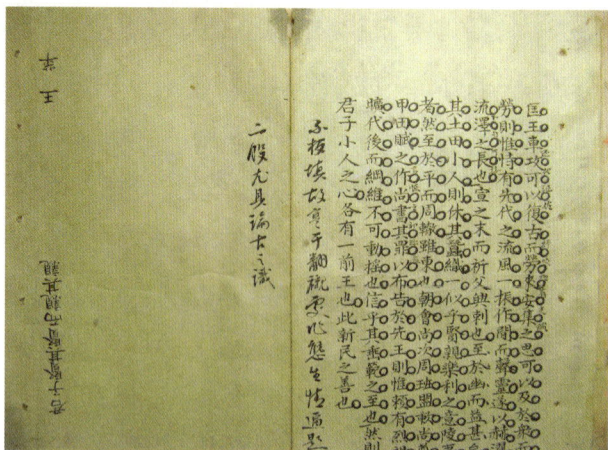

王苹小楷

感怀》中慨叹道："半生寂寞真如此，一第峥嵘亦偶然。"次年应礼部会试落榜，直至康熙四十五年（1706）四十八岁时，他才考中进士。王苹中进士后，吏部却迟迟不予授官，其间他曾多次进京谋求官位，均无结果。苦苦等待五年后，在康熙五十年（1711），五十三岁的王苹才得以出任成山卫教授。教授虽是卫学掌管课试等事的闲官，王苹对这份工作却非常认真，晨夕讲论，毫不懈怠。成山头（今属山东荣成）地处偏远，近海僻陋，距济南路途遥远，孝顺的王苹觉得难以奉养济南家中年已八十岁的老母，到任不过两年，就请辞回里。次年年底，被批准，他冒着严寒，在年关回到了济南。此后王苹闭门谢客，流连于湖光山色中，以诗文自娱。

（二）个性鲜明

王苹在性格、爱好、志趣、道德素养等诸多方面，都有鲜明独特的个性。王苹酷爱作诗，经常闭门苦吟，谢绝访客。邻里街坊都认为他是个狂人，《清史稿》称其："少落拓不偶，人目为狂。"（《清史稿·列传·文苑》）王苹的良师挚友王士禛曾说："狂狷之士不见绝于古之圣人，而今，乃不容于流俗无惑乎？……秋史自其少已负奔轶之才，嗜古好奇，视乡里间举无足当其意者，类狷；闭门苦吟，息交绝游，类狷。乡里之人亦遂群起而噪之。秋史自信顾益坚。"（王士禛：《二十四泉草堂集序》）

王苹虽已在家乡少有诗名，却一直怀才不遇。二十五岁时，写有《书张鹿床先生〈济南诗略〉后》一文。被田雯偶然见到，称赞其用词巧妙工整，遂补王苹为诸生。王苹对田雯的知遇之恩非常感激，一生都将其视为恩师。曾写有《上德州公书》表达了对田雯的崇敬之情。

清初诗坛盟主王士禛非常赏识王苹，认为他在诗文创作上别出心裁。他在《池北偶谈》中说："历城秀才王苹，字秋史，少年能诗，颇清拔绝俗。"康熙十六年（1687）王士禛曾到济南，亲至二十四泉草堂过访王苹，这对王苹是莫大的鼓舞。王苹对王士禛的提携念念不忘，他的很多诗文，寄托了对王士禛的感激怀念，如《寒夜读〈池北偶谈〉感题卷首》："残客残书漫作

缘，霜晨头白软红边。才名零落王黄叶，孤负尚书二十年。"

王苹有个得意门生于熙学，王苹与之结识后，二人在一起论诗数日。分别时王苹赋三十六韵长诗留别："……往返喜倾倒，书尺慰别离，标举望吾子，期待非吾私……"传世的《二十四泉草堂集》，就是由于熙学在京师所刻。师徒情深，成为美谈。

王苹性孝，每当他离家远行时，就对儿子谆谆叮嘱，要整理好清明节供祀的祭器，不要忘了和长辈一起去给先人扫墓。甚至他自己生病，发高烧到昏迷，还念念不忘去侍奉伯母。王苹天性纯良，忠厚刚直。他曾在一首诗中说道："纵我铸成错，儿童还读书。家风本忠厚，生事近樵渔。松榻篇章乱，茅堂水木余。少年各努力，勿但志高车。"（《二十四泉草堂集》卷八）警示儿子要弘扬笃孝厚道的家风，辛勤劳作，脚踏实地，不要好高骛远。

（三）二十四泉草堂

"二十四泉草堂"是王苹的书斋名，以草堂名斋，是效"杜甫草堂"，寓仰慕杜甫之意。"二十四泉草堂"位于趵突泉西侧的万竹园。万竹园，本是明万历年间礼部尚书、内阁大学士殷士儋修筑的一处别业。园内有一潺潺流泉，名为望水泉。清康熙三十一年（1692），王苹出资买下万竹园，加以修整。因望水泉在金代《名泉碑》中列二十四位，王苹遂将改造后的万竹园建筑命名为"二十四泉草堂"。

万竹园经王苹买下改造后，消雅幽静，景色宜人，成为山水秀丽、颇具田园风光的一处园子。王苹对这个园子十分喜爱，欣然赋诗云："百年竟落书生手，满郡犹呼阁老亭"（《茸屋四首》），并在《南园》一诗中赞道：

何处槑然有敝庐，空存老树与清渠。

乱泉声里谁通展，黄叶林间自著书。

草色又新秋去后，菊花争放雁来初。

菘畦舍北余多少，取次呼童一荷锄。

他还写有"乱泉声里谁通展，黄叶林间自著书""黄叶下时牛背晚，青山缺处有人行"的名句。因其诗中多次提及"黄叶",于是得了"王黄叶"这个别称。王苹自称二十四泉草堂主人,二十四泉草堂虽不及殷相国通乐园之繁华喧嚣,却另有一番幽静野趣,令王苹娱情冶性,平添诗兴。

王苹写诗著文时,文章末尾经常署为"济南王苹",以做济南人而自豪。他在《西山纪游序》中说:"余家济南,湖山清嘉。"王苹热爱故乡济南,写了大量吟咏济南的诗歌,如"济南似江南,山水天下无。……垂杨二十里,夭桃一万株。"(《长安春日遣怀六首》其六)他甚至认为济南胜过江南,当客人询问济南风景时,他无比自豪地作《客有询济南风景者示以四绝句》,其一曰:"湖干烟乱柳毵毵,是处桃花雨半含。七十二泉春涨暖,可怜只说似江南。""似江南"出自北宋诗人黄庭坚"济南潇洒似江南"的诗句。在王苹看来,济南的景色又何止是"似江南"。

济南的华不注、鹊山、大明湖等处都留下王苹的足迹,也让王苹诗兴大发,写下许多歌咏济南的诗篇。如"华山翠发鹊山晴,好手何人画得成。"(《送客之济南二绝句》)"东风无数日初斜,满目春田绿鹊华。"(《寒食一首》)"鹊华桥接晚山棱,桥上东风柳未盛。烟水半城分夕月,人家几处上春灯。"(《元夕鹊华桥蹋月感怀长诗》)此外,王苹还有《王氏南园记》《二十四泉草堂图记》两篇文章,记述了万竹园和望水泉的兴废变迁,是研究济南园林的重要文献。

除了对家乡济南的热爱之外,祖国的大好山河,也成为他诗歌创作的源泉。王苹自青少年时就爱好旅游,早年去过山西,四十六岁中进士后两次去江浙,游览名山大川。他创作的纪游诗,清丽明快,纯朴自然,如《晚泊宿迁县二首(一)》:"寒柳空堤夕照明,南来又观大河横。人家一带钟吾驿,半在涛声半雁声。"他还擅写山水诗,有豪放派的风格,气势恢宏,如七言长诗《蓬莱观日出放歌》。此外,王苹还写有怀人诗、咏史诗、题画诗等。王苹的诗,富于格调,风格独特,情操高雅,审美价值很高。他的诗流传至今的有一千多首,集中在他自己晚年整理精选编辑成的《二十四泉草堂集》,计十二卷,由其门人于熙学刻印传世。

对王苹的诗，清代诗宗王士禛给予了高度评价："肮脏有奇气，不屑一语雷同，而趣味澄夐如清沇之贯迤，与其人绝相似……"（徐世昌：《晚晴簃诗汇》）康熙五十九年（1720），王苹卒于万竹园，享年60岁。漫步于万竹园的芳草幽径，园里的树石亭台、回廊曲沼依旧，斯人去矣，而他的诗文却长留人间。

（王绍之）

八、 林汲山人： 公共图书馆先驱周永年

周永年（1730—1791），字书昌，一字书愚，号林汲山人，济南历城人。清代著名学者，杰出的目录学家、校勘学家、辑佚学家、藏书家，是我国公共图书馆事业的先驱。

（一） "儒藏说"

周永年自幼聪颖，喜爱读书。"少长，于书无所不窥，而又笃嗜内典，无远近物色梵荚贝叶，庋置所居小楼几半焉"。（尹鸿保：《书周征君逸事》，见《民国续修历城县志》）凡是见到有价值的书籍都毫不犹豫地买下来，没过几年他所居住的小楼就被各种书籍填满了一半。周永年将自己的书斋命名为"水西书屋"，为了阅读方便，又将藏书编写了目录——《水西书屋藏书目录》。

周永年二十五岁左右，受业于沜源书院。他的老师沈起元对周永年倍加赞赏，亲自为《水西书屋藏书目录》写跋，称："余来主沜源书院讲席，得周生永年，其文矫然，其气凝然。百无嗜好，唯嗜书。历下古文不易得，生故贫，见则脱衣典质，得则卒业乃已。"

周永年以倡导践行"儒藏说"而闻名。所谓"儒藏"，就是将儒家典籍分门别类收藏整理，供无力

周永年画像

387

购书者借阅。"儒藏说"虽非周永年首倡，却因周永年而光大。早在明万历年间，孙羽侯便提出以《十三经注》为基础编纂儒藏的理念。后来，明末藏书家曹学佺针对佛、道二氏之藏，提出以四库为基，因类分辑，建立儒藏的学说，可惜未就。周永年在继承曹氏学说的基础上，进一步丰富细化了儒藏说，他专门写有《儒藏说》一文，以阐述自己的观点。他说："愿与海内同人共肩斯任，务俾古人著述之可传者，自今日永无散失，以与天下万世共读之。"（《儒藏说》）比之孙、曹的学说，周永年的儒藏说更系统、更富可操作性。

周永年认为，古往今来图书的散佚，原因皆在于"藏之一地不能藏于天下，藏之一时不能藏于后世"；佛、道二家的典籍之所以保存较好，在于建立了佛藏、道藏，"惟藏之有法，故历久不替"。（《儒藏说》）因此，他欲仿效佛藏、道藏而建儒藏，提出"儒藏说"。周永年"儒藏说"的实质不在于藏，而在于倡导藏书公开。他认为藏书公开才是保护典籍的万全之策，通过建"儒藏"之举，使古今儒者的著述得以保存和流传，以达到"人有存没而学不息，世有变故而书不亡"（郑樵《通志·校雠略》）的目标。在保存古书的同时，使其得到利用，"变天下无用之学为有用之学"，使"奇文秘籍，渐次流通"（《儒藏说》），这正是周永年超越同时代藏书家的过人之处。

（二）藉书园

周永年不仅在理论上倡言"儒藏说"，更是身体力行，建起了中国历史上第一个公共借书馆"藉书园"。

能建立一个供"天下万世共读之"的"藉书园"是周永年的理想。他在《与李南涧札》中说："昔曹能始儒藏之议，自古藏书家所未及，当亦天下万世有心目者之公愿。今且广搜秘籍，以订例目，逢人说项，以俟机缘。"在《复韩青田师》中说："大江南北，斯文渊薮，更望随处提倡，俾人人知有此一件公事未就，或有起而应之者乎？"在《复俞潜山》中说："目下先聚书籍，订目录，以待方来。即未备，亦可俟后人之补。果能刻之，而分布

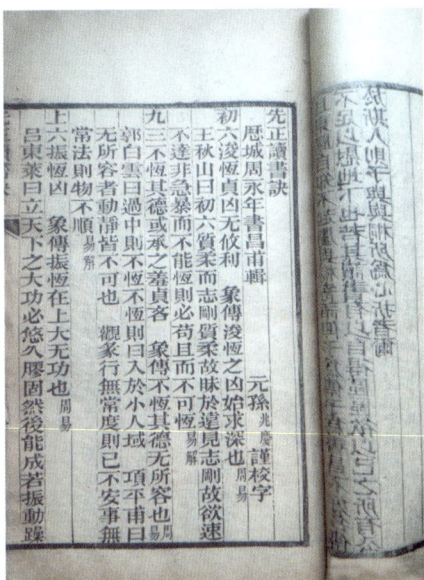

《先正读书诀》书影

数百千部于天下，岂非万世之利哉!"由此可见，周永年为筹备创建藉书园，呕心沥血，不遗余力，甚至到了"逢人说项"的地步。

周永年为筹办藉书园的努力和艰辛，让当时的长山训导桂馥深为感动，他决定与周永年共同出资，在五龙潭畔购地建"潭西精舍"为藉书园，开辟读书和学术交流的场所。在周永年的带动下，桂馥还将自己多年收藏的书籍全部捐献给藉书园。在周永年、桂馥等济南名士的共同努力下，藉书园初具规模。周永年甚至设想藉书园能够做到为贫穷的学子提供食饮，"极寒者并量给束脩，免其内顾之忧"。（章学诚《周书昌别传》）

周永年为"儒藏"的建立拟定了《儒藏条约三则》：第一，官方和民间携手同建儒藏；第二，儒藏建立在"山林闲旷之地"，以防火灾和其他灾害；第三，儒藏对四方读书之人开放，尤其要面对无力购书的贫寒之士。

周永年创办的藉书园，至少有四种功能：一是购书、抄书、藏书，即藏书楼的功能；二是售书，即书肆、书店的功能，所刻书多寄王相符家代为消散；三是刻书、印书，即刻书铺、出版社的功能，他刻印了张养浩、赵执信、张尔岐、戴震、惠栋、王苹、张元等先贤遗作；四是通过交换图书目录等方式向外借书，即公共图书馆的功能。周永年的藉书园，实为当时集藏书楼、书肆、刻书铺及公共图书馆为一体的"文化综合体"。

周永年特别强调"藉者，借也"，明确告诉世人，他的藏书是可以向外借的，甚至还编写了《藉书园书目》，以方便读者检索。他在北京期间，甚至一度以"贷园"为号，"贷"也是借的意思，并在北京也建立了一个小型

的"藉书园"。当时从北京藉书园借到书的学者很多，有案可查的名人就有孔继涵、李文藻及万斯同的后人等。周永年把私人藏书"广之于天下"，是中国图书馆事业的先驱，被后人誉为"中国公共图书馆之父"。

（三）林汲山房

周永年的藏书印有"林汲山人""林汲山房藏书"等。为什么用"林汲山人"这四个字呢？原来，周永年在家乡济南时，曾在济南东部佛峪一带的林汲泉附近结庐读书，以泉为名，取别号"林汲山人"，又在泉边建房藏书，取名"林汲山房"。"林汲山房"与"水西书屋"都是周永年收藏图书的地方。正因为如此，林汲山房成为周永年永远的牵挂和记忆。

乾隆三十六年（1771），周永年中进士进京做官，这是其人生道路上的重大转折。乾隆三十八年（1773），四库馆开，周永年经由大学士刘统勋的推荐，入馆参与纂修《四库全书》，具体负责《永乐大典》的校勘。在当时被征为《四库全书》纂修官，是一个极大的荣誉，周永年也因此声名显赫。"当是时海内学人集辇下，皆欲纳交，投刺踵门"。（桂馥：《晚学集·周先生传》）

校勘《永乐大典》是项艰辛而复杂的工作，耗时费力，又难见成效，多数编修官避难就易，不愿校勘《永乐大典》，周永年却甘于此事。"当时历城周书昌编修永年，亲在馆中，独为其难"。（叶德辉《书林清话》卷九）对于周永年校勘《永乐大典》的贡献，章学诚在《周书昌传》中说："宋元遗书，岁久湮没，……好古之士，以为书昌有功斯文，而书昌自是不复任载笔矣。"

周永年的另一学术贡献是参与《四库全书总目提要》的编纂，李慈铭《越缦堂日记·孟学斋日记》丙集上记载说："《四库总目》虽纪文达、陆耳山总其成，然经部属之戴东原，史部属之邵南江，子部属之周书昌，皆各集所长。书昌于子，盖集毕生之力，吾乡章实斋为作传，言之最悉，故子部宗录独富。"也就是说，《四库总目》的子部是周永年来完成的。为典籍编写提要，需要对典籍成书背景、版本流传、创作宗旨等了然于胸，非一般学者所能及。周永年以其渊博的学识和执着的精神全身心投入其中，赢得了同馆编修官的推重和赞誉。《清史稿·周永年传》称："永年在书馆好深沉之思，四部、兵、农、天算、术数诸家，勾稽精义，褒讥悉当，为同馆所推重。"

《四库全书总目》于乾隆四十六年（1781）告竣，《四库全书》于乾隆五十二年（1787）抄写完毕。四库馆散馆后，周永年虽大多时间居于京师，但仍不忘其在家乡济南的藉书园事业。他请人作《林汲山房图》，又授意张庆源撰《林汲山房记》。望图思乡，睹记慰情，成为周永年晚年生活的常态。

周永年在校勘学、目录学方面也成绩卓著。他与早年好友、益都人李文藻一起编修《历城县志》，该志纂集旧文，不自著一字，并均注明出处，以示征信，开一代志书编纂之风，为方志界纂辑派的代表作之一。

乾隆五十六年（1791），周永年因病归里，同年七月在济南朗园（今五龙潭一带）逝世。

（王绍之）

九、 博征辑佚： 马国翰与 《玉函山房辑佚书》

玉函山位于济南南郊，西起大涧沟，东到兴隆庄，绵绵十余里。清道光年间，济南籍进士马国翰，虽任职陕西，但却心系家乡，取家乡玉函山之名，悉心编纂《玉函山房辑佚书》，著《玉函山房藏书簿》《玉函山房文集》《玉函山房诗集》，为清代辑佚学做出了重大贡献。

（一） 志在辑佚

马国翰（1794—1857），字词溪，号竹吾，济南历城人。其父马锦，捐班出身，任山西地方官，历署宁乡、武乡、天镇等县的知县。马国翰自幼随父读书，先从名士贾璇受业，后以金宝川、吕心源为师。阅读了大量的经史典籍，为其后来辑佚奠定了基础。马国翰十六岁时，其父病死。三年后，十九岁的马国翰，便成了一名秀才。却因家境困难，放弃了继续科考，在家乡坐馆教书近二十年。

道光十二年（1832），马国翰中进士，任陕西洛川知县。道光十六年（1836）夏改任石泉，十七年（1837）夏移任云阳，次年乞假家居，引退长达五年之久。回籍期间，辑著了《农谚》《月令七十二候诗自注》《夏小正诗自注》等有关农业季节、物候的著作。道光二十一年（1841）春，与周乐、何邻泉、谢焜、王体涵、范垌等名士结鸥社于大明湖上，游走于山水之间，诗酒唱和，吟风弄月。这期间写了大量歌咏故乡山水的诗，如《趵突泉用赵松雪韵》：

> 曾见龙门三激无，腾空混混喷银壶。伏流忽作汴源出，莽世休疑济水枯。地奋雷声绕西郭，天飞雪练汇东湖。观澜亭畔恣瞻玩，印我吟怀明月孤。

此诗既写出了趵突泉的气势，又抒发了诗人赏泉时的心情。这期间所作诗文,结集为《玉函山房诗集》《玉函山房文集》。道光二十四年(1844)右迁陇州知州,在任九年。咸丰三年(1853),告病引退。咸丰七年(1857),卒于里,年仅64岁。

马国翰生活的时代,正值汉学盛行之际,不少学者埋头于考释,搜辑古代典籍文献。受这种学风的影响,马国翰早年即对许多珍贵古籍的散失深为痛惜,他在搜书、藏书、读书的过程中,发现《汉书·艺文志》《隋书·经籍志》中著录的书目,遗佚散失的占十之八九,学者想读到这些书籍已很困难,于是马国翰立下了辑佚的宏愿,决心做古书辑佚工作。《民国续修历城县志》记载:"国翰家贫好学,自为秀才时,每见异书,手自抄录。及官县令,廉俸所入,悉以购书,所积至五万七千余卷。"嘉庆二十年(1815),马国翰二十二岁,作《春日宴孙耿贾氏南园感诗》云:"《训纂》遗搜'鄂',《埤仓》字订'娩'。"《训纂》即汉扬雄的《训纂篇》,《埤仓》为魏张揖撰,二书均见《玉函山房辑佚书》经编小学类。马氏所辑《训纂篇》,首据《史记正义》录"户扈鄂"三字;《埤仓》"娩"字下所辑,比前人任大椿

玉函山顶玉皇阁(采自1929年《亚细亚大观》第六辑)

辑本多出一条。《感诗》所谓"遗搜鄂""字订娩",说的大概就是指上述二书的辑佚之事。但马国翰此时忙于科考,受时间、精力、物质等诸多条件限制,不可能专心于辑佚之事。其大规模的辑佚书,则是自第一次引退开始的。

(二)《玉函山房辑佚书》

马国翰从二十二岁起开始辑佚。在几十年的时间里,无论是教学之余,还是从政之暇,他总是抓紧一切可以利用的时间,对周秦以来迄于唐代诸儒的撰述,广征博引,无不搜辑。有的古书原本已佚失,但个别片段,或摘用于某些著作,或被引入一些注释,或分别列于类书的不同门类、条目。把这些残存的只言片语辑录起来,整理有序,虽不能恢复原貌,但可看出大致轮廓。他孜孜不倦地进行这项卷帙浩繁的工作,"殚心搜讨,不遗余力"(徐世昌《清儒学案》卷一百九十六),为编纂《玉函山房辑佚书》付出了极大的心血。

道光十八年(1838),马国翰从陕西云阳知县任上请假回家,集中精力辑佚。辑书离不开书,马国翰每见异书就殚心搜讨,动手抄录。做官后又将俸禄所余全部用来买书,藏书达57000余卷。他编纂的《玉函山房辑佚书》,集录唐以前已散亡的古籍700多卷,为辑书史上的空前成就。

"玉函山房",取名自济南的玉函山。玉函山,又名兴隆山,相传汉武帝东巡时路过此山,得一玉函(石匣子)而得名。玉函山山南悬崖陡峭,气势雄伟;山北植被茂密,景色宜人。马国翰曾在这一带教书,故以玉函山房命名。马国翰的《玉函山房辑佚书》,辑佚宏富,卷帙浩繁,分经、史、子三编,辑佚书594种,700多卷,并于每种之首作了序录。后附《目耕帖》,31卷,是马国翰考订经义的读书札记。

道光二十四年(1844),马国翰右迁陇州知州。在知州任上,他请人开雕《玉函山房辑佚书》书版,准备印刷行世。道光二十九年(1849),刻成《玉函山房辑佚书》经、子二编。长期艰苦的劳动,严重损坏了马国翰的健

康。咸丰三年（1853），马国翰告病还乡，4年后病逝，享年63岁，葬于济
南东郊的九里山南麓。由于是随编随刊，书未成，人故去，故《玉函山房辑
佚书》没有完整地传世。

马国翰死后，其妻丁氏将《玉函山房辑佚书》的印版作为女儿陪嫁带到
章丘李家。同治九年，济南泺源书院山长匡源，请当时山东巡抚丁宝桢协
助，从章丘李家借出《玉函山房辑佚书》的书版，经过进一步整理，于四年
后连同《目耕帖》一同印刷，分订100册行世。这一皇皇巨著不仅是辑书史
上的一项空前成就，而且为当时学者翻查古籍和学术研究提供了极大的
方便。

《玉函山房辑佚书》刊印不久，济南书局随即翻印为袖珍本。随后，琅
环馆又依原版重刻。该书的发行，引起了学界的广泛重视。光绪十三年
（1887），客居济南的蒋式瑝，又从马国翰后人亲属处借得未刊稿本100余
册。光绪十五年（1889），由山东巡抚张曜拨专款印刊60部。这些未刊稿始
得以流传。

玉函山摩崖造像（采自1929年《亚细亚大观》第六辑）

395

1999 年，在马国翰第五世外孙李应顺南屋的夹壁墙中发现了《玉函山房辑佚书》的木刻雕版。经专家确认，这批雕版正是当年丁宝桢借出后又还回来的《玉函山房辑佚书》书版，共计 5966 块，400 余万字，涉及著述 116 种。这批雕版中有近 10 种书目在现存的中国各地藏书中没有印本，如《尚书逸篇》《尚书古文训》等，《中国丛书综录》和《山东文献书目》中都没有著录。这些原版的发现，有可能会填补这一空白。同时，一次性发现这么多名家著作原版，在全国也是罕见。这批雕版对研究清代山东的印刷技术、印刷史有着极其重要的意义。2000 年 5 月，李应顺将这批珍贵文物移交给了章丘（今为章丘区）博物馆。

（王绍之）

第七章

近代时期的济南（上）

近代时期的济南（上），写的是 1840 年鸦片战争到 1919 年五四运动时期的济南。鸦片战争后，中国进入半殖民地半封建社会，同时也开始了被迫开放的进程。在这近 80 年的时间里，经历千年风雨沧桑的古城济南，发生了巨大的变化，开启了发展的新篇章。

其一，圩子城的筑建，扩大了城市面积，改变了济南的城建格局。清同治年间，为了防止捻军的侵扰，济南府请旨在府城外修筑石头圩，从而确定了济南城区的新边界。原府城西门外至石圩之间的村野区域转化为城区。由于济南特殊的地理环境，济南的城区拓展，主要在东、南、西三个方向。明清时期的济南城基本呈正方形，筑圩后城区呈东西长、南北宽的走势。城区的扩大，为济南提供了充足的发展空间。

其二，济南自开商埠，开启了济南近代化的进程。济南开埠前是一座典型的封建城市，以政治、军事为主要功能。开埠后，"准各国洋商华商于划定界内租地而居"。（《续修历城县志》卷三《地域考》）由于商埠区完全采用了现代城市的开放格局，从而把济南城人为划分成东西两大块。西面是商埠区，近代工商业兴起，城市的经济中心逐渐转移到商埠，而东面的老城区仍保持着山东政治中心的地位，呈现出济南老城区与商埠区东西并列的格局。

由于近代产业的发展，使农村地域向城市地域变化。农村用地转变为市区，同时城市的人口结构也发生了变化，人们的生活方式、思想观念也随之改变，进一步推动了济南近代化的进程。

其三，铁路的开通为济南快速发展提供了动力。胶济铁路、津浦铁路建成后，济南向北直达北京，南面直达浙沪，向东直通半岛，在济南形成了一个丁字形的铁路交通枢纽。如此一来，济南的区位优势大大提升，进一步推动了济南从山东政治中心向山东政治、经济、文化中心的转变。

其四，济南城市近代化的转型，是一个充满曲折坎坷的艰难历程。由于第一次鸦片战争发生在东南沿海地区，对于内陆城市的济南来说冲击相对缓慢。鸦片战争10年后爆发的太平天国起义和捻军的反清斗争，则直接冲击到了济南，这是济南修建圩子城的主要原因。其后的自开商埠和铁路的开通，对封闭的济南造成了重大影响，除经济工业化、政治民主化的萌动外，人们的思想文化乃至生活方式、价值取向都发生了重大变化。辛亥革命的爆发，也加速了济南的社会转变。辛亥革命后，济南的革命势力虽比南方省会城市弱，但济南距离京师较近，清政府的控制相对严密，即便是昙花一现的山东独立，其影响也非同一般。

一、 挑壕筑圩： 防捻与济南府城规制的变化

济南府城始建于明洪武四年（1371），距今已有600余年的历史，并以"三山不显，四门不对"以及城内有湖的独特格局，为人津津乐道。在济南府城外，曾经还存在过一个面积较大的圩子城。它缘起于抵挡捻军入侵，经历了由土圩到石圩的历史转变。随着时代的发展，又因其失去防御功能而被拆除。如今，圩子城已经从地面上消失，但它作为济南府城规制变化的一个重要历史阶段，已成为济南城市发展史上的永恒烙印。

（一） 捻军起义时济南的严峻形势

清朝末年，由于政治腐败和自然灾害，安徽、河南、山东、江苏等地区的民众为了生存，爆发起义，起义队伍被称为"捻军"。

捻军起源于民间迎神赛会，"捻"最初是指迎神赛会上点油用的捻子。清朝中后期，安徽、河南一带有游民把纸张捻成捻纸，用以点燃油脂，祈福作法，诓骗民众说这可以驱妖伏魔、治病除害，以此来募捐香油钱。清末，由于灾害频仍，迫于生计而将希望寄托于神明的民众越来越多，烧捻祈福的迎神赛会也愈发红火，继而在各地形成了势力分散但规模庞大的民间结社。加之"捻"在方言中有"一股""一伙"的意思，十分符合这些因烧捻祈福而集结成许多股势力的组织的特征，因此"捻党"成了这些人的代称。

捻党作为捻军的前身，在清嘉庆年间就已经出现，但因势单力薄未引起清政府的重视。清咸丰元年（1851），洪秀全等人在广西金田发动起义，太平天国运动爆发，并迅速占领南方多地。江北地区生存艰难的民众，趁着南方动乱，依托捻党接连起义，渐有燎原之势。咸丰三年（1853），太平军北伐经过黄淮流域，捻党也趁机以皖北为中心发动大规模起义，形成十余支相对独立的捻军队伍，并以流动作战方式对抗清军的围剿，战火波及苏、鲁、

豫、皖、鄂多省。从咸丰五年（1855）开始，各路捻军开始联合作战，并与太平军合作，极大地提高了自身的战斗力与影响力。

咸丰十一年（1861），一支捻军进入山东，直逼济南和烟台。据《东华续录·咸丰朝》所录督办山东团练大臣杜翴的奏折记载，当时捻军分成多股滋扰济南周围地区，其中一支由定陶、巨野等处运动至东平、泰安等县，直扑肥城、长清交界地区，窥伺济南；另一股捻军从东阿一带计划向北进攻济南，济南形势十分严峻。为此，咸丰皇帝下旨严防要隘，调官兵、民团对济南周围的捻军围追堵截，并要求新任山东巡抚谭廷襄星夜驰赴济南上任，力筹防剿事宜。三月，捻军在肥城大败民团，围困长清。又据《山东军兴纪略》记载，此后捻军分成多股，进攻至段店、仲宫，逼近济南城外围。为了解燃眉之急，杜翴急调城西效忠团、同心团、城北八阵团、城南集义团、东乡添口团，一同前来守卫济南府城，方才成功堵住了捻军的进犯。捻军兵败，逃奔至济南西南的王福庄，杜翴又调齐河、济阳的民团，赴济南西三十里处的饮马庄进行阻击。

济南圩墙近景（局部）

此后，捻军南下江苏地区，清廷将大量军队集结在山东、江苏交界之地。由于此时山东防兵单薄，咸丰皇帝下旨，以济南为省城重地，要求无论哪一个省的兵力路过济南时，当地都可以酌情留下来备用；同时令山东布政使刘源灏驻扎济南，稽查奸细，加强巡防，防患未然。鉴于此前捻军侵犯济南的教训，以及当下济南城内外兵力缺乏的窘境，为了应对紧迫的军事形势，杜翮奏请在济南府城外围修建圩子城和环壕，以加强济南的防御能力。

（二） 防捻与济南府城土圩的修建

伴随着社会的发展，济南府城的城市规模不断扩大。今护城河以内的济南府城，在清朝末年已经不能够容纳越来越多的城市居民和商贩，城市用地向城外扩张，逐渐在城墙外围形成新的城区。由于府城北面是面积广阔的大明湖和沼泽，济南府城扩展出来的居民区和商铺，主要集中在交通更为便利、与城内关系更为密切的城南、城东和城西。然而，这一新的城区并没有城墙、环壕保护，十分容易受到捻军的侵扰。

为了增加济南城的防御能力，保护府城内外居民、商铺的安全，同时还可以安顿前来府城躲避捻军的民众，实现坚壁清野的目标，咸丰十一年（1861）三月，杜翮"请于省城关厢及各州县地方一律修筑土圩"。（《东华续录·咸丰朝》）"省城关厢"就是指府城外扩展出来的新城区，"修筑土圩"就是在新城区外围修建类似城墙的圩墙，形成一个圩子城。咸丰皇帝担心此事若办理不善，容易滋扰民众，得不偿失，强调修筑圩子城的事情，必须要由深得民心的官长和乡绅出来主持。于是命山东巡抚谭廷襄体察情形，妥筹办理。

根据杜翮的建议，谭廷襄在济南府城外围修建起用夯土堆积起来的土质圩墙，"周四十里"（民国《历城县志·建制考》），并在圩墙上开辟城门。东墙大致沿今历山路一线，南墙沿文化路一线，西墙沿顺河街一线，城北因多湖泊沼泽可为天险而没有修筑圩墙，东西南三面圩墙外还挖有环壕。如此一来，新修的圩墙、壕沟，与原有的济南府城城墙、护城河形成了内外两重防

线，济南从此城、郭齐备，城市面积也扩大了一倍。

济南城土圩的修建工程进展十分迅速，并起到了很好的防护作用。据《东华续录·同治朝》记载，咸丰十一年（1861）八月，山东巡抚谭廷襄在奏文中称有捻军三四万人由泰安流窜至肥城、长清境内，兵分三路，并进至济南府城周围。其中一股捻军由肥城、长清冲过清军营盘，直扑前往济南府城的大路，府城危急。为了应对来势汹汹的捻军，谭廷襄亲自驻扎在济南府城西关新修的土圩以内，指挥军事部署。八月十四日，捻军开始进攻圩子城，后因难以攻取而潜至城北没有修圩墙的地方，涉水而来，又有捻军从二里坝东面的山水沟等处攀爬圩墙。清军依托圩墙，将捻军击退。十五日，又有大队捻军在济南府城南的千佛山下驻扎，环伺府城。杨家台参将保德，带兵由千佛山山边偏僻小径绕出，与二里坝圩子城内的兵勇前后夹击，击杀数百捻军。十六日，又有大队捻军来到济南府城外，清军在圩子城上向南开炮，将捻军击退。

捻军进攻济南接连受阻，损失惨重，纷纷东撤，济南之围得解。此时距杜翻请旨修建土圩刚刚过去五个月，新修的圩子城就已经在保卫济南的战斗中发挥了重要的作用。这说明杜翻的建议是合乎时宜且具有战略眼光的，又说明济南圩子城规划合理、设计科学。此后圩子城作为充满活力又受到保护的新城区，成为济南城市发展的新增长点。

（三）捻军之患加剧与石圩的改建

同治四年（1865），镇压捻军的清军统帅僧格林沁在菏泽剿捻时被捻军击杀，山东防捻形势一度恶化。济南为了加强防御，在山东巡抚阎敬铭、丁宝桢和济南知府萧培元的先后关切下，利用厘金和劝捐得来的资金，将原来府城外圩子城的土圩墙逐步改建为石墙，至同治六年（1867）方才完工。

匡源《新筑石圩碑记》记载，新修的石头圩墙基本与原来土圩走向一致。"以城北多水，缺其一门，减土圩之三，自东北而西北，共计三千六百七十丈，高一丈二尺，基厚一丈五尺，顶厚一丈。为垛三千三百有奇。门

济南圩子墙永绥门及门外杆石桥（［德］贝思德·梅尔彻斯 摄于民国初年）

七：曰岱安、曰永固、曰永靖、曰永绥、曰永镇、曰济安、曰海晏。炮台十
四。"（民国《续修历城县志·建置考》）修成后的圩子城，"三面垒石为郭，周
十五里，即坚且厚矣"。（陈锦：《重修济南石圩、炮台、泉河碑记》，见民国《续
修历城县志·建置考》）

　　石圩修缮之后，圩子城的防御体系更加周全。以东关为例，据《修建清
册》记载："东关永靖门城门一座、护墙二道、木门一合、木桥一道、官厅
二座、营房七十六座、炮台四座、山水沟石桥一道、石墙一道。"（按：这份
《修建清册》并无正式名称，因卷首题"济南府为修理报省垣四关城濠等工事，今将
卑府官绅士民捐修城门桥、四城间圩濠、桥闸、官房、炮台、濠墙各项工段丈尺，
并用过工料夫价数目，开造清册呈送"，而暂名《修建清册》）其他诸门、圩墙，
皆有类似记载。可见，此次修筑的是一个功能完备、附属设施齐全的圩
子城。

　　同治六年（1867），捻军再度进犯济南。据该年五月十八日丁宝桢的
《捻踪窜近省垣督军扼剿折》记述，五月间，大股捻军运动至济南府城西的

403

段店一带，此地距离济南府城很近，也是进出济南的交通要道。此时济南府城守军枕戈待旦，还招募了四千名兵勇加强防守，各路军队也从肥城、长清前来驰援。又据该年五月二十三日《捻逆东窜省垣安堵督军追剿折》记述，五月十八日上折后，"各军前后夹击，痛挫凶锋。讵该逆见省防严密，后路大兵相继踵至，正值雨夜，乘闲潜逸，窜往章丘、邹平一带"。丁宝桢来到济南后，担心捻军回击，"复与司道等周历城圩，略加布置，酌留绅字、霖字四营，交署臬司卫荣光统带，分扎各圩外，以备缓急"。（《丁文成公奏稿》）捻军流动作战，加大了追剿难度，济南作为省府重地，丁宝桢需要时刻关注。他来到济南后"略加布置"，看似说得云淡风轻，实际上是因为这时济南府城外围的圩子城，已经由土圩墙升级为石头墙，城门、炮台防御体系建设完备，大大减弱了丁宝桢的防守压力。又据匡源《新筑石圩碑记》记载，同治六年（1867）夏天，石圩子城刚刚完工，"捻匪再犯，乡民避居其中，全活无算"，此次有效防御捻军，圩子城功不可没。

济南府城外圩子城的修筑，不是一劳永逸的。陈锦《重修济南石圩、炮台、泉河碑记》记载，光绪五年（1879），东圩墙被大水冲毁，时任山东巡抚周恒祺主持重修。又见原有圩墙石条，犬牙交错，"灰浆涂隙，实以土，土蚀石陷"（民国《续修历城县志·建置考》），雨水浸透了圩墙墙心，圩墙的强度大大削弱。为此，周恒祺又命人分段修葺，灰土灌浆，夯筑结实，修缺补漏。此前为了巡防方便，炮台与圩墙并不相连，此次修缮时则将二者以天桥连接在一起，桥下面依旧可以通行。

圩子城随着济南城市不断发展而变化。清光绪三十二年（1906），为了更好地与商埠区相联系，永镇、永绥二门间增开普利门。清宣统二年（1910），圩子城南的齐鲁大学要求在大学门前开新建门。进入民国时期，济南商埠更加昌盛，1916年又开麟祥门以方便交通。1932年前后，在东南圩墙开中山门。1948年济南战役时，解放军攻破外城的永固门、永镇门、永绥门，冲入内城。济南解放后，圩子城失去了防御功用，又因阻碍交通，于是在1950年将圩墙全部拆除，拆下的土石被用于城市建设，圩墙所在地也修成了道路，济南城市形制继续向外扩大。

如今，除文化西路南侧和顺河高架桥下依然保留的南圩壕、西圩壕，以及历山路附近已经改为暗河的东圩壕外，清末修筑的济南圩墙、圩壕已经基本从地面消失，只留下海晏门街、东圩门外街、南圩门外街、杆石桥、小北门、普利街、麟祥街等起源于圩子城的地名沿用至今。

（李贝贝）

二、 中兴名臣： 丁宝桢与济南

丁宝桢（1820—1886），字稚璜，贵州平远（今贵州织金）人。同治二年（1863）任山东按察使，次年迁任布政使，同治五年（1867）3月晋升为山东巡抚。丁宝桢在山东为官14年。任内他办洋务、兴文教、诛权阉，这一时期成为济南发展史上的重要一环。正因为他在山东期间政绩卓著，与曾国藩、李鸿章、左宗棠、张之洞等人同被称为"中兴名臣"。

（一）创办机器局， 开济南近代工业之端

十九世纪中叶，清廷中的有识之士如李鸿章、左宗棠等，以"富国""图强"为口号，兴办"洋务"，山东机器局正是在此背景下产生的。

光绪元年（1875）4月，山东巡抚丁宝桢以"靖海安边""军火自给"为名，几次与直隶总督兼北洋大臣李鸿章协商设立机器制造局。同年8月，丁宝桢又派张荫桓等赴天津机器局进行实地考察，并再次上书总理衙门请设机器局。11月18日，清廷正式批准丁宝桢关于创设山东机器局的奏请。

丁宝桢在清廷批准奏请前已着手机器局的厂址选择和人才储备工作。经过慎重考虑和科学论证，最终确定在济南泺口东征地300亩，并聘请徐建寅任总办，

山东机器局大门

负责筹建工作。设厂位于济南北郊的泺口镇，一是从安全方面考虑，厂址设于内地，不为外人所注意，万一有外敌入侵，仍可闭关自造，不致受制于人；二是从资源方面考虑，济南附近的章丘、长山等县煤、铁等矿产丰富，民间久经开采，可供机器局使用，即使在闭关之时，也不致立时坐困；三是从交通方面考虑，厂址北靠黄河，南靠小清河，将来军火制造有余，运往外省时易于运输。创办机器局主要是为了防御外寇的出发点是显而易见的。

丁宝桢十分注意储备人才。在创办和经营机器局的过程中，他先后保举推荐了精通西学、熟悉洋务和精通机器制造的徐建寅、薛福辰、张荫桓、曾昭吉等人一起创建和经营山东机器局，实现了"筹建中一切事宜均自行创办"的用人原则，避免了其他机器局中某些洋人飞扬跋扈、不服管理的弊病。在建设资金问题上，丁宝桢也力争地方自筹，以达到自强、实用、不背债的目的。《中国近代工业史资料》记载说："这机器局值得注意的是一切厂房，一切西洋机器——包括碾压机、镟床、火药碾制机等，以及一切蒸汽机和碾硝机、蒸磺机等，全部系在中国人监督下装配起来的，没有雇佣一个外国人。所有的机器都完美地转动着，没有丝毫震荡。"

由于抓住了择址、选人、筹款等大事，机器局的筹建工作较为迅速。光绪元年（1875）冬，山东机器局建成公务堂一座，到第二年秋，又先后建起了机器厂、生铁厂、碾药房和工匠住房等大小屋数十间。光绪二年（1876）底机器局开始试产，第二年初正式开工制造。

山东机器局培养了一批近代科学技术人才和能使用现代机器生产

山东机器局生产车间

的工人，拉开了山东地区近代化的序幕，是山东机器制造业和化学工业的先驱。

辛亥革命后，山东机器局先后更名为山东兵工厂、济南新城兵工厂，产品仍以军火为主。1929—1937 年更名为济南兵工厂。日本占领时则称新中华火药厂。1945—1948 年为国民党军管的四十四工厂第五制造所。1948 年济南解放后，改称济南工业局第三厂，1953 年改称山东化工厂。

（二）办书院，重文教

丁宝桢初至山东时，鉴于"山左为至圣发祥之地"，省城济南府学文庙崇祀宜"整齐严肃，以为天下先"，而当时济南府学文庙却与省会的地位极不相称，因此久有修葺维新之意，终以军务倥偬而未能付诸实际。东、西捻军先后被镇压下后，全境肃清，丁宝桢断定："武功定矣，将有事于文教焉。"在他看来，"凡国无教则不立"，"大凡民不知义，多由学校废弛"，他将办学兴校引为己责，并认为"文教之兴以学宫为始"。

同治八年（1869），丁宝桢创办尚志书院，俗称尚志堂。就学者除学习儒学外，还学习天文、地理、算术。该堂刊刻的书籍（称尚志堂版），在国内享有盛誉。至今，在趵突泉公园仍存尚志堂建筑。同时期，丁宝桢还创办了近代山东最早的官办书局——山东书局。该局最著名的刻本《十三经读本》则是由丁宝桢亲自参与校勘的。

另外，值得一提的是丁宝桢协助整理出版了马国翰的《玉函山房辑佚书》等书籍。马国翰于道光二十四年（1844）完成《玉函山房辑佚书》，全书分经、史、诸子 3 编，700 多卷，共辑佚书 594 种。同时写成读书札记《目耕帖》30 卷。

咸丰七年（1857），马国翰去世前未能刊行。同治十九年（1870），济南泺源书院的院长匡源，请当时的山东巡抚丁宝桢协助，从马国翰亲属处借出《玉函山房辑佚书》的书版，进一步加以整理，连同马国翰的《目耕帖》一同印刷，分订百册行世。《玉函山房辑佚书》是我国辑书史上的一项空前成就，丁宝桢此举引起了国内学者的重视。

同治十年（1871），丁宝桢决定重修泺源书院。早在清雍正十一年（1733），山东巡抚岳濬将济南的"白雪书院"定为省会书院，因原址狭小不能容纳更多士子读书，遂迁址于城内明代都指挥司旧址（今泉城路原省统计局），并更名为"泺源书院"。作为山东最大的书院，泺源书院的任教者皆是当时学有专长的著名学者，如毕沅、桑调元、沈起元、何绍基、匡源、王之翰、刘耀春、朱学笃、缪荃孙等，他们或是担任书院的山长，或是主讲，他们的到来使书院的文风十分兴盛，一时间誉满齐鲁。

泺源书院虽曾在清乾隆、嘉庆、道光各朝多次重修。但到丁宝桢任山东巡抚时，泺源书院已经呈现衰败景象。丁宝桢购地为书院新建了一座仓颉祠，此举着实为泺源书院增添了光彩。《新建尚书堂记》记载："济南会垣，旧设泺源、景贤两书院，为讲学之地，近年以来，士人之肄业其中者，类能勤课读，工词章，一时文风彬彬称盛。"书院的重修，推动了济南文教事业的发展。

（三）智杀安德海

丁宝桢在济南期间，以诛杀慈禧心腹安德海引得世人瞩目。据《清史稿》卷四百四十七记载，同治八年（1869）秋天，慈禧太后派心腹太监安德海南下采办龙衣。安德海沿途招权纳贿，耀武扬威，地方官吏莫不畏惧，不敢稍有怠慢，搞得地方鸡犬不宁。同治皇帝得到这一消息后，便与慈安、奕䜣商量，想借此机会除掉这个依仗慈禧的权势弄权纳贿、排除异己、干预朝政的小安子。于是密谕丁宝桢"严密查拿，令随从人等指正确实，毋庸审讯，即行就地正法"。船到山东境内后，地方官上报巡抚丁宝桢。生性廉洁刚烈的丁宝桢以清宫祖训"太监不得私自离京"为由，派兵将安德海在泰安抓获并押送至省城济南，同时火速上报与慈禧太后有隙的慈安太后，获许后决定将安德海就地正法。可就在此时，慈禧太后发来解救安德海的懿旨。丁宝桢果断地决定"前门接旨，后门斩首"，将安德海拉到西门外丁字街（今

饮虎池街北段）斩首。既然生米做成熟饭，慈禧太后最后也奈何不得。丁宝桢智杀慈禧太后宠幸的太监安德海表现出的果敢刚毅、胆识过人，博得天下交口称颂。李鸿章闻讯后，矍然而起，传示幕客，字呼丁公曰："稚璜成名矣！"曾国藩听到这个消息后，高兴地告诉好友："吾目疾已数月，闻是事，积翳（白内障）为之一开。稚璜豪杰士也！"

据说闻名全国的济南名吃"宫保鸡丁"得名也与丁宝桢有关。丁宝桢曾官封太子少保，被尊称为"丁宫保"。在山东任职期间，当时的济南名厨周进臣、刘桂祥等人都做过其家厨。丁府宴客常有"炒鸡丁"一菜，味美常让食客难忘。这道菜由丁府传到民间，遂得名"宫保鸡丁"。

光绪十二年（1886），66 岁的丁宝桢死于四川总督任所，噩耗传至济南，官绅百姓无不为之惋惜、悲叹，请求朝廷允许将丁宝桢的灵柩搬回济南。灵柩运至济南时，济南的士绅百姓争相"郊野祭吊"。丁宝桢遗体在历城丁家林地与先逝的原配合葬。前山东巡抚阎敬铭亲撰《皇清诰授光禄大夫赠太子太保四川总督丁文成公墓志铭》，以昭后人。

（霜　木）

三、 自开商埠： 济南城市近代化的开启

清光绪三十年（1904），济南自开商埠，揭开了济南历史的新篇章。开埠后，近代工商业逐渐发展起来，也促进了传统观念的改变，济南由封闭走向开放，逐步完成了近代化转型。

（一） 周馥与济南自开商埠

光绪二十八年（1902）四月，周馥出任山东巡抚。他为了调查了解山东发展的情况，亲自到约开口岸烟台、青岛考察，目睹了近代商业贸易为开放口岸城市带来的巨大变化。而此时的古城济南，仍在传统中徘徊，民风重儒轻商，默默沿袭着其政治中心的格局。济南的经济地位，远不如烟台和青岛，甚至在周村、潍县、济宁之后。特别是德国人强占青岛后，建港口、修铁路、开煤矿，控制着山东的经济命脉，周馥的心理受到了巨大的冲击。

德国为掠夺山东物产资源，修筑了胶济铁路。按计划，光绪三十年

周馥像

（1904）胶济铁路就修至济南完工。周馥清醒地认识到，只要火车在济南府一响，洋货就会铺天盖地涌入这座古城，内地的资源也会被洋人大肆侵吞，约开口岸城市主权尽失、利权外溢的局面就可能要在济南重演。周馥跟随李鸿章办理洋务多年，是一个开明官员，他认为不能盲目地抗拒德国势力，唯有讲求工商，发展经济，理智应对，才能"与之相维相制"。

411

自道光二十二年（1842）《南京条约》的"五口通商"始，几乎中西方之间每签订一个重要的条约，中国方面都要被迫开放若干城市以供通商，称为约开商埠（也称条约口岸）。随着约开商埠城市的迅速发展和中外贸易的繁荣，人们对开埠通商从过去的简单排拒，转而认识到开埠通商对中国来说是"利弊参半"，甚至"利大于弊"，进而认为在列强环伺的局面下，中国如果主动开埠通商，既能挽回利权，又能促进国家富强，不失为一个良策。光绪二十四年（1898）三月二十四日，岳州、三都澳、秦皇岛成为首批自开商埠。光绪二十九年（1903）三月，商约大臣吕海寰奏请外务部"广辟通商场"，得到清政府支持，随即谕令"各省督抚通饬所属详细查勘，如有形势扼要，商贾荟萃，可以自开通商口岸之处，随时奏明办理"。

收到清廷发布的允许自开商埠的谕令，山东巡抚周馥心中大喜，率先响应，自开商埠成为他抵制德国在山东势力扩张的一项措施。他与当时的直隶总督兼北洋大臣袁世凯商议山东开埠事宜，决定将济南及胶济铁路沿线商业重镇周村、潍县同时自开商埠。光绪三十年三月十六日（1904年5月1日），在胶济铁路通车前一个月，袁世凯和周馥联名上奏《查明山东内地情形请添开商埠折》，提出"在济南城外自开通商口岸，以期中外咸受利益"。同时，"拟将潍县、周村一并开作商埠，作为济南分关，更于商情称便"。四月十一日（5月25日），济南等三地开埠正式奏准。

济南开埠从奏请到清廷批准，前后只有20多天时间，并且是在秘密情况下进行的，清廷与山东当局的手段如此迅速，令德国人惊叹不已。当时的《东方杂志》著文称赞周馥开设商埠之举："德人闻之，亦惟深叹其手段之神速而未可如何也。设事前稍不谨慎，泄露风声，德人必起阻挠。"周馥此举确实干得出色。在德国势力咄咄逼人之时，他觑隙乘便，攻其不备，使德人在既成事实面前措手不及，无可奈何。周馥死后，山东当局呈请北洋政府，请准在济南为周馥建立专祠以示纪念，呈文中列举了他在山东的四大政绩，其一即是"创设商埠"。

（二） 商埠筹划及商埠中的近代文明色彩

济南开埠奏准之后，商埠总局随即成立，专管商埠事务。为了加强对济南商埠的管理，山东当局和济南商埠总局先后制定了四个章程，即《济南商埠开办章程》《济南商埠租建章程》《济南商埠买地章程》和《济南商埠巡警章程》。第一个章程对定界、租地、设官、建造、捐税、经费、禁令、邮电等方面做了一些原则性规定。《租建章程》和《买地章程》则对商埠区的土地政策做了详细说明。

商埠的土地，先由商埠总局制定买地价格后统一收买，再进行出租，不准民间私自买卖。以胶济铁路为界，由北而南将商埠土地划分为四等，以福、禄、寿、喜等字作为各自的编号，制定了不同租价。福字号地每亩每年36元；禄字号地每亩每年24元；寿字号地每亩每年16元；喜字号地每亩每年10元。在商埠的范围内，中外商民可以自由往来，租地设栈，或居住，或经商办厂。同时强调，济南为自开商埠，一切事权，皆归中国自理，外人不得干预。另外，房屋建造、买地办法、租地程序、安全、卫生等都有章可

20世纪30年代的经一路

循，《巡警章程》则对巡警局的设立、工作范围、巡警的职责等做了详细规定。各项章程蕴含着主权自操的民族独立精神，并且规划详密，组织完备，闪现着鲜明的近代文明色彩。

济南商埠的规划者极有远见地毗邻铁路开辟商埠新区，既保护了老城，又拓展了城市规模，使济南的城市格局得以改变。商埠区划在老城西关之外，东起十王殿（今馆驿街西口），西至北大槐树（今纬十一路），南沿长清大道（今经七路），北以胶济铁路为限。计东西不足五里，南北约有二里，共占地四千余亩。商埠局还绘制了商埠图，对商埠区进行了规划。

商埠区的道路采用棋盘状布局，东西向的称"经"路，南北向的称"纬"路，经路沿铁路走向，由北向南平行排列（经一路——经七路），纬路则由东向西排列（纬一路——纬十一路），经纬路垂直相交，形成大小不等的矩形街坊，适合商业、店铺的发展。道路两侧都种植了法桐，以美化环境。商埠区划分了各功能区，如华洋贸易区、华商贸易区、堆货处、西人住宅处、领事驻扎处、花园、菜市、营房等。商埠区地形平坦，街道宽广，格局开放，极大地便利了城市商业的发展。商埠规划限于当时的水平，虽然还缺乏一些详细的设计，但商埠建设吸收了西方先进的城市规划理念，是近代济南城市规划的开端。

经过一年多的筹划建设，光绪三十一年十二月十六日（1906年1月10日），济南商埠正式举行开埠典礼。新任山东巡抚杨士骧亲自主持，省内外200多位来宾出席仪式，其中包括70位外国客人。大家齐集商埠内，相互祝贺，实为山东一大盛事。

（三）商埠开，百业兴

商埠开放后，山东当局首先成立了商埠总局，下设工程局、巡警局、发审局（后为地方审判庭）三个机构，管理商埠事务。为了招徕中外客商，山东当局和济南商埠总局还制定了一些优惠政策，如商埠内暂缓设关收税、官款附股等。商埠总局还积极兴办各项社会事业，如道路的铺设，货栈、旅馆、办公署的建筑，还有邮政、电灯、电话、下水道等，为投资创业提供良好的环境，从而吸引了各地商贾纷至沓来。同时，胶济铁路于光绪三十年（1904）6月1日全线通车，津浦铁路也于1912年底开通。铁路运输的便捷，刺激了商埠区工商业的快速发展。因此，商埠区很快由荒郊坟地变成了商铺林立的繁华市区。1915年商埠区内华商开设的商家店铺已有五六百家，1927年商埠的商号店铺总数已发展到1534家。众多日后成为百年老字号的店铺在这里写就了它们的辉煌与传奇，如瑞蚨祥、宏济堂、泰康、精益眼镜等等。

济南开埠后，各国洋行也纷纷来济，在商埠区租地建房，经营洋货输入及土货输出等各类业务。二十世纪初，商埠区已有欧美洋行15家。到1919年时，商埠内已有礼和、亚细亚、三井、美孚石油等25家洋行。商埠开放后，外商银行开始涉足济南。光绪三十二年（1906），德商德华银行成立，为济南最早的外资银行。民初，国人创办的新式银行大量出现，如山东银行、通惠银行、东莱银行、丰大银行等。截止到1919年，济南先后设立17家银行，其中官办2家，商办13家，外资2家，新式银行90%集中在商埠区。至1920年代，济南的商业中心已由老城区转移到商埠区，特别是经二路一带，店铺鳞次栉比、街头熙熙攘攘，是商埠区最为繁华的地段。

随着商埠区工商业的发展，商埠人口急剧增加，这就刺激了娱乐、饮食等服务业的发展。商埠内就有了济南最早的公园——商埠公园（今中山公园），第一个电影院——小广寒，有西方人开的西餐馆——石泰岩，还有许多大型的饭庄酒楼，如百花村饭庄、式燕番菜馆等，经一路一带开办了许多旅馆，以津浦宾馆最为高档。看电影，逛公园，购商品……省城人们的生活悄然发生了变化。如果说老城区的居民还较多地保留着悠然古朴的传统生活习惯和风尚，那么商埠区居民的生活节奏明显加快，生活内容丰富多彩，呈现出现代都市气息。总之，商埠区引领着济南的时尚潮流，成了新风景、新商品荟萃的万花筒，也成了新风气、新观念的发源之地。

济南开埠后，华洋商人纷纷进驻商埠，开始营造房舍楼宇，商埠区出现

了许多异域风格的建筑和中西合璧
式的现代建筑。如经二纬二路东西
两侧的德华银行和德国领事馆，胶
济铁路火车站、津浦铁路火车站
等。国人建造的楼房也融合了西方
的设计理念，如经二路的山东邮务
管理局大厦（1931 年改称山东邮政
管理局）、经二纬一的济南交通银
行大厦等。到 1915 年时，商埠区
内已有外国人修建的楼房 26 栋。
漫步商埠街头，看到的是与老城区
完全不同的建筑景观。"那些建筑，
却别具风格，是西式的结构却又含
着中国式的意味……它显然是集合
了中国和欧西的美点，而这个所谓
西式，却十足的充满着日耳曼民族

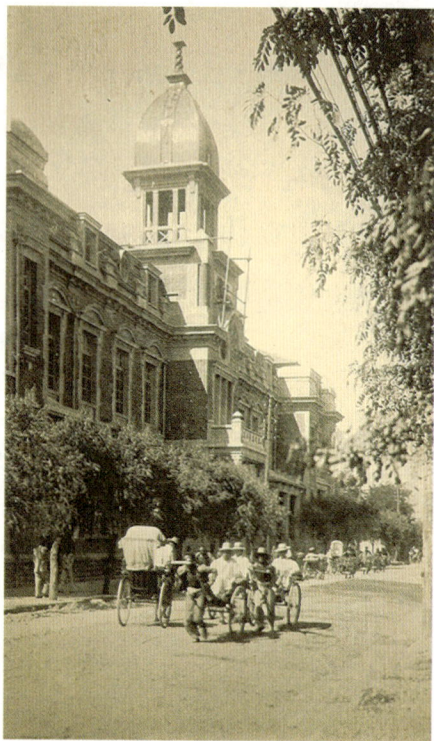

山东邮政管理局（20 世纪 30 年代）

的建筑美，可说是中德合璧的一种建筑美，简单、大方、宏伟、美观，这八
个字，唯商埠地的建筑可以当之。"（倪锡英：《济南》，中华书局，1939 年版）

　　起初，老城区与商埠区相通的只有馆驿街的永镇门，为了加强联系，先
后在西城墙开通了普利门和麟祥门，并将普利门对着的柴家巷拓宽，改称普
利街，向西与经二路相接，麟祥门接通经四路。由于工商业的迅猛发展和商
埠区人口的急剧增多，商埠区不敷使用。于是，商埠总局先后两次扩展商埠
范围，1918 年将普利门沿顺河街一线向西至纬一路拓展为商埠租地；1926
年又将清泉街（今并入顺河街）以西，馆驿街以南划入商埠区，从而使商埠
区与位于西关一带的传统商业区连为一体。

　　商埠区主要用来发展济南的商业和工业，"准各国商民任便往来，租地
设栈，与华商一体居住贸易"，类似于现在一些城市设立的经济开发区。所

以说，商埠区可以称为济南百年前的"经济开发区"，商埠区的管理与政策使其形成了以经济功能为主的格局，很快发展为济南的经济中心。

　　商埠的开放，引入了西方的新商品、新技术、新观念及新制度，拉开了济南城市近代化的序幕。济南城也由过去相对单一的政治文化中心城市，逐步发展为政治、经济、文化功能多元的现代城市。

（霜　木）

四、 胶济铁路： 济南城市发展的里程碑

胶济铁路的开通，成为推动济南自开商埠的重要因素，并促进了济南商埠的兴起和发展，加速了济南城市近代化的进程。自此以后，济南不仅是山东的政治中心，也是山东的重要商埠。铁路作为工业文明的传播者被植入济南社会，在经历了诸多碰撞、冲突和调适后，逐渐展现出自身的独特魅力。

（一） 胶济铁路的修建

胶济铁路的修建通车与德国强占胶州湾有关。德国是个后起的帝国主义国家，入侵中国比英、法要晚，所以有着更大的夺取海外市场和殖民地的欲望。同治八年（1869），德国地理学家李希霍芬对山东及其门户胶州进行了为期半年的详细"考察"，称胶州湾为中国北方最理想的港湾，秘密向德国政府建议："欲图远东势力之发达，非占胶州湾不可"，同时建议"建设一条与内地衔接的铁路线"。李希霍芬的考察结论被德国政府视为是有关中国

胶济铁路开建前测量人员合影

的"科学的、值得信赖的"调研报告，为德国后来的占领行动提供了目标指引。

光绪二十三年（1897）十一月一日夜，山东巨野县的农众袭击了张庄的德国教堂，德国传教士能方济、韩理加略二人当场毙命，史称"巨野教案"。教案发生后，对胶州湾觊觎已久的德国认为这是天赐良机。同年11月德国借口"巨野教案"悍然出兵侵占胶澳。为使德军的侵略行径合法化，并达到长期霸占的目的，光绪二十四年（1898）德国又迫使清政府签订了《中德胶澳租界条约》。条约中规定德国在山东境修筑胶澳（青岛）经潍县、青州、博山、淄川、邹平等处通往济南的铁路，而且德国在所开各铁路沿线附近30里内享有开矿权。

光绪二十五年（1899）六月，德国政府批准成立德华山东铁路公司和德华山东矿务公司，筹资5400万马克用于修筑东起胶澳（青岛）西至济南的胶济铁路，另筹1200万马克用于铁路沿线矿山设施建设。同年9月胶济铁路正式动工，德皇威廉二世的弟弟海因里希亲王亲自在青岛主持了盛大的开工典礼。光绪三十年（1904）六月胶济铁路通车，并举行盛大的通车典礼。该路全长440.7公里，东起青岛，西达济南，沿途经过即墨、胶县、高密、昌邑、安丘、潍县、昌乐、益都、临淄、桓台、博山、淄川、长山、章丘、历城等15个县，打通了沿海通往内地的通道。从此，作为工业文明产物的现代化交通工具火车将港口青岛和省会济南连为一体。

（二）胶济铁路与济南区位优势的提升

胶济铁路的建成通车，大大提升了济南的区位优势，使济南成为胶济、津浦的交通枢纽。胶济铁路通车前，山东的交通线路主要有两种系统，一是水运系统，二是陆路系统。水运以京杭运河为主，以小清河、黄河为辅。京杭运河山东段是山东与全国各地交流的重要交通线。济南虽然不在运河河岸，但由于小清河、黄河是与运河连通的，所以，济南也在这个水运系统中具有重要地位。陆路交通线主要以鲁中山道和南北驿道为主的官路组成。鲁

419

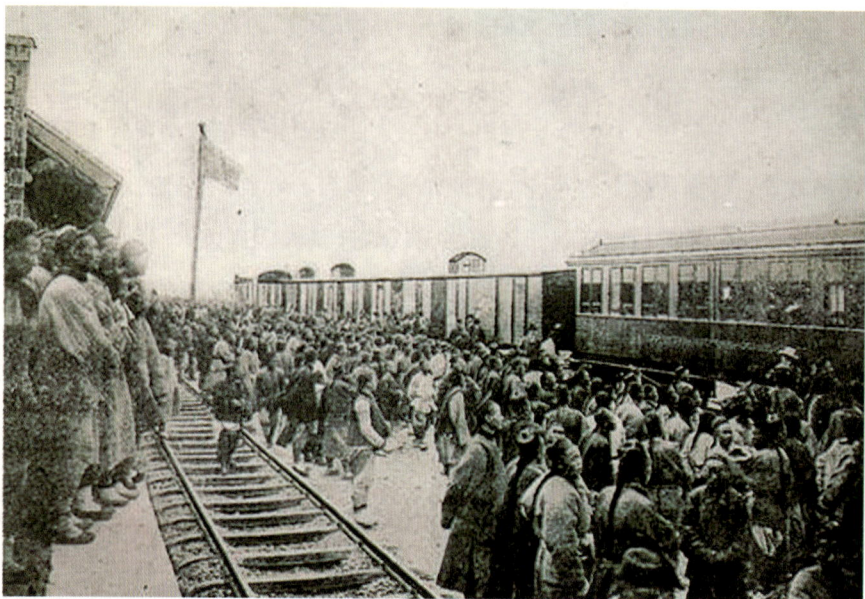

胶济铁路全线开通

中山道自古以来就是沟通山东东西的重要交通线，特别是明清时期，随着山东政治中心从青州移至济南，鲁中山道在山东交通中的作用越来越大。南北驿道是贯穿山东境内南北陆地上的一条交通干线。从北京出发，由德州入境，经聊城至徐州，并最终通往广州。济南在这条驿道上具有崮山、长城等驿站，是其重要的一环。

光绪三十年（1904）胶济铁路通车对济南传统的交通体系产生了强大的冲击。传统的水运和以鲁中山道、南北驿道为中心的官道运输交通格局渐渐衰落，逐渐形成以胶济线为中心的近代山东交通体系。沿铁路线出现了一批以矿山、交通枢纽和手工业品、农产品等商品生产集散为主的城镇。这些城镇通过铁路等运输渠道与青岛、济南等经济中心形成隶属关系。由于胶济铁路的开通，逐渐形成了以青岛为中心的沿海进出口贸易口岸和以济南为中心的商品集散市场，其中济南市场的货物集散水平大大超过潍县和周村，成为全省的中心市场。

胶济铁路建成通车后，各种机器、工业技术与工艺通过胶济铁路进入济南。济南成为山东近代民族工业的发祥地和聚集地，形成了以棉纺和食品等轻工业为主的近代工业体系，济南的市场格局由传统封闭走向了近代开放。

胶济铁路的修建通车，加速了济南自开商埠和城市近代化的脚步，给省城的城市面貌乃至沿线城镇带来了极为深远的影响，山东的交通结构和城市格局为之一变；促进了铁路沿线经济的发展和城市化进程，沿线的传统经济开始朝着近代市场经济转变，并引发了沿线城乡社会观念的变化。

（三） 胶济铁路与济南民众思想观念的转变

铁路进入济南虽不是济南人的自主选择，却在无形中成为传播西方文明的"使者"，其命运经历了从初期的被敌视到逐渐被人们接受和认可的过程，从而促进了济南民众思想观念的转变。

首先，铁路观的转变。胶济铁路在修建过程中遭到途经地乡民的强烈反抗，在当时内外矛盾的大背景下。乡民的反抗举动多是由于德国在沿线强占

胶济铁路济南火车站

民田，遇有坟墓不待迁徙即行刨掘等行为引起的。浓厚的迷信思想也助长了乡民对铁路的排斥。

胶济铁路建成后，成为连接港口与内地特别是省城济南的枢纽，民众逐渐认识到铁路是经济发展和交通便利必不可少的工具。一些官员和商人对胶济铁路的态度也发生了明显转变，由之前的坚决反对转变为赞同、欢迎，甚至纷纷要求修筑铁路。各地绅商积极争取铁路的修筑权，体现了在列强入侵面前强烈的危机意识，逐渐形成了融利益观和主权观为一体的铁路观。

其次，时间观念的变化。传统社会生活节奏缓慢，时间观念相对淡薄。近代交通运输业，尤其是铁路运输，对时间的要求极为严格，这对沿线居民的时间观念产生了重要的影响。铁路的运行，使人们认识到遵守时间的重要性，增强了时间观念，进而提高了工作效率，加快了生活节奏。

随着铁路的发展，长距离的出行由难变易，外出经商者屡见不鲜，传统的坐守田园安土重迁、"父母在，不远游"的观念被打破，人们进一步以开放的心态认识世界并接受外来新的事物。

第三，生活习俗的变迁。铁路通过货物运输加快了商品的流通和更新的步伐，诱导激发人们各种各样新的需求，促进了人们传统观念的转变。

铁路开通以后，大量的洋纱、洋布、人造丝涌入济南，以济南老字号瑞蚨祥为代表的传统布业也由专营土布转为主要经营绸缎、洋布、呢绒。人们衣服的款式也日益多样化，胶皮鞋、西服、礼帽、西式皮鞋开始得到青年人的青睐。同时，西式饮食开始在济南出现并流传，济南车站的德式建筑风格也被商埠的华商所效仿。铁路开通后，人口流动速度加快，济南聚集了大量外地经商者，他们带来了多种多样的娱乐方式，通过与当地娱乐方式的融合，形成了具有新特色的娱乐活动，如大鼓、快书、梆子等地方剧种。电影、旅游观光等也受到人们的欢迎。

外来物品增多、人们乐用洋货，西式建筑流行，娱乐方式更新，这些都反映了人们的思想观念由传统向现代的转型。

第四，价值观的变化。胶济铁路开通后，在商品经济大潮的冲击和侵蚀下，人们逐渐改变了过去那种"耻于言利"的思想，无论在生产还是生活中，都表现出趋利的观念，它反映了传统的农业文化向现代工业文化的转型，而铁路加速了这一观念的转变。

铁路作为工业文明的传播者被植入济南社会，在相当程度上推动了传统文化的转型，济南的社会生活出现了保守与开放、先进与落后并存的局面。

（霜　木）

五、 工商转型： 近代工业的兴起与商业老字号的兴盛

济南的近代工业随着洋务运动的兴起逐步发展起来，并在一定程度上确定着后来济南工业发展的格局。大家耳熟能详的大观园商场、燕喜堂饭庄、草包包子、精益眼镜店、德馨斋、宏济堂、汇泉楼、铭新池、普华鞋店、瑞蚨祥、便宜坊……都是声名远播、历史悠久的济南"老字号"。这些老字号，是十九世纪末二十世纪初济南商业发展的缩影。

（一） 济南近代工业的兴起

济南的近代工业创始于洋务运动时期。光绪元年（1875），山东巡抚丁宝桢建机器局于城北泺口，成为济南近代官办工业的首创。丁宝桢在创办和经营过程中，虽使用外国机器和进口原料，但始终未用一个外国人。同年10月至次年10月，所属机器厂、生铁厂、熟铁厂、火药厂等先后竣工，并试制成功马蒂尼枪。至光绪二十七年（1901），已有炮厂、枪子厂、翻砂厂、

山东机器局公务堂旧址

熟铁厂、轧钢厂、火药厂、电料厂、木工厂等，能制造枪炮、枪弹、火药以及机器、锅炉、电灯、电池等，成为晚清时期创办的较有成绩的一个中等规模的军工企业。

光绪三十年（1904），济南自开商埠，加上胶济、津浦两铁路通车，工商日盛，促进了济南机器工业的发展。通过引进西方先进的制造技术以及管理技术，济南现代新式工业有了新的发展，在招股开设工厂的基础上，逐渐采用机器生产和电动力生产，如电业、造纸、印刷、缫丝、火柴、棉纺织业等陆续出现。至宣统二年（1910），济南地区官办手工业工场共有5家：济南工艺传习所、济南习艺所、济南劝工所、历城自新所、历城草绳公司。宣统三年（1911），创建的津浦铁路机车厂是当时济南最大的修理机车和客货车的机器厂。同时民间手工业中的五金制品业的工场作坊接受外来技术，逐步发展为济南最初的小型民办机器铁工厂。

20世纪初，济南官办或官商合办的新式企业有山东树艺公司、桑蚕总局缫丝厂、泺源造纸厂及附设印刷厂、济南津浦铁路工厂等十几家。

济南第一家石印馆，是光绪三十一年（1905）工艺局总办沈景臣创办的大公石印馆，位于后宰门街。沈景臣以山东工艺局总办身份去日本购买机器，从上海聘来技师，沈与吴璧臣各出资50两白银合办了大公石印馆。职工20余人，以印发"简报"为主要业务，因此又名简报馆。

济南第一个机器榨油企业是宣统元年（1909）寿光人张采丞在商埠纬三路开设的兴顺福机器油坊。

光绪三十一年（1905），山东沂水人刘恩柱出资27.9万元（银元）购德国西门子洋行42千瓦发电机两部，创办了济南第一个电力企业——济南电灯房。创办初期，规模较小，所发电量仅供官府及院前、院后和西门一带的商号、居民照明用。宣统元年（1909）济南电灯房在东流水顺河街（今趵突泉北路）另设新厂，添设了德国西门子公司210千瓦发电机两台，热面积为209平方米的锅炉两台，发电规模、供电范围进一步扩大。

济南纺织业历史悠久。光绪二十一年（1895）后，洋线、洋布大量进

口，民间手工所制纱、布销量大减。由于进口纺织品系机器生产，比土纱土布美观耐用，市场销路很好，促进了济南近代纺织工业的发展。光绪二十八年（1902），清政府在济南开设工艺局，内设毛毯、织布、毛巾及花边等厂，并购置新机器，改良产品，提倡国货。宣统元年（1909），山东省提学司在济南建高等学堂，设织机、染色等科，培养染织人才，济南纺织工业才开始有兴起之势。

光绪三十二年（1906），铜元局宣布停铸，并在原址改设官纸局，由山东劝业道道员、原铜元局总办丁道津负责筹建造纸厂。宣统元年（1909）建成开业，厂名定为泺源造纸厂，附设印刷厂，有铅印、石印等全套设备。该厂系山东第一家机制纸厂，也是全国最早的机制纸厂之一。泺源造纸厂虽名为官纸局，其实是官商合办性质的企业。泺源造纸厂是在"务实兴国""立国振贫"的口号下创建的。泺源造纸厂虽在经营过程中，提倡国货与洋纸抗衡，最高年产量达600吨，产品质优价廉，受到用户的欢迎。但是后来由于国外纸品的大量输入，国内市场竞争日趋激烈，该厂于1914年被迫停业。

1913年山东蓬莱人丛良弼在济南投资20万元创办山东省第一家民族资本开办的火柴厂——振业火柴厂，经与国内其他火柴生产厂家的共同努力，结束了日本、瑞典火柴垄断中国市场的局面。

（二） 西关 "五大行" 与济南商业区的演变

历史上的济南城由官、商两个中心相互交织而形成。在城里大明湖南岸，是巡抚、布政司、济南府、历城县的各级官衙，形成政治中心；大明湖东南则是贡院所在地，为著名的文化区；以四门为基点向外辐射，则是商业店铺集中地，而四关及四乡也都以其物产特点影响城内。就商业区而言，在城的东、西、南三城关均形成商业街市。其中，西关不仅商业最为兴盛，也是手工业最集中的地区。到光绪末年，西关已成为商业中心，其中的国药行、杂货行、绸布行、鞋帽行和钱行，有西关"五大行"之称。

济南与河北祁州（今河北安国市）、河南禹县（今河南禹州市）齐名，并称江北三大药市。

济南的国药行中，以阿胶最为著名。阿胶因始产古东阿（今属济南平阴）而得名，是山东特产。它是一种名贵滋补药品，具有滋阴养血，补肺润燥的功能，还有止血安胎之效。中国现存最早的药物学专著《神农本草经》将阿胶列为"上品"，明代李时珍《本草纲目》载："阿胶（《本经》上品）……弘景曰：出东阿，故名阿胶。"清咸丰年间，兰贵人叶赫那拉氏（西太后）患血症，经御医医治无效，服用了邓氏树德堂的阿胶，治好了病并生下同治皇帝，咸丰帝非常高兴，于咸丰元年（1851），赏赐给邓氏黄马褂、手折及"福"字。从此，"树德堂"阿胶有"贡胶"之称，御赐"福"字成为正宗阿胶的标识。

济南的历代中医，以药店坐堂或摇铃串乡为主要行医方式。明万历年间，河南民间医生徐氏在布政司大街（现省府前街）开办"颐寿堂"药店，道光年间在院西大街设分号——仁寿堂，经营有方，知名度很高，清末流传有"喝的是春和祥，吃的是仁寿堂"的民谣。至清末，济南的中药商发展到七十八家，较大的有宏济堂、太和堂、明德堂、韫德堂、至德堂等十余户。门市药店的营业以开设在院东大街的宏济堂药店规模为大。

光绪三十三年（1907），北京同仁堂少东乐镜宇收购了山东官药局，将之更名为宏济堂。地址初在院前大街，1915年迁至院东大街（今泉城路）县西巷口。宣统元年（1909），乐镜宇在西关东流水街办起宏济堂阿胶厂，独创"九昼夜提制法"，生产出独具特色的阿胶12种，行销全国及日本、东南亚各国。宏济堂所产阿胶，1915年获巴拿马国际博览会"优等金牌奖"。

与中药店铺的发展相伴随，出现了从事中药批发的药栈。其中清代嘉庆年间开设的全盛栈，与咸丰年间开办的德和栈，同治年间开办的永兴栈，光绪年间开设的广德栈、泰兴栈是清末十几个药材批发商中规模较大、资金比较雄厚的，因这些药栈多设在西关一带，故被称为"中药五大行"。

清末，商业分工不细，各种专业商店较少，杂货行成为无所不包的场所，土产、海味（主要是海米、海参、海带）、食糖、纸张是为大宗，烟茶

427

和迷信用品也相当可观，还有南酒、糯米等等。后期又有煤油等外货。数十家杂货店分布在各主要街道。

绸布行、棉布行多集中在西关一带。隆祥、瑞林祥、瑞蚨祥、庆祥、鸿祥永，皆为章丘人经营，除鸿祥永之外，都是旧军孟家的企业。章丘旧军孟氏是名扬全国的海右豪门望族，"祥"字号是章丘旧军镇孟氏家族买卖的总称。京津一带的"祥"字号在华北乃至中国北方的商品交易中占重要地位。济南有"八大祥"之称，是指经营绸缎、布匹、茶叶最负盛名的瑞蚨祥、瑞林祥、春和祥、庆祥、泉祥、顺祥、隆祥和鸿祥八家"祥"字号老店。八大祥中又以隆祥、庆祥、瑞林祥三家历史最为悠久，以瑞蚨祥实力最强。嘉庆九年（1804），章丘旧军镇孟氏家族在济南院东大街创办庆祥布店，批发零售民间自纺自织的土布。咸丰元年（1851），孟氏家族又在西门大街开办隆祥老号。同治元年（1862）孟家将周村的万蚨祥店迁至济南，改名为瑞蚨祥，批发零售土布、绸缎布。由于资东孟雒川的锐意经营，象征着金钱财富的"瑞蚨"字号自诞生时起，就像长了翅膀的招财进宝使者一样，迅速崛起，蒸蒸日上，相继在北京、天津、烟台、青岛等地开设分店，形成庞大的"祥"字号经营体系，成为全国闻名的大商号。

鞋帽行大多在芙蓉街、西门里一带，较大的有大成永、同祥义、一品斋、一正斋、惠成永、大同等十多户。只做男鞋，不做女鞋，童鞋也很少。一品斋的帽子和大成永的鞋子最负盛名。济南有民谣："头戴一品冠，穿衣大友缎。脚踏大成永，手拿有容扇。喝的是春和祥，吃的是仁寿堂"说的就是这些老字号。

开埠前，济南规模较大的钱行有裕茂、晋逢祥、永义、广茂恒、广兴恒五大家。光绪三十年（1904）济南开埠，同年胶济铁路全线通车，1912年津浦铁路贯通，这三件事极大地改善了济南的市场地位，促使济南商业迅猛发展起来。优越的区位条件与便利的交通条件，使济南同省内外口岸市场的联系愈来愈密切，济南成为连接口岸与内地集散市场的纽带，逐步发展成为全省性商品贸易的中心市场。省城的商业中心逐渐由西关向商埠区转移，并出现了许多新兴行业，如花行、牛栈、粮栈、炭业、洋货业，以及堆栈业、保险业等，占市场首要地位的已不再是传统的"五大行"，而是集中于商埠区的土货输出业与洋货批发业。

伴随着济南工商业的发展，出现了许多独具特色的风味饭馆饭庄。道光年间开业的凤集楼，光绪年间开业的熊家扁食楼、九华楼、同元楼、文升园、文和楼烤鸭店等，均是经营济南风味菜的名店。济南开埠后，德国人石泰岩在经一路纬二路口租房50余间开设济南最早的西餐馆"石泰岩饭店"。宣统元年（1909）开业的百花村饭庄（位于经二纬四路西口），则以正宗的济南风味菜而闻名。民国建立后，济南相继出现了十几家较大型的饭庄、酒楼，著名的有泰丰楼饭庄、式燕番菜馆、兴华楼饭馆等，大多集中商埠区。其中的式燕番菜馆创建于1912年，位于经三路小纬六路萃卖场二楼，是济南第一家由中国人自己开设的大型高档西餐饭店。

（三）老字号商场

济南的老字号商场主要有国货商场、万字巷商场、新市场、萃卖场等。由于商场分布区位不同，设施多寡有异，货物品种档次差别很大，每个商场都各有特色，但多是融购物、休闲、文化娱乐于一体的综合性市场，可满足当时市民和各地商贾购物及文化娱乐生活的需求。

国货商场位于趵突泉西南围屏街路南，东邻南新街，西靠上新街，是济南较早的商场之一。其前身为光绪二十八年（1902）官办的工艺局，以倡导实业、传习工艺为宗旨，兼营工艺品、丝织绣品和木器之类。1927年改为劝业场，取劝兴实业之意，内设店铺、书场、戏院、杂耍摊等，经营百货、文具、土特产杂品。韩复榘督鲁时期，在此设国货批发所和国货展览馆，号召抵制洋货，买卖国货，故名为"国货商场"。国货市场是古城区到南关一带市民购物、娱乐的重要场所。后来这里建有春和、金华戏院，新新、同乐（金城）电影院。

万字巷商场位于经二路中段路北，纬四、纬五路之间。光绪年间，

附近农民经常到此交易农副产品，后来便逐渐形成小集市。光绪三十年（1904）商埠局在此修建一座四面亭长廊，农民围绕此亭摆摊营业。由于踩踏日久渐渐形成似卍（读音 wàn）字形状的土路，故名万字巷。以经营油旋、米粉、馄饨、酥菜、酱肘、酱蹄享誉济南的老店文生园在此设有分号。万字巷商场以经营副食品、水产品、果蔬为特色，后经多次扩建，逐渐形成了一条以南北街巷和东部一个"回"字形副食店组成的享誉全市的水产品经销市场。

新市场位于经二路东段路南，纬一路以东，南邻魏家庄，这里俗称"南岗子"。1915 年，山东督军张怀芝征用该地辟为商场，因是济南开埠后建的第一个商场，故名"新市场"。新市场占地 18000 平方米（27 亩）。场内建设了一座可容纳五百人的天庆剧场（后改名为"天庆戏院"）和大舞台，西北面和西面分别建有的"民乐剧场"（后为胜利电影院）和露天书场等。市场内有估衣布匹和洋广杂货，并设小吃饮食店数家，杂耍艺人也闻名云集此场说书卖艺。

萃卖场位于经三路中段路南，中山公园西北端（即今珍珠大酒店地）。萃卖场以经营文房四宝、珠宝玉器、古玩鉴赏、文物字画为主，是传统商场中消费档次比较高的一个，内有中国人开设的高级西餐馆——式燕番菜馆，因适应中国人口味而生意红火。商场内设有聆音戏院、说书场，京韵大鼓名家张小轩、白云鹏、相声演员黄金堂（艺名黄小辫儿）父子、有鼓界皇后之称的梨花大鼓后起之秀鹿巧玲等著名艺人在此献艺。在该商场的北门外，有一"蛐蛐市"。每年立秋之后，凡蟋蟀爱好者多在此交易、交换，或沿台阶临时设"圈"，决斗一番，以决胜负。因此也就有了斗蟋蟀专用罐罐及"鼠毛"之类用品的交易。

济南近代工业、商业的兴起，推动了济南近代化的进程，奠定了此后济南工商业发展的基本格局。

（霜　木）

六、 山左公学：山东同盟会在济南的活动

1911 年，武昌起义爆发后，全国各地纷起响应，相继脱离清王朝的专制统治。此时，山东同盟会在济南积极活动，宣传革命思想，并围绕山东独立问题，展开斗争。

（一）同盟会初期在济南的革命斗争

光绪三十一年七月二十日（1905 年 8 月 20 日），孙中山在日本东京创建了中国同盟会。同盟会成立之初，徐镜心、谢鸿焘、丁惟汾、彭占元等十余名山东籍留日学生成为第一批中国同盟会会员。自光绪三十一年（1905）至三十三年（1907）3 年中，山东的留日学生加入同盟会者有 53 人。留日学生在日本持续进行革命活动，引起清政府的畏惧和日本政府的忌惮。

济南千佛山辛亥革命山东烈士墓

光绪三十一年（1905）冬，日本政府颁布了《取缔清国留日学生规则》，大批留学生中的革命党人被驱逐出境，徐镜心、谢鸿焘等山东籍留日学生被迫相继回国。其中，谢鸿焘回到济南后，于光绪三十二年（1906）初介绍刘冠三加入同盟会，成为在山东本地发展的最早的同盟会会员之一。山东同盟会会员在济南继续进行宣传鼓动工作，他们通过"谋办学校、报馆、书店，以开通风气，宣传革命"。

　　光绪三十二年（1906）二月，刘冠三为了宣传民主革命思想，与泰安同学丁耕农在济南趵突泉白雪楼设立《白话报》馆，创办了山东第一份通俗文体的报纸——《白话报》，开"山东革命宣传之先河"。该报言论慷慨激昂，主要宣传新文化，倡言革命，无情地抨击当局的腐败统治，因此屡次遭到清政府的查禁。

　　三月，刘冠三利用清廷提倡私人办学的机会，以革命党人刘东侯、丁鸿芹的名义在济南趵突泉（后迁杨家庄）创办了山左公学。山左公学是山东最早的中等教育学校，是百年老校——"济南一中"的前身。刘冠三任山左公学总办，刘东侯任监督，丁鸿芹、鄮文翰、左汝霖、周树标等先后任教员。他们都是富有才学、思想进步的同盟会革命党人。他们在山左公学任职期间，一方面对学生进行文化知识教育，一方面大力宣传同盟会的革命主张，将同盟会刊印的《晨钟》《民报》《复报》《革命军》等进步书刊介绍给同学们相互传阅，并向学生秘密宣传革命思想，灌输反清救国的道理。山左公学实际上成为同盟会革命党人的活动阵地。同盟会革命党人的积极活动，使革命思想在学生中得以普及，许多学生在革命党人的影响下加入了同盟会组织，革命组织得到发展，革命力量不断壮大。

　　光绪三十三年（1907），留日同盟会会员丁惟汾回国，担任了山东省法政学堂教员，在济南设立了同盟会山东分会。这时留日及山东各地的同盟会会员也都纷纷向济南集中。光绪三十四年（1908），山左公学被清廷查封，清政府下令缉拿刘冠三。刘冠三被迫逃离济南，避难于青岛。同年，在山左公学被查封后，刘冠三委托师范学堂的同窗王讷、鞠思敏重建了山左公学，并迁到了济南的寿康楼街。山左公学培养了一大批青年知识分子，成为革命武装斗争的中坚力量，并在以后的反清革命和山东独立斗争中起到了重要作用。

（二）短暂的山东独立

宣统三年（1911）10月10日，辛亥革命在武昌爆发后，全国各省纷纷响应，湖南、湖北、陕西、山西、云南等省相继宣告脱离清王朝独立。山东济南的各派政治力量也围绕独立问题，展开了一场尖锐复杂的斗争。

当时，以思想开明进步的山东咨议局议员丁佛言、山东省教育会长和山东优级师范学堂监督王讷等为首的立宪派，以丁惟汾、谢鸿焘等同盟会会员为首的革命派，以山东巡抚孙宝琦为首的封建顽固派，三足鼎立，角力齐鲁。此时的济南，革命派要独立，但力量不足，必须联合立宪派。而立宪派不主张革命，但他们在山东咨议局中受到旧官僚和劣绅的压制和排挤，对顽固派的蛮横专制极为不满，立宪派要与顽固派抗争，需要借助于革命派的声势。武昌起义后，山东立宪派骨干分子如丁世峄、侯延爽、曲卓新等，也分别从日本、北京回到济南，他们利用广泛的社会关系，在士绅、学界、商界、官场中加紧活动。坐镇济南的山东巡抚孙宝琦，是一著名的洋务派，他对清廷的腐败深为不满，但不赞成同盟会的革命主张。为了保持自己既得利益，他一方面向革命派、立宪派做出靠拢的姿态，另一方面又暗中积极组织反革命武装力量，伺机镇压革命。济南政局的微妙变化和形势的发展，都需要一位能够联络新旧各派政治力量的人物来收拾局面。1911年10月30日，济南各派以山东省绅商各界和教育会的名义，向尚在北京吏部候补的夏继泉发出电报，敦促他来济共商大计。11月2日，夏继泉到济，下车伊始他就开始登上山东政治舞台的中心，成为领导山东独立，联络新旧各派政治力量的重要人物。

11月初，济南各界突然盛传清廷准备以山东土地做抵押，向德国借巨款，山东当局也准备向德国借款300万元添置武装。此消息一出，立即激起社会各

1911 年 11 月 13 日，山东同盟会联合各界召开山东独立大会，宣布山东独立。图为代表合影

界的义愤。聚集在济南的同盟会员及革命人士决定抓住时机，立即行动。

11 月 5 日，济南各界人士在咨议局联合召开各界座谈会。会上，同盟会提出了由徐镜心等人拟定的《山东独立大纲》七则，主张推翻清朝专制统治，并组织临时政府，实现山东独立。《山东独立大纲》在会上提出后，遭到立宪派和旧官僚们的反对。迫于各界的压力，在会上没有达成协议。6 日，各界继续在咨议局开会，会上推举孙宝琦担任山东独立交涉长，但他断然拒绝，扬言"我系清朝官吏，清政府一日不倒，我即为之尽一日之责任"。孙宝琦的顽固态度引起代表们极大不满。7 日，各界再次在咨议局开会，争相发言，历数咨议局斑斑劣迹，最后，一致通过决议，取消了被顽固派把持的山东咨议局，并立即成立"山东全省各界联合会"。大会推举夏继泉为会长，丁世峰为秘书长。联合会成了全省立法、监督和行政的最高权力机构，领导山东独立运动。实际上，"山东各界联合会"是革命派、立宪派、顽固派中的投机分子组成的一个涣散的政治联盟。虽然同盟会会员庄陔兰、王讷也为联合会的领导成员，但其实权却被立宪派所掌握，暗中仍有孙宝琦插手，这对山东的独立形成了极大的阻力。

11 月上旬，上海、贵州、江苏、浙江、福建等地相继宣布独立。济南各界代表及同盟会山东负责人丁惟汾、王讷等与孙宝琦多次交涉独立事宜，均被孙拒绝。

徐镜心烈士墓

11 月 13 日，联合会召开大会，议决独立问题，孙宝琦应邀参加。同盟会员、教师、青年学生、新军五镇中下级军官和士兵到会者共万余人。会上同盟会、新军五镇军人代表和青年学生代表纷纷登台发言，慷慨陈义，呼吁立即宣布山东独立。顽固的孙宝琦执意不允。这时，忽然有三名五镇军官闯入会场。高呼："各省皆已独立，山东岂可落后。我们军人情愿助诸君以武力；如果迟迟不决，我们当以兵器相加。诸君速决，吾等厉兵秣马以待。"孙宝琦只得见风转舵，摘下顶戴花翎，承认既成事实。在各界群众的压力下，联合会负责人终于决定赞成独立。随后，宣读并张贴了《山东独立宣言》。

会后，山东独立的消息不胫而走，济南城内欢声雷动。各校学生大多剪掉发辫，以山东独立大旗为前导，列队游行。队伍行进到商埠公园（今中山公园）时，举行群众集会，向居民演说独立之意义。

山东虽然宣布独立，却暗藏着许多危机。孙宝琦于独立之次日，即急电袁世凯，陈述苦衷，并声称"权宜应变"。山东独立后的第四天，袁世凯出任清廷总理大臣，便和孙宝琦联合开展破坏活动。11 月 24 日，以吴鼎元为首的五镇上层军官架起大炮以武力胁迫取消独立，仅仅维持了 12 天的山东独立宣告失败。

435

山东独立运动虽然失败了，却严重地打击了清王朝的统治，对全国革命形势产生了积极的影响。加之同盟会大力宣传革命思想，反对封建文化，使民主共和的思想在济南地区广泛传播，鼓舞了人民争取民主共和的斗志。而作为推动民主革命基地的山左公学，于1913年改名为山东省立第一中学校，这所百年名校历经风雨与磨难，至今屹立，为新中国培养了大量的人才。

（郑立娟）

七、 枕流画社： 松年与济南画坛

松年（1837—1908），字小梦，号颐园，蒙古镶蓝旗人。仕宦山东，曾
为汶上、博山、单县、范县、长清知县。失官后，寓居济南，创办"枕流画
社"，骚坛树帜，为众人所追随。著有《颐园论画》，享誉齐鲁，为清末济
南画坛著名书画家。

（一） 为宦山东

松年姓鄂觉特氏，其祖上为驻守天津的八旗蒙古人。幼年即入塾读书，
读书之余，自学绘画，过着官家子弟悠闲的生活。

清同治八年（1869），32 岁的松年拜著名画家直隶按察使如山为师，这
是松年绘画生活的转折点。松年曾说："经吾师如冠九耳提面命，心力兼到，
三年始窥堂奥。此时年三十有五，遂而学力日进，名噪津门。"

松年的仕宦生涯全是在山东度过的。由于文献不足，其行迹并不是十分
清晰。《榆园画志》称松年"曾官汶上知县"，《八旗画征录》则说他"官游

[清] 松年绘《山水扇面》

山左，曾任范县知县"，《奉直同乡齿录》称"清光绪间以知县来山东候补，曾宰单县"。这些记载多是画论文献中的零星记载，语焉不详。由于松年长期在山东地方任知县，山东地方文献的一些记述，或更有助于勾勒其宦迹。

民国《续修博山县志》记载："松年，字小梦，蒙古镶蓝旗格图肯佐领下人，光绪十三年九月任。"也就是说，光绪十三年（1887）九月松年任博山知县。民国《单县志》记载："光绪十四年到二十年知县松年。"民国《单县志·宦迹》曰："松年，字小梦，蒙古镶蓝旗人，由笔帖式特补单县知县。"这说明松年是以笔帖式特补单县知县的。笔帖式是清代衙署设置的低级文官，掌理翻译满汉文章奏书，是清代文士升职的途径之一。由于各衙门皆置笔帖式，数量众多，并不为人们所重视。松年由笔帖式任单县知县属正常升迁。这与民国《续修博山县志》称松年"光绪十三年九月任"在时间上是无缝连接。

光绪二十年（1894）松年卸任单县知县后赴长清任职。长清地近清河，而清河是海运漕粮的重要航道。民国《长清县志》称松年"监收海运漕粮"是符合实际情况的。

松年长期在地方基层为官，有文献明确记载的至少曾在山东五个县任知县。长期在多地任知县而未曾升迁，这与松年的性格有关。他说："书画清高，首重人品。品节既优，不但人人重其笔墨，更钦仰其人。"在清末官场生态中，松年是不合时宜的。

松年曾说："迨宦游山左，又二十余年，于公退政暇之际，无非笔墨怡情；酒足饭饱之余，不过剑琴遣兴。实心实政，敢云不愧青天，利物利民，幸免有惭衾影。"这正是松年宦游山左二十余年的生活写照，也是他任情恣意、桀骜不驯、耽于绘事、不意仕途性格的体现。从这里也许能找到他二十余年不得升迁的原因吧。

（二）创办枕流画社

松年失官后，流寓济南。济南是山东的政治文化中心，曲山艺海、人文

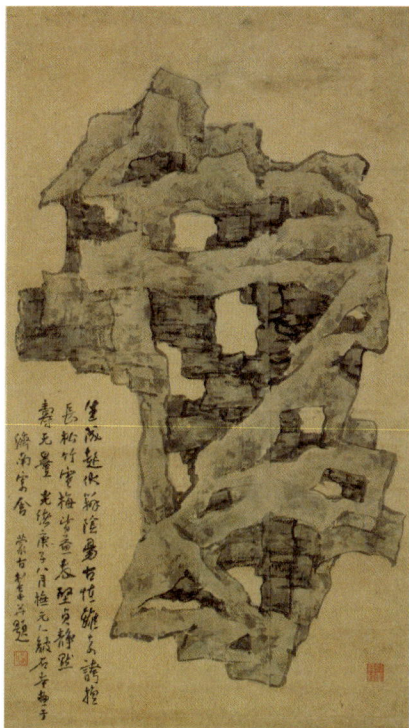

［清］松年绘《寿石图轴》

荟萃。这种文化氛围给松年晚年在济南的艺术人生提供了土壤。

松年流寓济南的时间不能确指，从光绪二十年（1894）署理长清看，应在光绪二十年之后。松年来济南之后，以司里街作为客居之所。之所以选择司里街，也许与司里街水美泉多有关。不远处即有黑虎、白石、九女、珍珠诸泉，这符合中国传统文化"仁者乐山，智者乐水"的特点。松年喜水，"目中有水，胸中有水，从灵台运化而出，方见水之真形，显于纸上，每至笔下之初，心想波澜汹涌，自然活泼天机。画水全在笔下生动，变化莫测，方得水之真形。"这既是松年画山水的心得，也是松年喜水的写照。

松年客居济南期间，大明湖、趵突泉、千佛山等都是其常去之处，绘有《明湖修禊图》《佛峪秋色图》《禹王锁蛟图》等。清末画家李浚之《山东大明湖游记》称："（北极庙）庙廊下，一张松小梦观察年所作老子麻姑二画像，笔墨颇具雄浑之气。"由于松年寓居济南期间没有官职，文献记载较少，其生活轨迹难以理清。

松年寓居济南期间影响最大的一件事是参与创办"枕流画社"。他在《颐园论画》中说："时因济南诸君子推许为骚坛树帜者。"所谓"骚坛树帜者"，可以理解为当时的画坛领袖，或"枕流画社"的社长。《榆园画志》也说"一时从之学者甚众"；据《奉直同乡齿录》记载，其弟子主要有唐鸿、秋生、丁汉青、孙竹侯、周杰（小英）等。画友主要有毛玉庚、黄承

439

霖、鲁祺光、柳文洙、郭翙、蒋兹、郑士芳、郁浚生、胡柏年等。这些人也许是"枕流画社"的核心成员。

在济南寓居期间，是松年绘画艺术的成熟期。《奉直同乡齿录》称："山水、花卉、鸟兽、虫鱼无所不能。书法则宗颜平原，得其精髓。画则早年用笔工细，晚渐豪放，尤长水墨渲染，以吴镇、李长蘅为宗，写生更有独到。"深厚的文化底蕴，对前人技法的融会贯通和继承，为松年在画坛的地位奠定了坚实的基础，这也是其被"推许为骚坛树帜者"的原因所在。

松年在中国美术史上的巨大贡献之一是撰写出版了《颐园论画》。《颐园论画》可能是松年在"枕流画社"时期的讲稿。松年自己在《颐园论画》自序中又说："兹将平日所得师传，及虚心自悟数年，敬为我画社诸贤缕陈涯略，藉以供挥毫洒墨之一助云。光绪丁酉三月，蒙古松年于济南寄舍。"这段史料包含两个文化信息，一是，松年以画坛领袖自居强调《颐园论画》是其为"枕流画社"社员习画所作。二是《颐园论画》成书于光绪二十三年（1897）。

（三）《颐园论画》的艺术思想

《颐园论画》是松年的美术理论著作，从形式上看是随笔所录，不分章节，对山水、人物、花卉、鸟兽等绘画技法都有阐述。从内容上看，则反映了松年的艺术思想。

其一，"画学""画才""画品"。

"画学"是指从事绘画所拥有的基本学问，如熟读古今名作，拥有完善的知识结构，熟练的基本技法技能，包括辨别笔墨纸张优劣等基本功力。松年在《颐园论画》中对画学基本技法的内容进行了总结，一再强调基本功的训练，不可能一蹴而就。基于这个认识，他主张学绘画要"专精一门，再学一门，若得陇望蜀，半生不能成就，止于一半火候"。若贪多求杂，则会一事无成。

"画学"只是具备了创作作品的基本能力，但要想创作真正上乘的作品，

尚需拥有"画才"。他说："临摹古
人名迹，固可长我知识，即式逼肖乱
真，不过画学纯粹，尚非画才也。"
何谓"画才"？他说："吾辈处世，
不可一事有我，惟作书画，必须处处
有我。我者何？独成一家之谓耳。此
等境界，全在有才。才者何？卓识高
见，直超古人之上，别创一格也。如
此方谓之画才。譬如古人画山作劈麻
皴，我能少变，更胜古人之板板，苔
点不能松活苍茫，我能笔笔灵动，此
即善变之征验，种种见景生情，千变
万化，如此皆画才也。"如果仅仅具
有画学、画才，而没有画品，依然不
能创作出上乘的作品。

"画品"即作品的品格与品位。
立意高远，誉善贬恶，避免俗艳怪
丑。松年强调，画品清高的前提是人
品，他说："画品清高，首重人品，
品节既优，不但人人重其笔墨，更钦
仰其人。"反对"倚清高之艺，为恶
赖之行"。先有人品，才有画品，人
品会在作品中流露出来，只有人格高
尚，才能画出意境深远的佳作。如果
一个画家的人品有问题，画技再高也是枉然。

[清] 松年绘《山水图轴》

其二，继承与创新。善于继承前人的优良传统，并能转化创新，学古人
之长，去古人之短，才能技艺日进，逐步提高。继承前人是从仿摹古人开始

的，这也是学画者的基本功。当时初学画者，多摹《芥子园画谱》。松年认为"近所传之《芥子园画谱》议论确当无疵，初学足可矜式"。松年对古人的学习体现在各个方面。他曾到山东嘉祥武梁祠游历，他说："观汉人武梁祠所画人物，草草而成，不尚修饰，而神全气足，更胜于今日之弄粉调脂，以炫华丽也。"对古人的学习，强调的是继承，但绘画技艺的提升在于创新，《颐园论画》的主要内容是论述各种绘画的技法技能，对山水、人物、花卉、鸟兽等绘画技法都有阐述，皆立论精当，见解独到，其中不乏创新。

其三，对西方画法认识的局限。《颐园论画》不仅仅是讲授绘画技艺技能的著作，其中也蕴含着松年的艺术观和人生观。松年所处的时代，西洋画已传入中国并对中国画界产生了巨大影响。由于时代的局限，松年对西洋画的态度是消极的，他说："昨与友人谈画理，人多菲薄西洋画为匠艺之作。愚谓洋法不但不必学，亦不能学，只可不学为愈。"

松年在排斥西洋画的同时，对中国画却推崇备至。他说："古人工细之作，虽不似洋法，亦系纤细无遗，皴染面面俱到，何尝草草而成。戴嵩画百牛，各有形态神气，非板板百牛堆在纸上。牛傍有牧童，近童之牛眼中，尚有童子面孔。可谓工细到极处矣。西洋尚不到此境界，谁谓中国画不求工细耶！"

松年晚年，曾受聘于山东大学堂师范馆。在清末废八股、兴学堂的风气下，图画课成为新式学堂的一种艺术教育形式。清末大臣张百颐、张之洞在《奏定学堂章程》中，都提出学堂要设图画课。在这种情况下，学堂急需美术教员。光绪二十八年（1902）松年出版了写生集《文美斋颐园百种笺》，大约也是在这个时间段，松年被聘为山东大学堂教习。松年是当时济南的文化名人，"名满齐鲁，几乎妇孺皆知"（俞剑华：《颐园论画·跋》，见《中国画论类编》，人民美术出版社，2016年版），在山东美术界具有相当影响的人物，山东大学堂聘其为教习也合乎实际和情理。

光绪三十四年（1908），松年在济南寓所去世。

（郑立娟）

八、 文化交汇： 山东大学堂与齐鲁大学的创建

19 世纪末，山东的高等教育逐渐走上了近代化的征途。先是在沿海的登州由传教士建立了山东最早的教会学校——登州文会馆。清末"新政"思想指导下，山东响应清廷办"洋学堂"的政策，在济南创办了山东省最早的官办高等学校——山东大学堂。后来，教会学校与山东的本土学校融合，产生了兼具二者优势的齐鲁大学。在文化教育方面，山东成功地完成了由传统书院教育到教会教育到新式学堂教育再到近代教育的转化。

（一） 山东大学堂： 山东省最早的官办高等学校

19 世纪末，在清末洋务派的倡议下，清廷开始仿照资本主义国家兴办"洋学堂"。光绪二十四年（1898），北京创办了京师大学堂。后来，维新变法失败，"废科举、兴学堂"的潮流却不可遏制。

光绪二十七年（1901），慈禧太后发布实行"变法"上谕，决定全国各地书院分别改为大中小学堂，光绪皇帝下谕称："除京师已设大学堂，应行切实整顿外，著各省所有书院，于省城均改设大学堂，各府及直隶州均改设中学堂，各州县均改设小学堂，并多设蒙养学堂。"

清政府有关书院改学堂的诏书发布后，山东巡抚袁世凯在通饬各府、州、

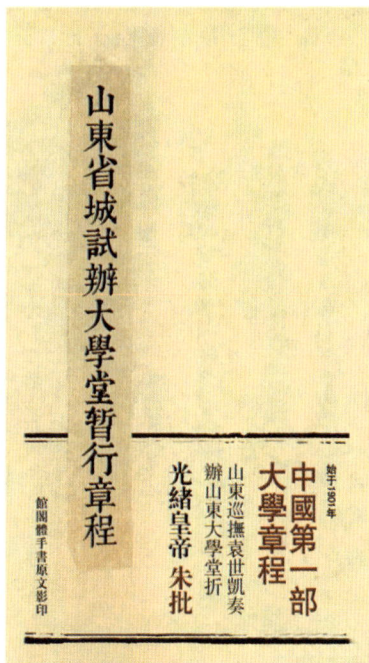

山东大学堂章程

443

县遵诏举办中、小学堂的同时，将济南的泺源书院改设为大学堂，并组织有关人员起草了《山东省城试办大学堂暂行章程》。《山东省城试办大学堂暂行章程》共分四章96节，包括了学堂办法、学堂条规、学堂课程及学堂经费等诸多内容，对如何创办大学堂做出了详尽的规定。因其创办时间较早，遂成为各省设立该类学校的范本。

在学堂办法方面，由于当时中小学堂均未举办，大学堂也因此不可能有合格的生源，袁世凯遂决定将大学堂分为备斋、正斋、专斋逐次递升的三个阶段。备斋相当于小学堂，"习浅近各学"；正斋相当于中学堂，"习普通学"；专斋是正式的大学堂，"习专门学"。因专斋只能在备斋、正斋培养出合格人才后才能举办，所以当时山东大学堂暂不设专斋。为保证学生自幼打下中学的根基，袁世凯认为，在备斋之外，还须另设蒙养学堂，招收7岁儿童，用8年的时间"专令讲读经史，并授以简易天文、地舆、算术，毕业后选入备斋"。

在学堂学制与课程方面，备斋学制为2年，学习的课程包括中国经史掌故、外国语言文学、史志、算术、舆地等。正斋学制为4年，学习的课程分为政学与艺学两门课程，其中政学又分为中国经学、中外史学、中外治法学等三种；艺学分为八科，包括算学、天文学、地质学、测量学、格物学、化学、生物学、译学。专斋的学制为2至4年，设中国经学、中外史学、中外

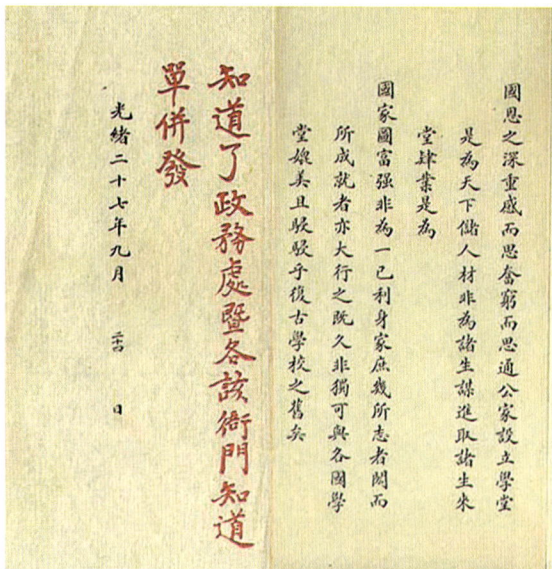

1901年山东巡抚袁世凯上奏《山东试办大学堂暂行章程折稿》及光绪朱批

山东大学堂开学校教职学员合影（1903 年）

政治学、方言学、商学、工学、矿学、农学、测绘学、医学，共 10 个学科，要求学生择一学科为主业，以具专长。《章程》还规定各斋学生必须把功课成绩每日记入日记，并在课余作中西文字，练习体操等，在每年春秋两季举行季考。

光绪二十七年（1901）10 月，应山东巡抚袁世凯邀请，登州文会馆第二任校长赫士率领文会馆美籍教习 4 人、早期毕业生教习 9 人、新毕业生 8 人、汉文教习 2 人来到省会济南，按照登州文会馆的模式，仅用一个月时间就创办起山东大学堂。学堂一切新学的教授章程均出自赫士的安排，使用的教材和各项制度部分也仿照文会馆而制。11 月，经光绪帝批准，山东大学堂正式开学，学堂地址为济南泺源书院内。第一批招收学生 300 人。第一任总办（校长）为北国工业巨子周学熙（另一说为袁世凯的智囊唐绍仪）。延聘登州文会馆馆主赫士为总教习。另外，聘请中西教习 50 余人，后增至 110 多人。

445

光绪三十年（1904），
按照《奏定学堂章程》的
规定，山东大学堂更名为
山东高等学堂。同年年底，
迁到城西杆石桥外的新校
址（今山东省实验中学）。
学生分为正科一、二、三
类，学制三年。光绪三十
三年（1906），将原来的正
斋、备斋改成预科。宣统
二年（1910），增设附属中
学。宣统三年（1911），又
改称山东高等学校。

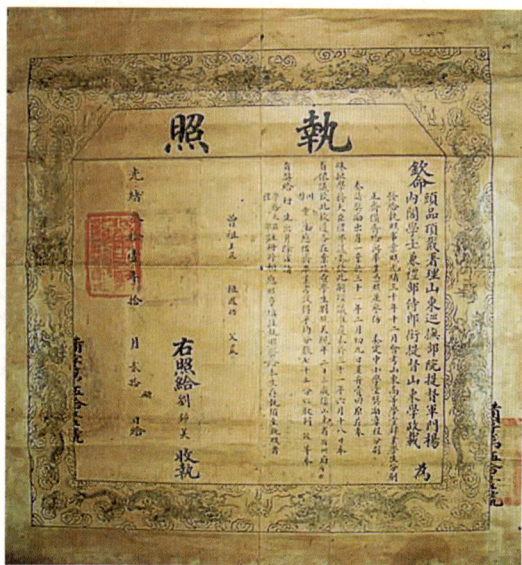

山东高等学堂毕业执照（1905 年）

民国成立后，军阀混战造成经费枯竭，故国民政府在全国设立大学区，
各区中心城市设大学，各省设专门学校。山东隶属中心城市北平，大学堂按
章在裁撤之列。1914 年，山东大学堂停办，师生分别转入工业、农业、矿
业、商业、政法、医学六所专门学校。

山东大学堂是中国受西方文化影响在山东兴建的第一所高等学府。从山
东大学堂的设立开始，山东的学校教育已经发生了根本性的变化——由围绕
科举考试运转的传统教育向培养社会发展所需要的各类人才的新式教育转
变。在山东大学堂长达 14 年的办学过程中，共培养了 770 多名具有现代科
学知识的人才，并选送了 59 名留学生。山东大学堂在办学过程中取得丰硕
的成果，为山东近代教育的建立做出了可贵的探索。

（二）齐鲁大学：教会教育与山东本土教育的结合

19 世纪，传教士为传教之便在山东广建教会学校。除了在沿海的登州
建立的文会馆外，教会还深入内地办学。光绪元年（1875），英国浸礼会将

传教基地从烟台迁到青州，于光绪十年（1884）在青州创办了一所广德书院。义和团运动之后，传教士在山东的势力备受打击，登州文会馆也遭受严重破坏，校址由登州搬迁至潍县，这也就推动了英国浸礼会和美国北长老会的合作办学。光绪二十八年（1902），双方在青州开会，通过了合办"山东基督教共和大学"的决议，将登州文会馆与广德学堂合并为共和大学的文理科，取两校名的头一个字，起名为广文学堂（齐鲁大学文理院前身），设校潍县。此外，青州郭罗神学培真书院与各地神学班合并，成立共和神道学堂（齐鲁大学神学科前身），于青州开办；青州医学班与济南医学班合并成立济南共和医道学堂（齐鲁大学医学院前身），设校济南。1917年，潍县广文学堂与青州神学院合并迁到济南，并入济南共和医道学堂，结束了光绪三十年（1904）以来"四科三地"的鼎足局面。为适应学校扩充需要，在当时济南市南关"新建门"外，新建校舍，易名"齐鲁大学"，对外和在教会内部仍称山东基督教共和大学。

1917年9月，齐鲁大学正式开学，设文理学院、医学院、神学院，文理科为四年制、医科为七年制，共有学生277名，教工53人，其中外籍教职员工36名。在学科设置上，学校除原有的文理科、医科、神科外，又逐步增设社会教育科（即广智院）、天文科、农科和国学研究所等。在教学模式

民国时期齐鲁大学校园俯瞰

齐鲁大学大门

和课程安排上，齐鲁大学采用了西方的模式，宗教氛围很浓，行政大权掌握在洋教士手中，学生也以教徒为主。其实，无论是齐鲁大学还是其前身登州文会馆，都是由教会拨款、传教士自行建立管理的学校。直至1924年，齐鲁大学在加拿大注册，获得加拿大政府颁发的执照，并被授予"与中国法律相一致的文凭和学位"。

　　1919年，五四运动爆发，国内青年知识分子的民族主义情绪日趋高涨，反基督教运动愈演愈烈。1928年，济南发生五三惨案，进一步激发了齐鲁大学学生和中国教职工的反帝情绪，学校连续爆发罢课和罢工，办学一度处于停顿状态。在齐鲁大学学生持续不断的反对教会奴化教育、要求收回教育主权的学潮运动催化下，齐鲁大学进行了改革。学校逐步淡化宗教色彩，将神学分离出学校独立建院，1925年校内各"科"统一升格为"学院"。1930年，聘请孔祥熙任齐鲁大学董事长兼名誉校长，改礼拜堂为大礼堂。一系列

1924 年 12 月，齐鲁大学师生送别 Balme 校长

的改革，使不入教的师生数量大为增加。1931 年 12 月，学校在南京政府教育部备案，名义上受到南京国民政府的管辖。这一时期，国内许多知名学者，如老舍、钱穆、顾颉刚、栾调甫、马彦祥、吴金鼎、胡厚宣等学术名家先后在此执教，号称"华北第一学府"，和燕京大学并称"南齐北燕"。学校以医学院实力最强，有"北协和、南湘雅、东齐鲁、西华西"之称。

抗日战争时期，学校除留有少部分员工留守济南外，全部迁至成都。1938 年在成都华西坝借华西协和大学的部分校舍复校开课。1941 年 12 月，太平洋战争爆发，日军进入齐鲁大学，外籍教工被押往潍县乐道院关押，其他人解散，学校教学设施遭到严重破坏。1945 年抗战胜利，10 月 1 日，齐鲁大学在济南复课。

新中国成立后，齐鲁大学归人民政府管理。1952 年的全国院系调整中，

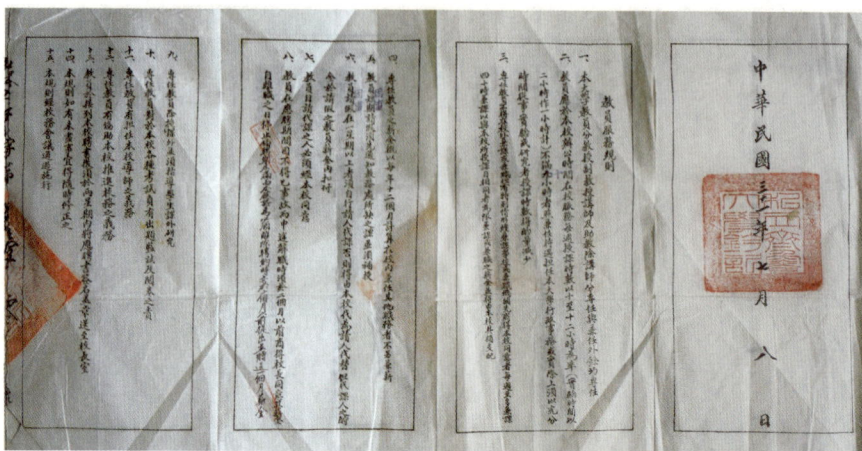

1942 年齐鲁大学《教员服务规则》

齐鲁大学解体裁撤，各个专业学科并入其他院校，原医学院得到保留，更名为山东医学院，使用原齐鲁大学校址；文学院文史专业并入山东大学；物理、化学和生物三个专业并入山东师范学院；农学专业并入山东农业学院；广智院则划归山东省博物馆。至此，齐鲁大学作为独立的大学正式消失。

（郑立娟）

从 1919 年五四运动到 1949 年中华人民共和国成立，历史发展的主线是中国共产党诞生并引领中国人民实现了民族解放和国家独立。这一时期的济南有以下几个方面值得注意。

其一，济南是共产党组织创立最早的地区之一。五四运动的洗礼和马克思主义的传播，为共产党早期组织在济南的创建奠定了基础。"山东问题"是五四运动的导火线，作为山东省会的济南，自然比其他地方的参入程度要高得多。济南"各地各界，同心同德，思来日之大难，惧山河之不复，系千钧之一发，合众志以成城"，以满腔热血，投入到斗争中去。在五四运动推动下，宣传新思想、介绍新文化，推动了马克思主义在山东的传播，从而使济南成为共产党组织创立最早的地区之一。中共一大代表中济南占据其

二，充分说明了济南在共产党早期组织创建时期的地位和作用。

其二，政权更替频繁，社会各层受到严重摧残。短短 30 年内，济南经历了"北洋政府时期""日本侵略者及其傀儡政权""国民政府时期""日伪统治时期""国民政府时期""人民民主政府时期"六次政权更替。其中，济南两度被日军占领。1928 年"五三惨案"发生后，日军占领济南，制定了一系列统治措施并实行恐怖的特务统治，利用"维持会"等傀儡机构压榨济南人民，济南的社会经济发展基本处于停滞状态。1937 年抗日战争爆发后，济南再度被日军占领，日军垄断了济南的经济命脉，济南市民受尽摧残和蹂躏。在国难当头之际，中共山东地方组织毅然担负起领导山东人民抗日的重任，济南的共产党人奔赴各地组织抗日武装起义。同时在济南周边地区建立抗日根据地与城市地下斗争相结合，其中以长清县大峰山抗日根据地最为突出，长清县被中共泰安地委授予"抗日模范县"称号。

其三，济南地区对中国人民的解放战争做出了巨大贡献。莱芜战役是大规模运动战的典范，成功打破了国民党军对山东解放区的重点进攻。济南战役，则拉开了全国解放战争战略决战的序幕。济南是关内解放的第一个大城市，共产党成功接管济南，成为中国共产党管理大城市的试验田，为党的工作重心由农村转向城市、工作重点从武装斗争转向和平建设，提供了有价值的经验和样板。

一、 觉醒时代： 五四运动在济南

1919 年，巴黎和会将德国从山东夺取的特权转让给日本，中国收回过去为帝国主义侵夺主权的愿望化为泡影。山东主权问题交涉的失败，成为五四运动爆发的导火线，而济南则成为五四运动中发起时间最早、持续时间最长、参与范围最广、斗争最激烈的城市之一。济南人民同全国人民一道，高举"外争国权，内惩国贼"的鲜明旗帜，同帝国主义及北洋政府展开了坚决的斗争。

（一） 五四运动前济南民众的爱国斗争

1918 年 11 月，历时 4 年之久的第一次世界大战，以协约国战胜德、奥同盟国而告终。中国作为参战的战胜国之一，期待利用这一时机收回战败国德国在山东的权益。尤其是山东人，长期、直接处于德国的压迫之下，故而收回山东主权的心情尤为迫切。当月 28 日，在全国各地庆祝协约国大胜之时，山东省会济南也举行了大规模的庆祝游行活动。

1919 年 1 月 18 日，协约国在法国召开"巴黎和会"，中国以战胜国的身份参加了此次和会。山东各界公推孔祥柯、许宗祥两名代表赴巴黎，向和会及中国专使恳陈山东民意。但是中国专使在会上提出收回山东主权的合理提案，却遭到悍然否决，德国在山东的所有权益被转让给日本。中国专使虽极力抗争，却毫无成果。

当中国外交失利的消息传回国内后，济南人民怒不可遏，首先起来抗争。4 月 5 日，驻济南的山东省教育会、工会、农会、商会等团体联名致电出席巴黎和会的中国专使："此事关系中国存亡，务望力主取消，勿使千载一时之机，败坏于一二宵人之手"。（山东省地方史志编纂委员会：《山东省志·农民团体志》）同时，致电英、美、法、意四国代表，要求他们主持正

453

义。20 日，济南各界人民在演武厅举行了国民请愿大会，致电北京政府，一致要求收回主权，惩办国贼。大会又向出席巴黎和会的中国专使致电："我国军阀及二三奸人阴谋卖国，示意退让……是陷山东没世不复之惨。""务请俯准舆情，勿惑奸计，据理力争，必达目的，恢复我国主权，维持东亚和平。"（胡汶本、田克深：《五四运动在山东资料选辑》）种种举措，强烈反映了山东人民的企盼。30 日，英、法、美三国对山东问题做出最后裁决，同意将德国在山东的一切权益转让给日本。至此，中国在山东问题上的交涉彻底失败。面对危局，一场革命风暴随即来临。

（二） 五四运动中济南各学校的罢课大潮

1919 年 5 月 4 日，震惊中外的五四运动爆发了，全国各地的学生纷纷响应。济南是最先参与到这一爱国运动中的城市。在"五四"前夕，济南的爱国知识分子就组织大批学生到北京奔走呼吁，并参加了轰轰烈烈的示威游行。当五四运动在北京爆发后，济南人民也迅速投入到这一革命的洪流中。

5 月 7 日，济南 62 个团体三万五千余人在省议会举行了以学生为主的"山东国耻纪念大会"，与会人员群情激昂，各抒己见。省立一师学生张兴三演讲时，慷慨激昂，当场咬破中指，血书"良心救国"四个大字。另有学生提出罢学、罢市的主张。当晚，济南 21 所中等以上学校学生代表议决：电请北京政府释放被捕学生，严办曹汝霖、章宗祥、陆宗舆，并于两日内答复，否则一律罢课。5 月 9 日，省立女师决定以"五月七日，我国之耻，誓死必雪，勿懈厥志" 16 个字为朝会时师生诵词，各校闻知，相继效仿。

5 月 10 日，济南各校学生不顾反动当局的阻拦，举行了有一万三千余人参加的全体学生联合大会。会上有学生代表讲了话，要求释放北京被捕学生，惩办卖国贼，在巴黎和会拒绝签字。公推张文英等六人为代表，面见督军、省长，促其致电北京政府，并发给军械，实行军训，以备外交破裂，全体学生愿作前驱。随后，与会学生又冒雨分赴各街游行演说，每人手持小旗，上书"驱除蟊贼""还我河山""收回青岛"等字样。游行队伍冲破了军警的阻拦，沿途高呼口号，发表演讲。群情激昂，人心振奋。随着爱国运动的深入发展，5月12日，各校派出代表成立了"济南学生联合会"，推选工业专科学校学生张文英为会长，并由各校代表组成评议会、干事部。从此济南的学生运动有了统一的组织。

5月20日，北京学生联合会发表罢课宣言，开始联合罢课。山东学生迅速响应，5月23日，济南中等以

《每周评论》上关于山东问题的报道

上各学校学生宣布一律罢课，并发表了罢课宣言书。宣言书说："青岛问题将归失败，政府并非诚意拒绝；……揣其用意，不过欲卖我山东，媚外以自固而已。……学生等对于此等政府，殊深觖望。……倘政府率予签字，学生等惟有始终坚持，作孤注一掷，铤而走险，急不暇择。"（胡汶本，田克深：《五四运动在山东资料选辑》）同日，各校学生致电徐世昌，要求"大总统将外交问题决不签字作正式之表示"。（中国社会科学院近代史研究所《近代史资料》编译室主编：《五四爱国运动》下）

当时，不仅济南，山东全省各地的学生都普遍行动起来。从五月中旬到六月初，济宁、兖州、菏泽、烟台、蓬莱、临沂、泰安、聊城等地的学生也

纷纷游行集会，发表宣言，以示外争国权、内惩国贼之决心。

（三）"六三"后济南的罢市斗争

随着斗争的深入发展，北京政府在日本帝国主义的施压下，对学生使出了野蛮的镇压手段。6月3日，北京政府又一次无理拘捕各校上街讲演的大批学生。此消息传出后，震怒了全国各阶层民众。上海率先开展了罢工、罢课、罢市的三罢运动，掀起了全国性的三罢浪潮。

为了支援北京学生，响应上海义举，誓争山东主权，济南学生联合其他各界爱国群众，在"六三"以后也展开了更大规模的斗争。6月5日，上海罢市消息传到济南时，济南学生开始声援北京学生的斗争。6月9日上午，济南各界在省议会召开代表会，议决10日起全体罢市。

6月10日，济南罢市运动开始。这一天，政府当局得知罢市消息，即调派大批军警，荷枪巡逻，企图阻止罢市。但各校学生毫不畏惧，百十成群，分别到城关和商埠各地进行罢市宣传。面粉业工人率先响应，很快形成了送面工人不给日本人送面，送水工人不给日本人送水，车夫不拉日本人的局面。同时，济南商界开始大罢市，各商家均关门歇业。这次罢市活动得到济

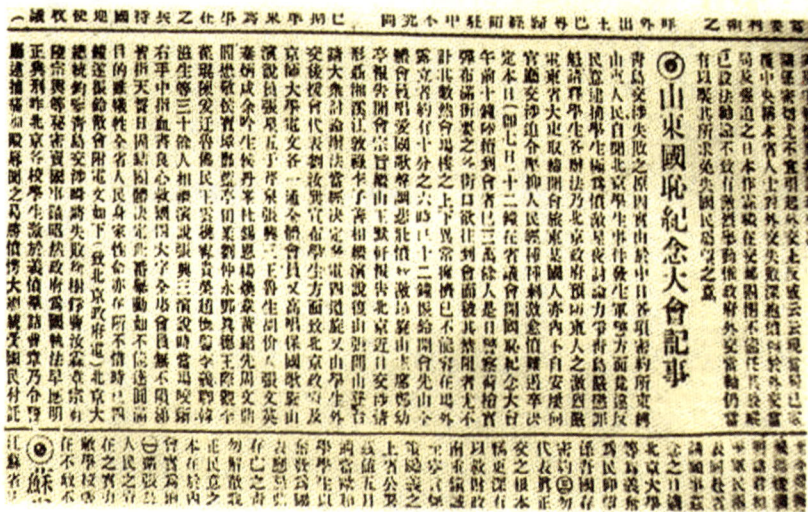

《申报》关于山东国耻纪念大会的报道

南各界人民的热烈响应。

6月11、12日，济南当局接到上海、天津等处电讯，获悉曹、章、陆已免职，上海、天津已开市。于是，6月13日，政府派军警数千沿街打门，迫令各商家开市，并派军警把守济南师范等校，不许学生外出。但许多学生仍冲破阻拦，走上街头，继续进行爱国宣传，支持持续罢市。广大市民对学生斗争给予广泛的支持，纷纷送来大批糕点、面包、饮料等，但学生为了表示斗争决心，没有一个吃的。学生和军警一直相持到深夜。经省议会议员张公制等出面调停，迫使警察厅长代表当局答应了学生提出的条件：（一）随便演说；（二）撤去师范学校军岗；（三）商人开市与否任其自由；（四）释放因坚持罢市而被捕的商人。并以张公制等作保，学生始散。6月15日，各商家因要求已遂，罢市宣告结束。

济南罢市斗争胜利后，为了力促北京政府拒绝在巴黎和约上签字，山东

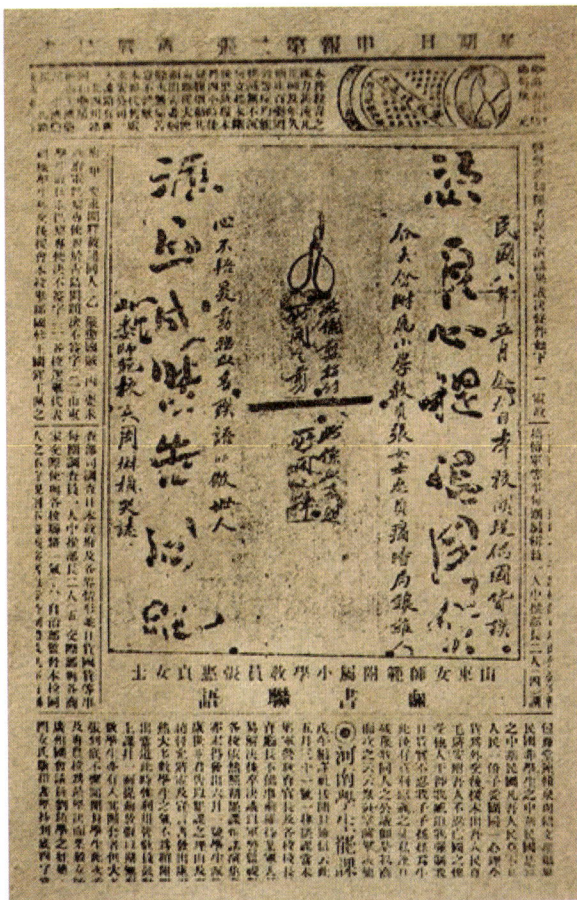

5月29日，省立女师附小教员张惠贞在济南女子学校联合大会上，血书"凭良心提倡国货，沥血诚泣告同胞"

省学生联合会又同山东省议会、教育会、农会、商会、报界联合会、律师公会七团体，连日在省议会开会，议决推出代表八十三人赴北京请愿。

6月19日，由85人组成的山东各界请愿团由济南乘火车北上，济南万余群众前往送行。20日，代表们前往总统府要求面见总统徐世昌，被军警拦阻，徐世昌拒不接见。28日，山东各界第二批请愿团到达北京，他们在总统府、国务院门前进行静坐、绝食抗争，并通电全国请求援助。在全国人民的巨大压力下，6月28日，在凡尔赛宫举行的对德和约签字仪式上，中国代表拒绝出席并发表了拒签宣言。

7月后，英勇的济南人民更深入地展开了反对北京政府与日本"直接交涉"，妄图牺牲山东主权的斗争。7月25日，北京政府宣布济南戒严；8月5日，亲日卖国的戒严司令马良制造了"济南血案"，杀害了回族爱国领袖马云亭等3人。为取消戒严，惩办凶手，山东学生及各界人士又组成第三次赴京请愿团。在全国人民的支持下，经过百折不挠的斗争，迫使北京政府不得不对济南爱国运动的镇压有所收敛，也迫使北京政府放弃了与日"直接交涉"的打算。

至此，济南人民轰轰烈烈的爱国斗争、"三罢"运动、请愿拒约取得胜利，为挽救山东危亡、维护中国主权做出了巨大的贡献。

（郑立娟）

二、 齐鲁曙光：共产党早期组织在济南的创建

济南是国内共产党早期组织六个创建地之一，王尽美、邓恩铭作为济南共产党早期组织的代表出席了中共一大会议，为中国共产党的创建做出了重要贡献。中共济南地方组织在中共山东省委领导下，为了民族解放和国家独立，进行了艰苦卓绝的斗争，书写了辉煌的篇章。

（一） 济南共产党早期组织的创建

五四运动后，宣传新思想、研究马克思主义的社团和刊物在各地迅速建立和发展起来。

1919 年 10 月，王乐平在济南创办齐鲁通讯社及贩书部，经销全国各地出版的进步书刊。1920 年 9 月，贩书部扩建为齐鲁书社，以促进社会文化进步为宗旨，经销《共产党宣言》《资本论入门》等书籍和《新青年》《每周评论》《星期评论》等进步刊物。齐鲁书社成为济南乃至山东地区传播新文化的重要阵地。

1920 年夏秋之际，王尽美、邓恩铭等一部分进步学生在济南秘密成立了"康米尼斯特"（英文"共产主义"的音译）学会，这是济南第一个研究、宣传马克思主义的革命团体。11 月，康米尼斯特学会的会员王尽美、邓恩铭等人发起筹建励新学会，并创办《励新》半月刊，引导青年学习研究新文化、新思想。王尽美任《励新》半月刊编辑部主任，邓恩铭任学会庶务，会员发展到二三十人。励新学会前后存在一年多，为济南地区共产党早期组织的建立做了人才储备，在思想、组织、干部等方面奠定了坚实的基础。

1921 年春，中国共产党早期组织之一——济南共产党早期组织成立，主要成员有王尽美、邓恩铭、王翔千等人。济南共产党早期组织建立后，在积极宣传马克思主义的同时，以满腔的热情投入到工人运动中去，积极开展对

工人的宣传组织工作，并于1921年5月在《大东日报》副刊创办了《济南劳动周刊》，该刊办刊宗旨是"寻求光明，促进劳动者的觉悟"，办刊方针为"增进劳动者的知识""提高劳动者的地位""改善劳动者的生活"。该刊由王翔千任主编，王尽美、王复元等参加了办刊的工作。这是山东第一份工人报刊，也是中国共产党组织创建的最早的报刊之一，在济南、淄博等地工人中产生了广泛影响。为推动山东的工人运动发挥了巨大作用。

1921年6月，上海共产党早期组织发起召开中国共产党第一次全国代表大会，王尽美、邓恩铭作为济南共产党早期组织的代表参加了大会。"王尽美、邓恩铭代表济南的共产党早期组织参与了中国共产党的创建，这是济南人民的光荣和骄傲"（中共济南市委党史研究室编：《中共济南简史》），济南也成为了国内共产党早期组织的6个创建地之一。王尽美、邓恩铭参加党的一大，开阔了眼界，增强了信心。会后，王尽美、邓恩铭回到济南成立了马克思学说研究会，这是共产党组织领导的公开的学术团体，会址设在济南贡院墙根街山东教育会院内，公开挂牌吸收会员，逐渐发展到五六十人，同时，

王尽美照片 　　　　　　　邓恩铭照片

山东党组织根据中央局的通告，抓紧组织扩建党的地方组织，开展工会、妇女、共产主义宣传教育等工作，取得了很大的成绩。1922 年中

齐鲁书社经销的部分进步书刊

共二大召开时，济南党员已发展到 9 人。王尽美作为济南地区的中共二大代表，"参与制定了民主革命纲领。中共济南地方组织的革命斗争实践以及对中国社会和中国革命实际问题的探索，为党制定正确的民主革命纲领做出积极的贡献"。（中共济南市委党史研究室编：《中共济南简史》）不久，建立了中共济南地方支部（直属中央），王尽美任书记。同年 9 月 16 日，中国社会主义青年团济南地方团组织在济南大明湖的李公祠（今稼轩祠）正式建立。1923 年 10 月 6 日，在中共济南支部的基础上，成立了中共济南地方执行委员会，王尽美任书记。1923 年秋，中共济南地执委派人到淄川成立了中共洪山矿区支部。邓恩铭在青岛，王用章在淄博矿区，王复元在张店，延伯真等在寿光，庄龙甲在潍县发展了一批党员，建立起党支部。中共组织突破济南地区在全省各地陆续发展起来。

（二） 东流水 105 号

在中共山东党史上，济南市东流水街 105 号有着特别重要的意义。1925 至 1927 年，中共山东省委领导机关就设在东流水街 105 号的一座小楼上。从某种意义上讲，"东流水 105 号"成了早期中共山东领导机关的代名词。

中共山东省委领导机关的成立，是建党初期山东党组织发展的必然结

东流水街中共山东省委领导机关旧址

果。1925 年中共"四大"后，党中央派尹宽来济南巡视工作。尹宽与中共济南负责人王尽美商议，鉴于党组织已在山东各地发展起来，有必要成立一个统一的山东领导机构。于是同年 2 月在济南召开了由各地党组织代表参加的会议，成立了中共山东地方执行委员会（简称中共山东地执委），选举尹宽、王尽美、邓恩铭、王翔千、刘俊才为委员，尹宽任书记，作为全省党组织的领导机构。以"山东"命名的带有全省性的党的组织领导机构正式成立。

中共山东地方执行委员会下设组织部、宣传部、农工部、妇女部，负责日常工作。根据党章的规定，中共济南地执委自行撤销，基层党支部由新成立的中共山东地执委直接领导。

中共山东省领导机关成立后，在东流水街 105 号的这座小楼内秘密办公。中共"一大"代表、山东党组织的创始人王尽美和邓恩铭，当年经常在这里从事革命活动。山东早期共产党员鲁伯峻等人，曾在这里举行入党宣誓。1925年前后，中共中央派任弼时、邓中夏、关向应等来鲁视察工作，也曾在此居住。

根据中共"四大"通过的《中国共产党第二次修正章程》中"凡有党员三人以上均得成立一支部"的规定，中共济南地执委以工厂、学校、机关等单位组建基层支部。至1925年底，济南的基层党支部有：胶济铁路济南站、津浦铁路济南大槐树机厂、历城北郊（以鲁丰纱厂为主）等工厂支部，齐鲁大学、省立一师、省立一中、省立女师、济南正谊中学、山东公立工业专门学校、济南育英中学、省立一师北园分校、山东公立农业专门学校等学校支部。在中共山东地支委领导下，济南的共产党员分别被派往山东各地开展工作，并相继在当地建立了党团组织，为共产党在山东的发展壮大做出了更大的贡献。

1925年8月，尹宽调离中共山东地执委，邓恩铭接任地执委书记。1926年2月，张昆弟任中共山东地执委书记，9月调离，吴芳接任地执委书记。1926年10月，中共山东区执行委员会建立，济南党基层组织由山东区执委直接领导。

1927年4月，中国共产党第五次全国代表大会在武汉召开，山东区执行书记吴芳、执行委员邓恩铭出席了会议。根据中共中央政治局通过的新党章，中央决定建立中共山东省委，济南的基层组织由省委直接领导。

在今五龙潭公园内东流水街旧址立有一块大青石，上面刻有"东流水街旧址"几个大字。东流水街虽然已不复存在，东流水街105号，却永远存在山东人民的记忆里。

（三）山东第一个企业党支部：中共津浦铁路济南大槐树机厂支部

1925年春，经中共山东地方执行委员会批准，中共津浦铁路济南大槐树机厂支部（以下简称大槐树机厂支部）正式成立，由刘子久任临时支部书记，后由李广义接任。这是山东第一个企业党支部，在山东工人运动史上占

有重要地位。

津浦铁路济南大槐树机车工厂，始建于清宣统二年（1910），三年后正式投产，有工人近2000人，是当时济南规模最大的工厂。1921年夏，王尽美、邓恩铭、王荷波等人先后到工厂开展工人运动，培养了一批工运骨干，创办了山东第一个具有工会性质的工人组织——津浦铁路大槐树机厂工人俱乐部。在山东党组织的领导下，1922年6月18日，又成立了津浦铁路济南大槐树机厂工会，这是山东成立的第一个工会。工会成立时，工人们敲锣打鼓，热烈庆祝，并到大街上游行，高呼"劳工神圣""工会万岁"等口号，为后来党组织领导工人开展革命斗争创造了条件。

王尽美对济南大槐树机厂工会的成立十分重视，在他主编的《山东劳动周刊》创刊号上，发表了工会成立的消息和中国劳动组合书记部给工会的"祝词"。

济南大槐树机厂工会成立后，在中国共产党的领导下，积极开展工人罢工斗争。1923年2月7日，京汉铁路工人大罢工，江岸分会会长林祥谦、总工会法律顾问施洋被军警杀害。济南大槐树机厂工会接到中国劳动组合书记部的通知后，立即宣布举行同情罢工三天。

1924年，中共党组织派地下党员刘子久进厂领导工运工作，并向厂内共产党员李广义传达全国工人斗争形势和上级指示。通过工人运动，锻炼了工运骨干，并在斗争中秘密发展了薛英文、宋子元等14名工人参加了中国共产党，为党组织吸收了新鲜血液。

山东第一个产业工会——津浦铁路大槐树机厂工会旧址

1925 年，中国共产党第四次代表大会在上海举行，大会总结了国共合作一年来的经验，并决定在全国建立党组织，在这个大背景下，经中共山东地方执行委员会批准，正式成立了山东省第一个企业党支部——中共津浦铁路济南大槐树机厂支部。当时支部共有党员 16 名，他们组织秘密活动，发动工人为争取自由人权而斗争。

1925 年 5 月 15 日，上海日本纱厂资本家枪杀工人顾正红，工人举行罢工反抗。5 月 30 日，在中国共产党领导下，二千多名学生到公共租界游行，散发传单，租界巡捕向学生和市民开枪，酿成震惊中外的"五卅"惨案。6 月 10 日，济南大槐树机厂党支部组织募捐，支援上海工人罢工。

军阀张宗昌入鲁后，济南的经济受到极大影响与破坏，工人生活十分困苦。济南大槐树机厂支部发动工人进行反对军阀的斗争，遭到张宗昌的镇压。厂方以共产党在厂内煽动工人闹事为名，开除了 14 名共产党员及工会骨干分子，并下令解散工会，济南大槐树机厂的工人运动遇到极大的困难。1927 年大革命失败后，革命处于低潮，大槐树机厂支部仍然坚持领导工人进行了艰苦卓绝的斗争。

（郑立娟）

三、 鲁丰纱厂： 济南纺织业发展的缩影

鲁丰纱厂创建于 1915 年，于 1919 年投入生产，占地 230 亩，是济南第一家较大规模的机械化纺织厂，为济南纺织业的发展做出了开创性的贡献。

（一） 鲁丰纱厂发展概况

鲁丰纱厂创建前，济南地区的土布纺织业遍及城乡各地。但是到了近代，外国的洋纱大量涌入中国市场，济南本土的土布纺织业受到严重冲击。虽然一些织布作坊及织户也逐渐开始采用经过改良的铁机织布，质量有所提高，但是在机械化、现代化生产的洋纱面前，竞争力明显不足。据 1914 年出版的《济南指南》记载：直到民国初年，济南的纺纱业还远落后于织布业，各织染厂所用机纱全部为进口的洋纱，这使得织布业的利润大打折扣。（叶春墀著：《济南指南》，大东日报社，1914 年版）在这种形势下，引进国外先

鲁丰纱厂工人合影（20 世纪 20 年代）

进的织机、采用先进的纺织技术，成为时代的选择。

鲁丰纱厂创建时，正值第一次世界大战爆发。帝国主义列强忙于战争与争夺势力范围，暂时放松了对于中国的侵略，中国的民族工业得以有喘息的机会。康有为、张謇、梁启超等积极提倡实业救国的主张，许多工商业者积极筹备近代工业企业，一些军阀官僚也借机开办实业，发展资本主义经济。鲁丰纱厂就是在这一历史背景下创建起来的。

鲁丰纱厂是由山东实业司司长潘复、山东巡按使蔡儒楷以及泰武将军靳云鹏等共同发起创建的。纱厂虽属官办性质的企业，但是资金是官民合股，由发起人认购半数，其余半数由山东的各界官民摊派。厂址坐落于济南市北的林家桥，经过四年的修建，于1919年9月8日正式开机生产。初建时有纱锭16000枚（纱锭即纺纱机上用来把纤维捻成纱并绕成一定形状的部件，纺织厂的规模一般用纱锭来表示），由于生产效益较好，"复于十一年添购纱锭一万枚，名为第二厂，嗣后又添置两千锭。"（《山东实业厅工商报告》，山东省政府实业厅，1931年编印）厂内员工也随之扩增，共计1960人，其中"职员60人，男工530人，女工1370人（多数为童工）。每日可产纱47件左右，颇具规模"。（济南市天桥区政协学习文史委员会：《天桥文史资料》第3辑，1997年版）

从投入生产至1931年，是鲁丰纱厂发展的黄金时期，收益较好。但随着时间的推移，官办的弊端逐渐显露，管理不善、中饱私囊、侵吞民股、开支混乱等问题的出现使得纱厂难以为继。再加上机器没有及时更新换代，竞争力下降，企业资金缺乏，以至无法正常运转。1936年2月9日，鲁丰纱厂宣告破产倒闭。

鲁丰纱厂破产后，厂内几千名工人失业没有着落。于是工人们向政府请愿，要求纱厂复工，以维持生活。山东省政府主席韩复榘迫于工人的请愿活动，不得不为鲁丰纱厂谋求新的出路，其中还有一个重要原因就是担心鲁丰落入日本商人手中。韩复榘找到了成通纱厂总经理苗杏村，希望其能够接手鲁丰纱厂。1936年3月4日，苗杏村组织召开了董事会，研究接手鲁丰纱厂

的问题。经会议讨论决定，苗杏村代表成通与民生银行签订租赁合同，以每月3000元的租价，租下了鲁丰纱厂并随即投入生产。苗杏村承租鲁丰，虽重新注入资金，但是当时的纺织业并不景气，再加上管理不善，依旧是亏赔状态。后因韩复榘提出让苗杏村个人承租，苗杏村也不想放弃纱厂，于是在凑集到资金后，由苗杏村的侄子苗兰亭与民生银行签订了租赁贷款合同。从此，鲁丰纱厂改名为成大纱厂。（政协山东省文史资料委员会等编：《苗氏民族资本的兴起》，山东人民出版社，1988年版）

经过苗杏村的苦心经营，成大纱厂的收益逐渐增加。特别是生产的"凤仙牌"棉纱，在市场上成为畅销货。但是随着1937年"七·七"事变的爆发和玉符河决口，纱厂机器来不及转移，遂被大水淹没，损失极大。1937年12月27日，日军侵占济南，成大纱厂被日军占据，宣布实行军管。1942年3月，日军又转变方针，对纱厂取消军管，实行"中日合办"。虽说是合办，其实是军管的延续，中方在纱厂毫无决策权可言。纱厂生产的棉纱，也多被用来作为日军军需用品。纱厂的管理及生产完全是一种掠夺性质的经营方式。"直至日本投降时，原有纱锭208万枚，仅存8400余枚，细纱机能开动的只有二台。"（济南市天桥区政协学习文史委员会：《天桥文史资料》第3辑，1997年版）

1945年8月，日本宣布无条件投降，国民党当局进驻济南，实施对济南的接管。国民党政府成立成大纱厂监理委员会，并以成大购买鲁丰纱厂非法为由，派人接收了纱厂，改为"成大纺织厂"。虽然抗战胜利后纺织业得到一定程度的复苏，纱厂生产规模与产量有所增加。但是由于国民党接收大员存在变公为私、侵吞民股的情况，再加上内战爆发，战乱的环境限制了市场的发展，工厂实际处于停产的边缘。直至济南解放，纱厂才有了再生的机会，在人民政府的帮助与扶植之下，逐渐复苏发展，为纺织业的发展和国家的经济建设做出了贡献。

鲁丰纱厂作为济南第一家较大规模的机械化纺织厂，历经两次战争的摧残顽强地存活下来。它是济南纺织业发展的缩影，见证了济南纺织业坎坷的

济南第一家机器纺纱企业鲁丰纱厂厂门

发展历程。

（二）光荣的革命历史

鲁丰纱厂自创建初期就拥有着光荣的革命历史，带有深入骨髓的红色基因，为推动抗日战争与解放战争的胜利做出了重要贡献。

出席中国共产党第一次全国代表大会的王尽美与邓恩铭就曾深入鲁丰纱厂开展工作。此后在"五卅"惨案、"青沪惨案"发生后，党组织又派鲁伯峻、李子真、宋伯行等人进入纱厂，开展为受害者募捐的活动。在他们慷慨激昂的宣传之下，纱厂工人深受鼓舞与感动，开展了轰轰烈烈的募捐活动。据1925年7月21日上海《申报》报道："今日（九日）学生转新城兵工厂工人，鲁丰纱厂工人所捐之七百元汇沪，另留七百元救济本市工人。"由此可见，在党的领导下，这次募捐活动得到了工人们的踊跃支持，工人的思想觉悟有了一定的提高。鲁伯峻等人适时地发动工人，组织工人，于1925年6月25日举行全厂罢工，并成立济南纺织业的第一个工会。

469

鲁丰纱厂工会会址选在厂外的陈家楼（后迁址臧家屯），工会还创办了《工人周刊》，由鲁伯峻担任主编。同时，在这场罢工斗争中，鲁丰纱厂还成立了济南纺织业的第一所工人夜校，由共产党员鲁伯峻和李子真同志担任授课老师，负责讲授自编的《平民千字课》，一边教授工人们文化知识，一边启发工人们的阶级觉悟。例如："教育青年工人不要抽大烟，不要赌博，讲我们为什么组织工会，讲我们工人为什么受苦，什么是剥削等等的革命道理，鼓动工人起来和资本家斗争，争取八小时，要求涨工资，分红利，改善工作条件。"（济南市总工会调研室编：《济南工运史料》，1982 年版）在工会和夜校的双重教育启发之下，纱厂工人的阶级觉悟有很大提高，并在此次罢工斗争中取得了胜利。另外，鲁丰纱厂工会还与津浦铁路总工会筹备会、津浦铁路济南分会、理发业联合会等工会代表于 7 月 28 日共同发起成立济南临时总工会，推动了济南各行各业工会的建立与发展。

　　中共四大之后成立了中共山东地方执行委员会，并先后建立了一批基层党支部，其中就包括中共历城北郊党支部（以鲁丰纱厂为主）。在党支部的领导下，工厂工人逐渐认识到了资本家对工人的剥削与压迫，向厂方提出了改善工人工作生活条件的要求，如"女工产期工资照发、吃饭停车、改善车间通风条件等"，但是"厂方不仅不予答复，而且还变本加厉地迫害工人，相继开除怠工和怀孕女工。"（中共山东省委党史研究室编：《中共山东编年史》第 1 卷，山东人民出版社，2015 年版）为此，中共历城北郊支部与鲁丰纱厂工会携手领导纱厂 3000 余名工人进行大罢工，并提出："恢复被开除工人的工作；女工产期工资照发；工人因公死亡，厂方抚恤棺木；童工每星期六迟进厂两小时等项条件。"（济南市总工会调研室编：《济南工运史料》，1982 年版）工会组织了工人纠察队，来维护罢工秩序，保护工人的生命财产安全。

　　鲁丰纱厂的罢工斗争得到了全市工人及工会的声援支持，新城兵工厂和津浦铁路济南机厂等工会发表了《支持鲁丰纱厂罢工的宣言书》《告各界同胞书》等，还印发了大量传单揭露厂方的残暴行径。罢工斗争坚持了 7 天，厂方最终接受了工人们提出的条件，罢工取得了胜利。

鲁丰纱厂的罢工斗争，标志着济南工人运动进入到一个新的历史时期，打开了工人运动的新局面。但是罢工的胜利，引得资本家们强烈不满，复工后，他们对工人们蓄意打击报复，甚至勾结当局及军阀势力强行封闭了鲁丰纱厂工会，解散了工人夜校，查封了《工人周刊》，下令逮捕工人领袖鲁伯峻、宋伯行、李子真、朱锡庚等人，并开除了史得金、郭进祥等群众领袖及积极分子。在这种情形之下，纱厂工人运动进入低潮。

1927年蒋介石公开叛变革命，大肆逮捕共产党员，破坏共产党组织，5月，鲁丰纱厂支部遭敌破坏，致使共产党的发展进入隐蔽发展阶段，但是工人心中的革命种子却在不断地生根发芽壮大。

（盖志芳　陶俊凤）

四、 历下喋血： 济南 "五三惨案"

1928 年 4 月，当国民党军队第二次北伐进入山东，欲图北上统一中国之际，日本帝国主义为了维护和扩大其侵华利益，竟然不顾国际公法，悍然出兵山东，侵入济南，并于 5 月 3 日始，疯狂袭击中国军队，残害中国外交官员，屠戮中国居民，制造了举世震惊的济南 "五三惨案"。

（一） "五三惨案" 的发生

1928 年初，蒋介石集团南京国民政府为了 "统一" 大业，在美、英支持下，举行第二次北伐，攻打北洋军阀最后一支反动武装——以奉系军阀张作霖为首的安国军。随着北伐军的节节胜利，以日本帝国主义侵略势力作靠山的安国军副司令张宗昌退守济南。

早在 1927 年 5 月日本帝国主义为了实施侵吞满蒙、征服中国进而控制亚洲的新大陆政策第一次出兵山东。面对北伐的局面，日本决定再次出兵山东，阻挠北伐，并以保护侨民为名，派兵进驻济南、青岛及胶济铁路沿线，在许多路口修起防御工事，摆出临战架势。

1928 年 4 月底，北伐军进至济南附近，30 日对济南张宗昌守军发动了总攻。当夜，张宗昌率部退到黄河以北，并放火烧毁了黄河铁桥。5 月 1 日，北伐军共 4 万多人，开进济南。同日，蒋介石也到达济南，在旧督办公署设立总部。晚 10

日军炮击后济南城西门城楼之惨状

时，外交部长黄郛及战地政务委员会外交处长兼外交部山东特派交涉员蔡公时等也随军到达济南。

北伐军进入济南后，日本侵略军就到处挑衅。5月2日上午，日军又捉走了十几个北伐军宣传员；刺死了寻找住宿地的营长阮济民及十多个徒手的中国士兵。5月3日上午，日军突然向驻在商埠和外城的北伐军发动袭击，逮捕了一千七百余名北伐军官兵，其中七百多人惨遭杀害。3日晚9时左右，日军20余人借口交涉署前发现日军尸体，闯入交涉署，强行收缴武器，肆意搜掠文件，将办公室捣毁，并

蔡公时照片

将山东特派交涉员蔡公时及署内全体人员捆绑起来，残暴施虐。面对日军的暴行，蔡公时大义凛然，用日语抗议，日军大怒，竟野蛮地割去其耳鼻。在极度痛楚中，他仍大声怒斥敌人："日军决意杀害我们，惟此国耻，何时可雪？野兽们，中国人可杀不可辱！"日军又残忍地剜去蔡公时的舌头和眼睛，又把所有被缚人员的衣服剥光，恣意鞭打，百般凌辱，然后拉至院内用机枪扫射。蔡公时、张鸿渐、姚成义等17人惨遭虐杀。当晚11时，正值北伐军高级参谋熊式辉与日军第六师团参谋长黑田商议善后办法时，日军又放大炮五次，并派兵炸毁北伐军电台，守台官兵全部阵亡。对于日本帝国主义的残暴行为，蒋介石不但不命令其部队进行反抗，反而下令"忍辱负重，不准抵抗"，只想通过外交途径"和平解决"，致使大批中国军民惨遭杀害，这就是震惊中外的济南"五三惨案"。

5月4日，蒋介石派中方军事代表、高级参谋熊式辉与日军第六师团长

福田彦助、参谋长黑田周一在津浦铁路办事处会面谈判。日方提出三项停战条件：（一）济南商埠街道不许中国官兵通过；（二）胶济与津浦铁路不许中国运兵；（三）中国军队一律退离济南20里外。

蒋介石步步退让，令北伐军全部撤出商埠区，这进一步助长了日军的嚣张气焰，日军继续制造事端、扩大事态，不断增兵济南。5月8日，日军在炮火掩护下，向济南的普利门、麟祥门、柴家巷、迎仙桥一带发起猛烈攻击，中国守军退守内城。9日，日军以猛烈的炮火向内城各处轰击，战斗相持三天三夜。11日，国民党代理济南卫戍司令苏宗辙接到蒋介石密电，命令守军放弃济南。

北伐军放弃济南后，日军进城，烧杀淫掠、无恶不作，使济南百姓蒙受空前的浩劫。据"济南惨案外交后援会"事后初步调查：济南惨案中，中国军民死亡3945人，伤1537人；而据"济南惨案被难家属联合会"调查：中国军民死亡6123人，伤1700多人，财产损失2957万元。

（二）"济案"谈判

"五三惨案"后，由于国民政府屈辱退让的外交政策，"济案"一直悬而未决，在全国人民的强烈要求下，国民党当局与日军展开谈判。

1929年3月28日，国民政府外交部长王正廷和日本驻华公使芳泽谦吉分别代表两国政府在南京签订了中日解决济案协议书。协议书包括中日两国互换解决济案照会、议定书、声明书共四项内容。协议要点是：（一）中国保证日本人生命财产安全，日本自山东撤兵。（二）中日双方组织调查委员会，"实地调查"中日两国在济案中所受的损害。（三）双方对损害赔偿要采取宽大主义办理。一年来举国痛心不已的济南惨案，屡经谈判，至此草草收场。济南惨案中无辜惨遭屠杀的中国军民的生命及济南人民的无数财产，就被这样的一纸协议一笔勾销。

"五三惨案"交涉结束之后，日本参谋总长铃木庄六训令第三师团即行撤退驻鲁日军。31日，济南市民悬青天白日旗庆祝接收。表面上看，好像这次对日外交是获得了胜利，其实不然，因为日本军队的撤兵回国，只是履行了济案协定中的一部分，而其主要赔偿损失部分却没有履行。

（三）铭记国耻，怀念英烈

"五三惨案"初发之时，日军试图封锁消息，但美国《纽约时报》驻华首席记者哈雷特·阿班正在济南采访，他将此次采访写成报道。他在文章中写道："那个酷热的5月下午，济南让我见识了集体大屠杀，那些画面是全新的和震撼人心的；人类肉体被弹片撕碎；死者长时间得不到掩埋，尸体被弃于尘土或烂泥沟；更有成群的老鼠趁夜出没，把儿童的尸体咬得血肉模糊。""除了尸体外，街上见不到一个中国人，只有日军的巡逻车来来去去。一条条的街道上满是尘土，在热气炙烤下，静静伸向远处……房屋大多被毁坏了，只剩闩着的门，破碎的窗。房屋的余烬还在冒烟，里头却哪有生命的痕迹。商店几乎尽皆被毁，劫掠一空……我活着，就是要把这一真相告诉更多的人，尤其是那些至今不愿意承认战争罪行的日本右翼势力。"日军在"五三惨案"的暴行，传遍世界。

五三惨案时济南小北门一带被日军炸毁的城墙（采自1929年5月《东方杂志》）

"济南惨案"发
生后不久，国民政府
成立了"济南五三殉
难烈士纪念会"，由何
思源担任主席。1928
年5月12日，国民政
府对蔡公时等17名人
员明令褒扬，国民政
府要员纷纷题词。于

"五三惨案"纪念碑

右任题词："国侮侵凌，而公惨死，此耳此鼻，此仇此耻。呜呼泰山之下血
未止，公时同志不朽！"冯玉祥题词："誓雪国耻。"李宗仁题词："民族精
神，千古卓绝。"李烈钧称蔡公时为"外交史上第一人"。

　　1929年5月，国民党山东省政府在山东泰安岱庙竖一石碑，四棱锥体
形，上刻"济南五三惨案纪念碑"9个大字。在时任山东省教育厅长何思源
的提议下，当时山东省内各县几乎所有的公学都建立了关于"五三惨案"的
纪念碑，全国很多地区也都建立起"济南五三惨案纪念碑"，以提醒国人牢
记国耻。

　　1929年6月日军撤出济南后，为了铭记国耻，怀念英烈，济南民众
将在炮火中变成废墟的紧靠西城墙外的顺城街改称"五三街"。1932
年，在蔡公时遇难处附近即经四路小纬六路西侧修建了"五三惨案纪念
亭"，1937年七七事变后被拆除。1979年，五三街被拆除。1984年，
修建环城公园时，在五三街旧址建"五三纪念园"，并在原五三街遗址
中心竖立"五三惨案纪念碑"。

　　1995年9月2日，纪念世界反法西斯战争胜利50周年之际，济南人民
在五三街旧址重新修建了"五三惨案纪念碑"。纪念碑正面向东，是卧碑，
碑体上刻"济南惨案遗址"6字，正中是凸起的大理石台历，右页镌五三惨
案发生时间——1928年5月3日，左页镌《济南惨案纪略》（皆由当代书法

家武中奇书写）。墙面刻"国耻"浮雕，以纪实、象征、寓意相结合的手法，再现了济南惨案的场景；两侧雕宏钟，上勒"勿忘国耻""警钟长鸣"8 字。从 2000 年起，济南市把每年 5 月 3 日定为防空警报试鸣日，以此来纪念发生在济南的"五三惨案"。

1998 年"五三惨案"70 周年时，在"五三"济南惨案遗址不远处的护城河西岸，又重建了"五三惨案纪念亭"，亭额嵌"五月三日"巨字石刻。

2006 年 4 月 10 日，新加坡华侨陈嘉庚的后人，又将 1930 年铸造的蔡公时烈士铜像移交给济南民众，安放在济南趵突泉公园的"济南惨案纪念堂"（又称"五三堂"）内，与"五三惨案纪念亭""五三惨案纪念碑"隔河相望。

（郑立娟）

五、 山河作证： 济南抗战在山东抗战中的地位和作用

1937 年 7 月 7 日，卢沟桥事变，抗日战争全面爆发。在民族危亡的生死关头，济南爱国民众在共产党的领导下，万众一心，投入到全面抗战的洪流之中，用鲜血和生命谱写了抗击日本侵略者的不朽壮歌。中共济南地方组织全力推动全省抗日民族统一战线的形成，对开辟山东抗日根据地做出了特殊的贡献。济南周边抗日根据地军民的浴血奋战和济南地下工作者的对敌斗争，是山东抗战的重要组成部分，在山东抗战中发挥了重要作用，做出了重要贡献。

（一） 推动全省抗日民族统一战线的形成

全面抗战爆发的第二天，即 1937 年 7 月 8 日，中国共产党向全国发出通电，号召全国人民、军队和政府团结起来，筑成民族统一战线的坚固长城，抵抗日本侵略。7 月中旬，中共山东省委书记黎玉从延安返回济南，立即召集会议，传达党的苏区代表会议和白区工作会议精神，研究部署山东的抗战工作。根据中央和省委的指示，济南地区共产党员改变了土地革命战争时期秘密工作方式，重新和国民党统治区的各界人士广泛接触，组织和领导群众抗日救亡运动，在济南沦陷前积极推进全省抗日民族统一战线的形成与发展，打开了山东全民抗战的新局面。

1937 年 8 月间，中共华北联络局派张友渔到济南。他在先前由中共中央派出的红军将领张经武所做工作的基础上，对国民党山东省主席兼第三路军总指挥韩复榘进行统一战线工作。在张经武、张友渔和中共山东省委的努力下，共产党与韩复榘达成了三项协议：第一，释放在押政治犯。第二，成立第三路军政训处，由余心清任主任。中共各级组织派遣部分共产党员和进步

人士协助余心清工作。第三，开办第三路军政治工作人员训练班，培训动员民众抗日的干部。（中共山东省委党史研究室：《中共山东地方史》第一卷，山东人民出版社，1998年版）

1937年9月至11月间，国民党山东政府先后释放了包括前中共山东省工委和省委负责人张晔、李林、赵健民、张北华、程照轩等在内的约400余名中共党员干部。9月，在中共山东省委和中共山东联络局的推动和帮助下，国民党第三路军政训处开始筹办政治干部训练班，对抗日干部进行培训。政训班由韩复榘兼任主任，余心清任副主任，黄松龄（共产党员）任教务长，左派人士齐燕铭、陈北欧等为教员，张友渔、许德瑗（共产党员）等为教官。其中，政治教育部分完全由共产党员负责。中共山东省委、济南市委和"民先"山东省队部积极动员"民先"队员和爱国青年参加训练。训练班于10月1日正式开学，共办3期，培训1500余人。经过训练的干部陆续派往山东各地，从事组织敌后抗日工作。三项协议的实施，标志着山东暨济南地区抗日民族统一战线正式形成。

（二）奔赴全省各地发动抗日武装起义

全面抗日战争爆发后，在韩复榘率国民党十万大军溃逃之际，中共山东党组织毅然担负起组织山东人民抗战的重任。自全面抗战爆发到1938年6月，中共山东党组织成功地发动领导了大大小小数十起抗日武装起义，而参与领导起义、点燃山东抗日烽火的有很多是来自济南的共产党人。

1937年11月中旬，根据形势的发展，中共山东省委由济南转移到泰安，中共济南市委随省委撤到泰安后即行撤销。济南的大批共产党员响应中共中央北方局"脱下长衫，到游击队去"的号召，按照省委的要求，分赴全省各地，传达省委指示、恢复和发展党的组织，并与各地党组织共同发动和领导抗日武装起义。

11月，根据山东省委的指示，原中共济南市委书记赵健民回家乡鲁西北开展工作，重组鲁西北特委，并任特委书记。同一时期，山东省委组织部

长张霖之以及济南党员徐运北等人到聊城堂邑镇发展人民抗日武装。在不到一年的时间内，共产党直接领导的鲁西北人民抗日武装就发展到1万余人。

10月，济南市委代理书记于文彬受山东省委委派到达鲁北，与中共津南工委负责津浦路东工作的马振华取得联系，建立了冀鲁边区统一的党组织——中共鲁北特委，于文彬任书记，马振华任组织部长。于文彬是冀鲁边区党组织的创建者之一，为冀鲁边区党的建设和边区抗日根据地的开辟做出了重大贡献。

11月，济南市委书记白学光到鲁西南开辟工作，组建了鲁西南工委，白学光任工委书记。在鲁西南工委领导下，又建立了郓城中心县委，由高启云、梁仞千负责。鲁西南工委在湖西一带积极发展抗日武装，为湖西抗日根据地的建立打下了基础。

10月，山东省委派中共济南市委成员林一山及卢沟桥事变后获释的党员干部理琪赴胶东，在胶东临时工委的基础上重建胶东特委，理琪任书记。12月24日，胶东特委领导抗日武装在文登县天福山举行起义，成立了山东人民抗日救国军第三军。天福山起义标志着中国共产党独立领导胶东人民开展抗日武装斗争的开始，第三军的成立则标志着中国共产党独立领导的胶东第一支人民抗日武装的诞生，揭开了胶东武装抗日的序幕。

从10月起，山东省委先后派出狱不久的济南共产党人姚仲明及原济南市委委员赵明新到长山镇，以长山中学为立足点，在校长、爱国进步人士马耀南的支持下，开展抗日救亡活动。12月26日，领导发动了黑铁山起义，成立了山东人民抗日救国军第五军，姚仲明任政治委员、赵明新任政治部主任，为创立清河区抗日根据地创造了条件。

10月，山东省委派省委宣传部长、原济南市委书记林浩及原省委巡视员鹿省三来到淄博，主持建立了中共鲁东工委，鹿省三任书记。12月29日，鲁东工委领导了寿光县牛头镇起义，建立了鲁东抗日游击队第八支队。

山东省委和济南市委从济南撤至泰安后，于12月27日在泰安城南篦子店召开紧急会议，决定在徂徕山发动抗日武装起义。1938年1月1日，在徂徂徕山大寺举行抗日武装起义誓师大会，宣布成立八路军山东抗日游击队第四支队，红军干部洪涛任司令员，省委书记黎玉任政委，原济南市委书记林浩任政治部主任。徂徕山起义是山东境内影响最大的一次抗日武装起义。

抗战爆发初期，济南党组织的多位领导人，听从山东省委的召唤，奔赴鲁西北、鲁北、鲁西南、鲁东、鲁中等山东各地，动员群众，发展党组织，点燃抗日烽火，参与组织、发动了多次重要的抗日武装起义，为鲁西、清河、鲁中、湖西、胶东、冀鲁边抗日根据地的创建与发展做出了重要贡献。

（三） 配合山东其他根据地的对敌斗争

抗日战争期间，济南城区周边根据地军民浴血奋战，牵制了日军大量兵力，不仅解放了本地区，还直接配合了山东其他根据地的对敌斗争，为其他根据地的发展壮大提供了有力支持。1938年8月初，大峰山独立营在孝里以北下巴附近伏击日军取得胜利。鲁西党组织以《下巴街展开血战，手榴弹大显神威》为题发了捷报，称敌人死伤66人。1941年5月下旬，长清抗日十区队在十里雾村与"扫荡"黄河西部的日军独立第六混成旅团遭遇，战士们采取麻雀战术袭扰敌人，击毙日军少将旅团长土屋兵驻。这是泰西抗日军民击毙的日军最高指挥官，也是山东抗日军民击毙的4名日军将级军官之一。1941年1月，平阴县独立营在东阿城东北的亭山头出色地伏击了由东阿向济南运送物资的日军汽车队，炸毁汽车5辆，缴获了部分枪支弹药及军用物资。泰西专署和军分区召开祝捷大会予以表彰，并授予该营"战无不胜"的锦旗。抗战期间，济南城区周边根据地军民对敌作战约600余次，毙、伤、俘日伪军31000余人，以巨大牺牲消灭、牵制了日伪军大量兵力。

济南城区周边抗日根据地位于济南与泰安、菏泽、聊城、德州、淄博等地区之间，直接威胁着日军在山东驻守的中心城市济南，战略地位非常重要。又因与山东其他战略区紧紧相邻，有利于其与相邻友区互相配合作战。因此，济南城区周边抗日根据地在创建发展过程中得到八路军主力部队支持的同时，也经常配合邻近根据地及主力部队对敌斗争。1939年11月，日军

第三十二师团集中驻 11 个县的 2000 余兵力，分 8 路对泰山区进行冬季合击"扫荡"，企图打通章（丘）莱（芜）公路，合击泰山区根据地中心区莱芜雪野、抬头一带抗日武装力量和抗日民主政权。八路军山东人民抗日游击第四支队在章莱公路东西附近山区，展开了机动灵活的游击战。中共章丘县委、县政府动员民众支援、配合主力部队作战。四支队与敌激战 6 昼夜，粉碎了敌人的合击阴谋。1944 年 4 月，为协助渤海军区在济阳、惠民县边界一带建立一片较为巩固的根据地，济阳县大队与军分区独立大队配合往东发展，逐步开辟济阳东部抗日根据地。于 10 月份组建了三边县（济阳、商河、惠民）抗日民主政府，形成了一块巩固的根据地，使清河区、冀鲁边区两根据地连成了一片。与此同时，济南周边各根据地还向正规部队输送干部战士12000 余人。济南地方武装升级编为主力部队后基本上都离开了本地区，投入到山东其他根据地的对敌斗争，对其他根据地的发展做出了重大贡献。

（四）艰苦卓绝的城市地下工作

济南城区沦陷后，济南成为日本侵略者在山东的统治中心。在极度危险的情况下，中共山东分局以及济南周边的鲁西、鲁中、冀鲁边、冀鲁豫、清河、渤海等根据地党委，对济南做了不间断的派遣潜入工作，在市内建立了一个又一个党的组织和秘密情报站、联络点，艰难地开辟济南城区地下工作。济南地下党组织前赴后继，以巨大牺牲顽强地开展市内经济、政治、宣传等工作，不但直接打击了日本侵略者，也为山东其他战略区域提供了如情报、物资等多方面的支援。

向山东省军区和根据地提供重要情报是济南城市地下工作的重要任务之一。1943 年夏，山东军区情报处决定，在济南地区组建情报工作站。1945年，情报站为配合盟军对日作战，准确提供了空袭驻济日军战略目标的情报。为了切断日军的运输线，党组织需要一张济南火车站和济南铁路大厂的详图，并要求把重要的目标明确地标示出来。为完成这一任务，情报人员姜仲三打入铁路大厂，发动动力车间的技术员王印增绘图，王印增冒着生命危险绘制了济南火车站和铁路大厂详图。地图通过地下交通线，辗转送到了国民党空军手中。

为了破坏日军的生产，在日军直接控制的工厂里，济南地下党组织领导工人开展了怠工及"物归原主"的斗争。1942 年 8 月，中共清河区点线工作委员会派共产党员孙省三、潍北县各救会长宗泽打入济南铁路大厂。1944 年，鲁中工委地下工作干部张茂林打入济南仁丰纱厂。他们在工人中发动"物归原主"斗争，不仅是改善了工人生活，更重要的是破坏了敌人的生产，极大地影响了日本侵略者的军需生产，支持了山东及其他根据地的对敌斗争。

由于日伪的严密控制和封锁，山东抗日根据地的枪支、弹药、医疗器械等物资极度缺乏，把这些急需的物资运出城外送往根据地便成了对敌斗争的一项艰巨而又重要的任务。济南地下党组织在广大群众的支持下，一次又一次出色地完成了任务。1940 年后，山东抗日根据地被封锁的形势更加严峻。为了克服根据地面临的严重经济困难，中共泰山地委决定成立泰山专区贸易局，泰山地委派贸易局副局长房众夫打入济南开展贸易斗争。房众夫来济后通过关系，在大通棉栈内设"福盛恒"商号作为掩护。从敌占区外运军需民用物品，必须解决好运输问题。当时，莱芜、历城、章丘 3 县的山区有不少农户以驮脚谋生，房众夫与莱芜党组织联系组织了一支群众性的运输队，用土布、棉花、杂货等合法货物裹挟军用品运往根据地。当时军需品如电台上用的手摇马达、大号电池、异型灯泡等通讯器材，以及做手榴弹用的引火药和医药品等，都是藏在棉花包、杂货箱里才得以运出济南的。为了出卡子时躲过日本士兵和伪警的开包检查，房众夫等人想方设法买通了北坦警察所和守卡子的警察，从济南的北面出城，然后再绕道向南。这样坚持了 3 年，通过这条"输血"路线，打破了敌人对鲁中抗日根据地的经济封锁，保证了根据地部队的军需。

在日特遍布济南城区的情况下，济南地下党组织还努力完成上级党委部署的救治八路军伤员等工作。1945 年夏天，八路军与日军在白马山一带发生

了一场激战，有20多名干部战士身负重伤。由于根据地缺少必要的医疗条件，党组织指示湛寿春设法利用济南伪治安军医院的有利条件救治八路军的伤员。这样大规模的救治，很容易引起日特的注意，危险性很大。湛寿春谎称伤员是感染性坏疽病号，专门设"隔离病房"，吓走日特暗探。伤员在此得到及时救治，痊愈后被党的地下工作者秘密送出济南，前往根据地继续战斗。

纵观济南抗战的全过程，济南共产党人的积极作为推动了抗日民族统一战线在全省的形成，并对全省多处抗日根据地的创建发挥了重要作用。随着全省抗战形势的发展，济南爱国民众和打入市内的地下工作者在党的领导下，以其艰苦卓绝的对敌斗争为全省抗战的胜利做出了重要贡献，英勇的济南人民以辉煌的业绩在整个山东抗战史上写下了浓墨重彩的一笔。

（刘　浩）

六、 奎虚书藏： 日军投降与国民政府
对济南的 "接收"

中国人民抗日战争自局部抗战伊始，至全面抗战结束历时 14 年。中国人民秉持着"天下兴亡、匹夫有责"的爱国情怀，"视死如归、宁死不屈"的民族气节，"不畏强暴、血战到底"的英雄气概，"百折不挠、坚忍不拔"的必胜信念，与日本侵略者进行了艰苦卓绝的抗争，"牺牲之重，亘古未有"，最终获得了抗日战争的胜利。济南是受日本军国主义侵害最早、灾难最深的地区之一。早在 1914 年、1917 年日军就两次入侵济南，于 1928 年制造了震惊中外的"五三惨案"。日本投降对济南人民而言，意义尤为深刻。济南因其重要的战略交通位置，成为中日军队在山东地区争夺的主要地区，济南军民的抗战成为波澜壮阔的抗日战争中浓墨重彩的一笔。日本投降后，国民政府派李延年对济南等地区的日伪武装进行了"接收"。

（一） 抗战胜利， 日军投降

1945 年 8 月 10 日 19 时 50 分，曾一度拒绝投降的日本政府递交请降书，由瑞士、瑞典转达盟军，日本愿意接受《波茨坦宣言》之各项规定而投降，但要求保留天皇，仍为日本之元首。8 月 15 日晨，同盟军由瑞士政府通知，获悉日本天皇颁布敕令，公布日本无条件投降。

9 月 2 日上午，在停泊于日本东京湾的美军太平洋第三舰队"密苏里"号战舰上，举行了日本向所有交战国正式投降的签字仪式。9 时，日本外务大臣重光葵、日军参谋总长梅津美治郎，分别代表日本天皇与日本军队在投降书上签字。国民革命军陆军一级上将徐永昌与盟军最高司令麦克阿瑟及其他国家代表分别在受降书上签字。

9 月 9 日上午 9 时整，中国战区侵华日军投降签字仪式正式在南京黄埔

路陆军总司令部前进指挥所举行。国民政府代表中国陆军总司令何应钦将日军投降书递交日本国派遣军总司令官冈村宁次阅读并签字。

同日，蒋介石将中国战区划分为 16 个受降区，并任命受降长官，分别在各受降区接受日军投降。其中，济南地区的受降长官，由第十一战区副司令兼山东挺进军司令李延年担任。李延年指挥山东挺进军及第十二、九十七军，负责受降济南、青岛、德州等地的日军。日军的主要投降部队为集中于济南的第四十三军军部及独立第四十七师团、第九独立骑兵团、第十一独立骑兵团；集中于青岛的第四十三军所辖独立第五旅团、第十二警备队、独立第十一旅团及海军陆战队。日军主要投降代表为第四十三军军团长——细川忠康。（参见田昭林：《中国战争史》第 4 卷，江苏人民出版社，2019 年版）

1945 年 9 月 16 日，李延年派参谋长杨业孔等人赴济南设前进指挥所。因“山东地方情势特殊”，12 月 27 日才在济南的省立图书馆藏书阁——奎虚书藏楼举行受降仪式，是为中国所有受降区最晚。（参见《中央日报》，1945 年 12 月 27 日，第 2 版）正是在 1937 年的这一天，国民党军队撤离济南，日本军队开进济南城。如今，忍受 8 年沦陷灾难的济南人民终于扬眉吐气了。

（二）济南 “接收” 之准备

早在 1945 年 8 月 15 日日本无条件投降前的数月，山东省国民政府主席何思源便从皖北阜阳化装入鲁，到任就职。何思源由汪伪第四方面军张岚峰派人护送至济南，再由济南转至第十四区专员张景月的部队里。何思源到寿光后不久，日本便宣布投降，“这时张景月在寿光弥河西岸多年经营的根据地，已全部丧失，若不及时转移，势将陷于坐困之境”。（参见丁岚生：《何思源任山东省政府主席前后》，《山东文史资料选辑 第 26 辑》，山东人民出版社，1989 年版）所以对济南的“接收”成了省政府主席的首要任务。8 月 19 日，日本投降后的第四天，何思源在益都北乡苑上村，接见了日军代表藤田大佐。会见结束后，何思源便开始积极准备西进济南事宜。

由于济南尚处于日本控制之下，城中伪省长杨毓珣还“有阴谋活动”，所以何思源决定派张金铭和祝廷琳先到济南去，为其进入济南预作布置，设法消除障碍，铺平道路。与此同时，何思源任命翟毓蔚为济南城郊警备区司令，任迁夫为警备区参谋长，令他们立即组织司令部，以便指挥达到济南城郊的所有部队。

任迁夫联系到济南道尹宋介，向其传达何思源口谕，并告知其公署应归十二区专属接收。宋介则表示公署移交的问题已经早准备好，随时可以接收。随后任迁夫命令宋介向济南的日本山东驻屯军司令官转送公文。公文大意为日军如何集中投降与缴械等，并以何思源身份发出。任迁夫在接到宋介送来的日方回信后，便前往济南分别与日军代表和伪省长杨毓珣进行谈判。

与日本代表谈判后的第二天，任迁夫在保安司令部的保安第一总队队长李法传的带领下，又见到了伪省长杨毓珣。杨毓珣在谈判中表示：仙槎（何思源的字）兄与我在法国时相识，我现住的此房乃仙槎兄之私寓，我不日搬出，此房和家具原封不动，一并移交给仙槎兄。……有关部队改编问题，因

山东战区日军签降代表寒川吉溢

487

我与雨农（戴笠的字）有来往，已派人前去联系，并有电报到来，云：部队番号问题不日即可发表。其他一切，你们接收即可。（晋葆纯、李亚菲著：《济南古建筑轶事》，山东大学出版社，2014年版）值得注意的是，杨毓珣的部队后来被改编为先遣第一师，参加了解放战争。

济南地区在抗战时期属于中共山东抗日根据地的鲁中区，长期以来，山东八路军与各游击部队在此开展游击战争，在长期艰苦的抗日活动中，与济南人民形成了亲密的鱼水关系。济南地区的受降与接收，由中共中央山东分局和新成立的山东省政府进行是完全合理的。但国民政府制定了抢占山东的计划，将济南划为16个受降区之一。

何思源先行派往济南的张金铭和祝廷琳向其传来消息，表示日方同意接收事宜。随后何思源决定由胶济线的尧沟站乘车至张店，然后由日军派飞机到张店来接。而此时的八路军发现了何思源欲抢先接收济南的计划，遂在张店以西地区部署兵力，进行拦截，并进攻张店。何思源不得不改变原计划，与日军细川忠康重新商定，改由邹平步行至章丘，然后在章丘境内的郭店车站，等候日军派遣专列迎接。

但此时的八路军拦截部队，已经出现在了何思源前往郭店的途中。何思源为了摆脱八路军，只得听取张景月的智囊王念根的建议，采取声东击西的迂回战术，先于白天东去邹平，待至傍晚时分，出邹平东门向西南行军。待何思源抵达郭店时，日军士兵和专列已在等候。

何思源9月1日达济南后，几经辗转最终住到了自己在新东门外的原有私宅，随行人员住在新东门外齐鲁中学。随后，驻鲁日军司令细川忠康率员至何公馆拜会，并着手交涉"接收"事宜。

经过交涉，驻济日军同意何思源先行接受伪山东公署和伪济南政府机关。为更好地落实"接收"工作，何思源组织随行人员和已经到济南的省府人员，又吸收了一部分非省府人员，组成了接收班子，由省国民党党部委员许星园代理秘书长、省府秘书李仲勋代理秘书主任，负责接收伪省公署。由省府参议张金铭代理济南市市长，负责接收伪济南市政

奎虚书藏

府。9月10日，对上述单位正式进行接收。"对于敌伪企业，俟仍留阜阳的省府人员到济南后，再行接收"。（参见何芳艺《抗战胜利初何思源、李延年接收济南的经过见闻》，《临沂文史资料 第6辑》，政协山东省临沂市委员会文史资料研究委员会，1987年版）

作为重要交通枢纽城市的济南，沟通着津浦、胶济两条重要铁路，是当时中国交通网的重要一环。日本投降后，日伪均无心再战，对于基础设施的管控也逐渐松懈下来。在此情况下，国民政府在何思源对日本机关、单位进行接收时，国民政府派陈舜畊到济南接收津浦、胶济两铁路。派陈宝仓为第四兵站总监，代表军政部接收山东粮秣被服及一切军用物资。

省府人员随李延年来到济南后，何思源命省民政厅厅长刘道元负责组织了一个接收班子，接收了在济南的敌伪（包括日本、德国、意大利三国侨民及汉奸）的公有和私有企业。

（三）李延年对济南的 "接收"

抗战时期留在阜阳的山东省府人员由十一战区副长官兼山东省军事厅厅

489

长李延年率领，并统帅国民党四十六军陈金城部，从阜阳出发，经徐州北上入鲁。李延年到达济南后，在大明湖畔省立图书馆设立了十一战区副长官部，派臧元骏为济南警备司令，设立了济南警备司令部。

12月27日晨10时15分，李延年在其于省立图书馆奎虚书藏楼设立的副长官部举行了受降仪式，接受了日军驻山东司令细川忠康的投降，共用时15分钟。国民政府中央日报对受降过程进行报道：

山东区日联络官细川忠康中将廿七日上午十时十五分代表全体日军七万余人，向我受降主官李延年将军献出其佩刀。参与签降之日军官有细川忠康中将，师团长渡边洋中将，参谋长寒川吉大佐，副官长神保信彦中佐，参谋铃木一郎少佐。我方参与受降者为杨副总司令业孔，梁参谋长栋新，霍军长守义，廖军长运泽。典礼仪式简单严肃，进行共十五分钟。何主席思源及党政军各机关首长均出席观礼。李副长官入座后，细川忠康率领日本签降代表五人入场，李副长官当以济字第一号命令下达，当场签字，细川接受后，即签具受领书，然后解除其佩刀呈献受降主官，敬礼而退。其后李副长官作简

李延年主持受降典礼

短致辞，祝中华民国前途无疆。至十时十五分礼成。中午李副长官设宴招待全体参加人员，是日济南全城悬旗庆祝。(《中央日报》，1945 年 12 月 28 日)

接收济南后，李延年题"我武维扬"匾以作纪念。随后几天，所有在济南及其附近地区的日军，全部奉命缴械。李延年接收了日军所有留在济南的武器装备、军用仓库、物资。

自此，国民政府未费一兵一弹，仅在日军宣布投降后半个月，就占领了山东省的省会济南。何思源在收复济南这件事上可谓"居功至伟"，甚至在日后受到了蒋介石的接见。究其原因，不过是实现了蒋介石抢在日本投降前抢占济南的计划，为国民党以后争夺山东提供了资本。

（刘志鹏）

七、 莱芜战役： 大规模运动歼灭战的典范

莱芜战役是解放战争时期中国人民解放军华东野战军在山东莱芜地区对国民党军进行的大规模运动歼灭战。在陈毅、粟裕的指挥下，华东野战军以伤亡8千余人的代价，歼敌5.6万余人，连同南线及胶济路东段的作战，共歼敌7万余人，解放县城13座，使渤海、鲁中、胶东解放区连成一片。莱芜战役的胜利，对于扭转山东战局、粉碎国民党军队的重点进攻、加快解放战争的胜利进程，发挥了重大作用。

（一） 莱芜战役前的局势

1947年1月中旬，鲁南战役结束后，山东野战军和华中野战军合编为华东野战军，辖11个步兵纵队和1个特种兵纵队，其中大部主力集结于山东临沂地区，第11、12两个纵队位于苏中、苏北地区坚持敌后斗争。华东野战军如同一个"幽灵"，游弋在鲁南苏北一带，时刻威胁着国民党统治的核心区域。

当时，国民党军统帅部判断华东野战军经过宿北战役、鲁南战役，伤亡惨重，持续作战能力不足，遂决定发起"鲁南会战"。计划在陇海、胶济、津浦3条铁路线上和鲁西南地区，集中23个整编师（军）、53个旅，共31万兵力，企图消灭华东野战军主力，占领华东解放区。

在军事部署上，国民党军集中11个整编师（军）、30个旅（师）的兵力，以临沂、蒙阴为目标，南北对进，寻求与华东野战军在临沂地区决战。其中，南线以整编第19军军长欧震指挥8个整编师、21个旅为主要突击集团，由台儿庄、新安镇、城头一线分三路沿沂河、沭河向临沂进攻。北线以第二绥靖区副司令官李仙洲指挥的第46、第73、第12军为辅助突击集团，由淄川、博山、明水等地南下莱芜、新泰策应。另以8个整编师（军）担负

陇海、津浦、胶济铁路沿线守备任务；以4个整编师（军）集结于鲁西南地区，企图阻止晋冀鲁豫野战军东援和华东野战军西撤。蒋介石亲自到徐州部署督战，并委派参谋总长陈诚坐镇指挥。在重重敌军包围下，鲁南地区作为华东解放区的中心，形势危急。

1月31日，南线欧震集团采取"集中兵力、稳扎稳打、齐头并进、避免突出"的战法，各路密集靠拢，缓步向北推进。2月2日，北线李仙洲集团分两路南下，先头部队于1月4日占领莱芜。面对国民党军包围圈的收紧，2月4日，中央军委电示华东野战军："敌愈深进愈好，我愈打得迟愈好；只要你们不求急效，并准备于必要时放弃临沂，则此次我必能胜利。"华东野战军司令员兼政委陈毅、副司令员粟裕、副政委谭震林等根据中央军委指示和实际情况，决心放弃华东解放区首府临沂，诱敌深入，运动歼敌。

为了分散敌人的军事力量，诱使从新安镇进攻临沂的国民党军东援，创造歼敌战机，华东野战军首战目标确定为郝鹏举部。郝鹏举原为国民党军新编第六路军司令，1946年在共产党强大的政治、军事压力下，于台儿庄、枣庄率部2万余人起义，改编为中国民主联盟军，其任司令。但1947年1月，郝鹏举见蒋介石调兵遣将向解放区大举进攻，以为共产党大势已去，便又公然叛变，任国民党鲁南绥靖区司令长官兼第42集团军总司令。面对这一反叛军队，华东野战军命第2纵队于2月6日至7日向郝鹏举部所在地白塔埠（白塔埠现位于江苏省连云港市西约20公里，属东海县）发起攻击，一举歼灭郝鹏举部2个师，俘虏了郝鹏举。白塔埠战役的胜利对北线莱芜战役的胜利起了重要的作用。

华东野战军原以为此举会吸引欧震集团前来东援，以便寻机歼其一部。未料欧震集团不但没有东援，反而靠拢更加密集。面对这一棘手的局面，华东野战军果断改变作战方案：以第2、第3纵队在临沂以南正面部署，佯装主力，摆出要在南线与欧震集团决战的架势；同时布置地方武装在兖州以西运河上架桥，迷惑敌人，造成主力将西进的假象。而以第1、第4、第6、第7、第8纵队，于2月10日夜兵分三路隐蔽北移，并令原驻胶东、渤海地区

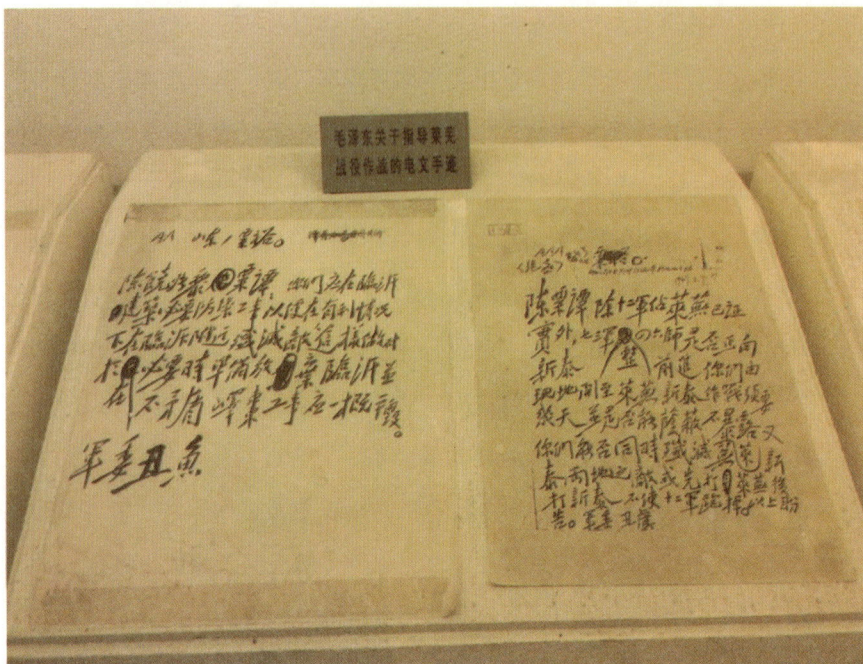

毛泽东关于指导莱芜战役作战的电文手迹

的第9、第10纵队南下参战，以集中优势兵力吃掉李仙洲部，保卫华东解放区的后方安全。莱芜战役，一触即发。

（二）莱芜战役的进程

华东野战军迷惑国民党的军事部署很快就有了成效。1947年2月15日，南线国民党军占领临沂。蒋介石、陈诚听信其部属谎报"在临沂外围歼灭共军16个旅"，并据空军侦察到人民解放军正在运河上架桥的情况，判断华东野战军放弃临沂是"伤亡惨重，不堪再战"，严令李仙洲集团加速南进，尽快实施南北夹击计划。此时国民党第46军（战前已整编为第46师，仍习惯称46军）已占领新泰、第73军已占领颜庄、第12军已占领莱芜和口镇。加之李仙洲集团南下莱芜，莱芜地区遂成为一个军事战略重心。面对这一战况，华东野战军决定立即转兵北上。部队冒着严寒，昼伏夜出，于2月19

日到达莱芜周边地区，并形成对莱芜城的战略合围。

此时，在济南遥控指挥的国民党军第二绥靖区司令官、山东省政府主席王耀武发觉华东野战军将要攻打新泰、莱芜的战略意图，当即命令第46军、第73军军部率领第193师自新泰、颜庄地区北撤，又令第73军77师自淄博张店迅速南下归建，支援莱芜。2月20日，华东野战军第8、第9纵队主力在莱芜城东北和庄地区设伏，向奉命归建的国民党第73军第77师发起突袭。经过激烈奋战，至21日拂晓，国民党归建部队被我军全歼。华东野战军其余各纵队，也于20日晚全线发起进攻。至22日上午，将李仙洲集团指挥所、第73军主力及第46军包围于莱芜城内。

莱芜城面积狭小，被"包了饺子"的李仙洲部惊恐不已。王耀武认为孤城更容易被突破，于是下令李仙洲部向莱芜城以北口镇方向突围，与口镇的驻军接应。口镇面积是莱芜城的数倍，并且储备有近百吨弹药和十万斤粮食，战略地位十分重要。华东野战军在莱芜城北口镇之南，利用山区有利地形，布设袋形伏击阵地，请君入瓮。同时，将从南线调来的第2纵队部署在蒙阴寨西北地区，堵住去路，防止李集团向西南逃窜。又以第10、第9纵队分别位于锦阳关、博山以北地区设伏，阻击由明水、张店方向可能来援之敌，偌大的一个布袋陷阱已经准备好，只等将李仙洲部就范。

2月23日凌晨，李仙洲指挥国民党第73、第46军向莱芜城北突围。由于道路狭窄，人车拥挤不堪。这些队伍中，有第46军军长韩练成，他实为共产党卧底，早期受中共领导人周恩来等派遣并建立单线联系，打入国民党军内部。莱芜战役之前，华东野战军首长陈毅和粟裕根据中央的指示，曾多次派员与韩练成秘密接触，获悉了国民党军重点进攻山东的计划，并建议韩练成率部起义。因当时条件和时机不成熟，难以操控，未予实施。当国民党军队在莱芜陷于困境奉命突围时，韩练成先是以"部队分散集结需要时间"为由搪塞李仙洲，拖延了一天行动。后韩练成又以"寻找一名团长"为借口，放弃指挥，隐藏起来，进一步延迟了突围时间。由于主帅韩练成神秘失踪，敌第46军上下乱作一团，这为华东野战军完成军事部署，赢得了宝贵

的时间。

此时，华东野战军已经占据天时、地利、人和，只待李仙洲部自投罗网，予以迎头痛击。

李仙洲集团突围北撤，当先头部队进至芹村、高家洼一线时，遭到华东野战军第6纵队顽强阻击。后尾部队出城时，华野部队引蛇出洞，故意放开不打，以防其重新回缩城区固守。待国民党军完全脱离城区后，华东野战军第4、第7纵队各一部立即抢占莱芜城，切断其退路。与此同时，华东野战军第1、第7纵队主力由西向东，第4、第8纵队主力由东向西，展开猛烈夹击。国民党军队几万人马被包围在东西约两千米、南北不过三千米的口袋阵里，进退无据，已成华东野战军的囊中之物。华东野战军多路猛插，分段聚歼。此时，国民党空军副司令王叔铭亲自率领数十架飞机对华东野战军的阵地狂轰滥炸，企图为李仙洲部解围，也无济于事。战至当天17时，李仙洲集团大部被歼灭，李仙洲被俘。国民党军第73军军长韩浚（曾任秋收起义副总指挥，后被捕脱党）率一千余人逃至莱芜城北的口镇，会同国民党新编第36师残部向博山方向溃逃。途中被早已部署在莱芜、章丘、淄博之间的华东野战军第9纵队全歼于青石关、和庄地区，韩浚被俘。至此，盘踞在莱芜地区的国民党军势力被打垮，莱芜战役结束，华东野战军取得了决定性的胜利。

（三） 运动战的光辉范例

华东野战军在三天之内，歼灭国民党军1个绥靖区前线指挥部、2个军部、7个师，总计5.6万余人。俘中将司令李仙洲以及17个少将。加上南线阻击和地方武装力量，共歼国民党军约7万人。缴获各种炮350门，击毁敌军飞机12架。歼敌速度之快、俘敌数量之多，均创了解放战争的最高纪录，堪为中国战争史上少有的奇迹。

莱芜战役的胜利，取决于党中央以及华东野战军陈毅、粟裕等将领的杰出战略指导、机动灵活的战役指挥。陈毅在总结华东战况时说："我们与敌人是愈往下比愈差，但愈往上比则愈强。如旅以上战役组织比人家强，纵队更强，野战司令部又更强，到统帅部的战略指导更不知道比他们高明多少倍……""这场战争首先是战略上的胜利，靠的是统帅部、陕北总部、毛主席的战略指导，不计一城一地得失，坚持诱敌深入，以歼灭敌有生力量为主要作战目标"。

莱芜战役的胜利，是建立在华东野战军各级指战员不怕牺牲、英勇作战基础之上的。粟裕在《莱芜战役初步总结》中高度评价我军：各纵队指挥员在山地作战、通讯联络困难等不利条件下，能围绕总的

陈毅元帅

意图，机动、灵活、果敢、坚决地完成任务。如小洼战斗中，1纵1师1连不惧人数众多的敌人，顽强作战，从10时坚持至15时，胜利完成任务时，仅存了一名排长和三十六名战士。这次可歌可泣的战斗，被改编为电影《集结号》，激励着更多的人。与此同时，莱芜战役的胜利与地方部队、民兵，以及众多支前群众的努力也是分不开的。不仅莱芜所在的鲁中地区奋力支前，而且鲁南、胶东、渤海区各地也组织了支前大军。山东解放区共出动62万民工、100多个子弟兵团支援前线。仅鲁中区就有50余万人开展战地服务，有5.9万人、4.1万辆独轮推车、8100余名挑工、1100余副担架随军行动。特别是当部队转战南北高度机动时，支前队伍克服困难，在170余公里的征途上来回调转，部队打到哪里就保障到哪里。

相较于我军的正确指挥、子弟兵英勇奋战和人民群众的支持，国民党军的境遇可谓是一团糟。在得到莱芜战役失败的消息后，蒋介石大骂李仙洲："行军连个侧翼警戒哨都不放，几十年军旅生涯，脑子都长到猪头上去了。"当然，国民党军队的最高统帅蒋介石也有不可推卸的责任。他从

莱芜战役指挥所旧址大门

一开始就盲目乐观，误判我军实力和战略意图。国民党军队更是各自为战，瞒报风气盛行。

莱芜战役的胜利，一扫丢失临沂的阴霾，巩固了后方，为后来粉碎国民党军对山东的重点进攻创造了有利条件。此次战役，积累了大规模运动战的经验，被誉为"运动战的光辉范例"，成为世界军事史上百战经典之一。粟裕将军指出：此举将有利于我军日后集中更大兵力南下出击，向津浦铁路沿线、中原地区，以及大别山地区发展。陈毅元帅曾赋诗云："淄博莱芜战血红，我军又猎泰山东。百千万众擒群虎，七十二崮志伟功。鲁中霁雪明飞帜，渤海洪波唱大风。堪笑顽酋成面缚，叩头请罪詈元凶。"

（曹永孚）

八、 古城新生： 济南战役的胜利与共产党 成功接管济南

济南战役是解放战争时期中国共产党领导的华东野战军对国民党军重兵守备的山东省会济南进行的大规模攻坚战。华东野战军从 1948 年 9 月 16 日午夜 24 时发起进攻，至 9 月 24 日黄昏胜利结束。经 8 昼夜激战，以伤亡近 3 万人的代价，歼灭国民党军 10.4 万余人（含起义 2 万余人），开创了人民解放军夺取国民党军重兵坚守的大城市的先例，揭开了人民解放战争战略决战的序幕，积累了大城市作战经验。济南战役的胜利，使华北、华东两大解放区连成一片，有力地策应了辽沈战役的作战行动，也为尔后进行的淮海战役和南下作战创造了有利条件。济南战役胜利后，中国共产党成功接管济南，千年古城获得新生。

（一） 运筹帷幄

1947 年下半年，解放军由战略防御转入全面战略进攻。在山东战场上，国民党军节节败退，被迫由"分区防御"改为"重点防御"，军事实力集中到重要的城市。

1948 年，解放军山东兵团取得周村、张店、潍县、兖州等战役的胜利，横扫胶济路 700 里、津浦路 700 里后，山东境内大部已获解放，国民党军盘踞的省城济南已成一座孤城。济南位于华东和华北的接合部、津浦铁路和胶济铁路的交会点，北靠黄河，南倚泰山，战略地位至关重要。蒋介石为了隔断解放军华东、华北解放区的联系，钳制山东兵团不能全力南进，决定固守济南城。

固守济南的国民党军共 9 个正规旅、5 个保安旅及特种兵部队约 11 万人，由国民党山东省政府主席、山东省党政军统一指挥部主任、第二绥靖区

司令官王耀武统一指挥。王耀武以城北黄河泺口至城南八里洼一线为界，将济南及周围地区分为东、西两个守备区；以济南内城为核心防御阵地，以外城和商埠为基本阵地，以济南周边县、镇及制高点构成外围阵地。另国民党军在皖北、豫东一带部署有黄百韬的第 7 兵团、李弥的第 13 兵团、邱清泉的第 2 兵团，三大主力约 17 万人，伺机北援。

济南地位重要，敌军力量雄厚，加之当时解放军尚缺乏攻打大城市的经验，济南战役发起前，中共中央、中央军委和华东野战军的各级指挥机构、情报系统，围绕攻打济南问题进行了深入的调查研究和敌情侦察。当时济南有三个系统的地下党组织：济南市委、渤海区党委济南工委、冀鲁豫边区党委济南工委，此外胶东、鲁中南区党委有关部门也向济南派遣人员，开展情报工作。济南市委统一组织成立了"调查委员会"，制发了《调查研究提纲》（包括军情、政情），组织了 1100 余名地下党员采用各种手段、通过各种渠道，掌握了大量第一手资料，为解放济南和接管济南提供了重要依据。

粟裕将军

华东野战军代司令员兼代政委粟裕统筹谋划，提出济南战役作战的三个方案。中央军委复电同意实行"攻济打援"的作战方针，并指出作战预计有三种可能、三种结果，特别强调："此役关系甚大，战役计划应着眼于能够应付最坏的情况，准备用 20 天到 2 个月的时间完成战役任务。"中央决定，整个"攻济打援"战役由粟裕统一指挥。解放军调集总兵力约 32 万人，组成攻城、打援两个集团。攻城集团由 6 个半纵队约 14 万人组成，山

华东野战军特种兵纵队的炮兵向济南开进

东兵团司令员许世友、华东野战军副政委兼山东兵团政委谭震林、山东兵团副司令员王建安统一指挥。攻城集团又分为东、西两个兵团：西兵团为主攻方向，由第10纵队司令员宋时轮、政委刘培善统一指挥；东兵团为助攻方向，由第9纵队司令员聂凤智、政委刘浩天统一指挥。特种兵纵队组成东、西两个炮兵群，支援攻城作战。第13纵队为攻城预备队，部署在济南东南方上港、西营之间。阻援打援集团则由8个纵队约18万人组成，由粟裕直接指挥，部署于滕县（今滕州市）、金乡、成武、巨野、嘉祥一带，以阻击和歼灭可能由徐州、商丘、砀山等方向的北援之敌。

8月25日至29日，中共华东野战军前委在曲阜召开由纵队以上领导干部和华东局、华东军区及冀鲁豫军区参加的扩大会议，对"攻济打援"进行部署。华东野战军9月1日发出政治动员令，提出"打到济南府，活捉王耀武"的口号，济南战役的筹备工作基本就绪。

（二） 鏖战济南

我军攻城西兵团于1948年9月9日自济宁、汶上等地，东兵团于9月13日自泰安、莱芜、章丘等地，分别向济南隐蔽开进。华东野战军"攻济

501

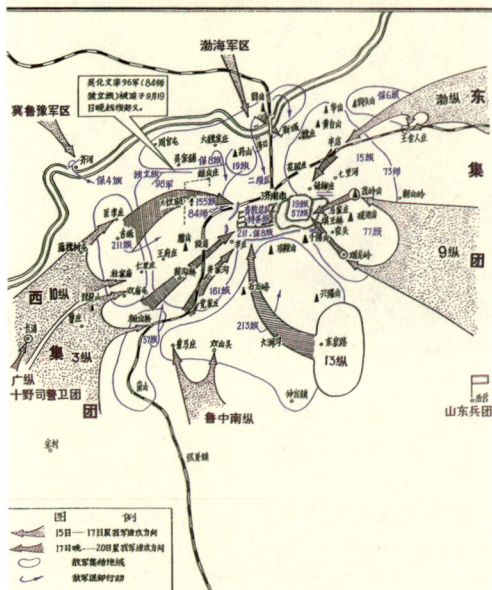

济南战役经过图

打援"总指挥部设在宁阳县大伯集村。攻城集团指挥部位于济南南部山区。

9月16日午夜24时（次日为农历八月十五中秋节），济南战役打响了。攻城集团东西对进，形成钳形攻势。攻城西兵团首先与敌遭遇，第10、第3纵队等部以排山倒海之势扫清长清、齐河之敌，继而攻占古城、党家庄等地，进逼济南城西的腊山一线，并以炮火封锁西郊飞机场，迫使敌空运中断。应王耀武请求前来支援的国民党军第74师，仅机降7个连就无法再降。我军为扩大战果，调预备队第13纵队加入西兵团作战。

起初王耀武判断我军主攻方向在西部，遂将预备队第19旅和第57旅调至飞机场以西古城一带。未料攻城东兵团第9纵队在渤海纵队第11师配合下，以迅雷不及掩耳之势发起猛烈攻击，只经一夜，即攻克济南城东屏障茂岭山、砚池山及回龙岭等制高点，歼灭国民党军整编第73师一部。随即在炮火支援下，乘胜攻克窑头、甸柳庄等地，直扑济南外城。王耀武大为震惊，又以为我军主攻方向可能在东部，遂将19旅、57旅从西部拉向东部，将飞机场以西的整编第2师所辖第211旅调入市区，以增强机动兵力。

我军在军事进攻的同时，加紧了对守卫西部的国民党整编第96军军长兼第84师师长吴化文的心战策反工作。华东局专门指定中共济南市委副书记蒋方宇牵头，组成了争取吴化文起义工作领导小组和打入敌军内部的工作小组。在强大的政治攻势和军事压力之下，9月19日晚，吴化文率3个旅2万余人举行战场起义。这对王耀武来说，无疑是当头棒喝、雪上加霜。

攻城集团抓住战机扩大战果，经连续六个昼夜鏖战，占领商埠，攻克第二绥靖

济南战役中解放军沿交通壕追击敌人

区司令部。22日晚，攻城集团向外城发起攻击。外城墙周长20余华里，高约4米，厚3米有余，共设有11道城门。第9纵队在城东永固门（今和平路与历山路交会处），从4个突破口突入；第10纵队在城西永镇门、小北门（今馆驿街、英贤街与顺河街交会处），从2个突破口突入；第3纵队接替10纵在城西普利门（今普利街西首与顺河街交会处）突入；第13纵队在城西南永绥门（今杆石桥附近）及其以北，从3个突破口突入。至23日，攻占外城。

攻破外城的当晚，我军又趁热打铁，对济南内城发起总攻。济南内城墙周长约12华里，高12至14米不等，厚10至12米不等。原只设4门，清光绪三十年（1904）济南开埠，为方便交通，内城又新开4门。我军攻城兵团从9月23日18时对内城发起攻击。19时53分，第9纵队27师79团由内城东门南侧突破，一个多连登上城头，但因护城河桥被守军打断，后续不继，血战一个小时后全部壮烈牺牲。第13纵队37师109团在城西南角突上城头两个营，但遭守军连续反击。经两小时激战，除有两个连突入城内据守房屋坚持战斗外，大部伤亡，突破口为守军所重占，内城进攻受阻。

在此紧急关头，各攻城部队调整部署，严密组织炮火、爆破、突击三者

"济南第一团"战后合影

的协同和后续部队的跟进，重新发起攻击。经反复惨烈争夺，24日凌晨，第9纵队25师73团从内城东南角（现解放阁处）突破成功，战后该团被中央军委授予"济南第一团"荣誉称号。第13纵队37师109团从内城西南角（现趵突泉东门外坤顺桥处）突破成功，战后该团被中央军委授予"济南第二团"荣誉称号。战至24日黄昏，全歼内城守敌。王耀武见大势已去，从大明湖临时指挥所地下通道化装潜逃，行至寿光东南昌潍公路弥河渡口时，被我寿光公安人员盘查俘获。

济南东北郊的王舍人庄是国民党历城县政府所在地，周边筑有4米多高的圩子墙，工事坚固，火力很强，由历城县自卫总队1000余人把守。渤海纵队第7师在久攻不下的情况下，留部分兵力继续围困，集中主力向市区发动进攻，22日下午又回过头来重新组织战斗攻克该据点。城南马鞍山、千佛山守敌见固守无望，也分别于25日、26日缴械投降。徐州地区的国民党援军虽经蒋介石再三督促，但慑于我军阻援打援力量强大，故畏首畏尾，不敢冒进。加之雨天行动迟缓，直到济南被克，第7、第13兵团尚在集结之中；第2兵团进抵成武、曹县地区后，闻济南守军已被全歼，即仓皇回撤。

济南战役中，我军共歼灭国民党守军10.4万余人，其中毙伤22423人，俘虏61873人，起义2万余人；俘王耀武等高级将领23名；缴获各种火炮

800 余门、坦克和装甲车 20 辆、汽车 238 辆、铁甲列车 3 辆、各种枪支 53600 余支、各种炮弹枪弹 1175 万余发、炸药 130 吨、马匹 701 匹，击毁击伤飞机 3 架。起义的吴化文部撤至黄河北后，于 10 月 29 日改编为中国人民解放军第 35 军。

为了攻取济南，我军也付出了重大牺牲，共伤亡近 3 万人。华东野战军第 3 纵队 8 师师长王吉文、第 13 纵队 37 师政委徐海珊等 10 名团以上干部壮烈牺牲。

济南战役的胜利是山东党政军民团结奋战的结果。济南战役发起前，山东省政府成立了支前委员会；随后，华东局、华东军区、山东省政府联合下达了《济南战役总动员令》。据统计，济南战役期间，全省共出动支前民工51.4 万余人、小车 1.8 万余辆、担架 1.4 万余副，筹集粮食 1.6 亿余斤、门板 4.6 万余块、麻袋 7.9 万余条、铁锨和铁镢头 5 万余把、杆子 5.7 万余根。济南周边的章丘、章历、历城、长清、平阴、济阳、商河等县均成立了支前机构。在济南市委、渤海工委、鲁西工委组织下，济南市民积极配合解放军攻城作战，护厂护校，维护社会秩序，为使济南完整回到人民手中做了大量工作。

（三） 浴火重生

济南战役的伟大胜利让济南这座千年古城浴火重生。济南解放是济南发展史上的一个重要节点，在济南发展史上具有重要意义。

首先，接管济南，为成功接管大城市起到重要示范和借鉴作用。济南作为重要城市，占领后该如何接收运作，这也是中国共产党所要考虑的重大问题。济南战役发起前，华东局、华东军区和中共济南市委即着手做好接管城市的准备工作。1948 年 4 月，华东局在青州组建中共济南市委、济南市政府、济南市警备司令部联合筹备处，对外称"青州建设研究会"，由中共华东局常委、华东局财经委书记兼财办主任曾山负责筹备接管济南的工作。研究会先后抽调、培训了 8000 余名接管人员，筹备接管济南的工作。

济南战役胜利后，解放军整装入城

　　济南战役结束后，9月25日华东军区发布《入城守则》和《约法七章》，确保做到秋毫无犯。济南特别市军事管制委员会和中共济南特别市委员会同日入城办公。谭震林任军管会主任，曾山任军管会副主任。在今济南市经七路西南端有一个小院，人们习惯上称之为"83号院"，它的周边整齐排列着几座风格一致的小楼，这里就是当时中共济南市委机关的办公所在地。9月29日，济南特别市政府和济南特别市警备司令部成立。

　　为做好战后城市清理工作，济南特别市政府做出《清理市容的决定》，抓紧通水、通电、恢复交通，并通过以工代赈的办法清理卫生。广大干部、战士、警察带头参加义务劳动，打捞尸体，清理炮弹。历经战火洗礼的济南城，市容焕然一新。济南特别市公安局组建了同刑事犯罪作斗争的专门组织，在不到一年时间里，破获各种刑事案件232起，抓获犯罪分子348人，处决了有"燕子李三"之称的大盗李圣武，社会治安秩序迅速好转。济南解放后，一度物价飞涨。军管会从济南周边及解放区大力组织粮煤运到济南，

济南人民群众欢送广大青年参军参干，南下支援全国解放

使物价很快趋于平稳。政府还拨粮拨款，救济穷苦市民 6244 户 2 万多人；采取简化审批登记手续等多项灵活措施，促使尽快复工、复业、复课，社会秩序得到稳定。

济南作为解放战争时期关内解放最早的大城市，能否尽快清除战争遗害，迅速恢复生产和生活秩序，建立起人民民主政权，是济南党组织面临的极其严峻的考验。而济南的成功接管，受到党中央的高度重视，为中国共产党接收和管理大城市提供了经验，为随后对沈阳、北京、天津等大城市的成功接管提供了重要的示范和借鉴作用。（参见刘浩：《百年小楼——济南党组织梦想起航的地方》）

其次，发挥优势，支援全国解放战争。济南的解放，"使华东、华北两大解放区连成了一片。在陆路上隔断了华北、华东之敌与江南之敌的联系，从战略上配合了辽沈战役的进行；为华东野战军挥师南下会同中原野战军进行具有决战意义、空前规模的淮海大战创造了有利条件。"（中共济南市委党

507

史研究室编：《中共济南简史》)

更为难得的是，通过接管济南，一大批干部得到培养，为后续大城市的接管提供了重要的人力资源。从济南解放至1949年初，济南先后组织2000余名干部和4000余名学生随军南下，支援新解放区的城市接管、政权建设和各项事业。

最后，擘画蓝图，奠基历史伟业。济南战役结束后，接管工作在军管会、市委、市政府的领导下，较短时间内即顺利完成，随后建立了各区政府。"通过清理市容卫生、整顿交通、加强户口管理、肃清特务组织等措施，社会治安秩序迅速好转。同时，通过组织一线力量，加大政策宣传力度，帮助解决实际困难等，集中全力抓好复工、复业、复课工作。面对济南市民在解放初期多处于失业半失业状态，市政府通过拨款拨粮，组织群众以工代赈等，使3万多贫苦市民渡过了难关。解放后的第一个严冬，济南无一人因冻饿而死。"（刘浩：《百年小楼——济南党组织梦想启航的地方》)

为了巩固新生的人民政权，中国共产党和人民政府励精图治，擘画蓝图，在经济上推行了土地改革，在政治上进行了镇压反革命运动，使济南这座古老的历史文化名城浴火重生。勤劳、智慧、勇敢的济南人民，在党的英明领导下，以主人翁的奋斗姿态，发愤图强，开拓创新，在济南这片发展、改革、创新的热土上，谱写了一曲曲省会社会主义现代化建设的壮丽凯歌。

（曹永孚）

参考引用文献（以引用先后为序）

［清］胡渭著，邹逸麟整理：《禹贡锥指》，上海古籍出版社，1996年版。

张新斌等：《济水与河济文明》，河南人民出版社，2007年版。

张学海：《透视龙山文化的深厚内涵——城子崖遗址的最新考古发现》，载许虹，范大鹏主编《最新中国考古大发现》，山东画报出版社，2002年版。

倪锡英：《济南》，上海中华书局，1939年版。

［宋］曾巩：《南丰先生元丰类稿》，四部丛刊景元本。

［清］王士禛：《渔洋诗集》，清康熙刻本。

［清］阮元：《小沧浪笔谈》，清康熙六十年刻本。

［清］胡德琳修，李文藻等纂：《历城县志》，清乾隆三十八年刻本。

［清］田雯：《古欢堂集》，清文渊阁四库全书。

［清］孙点：《历下志游》，小方壶斋舆地丛钞本。

［清］曹寅编：《全唐诗》，清文渊阁四库全书本。

［元］郝经：《陵川集》，清文渊阁四库全书本。

［明］张经：《半洲稿》，明嘉靖十六年司马泰刻本。

［明］于慎行：《谷城山馆诗集》，清文渊阁四库全书本。

［春秋］左丘明撰，蒋冀骋标点：《左传》，岳麓书社，1988年版。

［元］赵孟頫：《松雪斋集》，四部丛刊景元本。

［明］刘敕：《历乘》，明崇祯六年刻本。

［清］任弘远：《趵突泉志》，清乾隆七年刻本。

盛伟编：《蒲松龄全集·聊斋诗集》，学林出版社，1998年版。

［清］濮文暹：《见在龛集》，《清代诗文集汇编》编纂委员会编《清代诗文集汇编》，上海古籍出版社，2010年版。

〔清〕刘凤诰:《存悔斋集》,清道光十七年刻本。

〔清〕王昶著,陈明洁、朱惠国、裴风顺点校:《春融堂集》,上海文化出版社,2013 年版。

李子全:《山东省垣名胜记》,商河三民印刷局,1935 年版。

〔金〕元好问:《遗山乐府》,清嘉庆宛委别藏本。

〔清〕陈德征撰:《济南游记》,清光绪三十年刻本。

〔战国〕韩非撰:《韩非子》,四部丛刊本。

〔清〕方文:《嵞山集》,清康熙刻本。

〔明〕王象春著,张昆河、张健之注:《齐音》,济南出版社,1993 年版。

〔元〕于钦:《齐乘》,清乾隆四十六年刻本。

〔明〕陆釴纂修:《山东通志》,明嘉靖刻本。

《科学考古领路人》,载《光明日报》2021 年 4 月 29 日。

李济、傅斯年、梁思永、董作宾等:《城子崖:山东历城县龙山镇之黑陶文化遗址》,朋友书店,1979 年版。

逄振镐:《东夷古国史论》,成都电讯工程学院出版社,1989 年版。

〔唐〕封演:《封氏闻见记》,清文渊阁四库全书本。

〔宋〕欧阳修:《欧阳文忠公集》,四部丛刊景元本。

〔清〕王士禛:《蚕尾续集》,齐鲁书社,1997 年版。

〔清〕王初桐:《济南竹枝词》,清乾隆五十八刻本。

〔清〕董芸:《广齐音》,济南出版社,1998 年版。

董作宾:《谭"谭"》,《中国现代学术经典董作宾卷》,河北教育出版社,1996 年版。

高广仁、邵望平:《海岱文化与齐鲁文明》,江苏教育出版社,2005 年版。

徐中舒:《四川彭县濛阳镇出土的殷代二觯》,《徐中舒历史论文集》,中华书局,1998 年版。

〔汉〕王符：《潜夫论》，中华书局，2018 年版。

张华松：《济南通史·先秦秦汉卷》，人民出版社，2020 年版。

〔汉〕司马迁：《史记》，清乾隆武英殿刻本。

〔战国〕左丘明撰，〔三国吴〕韦昭注：《国语》，上海古籍出版社，
2015 年版。

张华松》《扁鹊里籍卢邑新证》载《东岳论丛》2015 年 7 期。

卢南乔：《山东古代科技人物论集》，齐鲁书社，1979 年版。

李学勤主编：《清华大学藏战国竹简》释文，中西书局，2011 年版。

〔晋〕陈寿：《三国志》，上海古籍出版社，2011 年版。

崔大庸：《洛庄汉墓陪葬坑出土的封泥及墓主初考》，载《中国文物报》
2006 年 6 月 30 日。

崔大庸、许延廷主编：《济南重大考古发掘纪实》，黄河出版社，2003
年版。

济南市考古研究所等：《山东章丘市洛庄汉墓陪葬坑的清理》，载《考
古》2004 年第 8 期。

〔汉〕班固：《汉书》，清乾隆武英殿刻本。

王守功：《危山王陵的秘密》，载《华夏人文地理》2005 年第 6 期。

山东大学考古系、山东省文物局、长清县文化局：《山东长清县双乳山
一号汉墓发掘简报》，载《考古》1997 年第 3 期。

任相宏：《双乳山一号汉墓墓主考略》，载《考古》1997 年第 3 期。

〔南朝宋〕范晔：《后汉书》，百衲本景宋绍熙刻本。

〔清〕陈永修：《鲍西楼诗草》，道光钞本。

〔清〕陈超：《元圃诗抄》，泾阳刊本。

郑同修：《山东发现的汉代铁器及相关问题》，载《中原文物》1998 年
第 4 期。

〔汉〕应劭：《风俗通义》，明万历两京遗编本。

〔清〕毕沅辑：《山左金石志》，清嘉庆刻本。

翦伯赞：《秦汉史》，北京大学出版社，1994年版。

［五代］刘昫：《旧唐书》，清乾隆武英殿刻本。

［南朝梁］沈约：《宋书》，清乾隆武英殿刻本。

［北齐］魏收：《魏书》，清乾隆武英殿刻本。

［唐］段成式：《酉阳杂俎》，四部丛刊景明本。

［唐］魏征：《隋书》，清乾隆武英殿刻本。

［宋］司马光：《资治通鉴》，四部丛刊景宋刻本。

［日］圆仁：《入唐求法巡礼行记》，中华书局，2019年版。

王洪军：《房玄龄家族谱系里籍考》，载《齐鲁文化研究》总第二辑。

［唐］柳宗元：《龙城录》，明稗海本。

［唐］义净著，王邦维校注：《南海寄归内法传》，中华书局，1995年版。

［唐］圆照：《贞元新定释教目录》，大正新修大藏经本。

［宋］赵明诚：《金石录》，四部丛刊续编景旧钞本。

［日］高楠顺次郎编：《昭和法宝总目录》，大正一切经刊行会，1929年版。

《中华大藏经》编辑局编：《中华大藏经》，中华书局，1989年版。

［宋］苏辙：《栾城集》，四部丛刊景明嘉靖蜀藩活字本。

［南朝梁］释慧皎：《高僧传》，大正新修大藏经本。

［唐］释道宣：《续高僧传》，大正新修藏经本。

汤贵仁、刘慧主编：《泰山文献集成》，泰山出版社，2005年版。

［日］常盘大定、关野贞：《支那文化史迹·解说》，日本法藏馆，1941年版。

王建浩：《龙虎塔之维修》，载济南市历城区政协文史委编《历城文史资料》，大众文艺出版社，2007年版。

［唐］杜甫：《杜工部集》，续古逸丛书景宋本配毛氏汲古阁本。

［唐］王维：《王摩诘文集》，宋蜀本。

［唐］李白：《李太白集》，宋刻本。

［宋］欧阳修：《新唐书》，清乾隆武英殿刻本。

［元］危素：《济南府治记》，见李修生主编《全元文》第 48 册，凤凰出版社，1998 年版。

［金］元好问著：《元好问全集》，山西人民出版社，1990 年版。

［宋］岳珂：《愧郯录》，四部丛刊续编景宋本。

［宋］徐铉著，李振中校注：《徐铉集校注》，中华书局，2018 年版。

［宋］欧阳修撰、李伟国点校：《归田录》，中华书局，1981 年版。

［宋］王曾撰，张其凡点校：《王文正公笔录》，中华书局，2017 年版。

李孝聪：《公元十一—十二世纪华北平原北部亚区交通与城市地理的研究》，载中国地理学会历史地理专业委员会《历史地理》编辑委员会编《历史地理》第 9 辑。

李逸安点校：《欧阳修全集》，中华书局，2001 年版。

张熙惟、谭景玉主编：《济南通史·宋金元卷》，人民出版社，2020 年版。

［宋］曾巩撰，陈杏珍等点校：《曾巩集》，中华书局，1984 年版。

［宋］王辟之撰，吕友仁点校：《渑水燕谈录·佚文》，中华书局，1981 年版。

李逸安点校：《欧阳修全集》，中华书局，2001 年版。

［宋］刘颁撰，逯铭昕点校：《彭城集》，齐鲁书社，2018 年版。

［宋］晁补之：《济北晁先生鸡肋集》，四部丛刊本。

任宝祯：《大明湖变迁史话》，济南出版社，2009 年版。

宋凤：《济南城市名园历史渊源与特色研究》，北京林业大学，2009 年博士学位论文。

张华松：《齐地历史与济南文化》，齐鲁书社，2010 年版。

戴永夏：《趵突泉史话》，济南出版社，2010 年版。

［宋］李焘：《续资治通鉴长编》，中华书局，2004 年版。

［宋］王珪：《华阳集》，清文渊阁四库全书本。

［元］脱脱撰：《宋史》，清乾隆武英殿刻本。

［宋］张方平：《乐全集》，清文渊阁四库全书本。

［宋］尹洙：《河南集》，清文渊阁四库全书本。

崔海正：《北宋"东州逸党"考论》，载《武汉大学学报》2003 年第
4 期。

北京大学古文献研究所编：《全宋诗》，北京大学出版社，1991 年版。

［宋］魏泰撰，李裕民点校：《东轩笔录》，中华书局，1983 年版。

王仲闻校注：《李清照集校注》，人民文学出版社，1979 年版。

［清］彭孙遹：《金粟词话·李易安词意并工》，见唐圭璋编《词话丛
编》，中华书局，1986 年版。

刘乃昌主编：《李清照志　辛弃疾志》，山东人民出版社，2009 年版。

梁令娴：《艺蘅馆词选》，中华书局，1935 年版。

［清］沈曾植：《菌阁琐谈》，唐圭璋编《词话丛编》，中华书局，1986
年版。

程千帆等：《两宋文学史》，上海古籍出版社，1991 年版。

［明］刘士鏻辑，王宇增删：《古今文致》，《四库全书存目丛书·集部》
第 373 册，齐鲁书社，1997 年版。

［清］李慈铭撰，由云龙辑：《越缦堂读书记》，中华书局，2006 年版。

陶尔夫等：《南宋词史》，黑龙江人民出版社，1992 年版。

［宋］辛弃疾：《进美芹十论札子》，徐汉明编《新校编辛弃疾全集》，
湖北人民出版社，2007 年版。

［宋］刘克庄：《辛稼轩集序》，见曾枣庄等主编《全宋文》第 329 册，
上海辞书出版社，2006 年版。

梁启勋：《词学》，中国书店，1985 年版。

［清］永瑢等：《四库全书总目》，中华书局，1965 年版。

巩本栋：《辛弃疾评传》，南京大学出版社，1998 年版。

刘乃昌编选：《辛弃疾集》，凤凰出版社，2006 年版。

［元］胡祗遹：《紫山大全集》，清文渊阁四库全书本。

王文楚：《史地丛稿》，上海人民出版社，2014 年版。

［元］戴表元：《剡源戴先生文集》，四部丛刊本。

［金］元好问：《遗山集》，四部丛刊景明弘治本。

蔡美彪：《杜仁杰生平考略》，载《文学遗产》2002 年第 1 期。

［清］王赠芳等修，成瓘纂：《济南府志》，清道光二十年刻本。

［元］蒋正子：《山房随笔》，清知不足斋丛书本。

［清］李桐原辑，邵承照纂：《五峰山志》，清光绪二十一年刻本。

［清］马大相：《灵岩志》，山东友谊出版社，1994 年版。

［元］王旭：《兰轩集》，清文渊阁四库全书本。

［元］姚燧：《牧庵集》，清武英殿聚珍版丛书本。

［元］张养浩：《归田类稿》，清文渊阁四库全书本。

［元］张养浩：《三事忠告》，四部丛刊景元刊本。

柯劭忞撰：《新元史》，民国九年天津退耕堂刻本。

［元］苏天爵：《滋溪文稿》，民国适园丛书本。

［元］张养浩著，王佩增笺：《云庄休居自适小乐府笺》，齐鲁书社，
1988 年版。

薛祥生、孔繁信选注：《张养浩作品选》，人民文学出版社，1987 年版。

蒋星煜：《元曲鉴赏辞典》，上海辞书出版社，1990 年版。

王少华、张达：《山东元明散曲》，山东文艺出版社，2004 年版。

卢前：《论曲绝句》，载《卢前曲学四种》，中华书局，2006 年版。

梁乙真：《元明散曲小史》，商务印书馆，1934 年版。

何贵初：《张养浩及其散曲研究》，香港文星图书有限公司，2003 年版。

［清］金棨辑，陶萩、赵鹏点校：《泰山志》，山东人民出版社，2019
年版。

张鹤云：《山东灵岩寺》，山东人民出版社，1983 年版。

515

[元] 脱脱撰：《金史》，清乾隆武英殿刻本。

曾枣庄、刘琳主编：《全宋文》，巴蜀书社，1991 年版。

[清] 全祖望：《鲒埼亭诗集》，四部丛刊景清钞本。

[三国] 何晏集解：《论语》，四部丛刊景日本正平本。

毛承霖纂修：《续修历城县志》，民国十五年铅印本。

[明] 杨循吉纂修，戴儒补修：《章丘县志》，明嘉靖修补蓝印本。

庐永祥修，王嗣鋆纂：《济阳县志》，民国二十三年铅印本。

[清] 谷应泰撰：《明史纪事本末》，清文渊阁四库全书本。

中央研究院历史语言研究所编：《明太祖实录》，中华书局，2016 年版。

[明] 王士性：《广志绎》，中华书局，2012 年版。

邱仲麟：《明清泰山香税新考》，载《台大历史学报》2014 年第 53 期。

[明] 何乔远撰：《名山藏》，明崇祯刻本。

[清] 万斯同撰：《明史》，清钞本。

[明] 娄性撰：《皇明政要》，明嘉靖五年戴金刻本。

[明] 高岱撰：《鸿猷录》，明嘉靖四十四年高思诚刻本。

[明] 夏燮编：《明通鉴》，清同治刻本。

叶春墀著：《济南指南》，大东日报社，1914 年版。

[清] 王苹著，李永祥选注：《王苹诗文选》，济南出版社，1998 年版。

[清] 朱纲：《苍雪山房稿》，四库全书存目丛书补编编纂委员会编《四库全书存目丛书补编》，齐鲁书社，2001 年版。

[清] 王培荀辑：《乡园忆旧录》，清道光二十五年刻本。

王君茹：《山东泺源书院发展变迁研究》，陕西师范大学，2017 年硕士学位论文。

山东省地方史志编纂委员会：《山东省志》，山东人民出版社，1996 年版。

雍坚、刘昌华、耿仝主编：《济南图记》，中国文史出版社，2018 年版。

赵晓林：《济南府镜像》，山东画报出版社，2021 年版。

［清］施闰章：《学余堂诗集》，清文渊阁四库全书本。

李伯齐：《山东文学史论》，齐鲁书社，2003 年版。

［明］吕天成撰，吴书荫校注：《曲品》，中华书局，2019 年版。

［清］王士禛撰：《渔洋诗话》，清文渊阁四库全书本。

［明］边贡：《华泉集》，清文渊阁四库全书版。

［清］钱谦益辑：《列朝诗集》，清顺治九年毛氏汲古阁刻本。

［明］王世贞：《弇州四部稿》，清文渊阁四库全书本。

［清］王世贞：《艺苑卮言》，明万历十七年武林樵云书舍刻本。

［明］李开先：《李中麓闲居集》，明刻本。

［清］刘沛先修，王吉臣纂：《东阿县志》，清康熙四年刻本。

［清］张尔岐：《蒿庵集》，清乾隆三十八年胡德琳刻本。

赵尔巽撰：《清史稿》，民国十七年清史馆本。

［清］王苹：《二十四泉草堂集》，济南出版社，2020 年版。

徐世昌辑：《晚晴簃诗汇》，民国退耕堂刻本。

吴昌绶辑：《松邻丛书》，仁和吴氏双照楼，1918 年版。

［宋］郑樵：《通志·校雠略》，清文渊阁四库全书本。

［清］章学诚：《章学诚遗书》，文物出版社，1985 年版。

［清］桂馥：《晚学集》，清道光二十一年刻本。

叶德辉：《书林清话》，民国郋园先生全书本。

徐世昌：《清儒学案》，中国书店，1990 年版。

［清］王先谦编：《东华续录·咸丰朝》，清光绪刻本。

［清］丁宝桢撰：《丁文成公奏稿》，清光绪二十三年刻本。

俞剑华：《中国画论类编》，人民美术出版社，2016 年版。

胡汶本、田克深：《五四运动在山东资料选辑》，山东人民出版社，1980年版。

中国社会科学院近代史研究所《近代史资料》编译室主编：《五四爱国运动》下，知识产权出版社，2013 年版。

中共济南市委党史研究室编：《中共济南简史》，济南出版社，2003年版。

山东省政府实业厅编：《山东实业厅工商报告》，1931年版。

济南市天桥区政协学习文史委员会：《天桥文史资料 第3辑》，1997年版。

山东省政协文史资料委员会等编：《苗氏民族资本的兴起》，山东人民出版社，1988年版。

济南市总工会调研室编：《济南工运史料》，1982年版。

中共山东省委党史研究室编：《中共山东编年史》第1卷，山东人民出版社，2015年版。

济南市总工会调研室：《济南工运史料》，1982年版。

中共长清县委党史资料征集研究委员会编：《长清党史资料》第11集《庆祝中国共产党成立七十周年专辑》，1991年版。

中共济南市委宣传部、中共济南市委党史委编：《济南抗战风云录》，济南出版社，1995年版。

田昭林：《中国战争史》第4卷，江苏人民出版社，2019年版。

山东省政协文史资料委员会：《山东文史资料选辑 第26辑》，山东人民出版社，1989年版。

晋葆纯、李亚菲：《济南古建筑轶事》，山东大学出版社，2014年版。

政协山东省临沂市委员会文史资料研究委员会：《临沂文史资料 第6辑》，1987年版。

广饶文史资料研究会：《广饶文史资料选辑 第6辑》，1987年版。

刘浩：《抗日热血，山河作证——论济南抗战在山东抗战中的重要地位和作用》，载《济南日报》，2015年8月21日。

刘浩：《百年小楼——济南党组织梦想起航的地方》，载《济南日报》2021年5月29日。